建设工程
全流程法律实务问答
疑难详解与操作指引

郭兴隆 著

法律出版社
LAW PRESS·CHINA
北京

图书在版编目（CIP）数据

建设工程全流程法律实务问答：疑难详解与操作指引／郭兴隆著. -- 北京：法律出版社，2024. -- ISBN 978－7－5197－9284－8

Ⅰ. D922.297.5

中国国家版本馆 CIP 数据核字第 2024T8C678 号

建设工程全流程法律实务问答:疑难详解与操作指引
JIANSHE GONGCHENG QUANLIUCHENG FALÜ SHIWU
WENDA: YINAN XIANGJIE YU CAOZUO ZHIYIN

郭兴隆 著

策划编辑 张 珺
责任编辑 张 珺
装帧设计 汪奇峰

出版发行	法律出版社	开本	710 毫米×1000 毫米 1/16
编辑统筹	法商出版分社	印张 27.5　字数 424 千	
责任校对	李慧艳　王语童	版本	2024 年 9 月第 1 版
责任印制	胡晓雅	印次	2024 年 9 月第 1 次印刷
经　　销	新华书店	印刷	三河市龙大印装有限公司

地址:北京市丰台区莲花池西里 7 号(100073)
网址:www.lawpress.com.cn　　　　　　　销售电话:010－83938349
投稿邮箱:info@lawpress.com.cn　　　　　客服电话:010－83938350
举报盗版邮箱:jbwq@lawpress.com.cn　　　咨询电话:010－63939796
版权所有·侵权必究

书号:ISBN 978－7－5197－9284－8　　　　　　　　　　定价:120.00 元

凡购买本社图书，如有印装错误，我社负责退换。电话:010－83938349

前　　言

　　建设工程合同纠纷大多较为疑难复杂，具有案件标的额大、涉及主体多、法律关系复杂、专业性强等特点。双方当事人对案件中的具体问题争议较大，加之有些法官、仲裁员、律师对相关专业知识掌握不足，争议问题是非难断或似是而非，导致案件上诉率高、发改率高，当事人难以服判息诉。

　　法律的生命不是逻辑，而是经验。作者从执业 23 年以来作为代理律师代理的 1000 余件案件，以及作为首席仲裁员或独任仲裁员审理的 200 余件案件中，对建设工程合同纠纷中的实务问题加以提炼、总结、思考、积累，写成此书，以期对相关从业者有所裨益。

　　本书采用问答的形式，针对建设工程合同纠纷案件中的常见、疑难、复杂问题，为读者提供了明确的答案和具体的操作指引。本书内容基本涵盖了建设工程合同纠纷中各类实务问题，主要包括 8 个专题：合同效力问题，合同的解释、转让、变更、解除问题，建设工期与工程质量问题，工程造价与结算问题，建设工程价款优先受偿权问题，违约责任问题，程序问题，以及其他问题。

　　本书为从事建设工程合同纠纷案件审理的法官、仲裁员以及代理律师提供简捷、有效的帮助；同时为建筑施工企业的项目经理、法务人员、工程造价人员防控法律风险、开展相关工作、处理相关问题提供针对性较强的帮助，是一本相当实用和好用的建设工程法律实务图书。

　　本书作者创办了微信公众号"建工律评"，并在该公众号中持续发表有关建设工程法律实务方面的专业文章，欢迎广大读者关注和交流。

2024 年 9 月 10 日

凡 例

1.本书中法律、行政法规名称中的"中华人民共和国"省略,其余一般不省略,例如,《中华人民共和国民法典》简称《民法典》。

2.本书中使用修改前的司法解释的,以括号形式注明其相应文号,例如,《民事诉讼法解释》(法释〔2015〕5号)。

3.本书中引用法律条款的"条""款""项""目",一般使用阿拉伯数字表示,例如,《民法典》第七百九十三条第二款第(二)项,写为《民法典》第793条第2款第2项。

4.法律文件全称、简称对照表。

法律文件全称	简称
《中华人民共和国民法典》	《民法典》
《中华人民共和国建筑法》(2019年4月23日修正)	《建筑法》
《中华人民共和国招标投标法》(2017年12月27日修正)	《招标投标法》
《中华人民共和国城乡规划法》(2019年4月23日修正)	《城乡规划法》
《中华人民共和国标准化法》(2017年11月4日修订)	《标准化法》
《中华人民共和国审计法》(2021年10月23日修正)	《审计法》
《中华人民共和国价格法》	《价格法》
《中华人民共和国安全生产法》	《安全生产法》
《中华人民共和国政府采购法》(2014年8月31日修正)	《政府采购法》
《中华人民共和国城市房地产管理法》(2019年8月26日修正)	《城市房地产管理法》
《中华人民共和国消费者权益保护法》(2013年10月25日修正)	《消费者权益保护法》
《中华人民共和国保守国家秘密法》(2010年4月29日修订)	《保守国家秘密法》
《中华人民共和国民事诉讼法》(2023年9月1日修正)	《民事诉讼法》

续表

法律文件全称	简称
《中华人民共和国招标投标法实施条例》(2019年3月2日修正)	《招标投标法实施条例》
《中华人民共和国审计法实施条例》(2010年2月2日修订)	《审计法实施条例》
《中华人民共和国标准化法实施条例》	《标准化法实施条例》
《中华人民共和国建设工程安全生产管理条例》	《建设工程安全生产管理条例》
《中华人民共和国建设工程质量管理条例》(2019年4月23日修订)	《建设工程质量管理条例》
《中华人民共和国政府投资条例》	《政府投资条例》
《中华人民共和国政府采购法实施条例》	《政府采购法实施条例》
《中华人民共和国保障农民工工资支付条例》	《保障农民工工资支付条例》
国务院《关于〈必须招标的工程项目规定〉的批复》(国务院国函〔2018〕56号批复,国家发展和改革委员会16号令发布)	《必须招标的工程项目规定》
国家发展改革委《关于印发〈必须招标的基础设施和公用事业项目范围规定〉的通知》(发改法规规〔2018〕843号)	《必须招标的基础设施和公用事业项目范围规定》
最高人民法院《关于适用〈中华人民共和国民法典〉总则编若干问题的解释》(法释〔2022〕6号)	《民法典总则编司法解释》
最高人民法院《关于适用〈中华人民共和国民法典〉合同编通则若干问题的解释》(法释〔2023〕13号)	《民法典合同编通则司法解释》
最高人民法院《关于审理建设工程施工合同纠纷案件适用法律问题的解释(一)》(法释〔2020〕25号)	《建设工程司法解释(一)》
最高人民法院《关于商品房消费者权利保护问题的批复》(法释〔2023〕1号)	《商品房消费者权利保护批复》
最高人民法院《关于适用〈中华人民共和国民事诉讼法〉的解释》(2022年3月22日修正)	《民事诉讼法解释》
最高人民法院《关于民事诉讼证据的若干规定》(法释〔2019〕19号)	《民事诉讼证据规定》
最高人民法院《关于适用〈中华人民共和国民法典〉有关担保制度的解释》(法释〔2020〕28号)	《担保制度司法解释》
最高人民法院《关于审理民间借贷案件适用法律若干问题的规定》(法释〔2020〕17号)	《民间借贷司法解释》

续表

法律文件全称	简称
最高人民法院《关于审理民事案件适用诉讼时效制度若干问题的规定》(法释〔2020〕17号)	《诉讼时效制度规定》
最高人民法院《关于人民法院办理执行异议和复议案件若干问题的规定》(法释〔2020〕21号)	《关于人民法院办理执行异议和复议案件若干问题的规定》
《建筑业企业资质管理规定》(根据住房和城乡建设部《关于取消部分部门规章和规范性文件设定的证明事项的决定》建法规〔2019〕6号修改)	《建筑业企业资质管理规定》
《建筑业企业资质标准》(根据住房和城乡建设《部关于简化建筑业企业资质标准部分指标的通知》建市〔2016〕226号修改)	《建筑业企业资质标准》
《建筑工程施工质量验收统一标准》(GB 50300—2013)	《建筑工程施工质量验收统一标准》(GB 50300—2013)
住房和城乡建设部《关于印发建筑工程施工发包与承包违法行为认定查处管理办法的通知》(住房和城乡建设部建市规〔2019〕1号)	《建筑工程施工发包与承包违法行为认定查处管理办法》
《房屋建筑和市政基础设施工程施工分包管理办法》(住房和城乡建设部第47号令第二次修正)	《房屋建筑和市政基础设施工程施工分包管理办法》
住房城乡建设部、财政部《关于印发〈建筑安装工程费用项目组成〉的通知》(建标〔2013〕44号)	《建筑安装工程费用项目组成》
《建筑工程施工发包与承包计价管理办法》(住房和城乡建设部16号令)	《建筑工程施工发包与承包计价管理办法》
财政部、原建设部《建设工程价款结算暂行办法》(财建〔2004〕369号文)	《建设工程价款结算暂行办法》
《房屋建筑和市政基础设施工程施工招标投标管理办法》(根据住房和城乡建设部令第47号修改)	《房屋建筑和市政基础设施工程施工招标投标管理办法》
住房和城乡建设部《建筑工程施工许可管理办法》(2021年3月30日修正)	《建筑工程施工许可管理办法》
原建设部《房屋建筑工程质量保修办法》(建设部令〔第80号〕)	《房屋建筑工程质量保修办法》

续表

法律文件全称	简称
住房和城乡建设部、财政部《建设工程质量保证金管理办法》（建质〔2017〕138号）	《建设工程质量保证金管理办法》
原建设部《关于印发〈建设工程施工发包与承包价格管理暂行规定〉的通知》（建标〔1999〕1号）	《建设工程施工发包与承包价格管理暂行规定》
住房和城乡建设部《建设工程工程量清单计价规范》（GB 50500—2013）	《建设工程工程量清单计价规范》（GB 50500—2013）
住房和城乡建设部、国家工商总局《建设工程施工合同（示范文本）》（GF-2017-0201）	《2017版施工合同示范文本》
建设部和国家工商管理局《建设工程施工合同（示范文本）》（GF-1999-0201）	《1999版施工合同示范文本》

目　　录

专题一　合同效力问题

1. 建设单位以保护企业商业秘密为由未进行招标的,如何认定建设工程施工合同的效力? ／001
2. 发承包双方签约在先,以后又履行了招投标程序,人民法院如何认定建设工程施工合同的效力? ／002
3. 发承包双方签约在先,后又履行招投标程序并签订合同,如何认定两份建设工程施工合同的效力及确定结算依据? ／004
4. 承包人在招标前已经进场施工,其后签订的中标合同是否有效? ／006
5. 外地施工企业未在工程所在地建设主管部门办理登记备案手续的,签订的建设工程施工合同是否有效? ／006
6. 发起人以尚未成立的公司名义签订的建设工程施工合同,人民法院如何认定其效力? ／007
7. 合同当事人一方主张签订合同未经其内部决议因而无效,能否得到法院支持? ／008
8. 在未办理任何报批立项和建设手续的情形下签订的建设工程施工合同是否有效? ／008
9. 法定代表人违反2023年《公司法》第15条及公司章程的约定对外提供担保的,担保合同是否有效? ／010
10. 如何区分管理性规范和效力性规范? ／012
11. 建设工程施工合同的实质性内容包括哪些? ／015
12. 如何判断两份建设工程施工合同的"实质性内容不一致"? ／016

13. 什么是建设工程中的"黑白合同"？ / 017
14. 如何认定"黑白合同"？ / 018
15. 发承包双方在中标合同之外签订的变更工程价款的补充协议,是否有效？ / 019
16. "黑合同"与"白合同"无实质性差异,人民法院如何认定其效力？ / 020
17. 订立"黑白合同","黑合同"整体无效吗？ / 021
18. 中标文件中没有工程款让利的内容,在建设工程施工合同中约定的让利条款是否有效？ / 022
19. 发承包双方在施工中根据实际情况改变中标合同实质性内容的,是否有效？ / 023
20. 违法分包合同,都是无效合同吗？ / 024
21. 主体结构工程劳务分包是否有效？ / 025
22. 施工总承包人分包劳务未经建设单位认可,劳务分包合同是否有效？ / 025
23. 专业工程承包人分包劳务,是否属于再分包？应否征得建设单位或总承包人的同意？劳务分包合同是否有效？ / 026
24. 发承包双方为弥补停工损失而签订的变更中标合同结算方式的合同,是否有效？ / 027
25. 发承包双方签订的非中标合同是否一定无效？ / 028
26. 发包人将各个专业工程发包给不同的承包人,是否属于支解发包工程？其订立的施工合同是否有效？ / 028
27. 如何认定违法分包与转包？ / 030
28. 如何认定承包人转包工程？ / 031
29. 总包单位可以分包的工程范围有哪些？总包单位将打桩工程分包给具有相应资质的专业施工队伍,分包合同是否有效？ / 032
30. 施工分包合同的一方主体是自然人的,如何认定该合同的效力？ / 032
31. "背靠背条款"是否有效？实务中对该约定应当如何处理？ / 034
32. 施工企业与项目经理签订的内部承包合同在什么情况下可以认定为转包合同？ / 037

33. 如何区分内部承包与挂靠？／037
34. 施工企业以联营方式将承建工程转交联营方建设的，是否属于转包？／038
35. 建设工程施工合同被确认无效的法律后果是什么？／038
36. 发包人主张承包人与实际施工人签订的转包合同无效，能否得到法院支持？／039
37. 承包人违法分包建设工程，能否成为其对实际施工人欠付的材料款承担连带清偿责任的理由？／040
38. 大酒店工程是否属于强制招标项目？／041
39. 建设工程施工合同中不可竞争性费用的让利约定是否有效？／041
40. 建设工程施工合同违反《建设工程工程量清单计价规范》(GB 50500—2013)中的强制性条文，是否有效？／043
41. 挂靠施工情形下的合同效力应如何认定？／048
42. 施工企业能否以项目经理部未经授权为由，主张其项目经理部签订的合同无效？／052

专题二　合同的解释、转让、变更、解除问题

43. 招标文件是建设工程施工合同的组成部分吗？／054
44. 如何界定"项目开发人"与"项目产权人"？／055
45. "建设单位"与"发包人"有什么区别？／055
46. 如何区分工程保证金、垫资款与借款？／056
47. 法律允许的垫资范围是什么？诉讼实务中，对超出垫资范围的款项如何处理？／056
48. 工程造价尚未结算，施工企业能否转让其工程款债权？／057
49. 一方当事人实际履行的内容与合同约定的内容不一致，对方对此认可并接受，但在诉讼中又主张该方当事人违约的，能否成立？／058
50. 违约方迟延履行合同义务，守约方如何解除建设工程施工合同？／059

51. 当事人在对方违约后没有行使解除权而是继续履行合同的,能否再主张解除合同? /060

52. 解除合同的律师函未加盖委托人公章的,是否有效? /061

53. 守约方拖延送达解除合同通知的法律后果是什么? /061

54. 当事人收到对方的解除合同通知后,应当如何做? /062

55. 一方已向对方送达了解除合同通知,但又诉请解除合同的,该合同是否已解除? /063

56. 当事人未在约定的异议期限或者其他合理期限内对解除合同通知提出异议的,能否确认合同已经解除? /064

57. 合同一方发出解除合同通知书,对方认可解除合同,但认为是基于通知方的违约事实而解除合同,能否认定为双方协议解除合同? /066

58. 发包人知晓承包人转包工程后,能否与其解除建设工程施工合同? /067

59. 承包人与发包人订立建设工程施工合同后,又与发包人的母公司签订补充协议解除施工合同的,如何认定施工合同的效力? /067

60. 解除合同的法律后果是什么? /068

61. 住宅小区项目范围内的排水工程是房屋建筑工程还是市政工程? /068

62. 如何判断合同约定的付款内容是工程进度款还是竣工结算价款? /070

专题三 建设工期与工程质量问题

63. 同一工程项下的数份合同工期有冲突,应当如何确认竣工日期? /072

64. 竣工验收合格日期应当如何认定? /072

65. 工程竣工验收证书上的验收时间能否作为工程移交的时间? /074

66. 增加工程量没有工期顺延签证,如何折算顺延工期? /074

67. 建设工程施工合同约定的工程暂定价与结算价不一致时,如何折算顺延工期? /075

68. 如何认定承包人工期违约? /075

69. 承包人逾期完工的免责事由有哪些? /078

目 录

70. 施工方主张因发包方拖延付款造成工期延误的条件是什么？／078
71. 承包人不能提交工期索赔证据的,能否顺延工期？／079
72. 如何认定群体工程的工期延误？／081
73. 如何计算工期提前奖？／082
74. 承包人逾期竣工,人民法院或仲裁机构对其已按形象进度分段预收的工期奖应如何处理？／082
75. 工程逾期竣工违约责任的举证责任应由谁承担？／083
76. 工程竣工验收证书未经监理单位盖章确认的,能否确认工程已通过验收？／084
77. 工程未经验收即投入使用的法律后果是什么？／085
78. 在保修期内的建设工程质量责任应当由谁承担？／086
79. 保修责任的特征是什么？保修责任与工程质量缺陷责任有何异同？／087
80. 竣工验收合格证明能否证明工程质量合格？／089
81. 建设工程质量保证金的性质是什么？如何确定返还时间？／090
82. 建设工程施工合同约定工程质量保证金在保修期满后返还的,应如何认定质量保证金的返还时间？／093
83. 消防验收时间能否作为起算质量保证金返还时间的依据？／094
84. 发包人主张扣抵建设工程质量保证金应提供哪些证据？／096
85. 建设工程施工合同无效,是否还应按照约定扣留工程质量保证金？／097
86. 建设工程施工合同解除后,承包人是否继续保修？发包人能否预留工程质量保证金？／100
87. 施工人从何时起不再对工程质量承担责任？／103
88. 发包人能否要求实际施工人承担返工费用？／106
89. 发包人超出诉讼时效提出工程质量索赔,能否得到人民法院或仲裁机构支持？／107
90. 发包人在承包人提起的索要工程款诉讼或仲裁中,提出工期和质量异议的,承包人如何应对？／108

005

91. 如何认定"半截子"工程的质量？ ／109

92. 对于"半截子"工程,谁对工程质量合格承担证明责任,应由发包人证明已完工程不合格,还是应由承包人证明已完工程合格？ ／110

93. 承包人提起诉讼或仲裁索要工程款,发包人主张部分工程存在施工质量缺陷并要求限期整改的,人民法院或仲裁机构一般如何处理？ ／111

94. 建设工程施工合同无效,能否直接参照合同约定工期计算延期竣工损失？ ／112

95. 建设工程施工合同无效,是否需要参照合同约定的质量标准、付款时间计算损失？ ／115

96. 发包人未经验收擅自使用建设工程的,还能否向承包人主张返工责任？ ／117

专题四　工程造价与结算问题

97. 承包方诉讼或仲裁中提供的设计变更单未经设计单位盖章认可,变更部分能否计价？ ／119

98. 签证单上只有监理人员签字而无发包人签字的,能否计取签证款？ ／119

99. 建设工程施工合同约定签证单应由发包人和监理人同时签章才能生效的,如何认定缺少其中一方签章的签证单效力？ ／120

100. 当事人采用《1999版施工合同示范文本》订立施工合同,未在专用条款中明确约定结算默认条款,发包方收到承包方结算资料后逾期未予答复的,能否直接认定承包方的工程结算造价？ ／121

101. 当事人采用《2017版施工合同示范文本》订立施工合同,未在专用条款中明确约定结算默认条款,发包方收到承包方结算资料后逾期未予答复的,能否直接认定承包人单方的工程结算造价？ ／123

102. 发包人未在建设工程施工合同约定的审核竣工结算期限内答复承包人,诉讼或仲裁案件中又不认可承包人的单方结算文件的,应由哪方申请工程造价鉴定？ ／125

103. 建设工程施工合同纠纷案件中,一方提出了具体的工程造价数额,另一方不认可该数额又不申请鉴定的,如何确定工程造价？ ／126

目 录

104. 建设工程施工合同约定发包方逾期不答复即视为认可承包方结算值,双方就结算对项工作另行达成协议但最终未能定案,能否再适用合同中约定的默认条款? / 130

105. 发包人与承包人审定的工程造价与鉴定意见不一致时,以哪个为准? / 131

106. 发包人与承包人审定的工程造价与审计结论不一致时,以哪个为准? / 132

107. 工程造价鉴定意见与审计机关审计结论不一致时,以哪个为准? / 132

108. 以审计机关的审计结论作为确定工程造价的条件是什么? / 133

109. 当事人就同一工程提供数份不同版本的建设工程施工合同,应当依据哪份合同结算工程价款? / 134

110. 当事人就同一工程提供数份不同版本的建设工程施工合同,如何确定结算依据的优先次序? / 139

111. 当事人就同一工程提供的数份建设工程施工合同均无效,并且不能辨别当事人的真实意思时,如何确定结算依据? / 140

112. 两份建设工程施工合同均无效且无法判断实际履行合同以及最后签订的合同时,应当如何确定工程价款? / 141

113. 工程造价鉴定机构分别按照定额价和市场价作出鉴定意见的,应当如何确定工程价款? / 142

114. 对固定价格的建设工程施工合同,人民法院或仲裁机构能否依据鉴定意见确定工程造价? / 143

115. 固定价格建设工程施工合同中途解除的,如何确定已完工程造价? / 143

116. 以划分界区的方式确定承包范围签订的固定总价建设工程施工合同,当实际工程量超出合同约定的工程量时,承包人能否要求增加工程价款? / 146

117. 发承包双方签订"平方米包干"的建设工程施工合同,因设计变更导致工程量增加,但建筑面积未增加的,能否允许调整工程价款? / 148

118. 因建筑材料或人工费大幅上涨,承包人以情势变更为由请求变更或解除固定价格建设工程施工合同的,人民法院或仲裁机构应否支持? / 149

119. 发包人单方委托咨询公司审价,承包人代其支付审价费取得的审价报告能否作为认定工程造价的证据? / 152

007

120. 承包方与发包方委托的第三人作出的未经发包方盖章确认的结算书,人民法院或仲裁机构能否以此确定工程造价? / 153

121. 协助发包人结算对项的第三人没有审计资质,如何认定已经审定的结算书的效力? / 153

122. 承包人能否在已审定的工程造价之外要求增加签证款? / 154

123. 建设工程施工合同约定的工程款计价标准与定额标准不一致的,诉讼或仲裁中能否变更? / 155

124. 对于建设工程施工合同约定的定额标准和结算时已实施的新定额标准,应适用哪一标准结算工程造价? / 155

125. 发承包双方对执行定额作出特别约定的,能否执行该特别约定? / 156

126. 承包人参照定额标准组成清单报价,发包人主张按照定额标准计价的,能否得到人民法院或仲裁机构支持? / 157

127. 工程转包情况下,发包人应当与谁结算工程价款? / 158

128. 工程转包情况下,转包人能否向转承包人主张管理费? / 158

129. 承包人转包工程情况下,能否向发包人主张因发包人甩项工程产生的配合费? / 160

130. 承包人转包工程情况下,能否向发包人主张停窝工损失? / 160

131. 承包人转包工程情况下,能否向发包人主张逾期支付工程款的利息? / 161

132. 总承包人主张按照其与建设单位的结算值认定分包工程价款的,能否得到人民法院或仲裁机构的支持? / 161

133. 实际施工人冒用其他单位名义签订建设工程施工合同的,如何结算工程价款? / 162

134. 实际施工人与发包人就工程价款签署的结算协议能否作为主张工程欠款的依据? / 163

135. 建设工程施工合同无效,发承包双方就结算工程价款达成的补充协议是否有效? / 164

136. 材料价格如何调整价差? / 165

137. 承包方不能提供停工、窝工签证的,能否通过委托鉴定方式确定停工、窝工的损失? / 166

138. 建设工程停工的,停工时间及停工损失的责任应如何确定? / 167

139. 建设工程长期停工的,停工损失应如何承担? / 168

140. 发承包双方在施工过程中增加了施工内容,但没有约定计价标准的,应当如何适用增加部分的结算标准? / 169

141. 发包人甩项工程,应如何计取配合费? / 169

142. 发包人甩项工程,仍要求总包单位对甩项工程质量负责的,总包单位能否同时主张配合费和管理费? / 170

143. 建设工程施工合同约定按"双方认可的工程总价"让利,承包方因造价未能审定主张不予让利的,能否成立? / 170

144. 承包方式由承包人包工包料改为发包人供料,承包人提出不再予以让利的,能否得到人民法院或仲裁机构的支持? / 171

145. 承包人购材享有优惠,发包人能否要求以该优惠价格结算工程款? / 172

146. 建设工程施工合同因发包人原因解除,承包人要求对其中部分工程的让利部分给予适当补差的,能否得到人民法院或仲裁机构的支持? / 172

147. 人民法院对合同未约定的内容选择适用相关计费标准,是否妥当? / 174

148. 承包人未完成建设工程施工合同约定的全部工程,能否对已完工程计取优质工程奖? / 174

149. 发包人能否以未收到竣工资料为由主张不予结算工程价款? / 175

150. 建设工程未经验收但由发包人实际接收的,承包人是否具备索要工程款的权利? / 177

151. 发包方指定材料设备供应商的诉讼风险是什么? / 178

152. 施工方包工包料应注意哪些问题? / 179

153. 建设工程施工合同中约定"甲供材不进入结算也不转账"的法律风险是什么? / 179

154. 建设工程施工合同约定甲方供材按定额价结算,发包人主张按领料单上的供货价进行材料退价的,能否得到人民法院或仲裁机构的支持? / 180

155. 建设工程施工合同约定的工程造价取费标准发生变化,是否还应执行工程造价下浮的约定? ／180

156. 工程造价下浮,材料退价时是否也应下浮? ／181

157. 工程造价下浮,工程的修复费用是否也应下浮? ／181

158. 有关索赔证据上的印章未经备案,如何固定其效力? ／182

159. 工程结算书上仅有发包方人员签字而无盖章,如何固定其效力? ／183

160. 发包方有关人员在工程结算书回执单签字但未盖章,发包人庭审中否认收到竣工结算文件的,应如何认定案件事实? ／183

161. 在建设工程施工合同无效、工程尚未竣工且未经验收的情况下,如何结算承包人的已完工程价款? ／184

162. 建设工程施工合同约定应由承包人完成、实由发包人完成的工作,其费用承担原则是什么? ／185

163. 结算统计表中,有待发包、承包双方负责人最终确定的意思表示但未经确认的,该统计表能否作为确认工程价款的依据? ／185

164. 当工程造价鉴定数值低于发包人在有关文件中自认的数额且明显与已查明事实相悖时,能否以鉴定意见确定工程价款? ／186

165. 承包人未按建设工程施工合同约定提出变更工程价款报告的,能否在诉讼或仲裁中主张变更工程价款? ／187

166. 对工程造价鉴定意见中有争议的部分,应如何认定和处理? ／189

167. 承包人开具工程款发票时的税率较合同约定税率已经调整的,应按何种税率计算工程造价中的税金? ／189

168. 招标工程量清单中的部分工程量是按照定额计算的,鉴定时应按清单还是定额计算该部分工程量? ／190

169. 暂列金额与暂估价有何异同? ／191

专题五　建设工程价款优先受偿权问题

170. 建设工程价款优先受偿权的性质是什么? ／195

171. 建设工程价款优先受偿权的权利范围是什么？ / 196
172. 建设工程价款优先受偿权的行使期限如何确定？ / 197
173. 如何实现建设工程价款优先受偿权？ / 197
174. 建设工程施工合同解除或终止履行时，承包人如何行使工程价款优先受偿权？ / 198
175. 承包人转让其工程款债权，受让人能否享有建设工程价款优先受偿权？ / 199
176. 承包人能否对已被发包人转让的建设工程主张建设工程价款优先受偿权？ / 201
177. 承包人能否对已被发包人转让的商铺行使建设工程价款优先受偿权？ / 202
178. 承包人对哪些费用不享有建设工程价款优先受偿权？ / 204
179. 实际施工人能否主张建设工程价款优先受偿权？ / 204
180. 承包人转包建设工程的，还能否向发包人主张建设工程价款优先受偿权？ / 206
181. 承包人能否以留置建设工程的方式主张建设工程价款优先受偿权？ / 207
182. 承包人对他人续建的工程是否享有建设工程价款优先受偿权？ / 208
183. 承包人在哪些情形下不享有建设工程价款优先受偿权？ / 209
184. 承包人行使建设工程价款优先受偿权的起算日期如何计算？ / 210
185. 对群体工程应如何确定建设工程价款优先受偿权的起算时间？ / 218
186. 装饰装修工程承包人是否享有建设工程价款优先受偿权？如何理解装饰装修工程承包人建设工程价款优先受偿权的新变化？ / 219

专题六　违约责任问题

187. 承包人停工报告未附有发包人拖延付款的证据，是否属于擅自停工？ / 222

188. 发包人的关联企业拖欠承包人的工程款,承包人能否据此对发包人的工程停止施工? / 223

189. 二期工程施工时,发包人尚欠承包人一期工程款,承包人能否以此为由对二期工程停止施工? / 223

190. 如何认定合理停工与擅自停工? / 224

191. 履行包死价合同中途,承包人停工撤场,如何认定哪一方违约? / 225

192. 发包方无合同依据对承包方的罚款,是否有效? / 226

193. 违约方没有过错,是否还要承担违约责任? / 227

194. 委托代建合同延期交工,代建单位是否一定承担违约责任? / 228

195. 建设工程施工合同同时约定了总体工程和单体工程的逾期罚款,是否有效? / 228

196. 建设工程施工合同约定的违约条款互相矛盾时,人民法院或仲裁机构应如何适用? / 229

197. 违约条件未成就或者违约金标准约定不明的情况下,人民法院或仲裁机构如何适用违约责任? / 229

198. 如何适用违约金条款? / 230

199. 合同被确认无效,能否要求承担违约责任? / 230

200. 发包、承包基于无效建设工程施工合同在后续协议中约定的违约金是否有效? / 231

201. 合同设定了单一、惩罚性违约金的,违约方能否要求按违约程度承担违约责任? / 231

202. 当事人约定的违约金过高,应当如何调整? / 232

203. 当事人主张违约金过分高于实际损失,对"实际损失"应由谁证明? / 233

204. 建设工程施工合同仅约定逾期付款应承担违约金但未约定违约金数额或计算方法的,承包方能否主张法定违约金? / 234

205. 当事人在违约金和约定损失赔偿之外,能否再行主张损失赔偿? / 235

206. 建设工程施工合同没有约定逾期付款支付利息的,承包人能否主张逾期付款利息? / 236

207. 承包人没有请求支付逾期付款利息的,人民法院或仲裁机构能否认定发包人支付利息? / 237

208. 建设工程施工合同约定逾期付款支付利息的同时承担违约金的,能否一并予以支持? / 238

209. 建设工程施工合同仅约定了逾期付款违约金,未约定工程款利息的,承包人能否在逾期付款违约金之外再行主张工程欠款的利息? / 239

210. 承包方从何时起算工程款利息? / 241

211. 在建设工程施工合同约定的支付工程款日期内尚未完成结算的,应从何时起算工程款的利息? / 242

212. 建设工程施工合同约定,发包人在双方结算定案后一定期限内支付工程款,但双方尚未完成结算的,应从何时起计算逾期付款违约金? / 243

213. 建设工程施工合同约定结算款经双方认可的审计部门审计后支付,但双方未就审计部门达成一致的,从何时起算结算款的利息? / 244

214. 对工程款之外的费用如何计算利息? / 244

215. 承包人在施工中未就发包人逾期支付进度款提出索赔的,能否在诉讼或仲裁中主张进度款的利息? / 245

216. 发包人使用远期承兑汇票支付工程款,贴现利息应由谁承担? / 246

217. 承包人提供的竣工结算资料中没有竣工图,发包人应否承担逾期审核结算及逾期付款责任? / 246

218. 承包人未完整报送当月工程量及进度结算书的,能否要求发包人承担逾期支付进度款的违约责任? / 248

219. 发包人拖延支付工程进度款,能否向承包人主张逾期竣工的违约责任? / 249

220. 发包方违约在先,能否向承包人主张因逾期竣工导致的逾期营业损失? / 249

221. 发包方在建设工程施工合同约定的延期交工违约责任之外再按逾期交房的租金标准主张预期利益损失的,能否得到人民法院或仲裁机构的支持? / 250

222. 工程未完工情况下,如何计算发包人拖延付款的违约金? / 251

223. 合同中约定定金条款,但付款凭证上未标明"定金"的,能否主张定金权利? / 251

224. 实际施工人能否向发包人主张违约责任? / 252

225. 承包人对发包人甩项工程未提异议的,能否要求发包人赔偿甩项工程的可得利益损失? / 253

226. 在发承包双方已经结算工程造价的前提下,承包人主张因"营改增"导致税金损失并请求发包人赔偿的,应否予以支持? / 253

专题七 程 序 问 题

227. 实际施工人同时起诉承包人和发包人索要工程款的,人民法院应否对双方的工程造价进行鉴定? / 255

228. 对于"半截子"工程,人民法院或仲裁机构应否主动审查其工程质量? / 256

229. 一方对已审定的工程造价又提出造价鉴定申请,人民法院或仲裁机构的处理原则是什么? / 257

230. 二审法院对重新鉴定工程造价申请的处理原则是什么? / 258

231. 建设工程施工合同中约定了结算的默认条款,发包人申请工程造价司法鉴定的,能否得到法院或仲裁机构的准许? / 258

232. 人民法院启动重新鉴定的条件是什么? / 259

233. "诉前鉴定意见"的性质及证明力如何?对方不认可该意见时的证明责任应如何承担?发包人对承包人提供的诉前单方审价报告不予认可的,应由谁对工程造价承担证明责任? / 260

234. 在鉴定书上署名的造价工程师未出庭接受质询的,该鉴定书能否作为证据使用? / 263

235. 人民法院或仲裁机构违背合同有效约定启动鉴定程序作出的鉴定意见能否作为定案的根据? / 264

236. 请求法院或仲裁机构确认建设工程施工合同无效,是否受诉讼时效限制? / 265

目　录

237. 建设工程未经结算,承包人追索工程款是否受诉讼时效限制? ／266
238. 建设工程施工合同约定工程尾款待验收通过后支付,但建设工程验收客观上已无法进行的,应从何时起算诉讼时效? ／267
239. 对账函记载"本函仅为复核账目之用,并非催款结账",能否中断诉讼时效? ／267
240. 在确定案件级别管辖法院时,如何确定"当事人一方住所地不在受理法院所处省级行政辖区"? ／269
241. 诉讼标的金额超出了当事人协议选择的法院的级别管辖范围时,应如何确定管辖法院? ／269
242. 合同约定争议可向甲乙双方一方当事人所在地法院起诉的,是否有效? ／270
243. 建设工程施工合同约定的管辖法院,与工程所在地不是同一地的,约定管辖是否有效? ／271
244. 双方约定合同争议由守约方所在地法院管辖的,是否有效? ／272
245. 合同约定双方各自可向所在地法院起诉的,是否有效? ／272
246. 建设工程施工合同约定了仲裁管辖,而双方就偿还工程款达成的还款协议中约定了司法管辖的,应如何确定管辖权? ／273
247. 发包、承包双方在建设工程施工合同中约定了仲裁条款,第三人就偿付工程款与承包人签订的偿还工程款的协议中约定了司法管辖,承包人将发包人与第三人列为共同被告起诉,人民法院对发包人是否具有管辖权? ／274
248. 发包、承包双方及／或承包人与实际施工人之间的建设工程施工合同约定有仲裁条款的,实际施工人向发包人主张权利是否受该仲裁条款制约? ／275
249. 发包、承包双方约定了仲裁管辖,且双方尚未明确欠款数额的,实际施工人能否起诉发包人索要工程款? ／276
250. 原告仅与被告之一达成协议管辖条款的,应如何确定案件的管辖法院? ／276
251. 在实际施工人起诉发包人的诉讼中,是否必须追加被挂靠单位参与诉讼? ／277
252. 承包人被强制清场后,在索要工程款诉讼或仲裁中一并主张发包人返还施工机具等遗留物品的,能否一并审理? ／279

015

253. 承包人以缴纳诉讼费困难为由,撤回了部分工程款的追索请求,此后能否针对撤回的工程款另案提起诉讼? / 280

254. 民事案件再审应注意哪些事项? / 281

255. 仲裁案件审理中,应如何处理涉案合同的效力问题? / 284

256. 民事案件中应怎样确定举证责任人? / 285

257. 实体法律规范是否是确定证明责任的依据? / 288

258. 确定证明责任,是否应当区分对权利的抗辩和对证据的抗辩? / 289

259. 确定证明责任,应如何区分本证与反证? / 290

260. 确定证明责任,应如何区分反证与反驳性证据? / 292

261. 举证责任如何动态转移? / 293

262. 证明责任应如何承担? / 297

263. 工程质量问题应由谁举证证明? / 303

264. 工程价款问题应由谁举证证明? / 304

265. 工期违约责任应由谁举证证明? / 305

266. 合同之诉与股东损害公司债权人利益之诉能否合并审理? / 307

267. 诉的合并有几种情形? / 308

268. 在缺席审理的情况下,仲裁庭能否主动以约定违约金过高为由对违约金进行调整? / 310

269. 变更后的诉讼请求数额不再符合受诉法院级别管辖标准时,应否移送管辖? / 311

270. 当事人在哪些情形下可以提出管辖权异议? / 312

271. 超过上诉期后,还能增加上诉请求吗? / 317

272. 在建设工程已不具备质量鉴定条件的情况下,应否准许当事人径直提出的损失鉴定申请? / 321

273. 鉴定机构拒不提供鉴定的基础数据与计算过程等材料的,其鉴定意见能否作为认定案件事实的根据? / 322

274. 如何适用裁驳或判驳? / 323

专题八 其他问题

275. 如何确定诉讼(债务)主体? /325

276. 发包人的母(子)公司承诺偿还工程款的,是债务转移还是债务加入? 应如何确定发包人及其母公司的责任? /326

277. 施工期间,发包人与第三人成立新公司并由新公司继受该项目的,如何确定工程付款义务主体? /327

278. 同一项目下各单位工程签有数份建设工程施工合同,并且合同主体交叉混乱的,承包人如何追索工程欠款? /328

279. 合同之外的第三人协助发包人履行施工合同的,应如何确定第三人与发包人的诉讼地位? 二者应承担何种责任? /328

280. 实际施工人的间接上手承包人应否对实际施工人的工程款承担责任? /330

281. 实际施工人直接起诉发包人索要工程款诉讼中,应由谁承担"发包人欠付工程价款"的证明责任? /332

282. 当事人就同一事件签订多份协议,有时以单位名义盖章加签字,有时以个人名义签字,如何确定原告的诉讼主体? /334

283. 当事人达成还款协议后,能否对形成还款协议的基础事实提出抗辩主张? /334

284. 劳务分包合同的承包人能否直接向发包人(业主)索要工程款? /335

285. 总承包人与发包人尚未结算工程款,分包人能否就总承包人欠付的分包工程款向发包人行使代位权? /336

286. 实际施工人欠付工程材料款,材料供应商能否要求承包人承担连带清偿责任? /337

287. 总承包人指定主材品牌,且约定主材价格须由双方共同确认的,能否成为其对分包人材料款债务连带清偿的理由? /340

288. 委托代建工程情形下,如何确定支付工程款的义务主体? /340

289. 当事人自认的事实,能否作为人民法院定案的根据? /341

017

290. 当事人自认的事实涉及第三方利益的,能否仅凭自认定案? / 342

291. 自认与证据证明的事实不一致的,应如何认定案件事实? / 342

292. 当事人自认后,能否反悔? / 343

293. 当事人一审中对复印件证据的真实性未提出异议,在二审中才提出异议的,是否有效? / 343

294. 当事人一审中未就某项事实提出异议,在二审中才提出异议的,是否有效? / 344

295. 如何认定书证复印件的证据效力? / 344

296. 发包人以承包方下属工程队自认的工程欠款数额进行抗辩,是否有效? / 345

297. 施工单位与建设单位签有多份建设工程施工合同,能否就多份合同项下的工程欠款一并提起诉讼或仲裁? / 345

298. 如何认定名为购房合同实为建设工程承包合同? / 346

299. "工程总指挥部"对外签订合同的民事责任应由谁承担? / 347

300. 项目经理的法律地位是什么?其行为责任应如何承担? / 347

301. 劳务作业承包人与劳务作业发包人是何种关系? / 350

302. 建设工程的所有权人应否承担发包人的付款义务? / 351

303. 非核心工程没有竣工验收证书,能否认定该工程已经竣工验收? / 352

304. 发包人持有承包人开具的收款收据,但不能提供实际付款凭证的,能否认定其已付款? / 352

305. 发包人付款证据中有承包人工作人员出具的个人收款收据或借据,如何认定发包人的已付工程款数额? / 353

306. 发包人直接向总包范围内的专业分包人支付的工程款,能否认定为对总包人的付款? / 354

307. 发包人根据承包人派驻工地负责人的指示,将工程款偿付了该负责人的借款债权人,该款项能否抵作已付工程款? / 355

308. 承包人以拒不退场方式索要工程余款,是否合法? / 355

309. 承包人拒绝向建设单位交付施工资料是否合法? / 356

310. 承包人未向发包人交付竣工资料能否成为发包人拒付工程款的理由? / 357

目 录

311. 承包人因发包人拖欠工程款而拒交施工资料的,应否承担违约责任? / 359

312. 承包人未开具发票,能否成为发包人拒付工程款的理由? / 360

313. 承包人为索要工程款而作出不追究发包人违约责任的承诺,发包人能否据此主张免责? / 362

314. 建设工程未经验收但已交付使用的,发包人应否支付工程款? / 363

315. 因发包人原因致使建设工程未能整体竣工验收的,承包人能否主张已完工程的竣工结算款? / 363

316. 双方均无有效证据,人民法院如何进行裁量? / 364

317. 就同一事实双方当事人提供了同一份证据,但内容不完全相同的,应如何采信? / 364

318. 同一案外单位出具的前后矛盾的证明文书,能否采信? / 365

319. 发包人主张承包人未按图纸施工隐蔽工程,应由谁承担举证责任? / 365

320. 如何认定善意第三人? / 366

321. 发包人对承包人提报的签证未签署意见,人民法院或仲裁机构应如何认定其效力? / 366

322. 合同约定的税款负担人不同于税法规定的纳税义务人,是否有效? / 367

323. 发包人主张在工程欠款中代扣税金的,能否得到人民法院或仲裁机构的支持? / 367

324. 建设工程分包合同约定,由总包人就分包工程向建设单位开具发票,总包人能否要求分包人支付相应企业所得税? / 367

325. 借用资质的实际施工人超领工程款,出借资质单位应否承担还款责任? / 368

326. 文件签收人不是建设工程施工合同中约定的业主代表,如何认定其签字的效力? / 369

327. 如何认定单位工作人员签收文件的效力? / 369

328. 有监理人签章确认,但没有发包人签章确认的工程结算书,能否作为认定工程价款的依据? / 370

329. 如何界定抗辩和反诉(仲裁反请求)? / 371

330. 如何识别附条件的民事法律行为？ / 373

331. 如何区分"附条件"与"附期限"的民事法律行为？ / 376

332. 被挂靠人怠于向发包人主张工程款债权时，挂靠人的权利应如何救济？ / 378

333. 案外人认为仲裁裁决、调解书侵害其权益，如何救济？如何理解最高人民法院相关庭室关于同一问题存在矛盾的观点？ / 382

334. 作出民事法律行为的"意思表示"包括哪些情形？ / 384

335. 如何区分共同责任、连带责任、按份责任、补充责任？ / 387

336. 如何适用表见代理？ / 388

337. 发包人函告承包人限期结算，否则视为认可发包人单方作出的结算值，其效力如何？ / 393

附录　参考案例及文章 / 395

专题一　合同效力问题

1. 建设单位以保护企业商业秘密为由未进行招标的,如何认定建设工程施工合同的效力?

建设单位为保护企业高度商业秘密未进行招标,对于其签订的建设工程施工合同的效力认定,首先应确定建设项目是否为依法必须进行招标的项目,如果是依法必须招标的项目,则未进行招标违反了法律的强制性规定,应认定合同无效。《招标投标法》并未对涉及企业商业秘密的建设项目设定可以不进行招标的条件和规定,因此,企业高度商业秘密不是规避招标的有效要件。

《招标投标法》第3条第1款规定:"在中华人民共和国境内进行下列工程建设项目包括项目的勘察、设计、施工、监理以及与工程建设有关的重要设备、材料等的采购,必须进行招标:(一)大型基础设施、公用事业等关系社会公共利益、公众安全的项目;(二)全部或者部分使用国有资金投资或者国家融资的项目;(三)使用国际组织或者外国政府贷款、援助资金的项目。"《必须招标的工程项目规定》第2条规定:"全部或者部分使用国有资金投资或者国家融资的项目包括:(一)使用预算资金200万元人民币以上,并且该资金占投资额10%以上的项目;(二)使用国有企业事业单位资金,并且该资金占控股或者主导地位的项目。"第3条规定:"使用国际组织或者外国政府贷款、援助资金的项目包括:(一)使用世界银行、亚洲开发银行等国际组织贷款、援助资金的项目;(二)使用外国政府及其机构贷款、援助资金的项目。"《必须招标的基础设施和公用事业项目范围规定》第2条规定:"不属于《必须招标的工程项目规定》第二条、第三条规定情形的大型基础设施、公用事业等关系社会公共利益、公众安全的项目,必须招标的具体范围包括:(一)煤炭、石油、天然气、电力、新能源等能源基础设施项目;(二)铁路、公路、管道、水运,以及公共航空和A1级通用机场等交通运输基础设施项目;(三)电信枢纽、通信信息网络等通信基础设施项目;(四)防洪、灌溉、排涝、引(供)水等水利基础设施项目;(五)城市轨道交通等城建项目。"根据《必须招标的工程项目规定》第5条规定,以上"规定范围内的项目,其勘察、设计、施工、监理以及与工程建设有关的重要设备、材料等的采购达到下列标准之一的,必须招标:(一)施工单项合同估算价在400万元人民币以上;(二)重要设备、材料等货物的采购,单项合同估算价在200万元人民币以上;(三)勘察、设计、监理等服务的采购,单项合同估算价在100万元人民币以上。同一项目中可以合并进行的勘察、设计、施工、监理以及与工程建设有关的重要设备、材料等的采购,合同估算价合计达到前款规定标准的,必须招标"。上述规定的建设项目是依法必须进行招标的项目,即使属于企业的高度商业秘密,仍应依法招标,否则,签订的建设工程施工合同因违反法律强制性规定而无效。

《招标投标法》第66条规定:"涉及国家安全、国家秘密、抢险救灾或者属于利用扶贫资金实行以工代赈、需要使用农民工等特殊情况,不适宜进行招标的项目,按照国家有关规定可以不进行招标。"《保守国家秘密法》第11条第1款规定:"国家秘密及其密级的具体范围,由国家保密行政管理部门分别会同外交、公安、国家安全和其他中央有关机关规定。"因此,企业商业秘密未经法定程序上升为国家秘密的,不能视同国家秘密,不能依据《招标投标法》第66条的规定不进行招标。

另外,相关建设管理部门为建设单位核发建设用地规划许可证、建设工程规划许可证和建筑工程施工许可证等建设手续的事实,不能认定为项目主管部门对建设项目可以不进行招标的批准行为,不具有证明不进行招标已获批准的法律效力,人民法院仍将依法确认未经招标的建设工程施工合同无效。

2. 发承包双方签约在先,以后又履行了招投标程序,人民法院如何认定建设工程施工合同的效力?

第一,发承包双方签订建设工程施工合同后,就同一建设工程又履行了招投标程序,但双方未按中标通知书记载的内容签订施工合同的情形。

此种情形下,应当依照法律的规定,独立审核中标通知书和签约在先的施工合同的效力。

中标通知书的效力。承包人投标属于提出要约,发包人确定中标人属于作出承诺。中标通知书作为承诺的载体于到达承包人时生效,此时中标合同应已成立。但是,发承包双方没有按中标通知书记载的实质性内容签订施工合同,双方一直履行签约在先的施工合同并且从未向对方提出异议的,应当认定中标通知书记载的内容不是双方的真实意思,根据《民法典》第143条关于民事法律行为以行为人意思表示真实为必要条件的规定,应当认定虽然双方履行了招投标程序,但是该招投标行为不是双方真实的意思表示,中标合同并未成立,中标通知书对签约在先的施工合同未产生变更的法律效力。至于发承包双方违反了《招标投标法》第45条第2款[①]和第59条[②]的规定,应由建设行政主管部门处理,不属于民事案件的审理范围,不影响对签约在先的施工合同效力的认定。

签约在先施工合同的效力。首先,应当依据《招标投标法》与《必须招标的工程项目规定》《必须招标的基础设施和公用事业项目范围规定》的规定,审查讼争建设工程是不是必须进行招标的工程。如果依法是必须进行招标的工程,则签约在先合同因违反法律强制性规定而无效;如果不是必须进行招标的工程,并且承包人具备相应的施工资质,签约当事人意思表示真实、自愿,内容没有违反法律、行政法规规定的,应当认定该合同有效。

第二,双方当事人签订施工合同后,就同一建设工程又履行了招投标程序并签订了中标合同,两份合同同时存在时的效力认定。

首先,人民法院会审查讼争建设工程是不是依法必须进行招标的工程。如果必须招标,并且两份合同在工程质量、工程价款、建设工期等实质性内容明显不同的,则双方投标前的谈判行为对中标结果未产生实质性影响,签约在先的合同因未经招标及背离中标合同的实质性内容而无效,故应按中标合同确定双方的权利义务。如果依法不需要招标,那么应以双方意思表示真实且实际履行的合同确定双方的权利与义务。中标合同虽签约在后,如果并非双方的真实意思及实际履行,根据《民法典合同编通则司法解释》第14条关于"当事人之间就同一交

---

① 《招标投标法》第45条第2款规定:"中标通知书对招标人和中标人具有法律效力。中标通知书发出后,招标人改变中标结果的,或者中标人放弃中标项目的,应当依法承担法律责任。"
② 《招标投标法》第59条规定:"招标人与中标人不按照招标文件和中标人的投标文件订立合同的,或者招标人、中标人订立背离合同实质性内容的协议的,责令改正;可以处中标项目金额千分之五以上千分之十以下的罚款。"

易订立多份合同,人民法院应当认定其中以虚假意思表示订立的合同无效"的规定,则应认定该中标合同无效,不能产生变更签约在先施工合同的效力。

3. 发承包双方签约在先,后又履行招投标程序并签订合同,如何认定两份建设工程施工合同的效力及确定结算依据?

发承包双方签订建设工程施工合同后,就同一建设工程(强制招标项目)又履行了招投标程序,并签署中标合同,但两份合同内容存在较大甚至重大差异。诉讼中,双方因两份合同的效力及应当适用哪一份合同进行结算发生争议。

发包人认为,双方签约在先属于实质性谈判和串通投标行为,因而中标合同无效,应当参照双方实际履行的签约在先合同结算工程价款。承包人则认为,签约在先合同与中标合同属于"黑白合同",应当按照双方签订且备案的中标合同结算工程价款。

对此,应区分以下情形具体分析:

其一,签约在先合同与中标合同之间存在意思联络(如在签约在先合同中约定,中标合同仅为履行招标备案手续之用,双方权利义务以本合同为准等),或者承包人已在招标前进场施工的,则能够认定实质性谈判和串标,中标无效。

《招标投标法》第 43 条规定:"在确定中标人前,招标人不得与投标人就投标价格、投标方案等实质性内容进行谈判。"第 32 条第 2 款规定:"投标人不得与招标人串通投标,损害国家利益、社会公共利益或者他人的合法权益。"《招标投标法实施条例》第 41 条规定:"禁止招标人与投标人串通投标。有下列情形之一的,属于招标人与投标人串通投标:(一)招标人在开标前开启投标文件并将有关信息泄露给其他投标人;(二)招标人直接或者间接向投标人泄露标底、评标委员会成员等信息;(三)招标人明示或者暗示投标人压低或者抬高投标报价;(四)招标人授意投标人撤换、修改投标文件;(五)招标人明示或者暗示投标人为特定投标人中标提供方便;(六)招标人与投标人为谋求特定投标人中标而采取的其他串通行为。"由以上规定可知,实质性谈判和串通投标行为均是发生在招投标过程中、为谋求特定投标人中标而实施的为法律所禁止的行为。其本质在于规避法律关于强制招标的规定,"未招先定""明招暗定",损害其他投标人的合法权益。

签约在先合同与中标合同存在意思联络,或者承包人已在招标前进场施工的,表明建设工程在招标前已经确定施工人,双方存在实质性谈判和串标行为,该中标合同无效。

鉴于中标合同无效,该中标合同不能作为结算工程价款的依据。同时,签约在先合同因依法必须招标而未经招标亦无效,也不能作为结算工程价款的依据。也就是说,两份合同均无效,均不能作为结算工程款的依据。在此情形下,应在工程质量合格的前提下,依据《民法典》第793条第1款关于"建设工程施工合同无效,但是建设工程经验收合格的,可以参照合同关于工程价款的约定折价补偿承包人",以及《建设工程司法解释(一)》第24条"当事人就同一建设工程订立的数份建设工程施工合同均无效,但建设工程质量合格,一方当事人请求参照实际履行的合同关于工程价款的约定折价补偿承包人的,人民法院应予支持。实际履行的合同难以确定,当事人请求参照最后签订的合同关于工程价款的约定折价补偿承包人的,人民法院应予支持"的规定,依次参照双方实际履行的合同、最后签订的合同结算工程价款。

其二,签约在先合同与中标合同之间无意思联络,或者承包人未在招标前进场施工的,则不能认定实质性谈判和串标,该中标合同有效。

虽然发承包双方先行签订非中标合同,但承包人并未据此进场施工,且非中标合同与中标合同亦无意思联络,在此种情形下,尽管非中标合同签约在先,但并非发生在招投标过程中且其内容与中标合同存在实质性差异,因此,不能仅以签约在先行为推定为实质性谈判和串标。

在此情形下,应当依照法律的规定,独立审核签约在先合同与中标合同的效力。签约在先合同,因依法必须进行招标但未经招标而无效。中标合同,在无证据证明存在其他中标无效情形的情况下,应确认为有效。但是,如经审理查明,发承包双方实际履行的合同是签约在先的合同,依据《民法典合同编通则司法解释》第14条关于"当事人之间就同一交易订立多份合同,人民法院应当认定其中以虚假意思表示订立的合同无效"的规定,该中标合同无效。

关于结算依据。鉴于签约在先合同无效,故在中标合同有效的情况下,应当依据中标合同结算工程价款;在中标合同也无效的情况下,则应依据《建设工程司法解释(一)》第24条的规定,依次参照双方实际履行的合同、最后签订的合同结算工程价款。

4. 承包人在招标前已经进场施工，其后签订的中标合同是否有效？

对于依法必须进行招标的建设项目，承包人在招标前已经进场施工，此后发包、承包双方履行招投标程序并签订中标合同，且中标合同已在建设行政主管部门备案。该中标合同是否有效？

《招标投标法》第3条第1款规定："在中华人民共和国境内进行下列工程建设项目包括项目的勘察、设计、施工、监理以及与工程建设有关的重要设备、材料等的采购，必须进行招标：（一）大型基础设施、公用事业等关系社会公共利益、公众安全的项目；（二）全部或者部分使用国有资金投资或者国家融资的项目；（三）使用国际组织或者外国政府贷款、援助资金的项目。"据此，对于上列强制招标项目必须进行招标且只能通过招投标程序确定包括施工、勘察、设计、监理以及供货单位在内的供应商。

承包人在招标前已经进场施工，此后虽经招投标程序签订中标合同，并在建设行政主管部门进行备案，但在履行招投标程序确定施工单位之前，承包人已经进场施工，即存在"未招先定""明招暗定"的情形。根据《招标投标法》第55条关于"依法必须进行招标的项目，招标人违反本法规定，与投标人就投标价格、投标方案等实质性内容进行谈判的，给予警告，对单位直接负责的主管人员和其他直接责任人员依法给予处分。前款所列行为影响中标结果的，中标无效"，以及《建设工程司法解释（一）》第1条第1款关于建设工程中标无效的，建设工程施工合同应认定无效的规定，该中标合同无效。

5. 外地施工企业未在工程所在地建设主管部门办理登记备案手续的，签订的建设工程施工合同是否有效？

为加强管理，地方人民政府及其建设主管部门往往规定，外地建筑企业来本市施工，需要持营业执照、资质等级证书等证件到工程所在地建设行政主管部门办理登记备案手续。外地建筑施工企业未在工程所在地建设主管部门办理登记备案手续就签订建设工程施工合同的，不影响施工合同的效力。

《建筑法》第13条规定:"从事建筑活动的建筑施工企业、勘察单位、设计单位和工程监理单位,按照其拥有的注册资本、专业技术人员、技术装备和已完成的建筑工程业绩等资质条件,划分为不同的资质等级,经资质审查合格,取得相应等级的资质证书后,方可在其资质等级许可的范围内从事建筑活动。"第26条规定:"承包建筑工程的单位应当持有依法取得的资质证书,并在其资质等级许可的业务范围内承揽工程。禁止建筑施工企业超越本企业资质等级许可的业务范围或者以任何形式用其他建筑施工企业的名义承揽工程。禁止建筑施工企业以任何形式允许其他单位或者个人使用本企业的资质证书、营业执照,以本企业的名义承揽工程。"《建筑业企业资质管理规定》第5条第1款规定:"建筑业企业资质分为施工总承包资质、专业承包资质、施工劳务资质三个序列。"取得相关资质的施工企业,可以按照《建筑业企业资质标准》的规定承接相应的建设工程。由此表明,《建筑法》对建筑施工企业实行资质强制管理制度,禁止施工企业无资质、借用资质或者超越资质承揽工程;但是,只要取得了施工资质的建筑施工企业,均可在其资质等级许可的业务范围内承揽工程,不受地域限制。

地方人民政府及其部门制定的行政规章要求外地建筑施工企业办理登记备案手续,仅仅是出于加强行政监督管理的需要,不是确定合同效力的依据。未办理登记备案手续就签订建设工程施工合同的,不影响施工合同的效力。

6. 发起人以尚未成立的公司名义签订的建设工程施工合同,人民法院如何认定其效力?

施工实践中,有时会出现建设单位尚未注册成立,拟设立公司的发起人(或股东)以尚未成立的公司名义订立施工合同的情形,甚至还有私刻印章签订合同的情形。在诉讼中,作为建设单位的发包方往往主张在签订合同时公司尚未成立,不具有民事权利能力和行为能力,不具备订立合同的主体资格,故施工合同没有成立或无效;而承包人则认为,施工合同合法有效。对此应如何认定施工合同的效力?

公司发起人以尚未成立的公司名义签订施工合同,虽然在合同订立时公司尚未注册成立,但合同订立后,如果公司实际注册成立并承继了公司发起人以其名义所签订施工合同的权利和义务,且已实际履行合同的,人民法院确认施工合同有效并约束该公司。

7. 合同当事人一方主张签订合同未经其内部决议因而无效,能否得到法院支持?

合同一方以其签订的合同未经其股东会(或董事会)决议或者未经职工代表大会讨论同意为由主张合同无效的,人民法院不予支持。

公司实施法律行为的过程可划分为两个层次:一是公司内部的意思形成阶段,通常表现为股东会或董事会决议;二是公司对外作出意思表示的阶段,通常表现为对外签订的合同。[①]

对公司与该公司以外的第三人签订的合同,应适用《民法典》的一般原则及相关法律规定认定其效力。公司股东会(或董事会)决议或职工代表大会讨论同意系企业内部决策程序,公司不能以其未按相关规定履行企业内部决定相关事项的程序性规定对抗合同相对人,作为合同相对方的第三人并无审查其内部决策程序的权利和义务。公司对外达成协议应受其表示行为的制约,其企业内部决策程序不影响其对外民事行为的效力。因此,合同一方以未经其内部决议为由主张签订的合同无效的,人民法院不予支持。

8. 在未办理任何报批立项和建设手续的情形下签订的建设工程施工合同是否有效?

建设单位在未办理建设项目任何报批立项和建设手续的情况下,与施工单位签订的建设工程施工合同无效。

[①] 参见绵阳市红日实业有限公司、蒋某诉绵阳高新区科创实业有限公司股东会决议效力及公司增资纠纷案,载《最高人民法院公报》2011年第3期,第34~45页。

《土地管理法实施条例》第 25 条第 1 款规定:"建设项目需要使用土地的,建设单位原则上应当一次申请,办理建设用地审批手续,确需分期建设的项目,可以根据可行性研究报告确定的方案,分期申请建设用地,分期办理建设用地审批手续。建设过程中用地范围确需调整的,应当依法办理建设用地审批手续。"《城乡规划法》第 38 条第 2 款规定:"以出让方式取得国有土地使用权的建设项目,建设单位在取得建设项目的批准、核准、备案文件和签订国有土地使用权出让合同后,向城市、县人民政府城乡规划主管部门领取建设用地规划许可证。"第 40 条第 1 款规定:"在城市、镇规划区内进行建筑物、构筑物、道路、管线和其他工程建设的,建设单位或者个人应当向城市、县人民政府城乡规划主管部门或者省、自治区、直辖市人民政府确定的镇人民政府申请办理建设工程规划许可证。"第 43 条第 1 款规定:"建设单位应当按照规划条件进行建设;确需变更的,必须向城市、县人民政府城乡规划主管部门提出申请。变更内容不符合控制性详细规划的,城乡规划主管部门不得批准。城市、县人民政府城乡规划主管部门应当及时将依法变更后的规划条件通报同级土地主管部门并公示。"第 45 条第 1 款规定:"县级以上地方人民政府城乡规划主管部门按照国务院规定对建设工程是否符合规划条件予以核实。未经核实或者经核实不符合规划条件的,建设单位不得组织竣工验收。"第 64 条规定,未取得建设工程规划许可证或者未按照建设工程规划许可证的规定进行建设的,由县级以上地方人民政府城乡规划主管部门责令停止建设。上述规定是国家法律法规强制要求建设单位必须依法办理的建设手续,是建设主体进行合法建设及竣工验收的前提,是国家法律强制要求建设主体必须遵守的法定义务。建设单位如违反上述规定,未办理建设项目任何报批立项和建设手续就签订施工合同,属于《民法典》第 153 条"违反法律、行政法规的强制性规定的民事法律行为无效"规定的情形,其与施工单位签订的建设工程施工合同无效。

对此,最高人民法院《建设工程司法解释(一)》第 3 条第 1 款规定:"当事人以发包人未取得建设工程规划许可证等规划审批手续为由,请求确认建设工程施工合同无效的,人民法院应予支持,但发包人在起诉前取得建设工程规划许可证等规划审批手续的除外。"故此,在诉讼或仲裁实践中,以发包人在起诉前或仲裁前是否取得建设工程规划许可证,作为认定建设工程施工合同是否有效的依据。需要说明的是,如果发包人未取得建设用地规划许可证,其与施工单位签订的建设工程施工合同是否有效?由于办理建设用地规划许可证在前,而且是办理建设工程规划许可证的先决条件,因此,发包人未取得建设用地规划许可证的,自然也未取得建设工程规划许可证,故发包人未取得建设用地规划许可证与施工单位签订的建设工程施工合同无效。

9. 法定代表人违反2023年《公司法》第15条及公司章程的约定对外提供担保的,担保合同是否有效?

《2017版施工合同示范文本》通用合同条款第2.5款规定了发包人与承包人的双向担保制度(发包人要求承包人提供履约担保的,同时应向承包人提供支付担保)。如果担保人的法定代表人违反《公司法》(2023年12月29日修订)第15条及其公司章程的规定为发承包一方提供了担保,担保法人可能会在诉讼中提出其法定代表人的担保行为违反了《公司法》第15条及公司章程的规定,担保行为无效的抗辩理由。

笔者认为,应区分以下情形具体分析:

第一,相对人未对担保法人决议尽合理审查义务的,担保行为无效。

《民法典合同编通则司法解释》第20条第1款规定:"法律、行政法规为限制法人的法定代表人或者非法人组织的负责人的代表权,规定合同所涉事项应当由法人、非法人组织的权力机构或者决策机构决议,或者应当由法人、非法人组织的执行机构决定,法定代表人、负责人未取得授权而以法人、非法人组织的名义订立合同,未尽到合理审查义务的相对人主张该合同对法人、非法人组织发生效力并由其承担违约责任的,人民法院不予支持,但是法人、非法人组织有过错的,可以参照民法典第一百五十七条的规定判决其承担相应的赔偿责任。相对人已尽到合理审查义务,构成表见代表的,人民法院应当依据民法典第五百零四条的规定处理。"第2款规定:"合同所涉事项未超越法律、行政法规规定的法定代表人或者负责人的代表权限,但是超越法人、非法人组织的章程或者权力机构等对代表权的限制,相对人主张该合同对法人、非法人组织发生效力并由其承担违约责任的,人民法院依法予以支持。但是,法人、非法人组织举证证明相对人知道或者应当知道该限制的除外。"由此可见,上述司法解释针对法定限制代表权与意定限制代表权分别作出规定,第1款系针对法定限制代表权作出,规定相对人应对担保法人的内部决议程序尽合理审查义务;第2款系针对意定限制代表权作出,并未规定相对人对担保法人的内部决议程序尽审查义务。《公司法》第15条第1款规定:"公司向其他企业投资或者为他人提供担保,按照公司章程的规定,由董事会或者股东会决议;公司章程对投资或者担保的总额及单项投资或者担保的数额有限额规定的,不得超过规定的限额。"鉴于该条系法律为限制法定代表人的代表权作出的规定,属于法定限制代表权,因此,相对人应就担保法人提供担保的决议进行合理审查。如果相对人未对提供担保的决议进行审查,则担保行为无效,担保合同对担保法人不发生效力,相对人无权要求担保法人承担担保责任。

第二,相对人对担保法人决议已尽到合理审查义务的,构成表见代表,担保行为有效。

相对人与担保法人订立担保合同时,已对担保法人的内部决议尽到合理审查义务,虽未查明该决议系伪造、变造,但因相对人出于善意,故构成表见代表,担保行为有效。《担保制度司法解释》第7条规定:"公司的法定代表人违反公司法关于公司对外担保决议程序的规定,超越权限代表公司与相对人订立担保合同,人民法院应当依照民法典第六十一条和第五百零四条等规定处理:(一)相对人善意的,担保合同对公司发生效力;相对人请求公司承担担保责任的,人民法院应予支持。(二)相对人非善意的,担保合同对公司不发生效力;相对人请求公司承担赔偿责任的,参照适用本解释第十七条的有关规定。法定代表人超越权限提供担保造成公司损失,公司请求法定代表人承担赔偿责任的,人民法院应予支持。第一款所称善意,是指相对人在订立担保合同时不知道且不应当知道法定代表人超越权限。相对人有证据证明已对公司决议进行了合理审查,人民法院应当认定其构成善意,但是公司有证据证明相对人知道或者应当知道决议系伪造、变造的除外。"第17条规定:"主合同有效而第三人提供的担保合同无效,人民法院应当区分不同情形确定担保人的赔偿责任:(一)债权人与担保人均有过错的,担保人承担的赔偿责任不应超过债务人不能清偿部分的二分之一;(二)担保人有过错而债权人无过错的,担保人对债务人不能清偿的部分承担赔偿责任;(三)债权人有过错而担保人无过错的,担保人不承担赔偿责任。主合同无效导致第三人提供的担保合同无效,担保人无过错的,不承担赔偿责任;担保人有过错的,其承担的赔偿责任不应超过债务人不能清偿部分的三分之一。"可见,公司对其法定代表人以公司名义设定的担保应否承担责任,并不取决于其内部决议是否符合公司章程,而是取决于担保行为的相对人是否善意。

担保人据此认为,其公司章程已经在工商行政管理机关备案和公示,其合同相对人应当知道其法定代表人超越权限订立担保合同,故而担保合同无效。笔者认为,此观点不正确。公司章程是规定公司组织与行为的自律性的内部规则,不具有对世效力。公司章程作为公司内部决议的书面载体,对它的公开行为不构成第三人应当知道的证据。第三人对其合同相对方的公司章程不负有审查义务。因此,不能仅凭公司章程已经在工商行政管理机关备案和公示,就断定第三人"应当知道"担保人的法定代表人超越权限,订立的担保合同无效。只要相对人已经对公司决议进行了合理审查,就能认定相对人构成"善意"。《民法典》第61条规定:"依照法律或者法人章程的规定,代表法人从事民事活动的负责人,为法人的法定代表人。法定代表人以法人名义从事的民事活动,其法律后果由法人承受。法人章程或者法人权力机构对法定代表人代表权的限制,不得对抗善意相对人。"第504条规定:"法人的法定代表人或者非法人组织的负责人超越权限订立的合同,除相对人知道或者应当知道其超越权限外,该代表行为有效,订立的合同对法人或者非法人组织发生效力。"据此,担保法人对其法定代表人越权代表签订的担保合同承担责任。

10. 如何区分管理性规范和效力性规范?

《民法典》第153条第1款规定:"违反法律、行政法规的强制性规定的民事法律行为无效。但是,该强制性规定不导致该民事法律行为无效的除外。"但书中的"该强制性规定"即为管理性强制规定。由此可见,强制性规定可以区分为效力性强制规定与管理性强制规定两类。而区分法律和行政法规中的管理性强制规定与效力性强制规定则成为判断合同效力的关键。

法律规范大体区分为任意性规范和强行性规范。任意性规范,是合同当事人可以通过约定排除适用的法律规范,比如工程定额标准。强行性规范,是指不得通过当事人的约定排除该项规范适用的法律规范。该类规范又可区分为强制性规范和禁止性规范。

强制性规范,是指命令当事人应为一定行为的法律规范;禁止性规范,是指命令当事人不得为一定行为的法律规范。禁止性规范又可区分为管理性规范(或取缔性规范)和效力性规范。

管理性规范,是指法律及行政法规未明确规定违反此类规范将导致合同无效的规范。此类规范旨在管理和处罚违反规定的行为,但并不否认该行为在民商法上的效力。[①] 管理性规范(或取缔性规范)与行政管理有关,包括主体资质、资格以及特定的履行行为等法律规范,其本意不是禁止行为效果的发生,而是规范人们的行为举止。违反该类规范,并不导致民事行为无效,但违法者需要承担行政法上的责任。比如施工许可管理,根据《建筑法》第7条的规定,建设单位应当在建筑工程开工前申请领取施工许可证。该规定就属于管理性规范。建设单位违反该规定,未取得施工许可证与承包人签订建设工程施工合同的,并不导致施工合同无效;但是,建设行政主管部门对擅自开工的建设单位可以责令停止施工并可以处以罚款。

效力性规定,是指法律及行政法规明确规定违反该类规定将导致合同无效的规范,或者虽未明确规定违反之后将导致合同无效,但若使合同继续有效将损害国家利益和社会公共利益的规范。此类规范不仅旨在处罚违反之行为,而且意在否定其在民商法上的效力。[②] 效力性规范,意在彻底阻止规范行为的实施,该行为的实施会导致损害国家利益、社会公共利益的严重后果。违反该类规范,不但将导致民事行为无效,而且要对行为人科以行政处罚。比如施工企业资质管理,根据《建筑法》第26条的规定,禁止建筑施工企业超越本企业资质等级许可的业务范围承揽工程。该规定就属于效力性规范。施工单位违反该规定越级承包工程的,建设工程施工合同无效,并且行政主管部门可以处以责令停止违法行为、罚款、责令停业整顿、降低资质等级,甚至吊销资质证书、没收违法所得等处罚。因为,工程质量是建设工程的生命,而建筑企业资质管理是确保建筑施工能力、确保工程质量和人民生命财产安全的重要保证。

那么,如何区分管理性规范与效力性规范呢？关键是看规范内容是否涉及国家利益、社会公共利益的保护。如果规范仅仅是针对特定主体的行政管理行

[①] 参见《最高人民法院负责人在全国民商事审判工作会议上的讲话——充分发挥民商事审判职能作用 为构建社会主义和谐社会提供司法保障》,载《中国审判》2007年第7期。

[②] 参见《最高人民法院负责人在全国民商事审判工作会议上的讲话——充分发挥民商事审判职能作用 为构建社会主义和谐社会提供司法保障》,载《中国审判》2007年第7期。

为、不涉及国家利益和公共利益，则该规范不属于效力性强制规定，违反该规定不能导致合同无效；反之，如果规范内容涉及国家利益或者社会公共利益，则该规范属于效力性强制规定，违反该规定则合同无效。

需要引起注意的是，《民法典合同编通则司法解释》有意淡化效力性强制规定与管理性强制规定的概念，该司法解释施行后将不再区分效力性强制规定与管理性强制规定。该司法解释对《民法典》第153条中的"但书"内容（但是，该强制性规定不导致该民事法律行为无效的除外）以列举方式进行规定，即司法解释第16条第1款、第2款规定："合同违反法律、行政法规的强制性规定，有下列情形之一，由行为人承担行政责任或者刑事责任能够实现强制性规定的立法目的的，人民法院可以依据民法典第一百五十三条第一款关于'该强制性规定不导致该民事法律行为无效的除外'的规定认定该合同不因违反强制性规定无效：（一）强制性规定虽然旨在维护社会公共秩序，但是合同的实际履行对社会公共秩序造成的影响显著轻微，认定合同无效将导致案件处理结果有失公平公正；（二）强制性规定旨在维护政府的税收、土地出让金等国家利益或者其他民事主体的合法利益而非合同当事人的民事权益，认定合同有效不会影响该规范目的的实现；（三）强制性规定旨在要求当事人一方加强风险控制、内部管理等，对方无能力或者无义务审查合同是否违反强制性规定，认定合同无效将使其承担不利后果；（四）当事人一方虽然在订立合同时违反强制性规定，但是在合同订立后其已经具备补正违反强制性规定的条件却违背诚信原则不予补正；（五）法律、司法解释规定的其他情形。法律、行政法规的强制性规定旨在规制合同订立后的履行行为，当事人以合同违反强制性规定为由请求认定合同无效的，人民法院不予支持。但是，合同履行必然导致违反强制性规定或者法律、司法解释另有规定的除外。"《民法典合同编通则司法解释》施行后，不再区分效力性强制规定与管理性强制规定，不再据此确定合同效力，而应在认定民事法律行为违反法律、行政法规强制性规定的基础上，审查是否存在该司法解释第16条第1款、第2款规定的情形，如果存在该情形，则认定民事法律行为有效。同时，该司法解释第18条还规定了不适用《民法典》第153条第1款规定认定民事法律行为无效的情形，即"法律、行政法规的规定虽然有'应当''必须'或者'不得'等表述，但是该规定旨在限制或者赋予民事权利，行为人违反该规定将构成无权处分、无权代理、越权代表等，或者导致合同相对人、第三人因此获得撤销权、解除权等民事权利的，人民法院应当依据法律、行政法规规定的关于违反该规定的民事法律后果认定合同效力"。因此，虽然法律或行政法规中出现了"应当""必须""不得"等表述，但仅为限权性或赋权性的规定，仍然不应据此认定民事法律行为无效。

11. 建设工程施工合同的实质性内容包括哪些？

在工程建设领域，确定合同实质性内容是确定"黑白合同"的先决条件，对合同当事人的权利义务影响甚大。

合同的实质性内容，是指影响或者决定当事人基本权利义务的条款内容。《建设工程司法解释（一）》第2条第1款规定："招标人和中标人另行签订的建设工程施工合同约定的工程范围、建设工期、工程质量、工程价款等实质性内容，与中标合同不一致，一方当事人请求按照中标合同确定权利义务的，人民法院应予支持。"工程范围、建设工期、工程质量、工程价款属于建设工程施工合同的实质性内容，当事人另行签订的施工合同内容在此四个方面与中标合同存在实质性差异的，应当依据中标合同确定当事人之间的权利义务。

笔者认为，发承包双方在该四者之外对中标合同作出的影响当事人基本权利义务的重大变更，亦属背离中标合同的实质性内容。

《招标投标法实施条例》第57条第1款规定："招标人和中标人应当依照招标投标法和本条例的规定签订书面合同，合同的标的、价款、质量、履行期限等主要条款应当与招标文件和中标人的投标文件的内容一致。招标人和中标人不得再行订立背离合同实质性内容的其他协议。"该款以列举方式对合同实质性条款作出了规定。如果当事人对涉及上述合同实质性条款作出重大变更，足以影响当事人的基本权利义务，则构成对中标合同的实质性背离。比如，中标合同约定由发包人按形象进度支付工程款，但在另行订立的补充合同中约定，发包人不支付工程进度款，在承包人垫资建设完成后付款。再如，发承包双方在另行签订的补充合同中增加约定了"在上级财政资金到位情况下支付工程款"内容。两份合同相比较，补充合同在工程范围、工程价款总额、工程质量、工程期限与中标合同均没有变化，只是在发包人付款期限或付款条件上有变化。但此种变更，属于发包人对支付工程款履行期限或付款条件的重大变更，足以影响承包人的基本合同权利,应认定为对中标合同的实质性变更。笔者认为,工程价款包括计价标准、支付条件、支付方式、支付期限内容,均属于建设工程施工合同的实质性内容,如果发承包双方在另行签订的合同中对以上内容予以实质性变更,均应认定变更部分无效。

12. 如何判断两份建设工程施工合同的"实质性内容不一致"?

《招标投标法》第46条第1款规定:"招标人和中标人应当自中标通知书发出之日起三十日内,按照招标文件和中标人的投标文件订立书面合同。招标人和中标人不得再行订立背离合同实质性内容的其他协议。"《建设工程司法解释(一)》第2条第1款规定:"招标人和中标人另行签订的建设工程施工合同约定的工程范围、建设工期、工程质量、工程价款等实质性内容,与中标合同不一致,一方当事人请求按照中标合同确定权利义务的,人民法院应予支持。"据此,判断合同实质性内容是否一致,对于认定合同效力以及确定当事人的权利义务至关重要。

实践中,对于判断两份施工合同在内容上是否构成"实质性不一致",应从以下方面考虑:首先,审查两份合同中不一致的内容是否属于工程范围、工程价款、工程质量、工程期限等影响当事人基本权利义务的条款。当事人经协商对上述条款以外的合同内容的变更,不构成实质性变更。其次,对上述条款进行变更的,要准确区分该变更与依法正常进行的合同变更的界限。一方面,要衡量变更所达到的合同内容不一致的程度,只有变更足以影响当事人的基本合同权利义务,才可认定为构成"实质性内容不一致";另一方面,要审查区分导致合同重大变更的原因。如果在合同履行过程中,因规划变动、设计变更导致建设工程发生重大变化,从而影响中标合同的实际履行,承包人与发包人经协商对中标合同的内容进行了相应变更,则即使两份合同在工程范围、工程价款、工程质量和工程期限方面存在重大差异,仍应认定为属于正常的合同变更,不构成"实质性内容不一致"。

13. 什么是建设工程中的"黑白合同"？

《招标投标法》第46条第1款规定："招标人和中标人应当自中标通知书发出之日起三十日内,按照招标文件和中标人的投标文件订立书面合同。招标人和中标人不得再行订立背离合同实质性内容的其他协议。"第47条规定："依法必须进行招标的项目,招标人应当自确定中标人之日起十五日内,向有关行政监督部门提交招标投标情况的书面报告。"第59条规定："招标人与中标人不按照招标文件和中标人的投标文件订立合同的,或者招标人、中标人订立背离合同实质性内容的协议的,责令改正;可以处中标项目金额千分之五以上千分之十以下的罚款。"

"白合同",是指招标人与中标人依据招标文件、投标文件订立的中标合同。

"黑合同",是指当事人另行订立的改变中标合同实质性内容的合同。合同实质性内容,就建设工程施工合同而言主要指工程范围、工程质量、工程期限和工程价款四方面内容。此外,合同双方在中标合同之外以协议或承包人单方承诺形式,作出的承包人为发包人无偿建设配套设施及其他房屋、对工程款的让利、向发包人捐款以及将承建房屋以明显高于市价作价抵顶工程款等内容,属于变更中标合同实质性内容的行为。

建设项目经招投标,双方依据招、投标文件签订一份中标合同,同时双方之间还存在一份不同于中标合同实质性内容的合同,即为"黑合同"。"黑合同"一般是当事人实际履行的合同,是当事人真实的意思表示,反映了当事人的缔约真意。但是,由于"黑合同"违反了法律的强制性规定,而且有的"黑合同"还损害国家利益和第三人利益,因此"黑合同"中背离中标合同实质性内容的条款归于无效。对于"白合同"的效力,《建设工程司法解释(一)》第2条第1款规定："招标人和中标人另行签订的建设工程施工合同约定的工程范围、建设工期、工程质量、工程价款等实质性内容,与中标合同不一致,一方当事人请求按照中标合同确定权利义务的,人民法院应予支持。"由此表明,该司法解释的态度是确认中标合同即"白合同"的效力(存在中标无效情形除外),而无论"白合同"是否为发承包双方实际履行的合同。其理论根据是,由于《招标投标法》是规范招标投标活动的行为法,只要当事人依照该法履行了招投标程序,即应受该法的强制约束,同时为了避免招标人与中标人虽签订中标合同却实际履行已变更了实质性内容的"黑合同",损害其他未中标的投标人的合法权益。但在司法实践中,由于"白合同"往往不是发承包双方实际履行的合同,该制度因背离了"以事实为根据"的基本理念,广受质疑。值得注意的是,在2023年12月5日《民法典合同编通则司法解释》施行后,将不再一概确认"白合同"效力,根据该司法解释第14条第1款关于"当事人之间就同一交易订立多份合同,人民法院应当认定其中以虚假意思表示订立的合同无效"的规定,如经审理查明,"白合同"并非实际履行的合同,则"白合同"因属于以虚假意思表示订立的合同而归于无效。该条司法解释确立了多份合同中的虚假表示合同无效规则,其法律依据是《民法典》第146条第1款的规定,即"行为人与相对人以虚假的意思表示实施的民事法律行为无效"。其理论根据是,合同当事人就同一交易签订多份内容不一致的合同,其中并非缔约真意的合同属于双方通谋作出的虚假意思表示,故应依据《民法典》第146条第1款的规定认定该合同无效。因此,在《民法典合同编通则司法解释》施行后,应首先查明发承包双方是否实际履行"白合同",进而认定"白合同"的效力。如果双方实际履行"白合同",则"白合同"有效,"黑合同"中的实质性条款无效;如果双方实际履行的是"黑合同",则"黑白合同"均无效。

14. 如何认定"黑白合同"?

发承包双方就同一建设工程签订两份及以上建设工程施工合同的,是否属于"黑白合同"?

一般情况下,认定"黑白合同"应考虑以下因素:

(1)至少有一份合同是通过招标投标程序签订的中标合同。所谓"白合同",是指招标人与中标人依据招标文件、投标文件订立的中标合同;所谓"黑合同",是指当事人另行订立的改变中标合同实质性内容的合同。如果所有合同均未经招标投标程序签订,则无所谓"黑白合同"的问题。

(2)两份施工合同在工程范围、建设工期、工程质量、工程价款方面存在实质性差异的,才能认定为"黑白合同"。如果当事人就该四个方面之外的事项另行达成补充协议的,不属于"黑白合同"。

（3）在签订黑、白两份施工合同时，工程状况和客观条件是相同的（未发生变化），才能认定为"黑白合同"。如果基于客观情况或者工程状况发生变化（如设计变更、建设工程规划指标调整等）而另行签订的合同，属于当事人合法变更合同的行为，不属于"黑白合同"。理由是，当事人签订"黑白合同"，其本质在于规避依法形成的中标结果，架空和取代中标合同，规避中标行为和行政部门监管，当事人因客观情况发生变化而签订的合同不具有前述目的及本质特征。

（4）认定"黑白合同"，不以建设工程属于强制招标项目为前提，即非强制招标项目同样存在"黑白合同"问题。理由是，《招标投标法》是规范招标投标活动的行为法，非强制招标项目只要履行招投标程序，同样受该法的强制约束，当事人不得再行订立背离中标合同实质性内容的其他协议。

（5）认定"黑白合同"，不以是否备案为标准。《国务院办公厅关于开展工程建设项目审批制度改革试点的通知》（国办发〔2018〕33号）和《住房城乡建设部关于修改〈房屋建筑和市政基础设施工程施工招标投标管理办法〉的决定》（住建部43号令）均已取消了施工合同备案制度。

15. 发承包双方在中标合同之外签订的变更工程价款的补充协议，是否有效？

发承包双方对依法必须进行招标的建设项目履行招投标程序并签订中标合同后，又通过签订补充协议变更中标合同的工程价款或结算方式的，该补充协议是否有效？

对于补充协议的效力，应区分以下情形具体分析：

（1）如果该补充协议系因客观情况或工程情况发生变化，发承包双方基于客观情况变化而签订补充协议，对原中标合同约定的工程价款或结算方式予以变更或调整，属于正常变更合同的行为，该补充协议有效。

（2）如果在签订补充协议时工程情况未发生变化，比如，发承包双方在签订中标合同的同时签订了补充协议，用以架空中标合同关于工程价款的约定，则该补充协议无效。理由是，《招标投标法》第46条第1款规定："招标人和中标人应当自中标通知书发出之日起三十日内,按照招标文件和中标人的投标文件订立书面合同。招标人和中标人不得再行订立背离合同实质性内容的其他协议。"《建设工程司法解释(一)》第 2 条规定:"招标人和中标人另行签订的建设工程施工合同约定的工程范围、建设工期、工程质量、工程价款等实质性内容,与中标合同不一致,一方当事人请求按照中标合同确定权利义务的,人民法院应予支持。招标人和中标人在中标合同之外就明显高于市场价格购买承建房产、无偿建设住房配套设施、让利、向建设单位捐赠财物等另行签订合同,变相降低工程价款,一方当事人以该合同背离中标合同实质性内容为由请求确认无效的,人民法院应予支持。"据此,当事人不得在招投标程序之外另行订立与中标合同实质性内容不一致的其他协议,当事人签订的与中标合同存在实质性差异的协议属于"黑合同",应当依据中标合同内容确定双方当事人的权利义务。发承包双方在签订中标合同后,未通过招投标程序签订补充协议,且补充协议对中标合同中约定的工程价款进行了实质性变更,违反了《招标投标法》第 46 条第 1 款的强制性规定以及上述司法解释的规定,应当认定为无效。

(3)如果有证据证明,发承包双方经招投标确定的工程价格系虚假的意思表示,双方在招投标之后以签订补充协议的形式确定双方之间的真实工程价格,则中标合同中关于工程价格的约定条款与补充协议均无效。理由是,根据《民法典》第 146 条第 1 款关于"行为人与相对人以虚假的意思表示实施的民事法律行为无效"的规定,双方在招投标过程中对工程价格作出的虚假表示无效;虽然补充协议确定的工程价格系双方的真实意思表示,但由于该补充协议背离了中标合同的实质性约定,故亦无效。

16. "黑合同"与"白合同"无实质性差异,人民法院如何认定其效力?

《建设工程司法解释(一)》第 2 条规定:"招标人和中标人另行签订的建设工程施工合同约定的工程范围、建设工期、工程质量、工程价款等实质性内容,与中标合同不一致,一方当事人请求按照中标合同确定权利义务的,人民法院应予支持。招标人和中标人在中标合同之外就明显高于市场价格购买承建房产、无偿建设住房配套设施、让利、向建设单位捐赠财物等另行签订合同,变相降低工程价款,一方当事人以该合同背离中标合同实质性内容为由请求确认无效的,人民法院应予支持。"合同实质性内容,是指影响或者决定当事人基本权利义务的条款。依据上述规定,建设工程施工合同的实质性内容主要包括工程范围、建设工期、工程质量、工程价款。但如果"黑合同"(非中标合同)与"白合同"内容无实质性差异,则并不必然导致"黑合同"无效。

如经人民法院审查,"黑合同"在工程质量、工程期限、工程造价及取价标准等主要内容与"白合同"一致,并且是双方当事人的真实意思表示,内容不违反法律法规的强制性和禁止性规定,人民法院应认定其有效,并可依据该合同确定双方的权利与义务。

协商变更合同是法律赋予合同当事人的权利。目前,实务界的主流观点认为,施工过程中由于工程设计发生变更、相关规划条件、指标发生调整等客观原因,导致发承包双方改变中标合同原定工期、价款、质量标准的,不视为改变中标合同实质性内容,人民法院确认其效力。

17. 订立"黑白合同","黑合同"整体无效吗?

发承包双方就同一建设工程订立"黑白合同","黑合同"并非整体无效,只有"黑合同"中背离中标合同实质性内容的部分无效,其他部分有效。理由如下:

《招标投标法》第46条第1款规定:"招标人和中标人应当自中标通知书发出之日起三十日内,按照招标文件和中标人的投标文件订立书面合同。招标人和中标人不得再行订立背离合同实质性内容的其他协议。"《建设工程司法解释(一)》第2条第1款规定:"招标人和中标人另行签订的建设工程施工合同约定的工程范围、建设工期、工程质量、工程价款等实质性内容,与中标合同不一致,一方当事人请求按照中标合同确定权利义务的,人民法院应予支持。"所谓合同的实质性内容,是指影响或者决定当事人基本权利义务的条款内容。就建设工程施工合同而言,合同的实质性内容包括工程范围、建设工期、工程质量、工程价款四个方面。

根据上述法律和司法解释规定,法律所禁止的是当事人不得再行订立与中标合同中工程范围、建设工期、工程质量、工程价款内容相矛盾、冲突的内容,如果当事人在其他协议中有关此四个方面内容与中标合同存在实质性差异,则由于违反了法律的强制性规定而应认定为无效。除此之外,发承包双方在另行签订的其他协议中的其他内容,虽与中标合同内容不一致,但由于并未违反法律的强制性规定,不应认定为无效。

《民法典》第 156 条规定:"民事法律行为部分无效,不影响其他部分效力的,其他部分仍然有效。"因此,"黑白合同"中的"黑合同"并非当然的整体无效,只有那些背离了中标合同实质性内容的条款,才能依法认定为无效,其他非实质性条款虽与中标合同不一致,但因不具有违法性,不应认定为无效。

18. 中标文件[①]中没有工程款让利的内容,在建设工程施工合同中约定的让利条款是否有效?

发承包双方在招标文件和投标文件中没有工程款让利的内容,但在建设工程施工合同中约定了工程款让利的条款,该条款是否有效?

《建设工程司法解释(一)》第 22 条规定:"当事人签订的建设工程施工合同与招标文件、投标文件、中标通知书载明的工程范围、建设工期、工程质量、工程价款不一致,一方当事人请求将招标文件、投标文件、中标通知书作为结算工程价款的依据的,人民法院应予支持。"据此,发承包双方在招标文件和投标文件中没有工程款让利的内容,却在签订的建设工程施工合同中约定了让利条款,该让利条款应认定为无效。值得注意的是,承包人单方向发包人出具的让利承诺书是否有效?《建设工程司法解释(一)》第 2 条第 2 款规定:"招标人和中标人在中标合同之外就明显高于市场价格购买承建房产、无偿建设住房配套设施、让利、向建设单位捐赠财物等另行签订合同,变相降低工程价款,一方当事人以该合同背离中标合同实质性内容为由请求确认无效的,人民法院应予支

---

① 中标文件,是招标文件、中标人的投标文件和中标通知书的简称。——笔者注

持。"该司法解释规定了招标人和中标人以签订双方协议的形式变相降低工程价款的行为无效,并未规定承包人单方向发包人出具让利承诺的法律效力。笔者认为,承包人单方向发包人出具的让利承诺书,其实质仍是改变了中标合同的实质性内容,仍应依据上述规定认定为无效。

19. 发承包双方在施工中根据实际情况改变中标合同实质性内容的,是否有效?

发承包双方在中标合同履行过程中,因各种客观情况,如为弥补承包方停工、窝工损失等而对工程价款结算方式进行变更,或者因甲供材料设备供应迟延、资金不及时等原因而对建设工期进行变更,并由此签订补充协议。该补充协议与中标合同是否属于"黑白合同"?能否按补充协议确定当事人的权利义务以及结算工程价款?

《招标投标法》第46条第1款规定:"招标人和中标人应当自中标通知书发出之日起三十日内,按照招标文件和中标人的投标文件订立书面合同。招标人和中标人不得再行订立背离合同实质性内容的其他协议。"合同的实质性内容,是指影响或者决定当事人基本权利义务的条款内容。就建设工程施工合同而言,合同的实质性内容包括工程范围、工程价款、工程质量、工程期限四个方面。所谓"白合同",是指招标人与中标人依据招标文件、投标文件订立且经过备案的中标合同;所谓"黑合同",是指当事人另行订立的改变中标合同实质性内容的合同。签订"黑白合同",其本质在于规避依法形成的中标结果,架空和取代中标合同,规避中标行为和行政部门监管。

但是,如果发承包双方在履行合同过程中,确因客观情况变化而相应改变了中标合同的实质性内容,且未对无客观变化的合同内容进行变更,仍以中标合同为基础继续履行的,则其变更合同目的并非为了规避中标结果,架空和取代中标合同,规避中标行为和行政部门监管。根据《民法典》第543条"当事人协商一致,可以变更合同"的规定,协商变更合同是法律赋予合同当事人的权利。前述对中标合同的变更属于合同当事人正常变更合同的行为,不属于"黑白合同",应当依据变更后的补充协议确定当事人的权利义务以及结算工程价款。

20. 违法分包合同，都是无效合同吗？

根据《建设工程质量管理条例》第78条第2款的规定，违法分包包括四种情形：(1)总承包单位将建设工程分包给不具备相应资质条件的单位的；(2)建设工程总承包合同中未有约定，又未经建设单位认可，承包单位将其承包的部分建设工程交由其他单位完成的；(3)施工总承包单位将建设工程主体结构的施工分包给其他单位的；(4)分包单位将其承包的建设工程再分包的。

但并非因上述四种情形签订的违法分包合同均应认定为无效合同。根据《建设工程司法解释（一）》第1条第2款的规定，承包人因转包、违法分包建设工程与他人签订的建设工程施工合同的，应当依据《民法典》第153条第1款及第791条第2款、[①]第3款的规定，认定无效。《民法典》第791条第3款规定："禁止承包人将工程分包给不具备相应资质条件的单位。禁止分包单位将其承包的工程再分包。建设工程主体结构的施工必须由承包人自行完成。"据此，对于违法分包合同，只有在分承包人不具备相应施工资质、再分包、分包工程主体结构施工的三种情形下，才能认定为无效合同。

对于总承包合同中未有约定，又未经建设单位认可，承包单位分包工程的情形，虽然属于违法分包，但不应认定分包合同无效。在分包合同纠纷的诉讼或仲裁实务中，经常出现当事人以分包工程未经建设单位认可为由，主张分包合同无效，甚或提供建设单位开具的其对分包工程不知情的证明材料，作为主张分包合同无效的证据。与此相反，如果分包合同有效对某一方当事人有利，则其可能提供分包工程已经建设单位认可的证据。笔者认为，确认合同无效，是法律所代表的公共权力对合同成立过程进行干预的结果，是法律确立的合法性原则对当事人意思自治内容作出的否定性评价。合同效力，取决于法律规定而非当事人或第三人的意思表示。因此，此类案件中当事人以分包工程是否经过建设单位认可，决定分包合同是否有效，合同效力取决于案外第三人的态度的观点，缺乏法理基础。

[①] 《民法典》第153条第1款规定："违反法律、行政法规的强制性规定的民事法律行为无效。但是，该强制性规定不导致该民事法律行为无效的除外。"第791条第2款规定："总承包人或者勘察、设计、施工承包人经发包人同意，可以将自己承包的部分工作交由第三人完成。第三人就其完成的工作成果与总承包人或者勘察、设计、施工承包人向发包人承担连带责任。承包人不得将其承包的全部建设工程转包给第三人或者将其承包的全部建设工程支解以后以分包的名义分别转包给第三人。"

21. 主体结构工程劳务分包是否有效？

施工总承包人将建设工程的主体结构工程中的劳务作业分包给具有资质的劳务分包企业，所签订的劳务分包合同有效。理由如下：

（1）《建筑业企业资质管理规定》第5条规定："建筑业企业资质分为施工总承包资质、专业承包资质、施工劳务资质三个序列。施工总承包资质、专业承包资质按照工程性质和技术特点分别划分为若干资质类别，各资质类别按照规定的条件划分为若干资质等级。施工劳务资质不分类别与等级。"《建筑业企业资质标准》规定，取得施工劳务资质的企业可以承接具有施工总承包资质或专业承包资质的企业分包的劳务作业。施工劳务序列不分类别和等级。劳务分包企业可承担各类施工劳务作业。由此可见，具有施工劳务资质的企业可以承接包括主体结构工程劳务部分在内的各类施工劳务作业。

（2）由于劳务作业分包是将简单劳动从复杂劳动中剥离出来单独进行承包施工的劳动[①]，劳务作业承包人仅仅是完成建设工程中的劳务部分，除此之外的材料和施工机械均由劳务作业发包人提供，劳务作业分包并不具有建设工程分包的属性。因此，主体结构工程劳务分包，不属于《建设工程质量管理条例》第78条第2款规定的"施工总承包单位将建设工程主体结构的施工分包给其他单位的"情形，不属于违法分包。《建设工程司法解释（一）》第5条规定："具有劳务作业法定资质的承包人与总承包人、分包人签订的劳务分包合同，当事人请求确认无效的，人民法院依法不予支持。"据此，劳务分包主体结构工程所签订的劳务分包合同，依法应认定为有效合同。

22. 施工总承包人分包劳务未经建设单位认可，劳务分包合同是否有效？

施工总承包人分包劳务无须征得建设单位认可，施工总承包人与具有劳务

[①] 参见最高人民法院民事审判第一庭编著：《最高人民法院建设工程施工合同司法解释的理解与适用》，人民法院出版社2004年版，第73页。

资质的劳务作业承包人签订的劳务分包合同有效。

《建筑业企业资质标准》规定："取得施工劳务资质的企业可以承接具有施工总承包资质或专业承包资质的企业分包的劳务作业。"《房屋建筑和市政基础设施工程施工分包管理办法》第9条规定："专业工程分包除在施工总承包合同中有约定外，必须经建设单位认可。专业分包工程承包人必须自行完成所承包的工程。劳务作业分包由劳务作业发包人与劳务作业承包人通过劳务合同约定。劳务作业承包人必须自行完成所承包的任务。"由此可见，劳务作业承包人可以承接施工总承包人分包的劳务作业，由双方通过劳务合同约定即可，无须征得建设单位认可。根据《建设工程司法解释（一）》第5条关于"具有劳务作业法定资质的承包人与总承包人、分包人签订的劳务分包合同，当事人请求确认无效的，人民法院依法不予支持"的规定，施工总承包人未经建设单位认可分包劳务所签订的合同有效。

23. 专业工程承包人分包劳务，是否属于再分包？应否征得建设单位或总承包人的同意？劳务分包合同是否有效？

专业工程承包人将其承揽工程中的劳务部分分包，不属于再分包，也无须征得建设单位和总承包人的同意，其与具有劳务资质的劳务作业承包人签订的劳务分包合同有效。

理由是，《建筑业企业资质标准》总则部分第3条"业务范围"第3款规定："取得施工劳务资质的企业可以承接具有施工总承包资质或专业承包资质的企业分包的劳务作业。"《房屋建筑和市政基础设施工程施工分包管理办法》第5条第3款规定："本办法所称劳务作业分包，是指施工总承包企业或者专业承包企业（以下简称劳务作业发包人）将其承包工程中的劳务作业发包给劳务分包企业（以下简称劳务作业承包人）完成的活动。"第9条规定："专业工程分包除在施工总承包合同中有约定外，必须经建设单位认可。专业分包工程承包人必须自行完成所承包的工程。劳务作业分包由劳务作业发包人与劳务作业承包人通过劳务合同约定。劳务作业承包人必须自行完成所承包的任务。"由此可见,劳务作业承包人可以承接专业工程承包人分包的劳务作业,不属于再分包,由双方通过劳务合同约定即可,无须征得建设单位和总承包人的认可。根据《建设工程司法解释(一)》第 5 条关于"具有劳务作业法定资质的承包人与总承包人、分包人签订的劳务分包合同,当事人请求确认无效的,人民法院依法不予支持"的规定,专业工程承包人与具有劳务资质的劳务作业承包人签订的劳务分包合同有效。

24. 发承包双方为弥补停工损失而签订的变更中标合同结算方式的合同,是否有效?

建设工程施工过程中,因村民阻工、拆迁户堵门、供材迟延等问题多次停工,发承包双方为弥补停工损失签订补充协议,变更了中标合同的结算方式。

诉讼中,发包人以补充协议改变了中标合同的实质性内容为由主张补充协议无效,并依据《建设工程司法解释(一)》第 2 条第 1 款"招标人和中标人另行签订的建设工程施工合同约定的工程范围、建设工期、工程质量、工程价款等实质性内容,与中标合同不一致,一方当事人请求按照中标合同确定权利义务的,人民法院应予支持"的规定,主张依据中标合同结算工程价款;承包人则主张依据补充协议结算工程价款。此时,应如何认定补充协议的效力及结算依据?

上述司法解释规定,是针对招标过程前后当事人为规避法律既签订一份中标合同,又签订一份非中标合同,以架空中标合同、规避中标行为和行政部门监管的情形。其特点是在签订该两份合同时有关建设工程的情况是相同的。在此情形下,应当依据中标合同结算工程价款。

根据题述情形,补充协议是在双方履行中标合同过程中,为了解决因工程多次停工给承包人造成的损失而签订,此时建设工程情况已经发生变化,双方为解决相应问题而签订补充协议,是当事人正当行使合同变更权的行为,该补充协议不属于上述司法解释规定的情形,合法有效,并应据此结算工程价款。

25. 发承包双方签订的非中标合同是否一定无效？

在建设工程施工合同纠纷案件中，有时会出现双方当事人分别持有一份中标合同和非中标合同，并各自主张依自己的合同确定双方的权利义务的情形。此种情形为人民法院认定案件事实及适用哪一份合同带来困难。

笔者认为，非中标合同不同于俗称的"黑合同"，不能将非中标备案的合同一概视为"黑合同"。非中标合同，是指承发包双方在中标合同之外另行订立的与中标合同内容不一致的合同。而"黑合同"，则指当事人另行订立的改变中标合同实质性内容的合同。认定非中标合同的效力，应考虑以下几点：

（1）非中标合同中背离中标合同实质性内容的条款应认定为无效条款。

《招标投标法》第46条第1款规定："招标人和中标人应当自中标通知书发出之日起三十日内，按照招标文件和中标人的投标文件订立书面合同。招标人和中标人不得再行订立背离合同实质性内容的其他协议。"发包人和承包人在非中标合同中订立的背离中标合同实质性内容的条款，因违反了法律的禁止性规定，损害国家利益、社会公共利益或者其他竞标人的合法权益，应当认定为无效。

（2）非中标合同中没有背离中标合同实质性内容且未违反法律、法规禁止性规定的条款，为有效条款。非中标合同内容的实施并不损害国家利益或者社会公共利益，而只是减损发包人或承包人一方企业利益的，不能认定非中标合同无效。

中标合同没有约定或者约定不明的内容，可以适用非中标合同中的有效条款作为确定双方权利义务关系的依据。比如，中标合同没有约定违约责任的，可以根据非中标合同中的违约条款确定双方的违约责任；中标合同没有约定垫资及利息，那么，非中标合同中的垫资条款应当视为当事人之间对此有约定，并以此计付垫资款的利息。

26. 发包人将各个专业工程发包给不同的承包人，是否属于支解发包工程？其订立的施工合同是否有效？

我国法律明令禁止支解发包建设工程。《建筑法》《民法典》《建设工程质量管理条例》均规定,禁止将建设工程支解发包。《建设工程质量管理条例》第78条第1款规定,支解发包是指建设单位将应当由一个承包单位完成的建设工程分解成若干部分发包给不同的承包单位的行为。那么,应如何界定"应当由一个承包单位完成的建设工程"? 发包人将各个专业工程分别发包给不同的承包人,是不是支解发包,订立的施工合同是否有效呢?

笔者认为,"应当由一个承包单位完成的建设工程"应当界定为一个单位工程。如果发包人将一个单位工程的各个专业工程分别发包给不同的承包人的,属于支解发包,由此订立的合同无效。

住房和城乡建设部《建设工程分类标准》(GB/T 50841—2013)将建设工程按其是否具有独立使用功能依次分为单项工程、单位工程、分部工程、分项工程。单项工程,是指具有独立设计文件,能够独立发挥生产能力、使用效益的工程,是建设项目的组成部分,由多个单位工程构成;单位工程,是指具备独立施工条件并能形成独立使用功能的建筑物及构筑物,是单项工程的组成部分,可分为多个分部工程;分部工程,是指按工程的部位、结构形式的不同等划分的工程,是单位工程的组成部分,可分为多个分项工程;分项工程,是指根据工种、构件类别、设备类别、使用材料不同划分的工程项目,是分部工程的组成部分。由此可见,单位工程是具备独立施工条件并具有独立使用功能的最小单位,具有相对独立性和不可再分性。由多个单位工程构成具有发挥系统生产能力、使用效益的单项工程。而分部工程、分项工程均是单位工程的组成部分,均不具有相对独立性。故而,上述法律中"应当由一个承包单位完成的建设工程"应系指一个单位工程。住房和城乡建设部《建筑工程施工发包与承包违法行为认定查处管理办法》第6条规定"建设单位将一个单位工程的施工分解成若干部分发包给不同的施工总承包或专业承包单位的",属于违法发包。因此,"应当由一个承包单位完成的建设工程"应当界定为一个单位工程。如果发包人将一个单位工程支解成若干专业工程并分别发包,构成支解发包,所签订的合同应认定为无效。

需要说明的是,《建筑业企业资质标准》总则部分"三、业务范围"第2项规定的"没有专业承包资质的专业工程单独发包时,应由取得相应专业承包资质的企业承担。取得专业承包资质的企业可以承接具有施工总承包资质的企业依法分包的专业工程或建设单位依法发包的专业工程"。该处规定的专业承包企业可以承接建设单位依法发包的专业工程,是指建设单位的发包工程仅有某一个专业工程,可以发包给相应的专业承包企业,不能理解为建设单位可以将一个单位工程支解后分别发包每个专业承包企业。

27. 如何认定违法分包与转包？

根据《建设工程质量管理条例》《房屋建筑和市政基础设施工程施工分包管理办法》《建筑工程施工发包与承包违法行为认定查处管理办法》的相关规定认定违法分包与转包。

违法分包行为包括：

（1）总承包单位将建设工程分包给不具有相应资质条件的单位的,包括将劳务作业分包给不具有相应资质的劳务分包企业的情况；

（2）建设工程总承包合同中未有约定,又未经建设单位认可,承包单位将其承包的部分专业工程交由其他单位完成的；

（3）施工总承包单位将建设工程主体结构的施工分包给其他单位的,但钢结构工程除外；

（4）分包单位将其承包的建设工程再分包的,包括劳务分包企业再分包的；

（5）承包单位将其承包的工程分包给个人的。

总包单位将承包工程中的劳务作业部分分包给具有劳务分包资质的企业完成,无须征得发包人同意,不属于违法分包。

专业工程分包人将其依法分包的专业工程中的劳务作业部分分包给具有劳务分包资质的企业完成,无须征得发包人和总包单位同意,不属于再分包,不是违法分包。

转包行为包括：

（1）直接转包:承包单位承包建设工程后,不履行合同约定的责任和义务,将其承包的全部建设工程转给他人完成的情形（包括母公司承接建筑工程后将所承接工程交由具有独立法人资格的子公司施工的情形）。

（2）支解转包:承包单位将其承包的全部建设工程支解以后以分包的名义分别转给其他单位承包的情形。

（3）视同转包:总包单位将工程依法分包后,未在施工现场设立项目管理机构和派驻相应人员,未对该工程的施工活动进行组织管理的,视同转包。

(4)两个以上的单位组成联合体承包工程,在联合体分工协议中约定或者在项目实际实施过程中,联合体一方不进行施工也未对施工活动进行组织管理的,并且向联合体其他方收取管理费或者其他类似费用的,视为联合体一方将承包的工程转包给联合体其他方。

28. 如何认定承包人转包工程？

在建设工程分包合同纠纷中,一方当事人主张承包人转包工程,而承包人对此予以否认,对于承包人是否转包工程应如何认定？

笔者认为,如经审理查明,承包人与发包人结算的工程量,与承包人和分承包人结算的工程量一致,即可认定承包人转包工程。《建设工程质量管理条例》第78条第3款规定:"本条例所称转包,是指承包单位承包建设工程后,不履行合同约定的责任和义务,将其承包的全部建设工程转给他人或者将其承包的全部建设工程肢解以后以分包的名义分别转给其他单位承包的行为。"据此,判断是否存在转包行为,关键是看承包人依据建设工程施工合同所负有的建设义务是否全部发生转移。承包人与发包人结算的工程量,与承包人和分承包人结算的工程量一致则表明,承包人将其从发包人处承接的工程全部转给分承包人施工,因此,能够认定承包人转包工程。

以笔者审理的一起建设工程分包合同纠纷仲裁案件为例进行说明。仲裁申请人为分承包人,被申请人为承包人,申请人以被申请人转包工程为由,主张案涉合同无效,被申请人否认转包工程,辩称系分包工程。双方签订的劳务分包合同约定,双方结算以发包人的审核结果作为最终结算依据,被申请人收款后在扣除5.5%管理费后支付给申请人。施工过程中,申请人因故撤场,被申请人与发包人进行末次结算并签订封账协议。经审查,承包人与发包人之间合同约定的施工内容,与承包人和分承包人之间合同约定的施工内容并不完全一致,因此,不能以两份施工合同约定的施工范围及施工内容判断是否转包工程。仲裁庭针对末次结算和封账协议确认的结算范围进行调查,申请人陈述是针对申请人在撤场前已完工程量的结算,被申请人对此无异议,并称是自被申请人与发包人签订合同后至申请人撤场前的总施工进行的结算。由此，即可认定被申请人的工程量与申请人施工的工程量完全一致，亦即被申请人将其从发包人处承接的工程全部转给申请人施工，因此，仲裁庭认定被申请人系转包案涉工程。

29. 总包单位可以分包的工程范围有哪些？总包单位将打桩工程分包给具有相应资质的专业施工队伍，分包合同是否有效？

根据《建筑法》第 29 条第 1 款的规定，施工总承包的，建筑工程主体结构的施工必须由总承包单位自行完成。《建设工程质量管理条例》第 78 条规定，施工总承包单位将建设工程主体结构的施工分包给其他单位的，是违法分包。由此，界定"主体结构"的范围和内容，关系到总承包单位可以合法分包工程的范围。如果总承包单位分包主体结构范围内的工程，即使已征得建设单位同意，但仍属于违法分包。

有人提出，总承包单位如果没有桩基施工资质的怎么办？这是一个误区。根据《建筑业企业资质标准》"三、业务范围"第 1 条的规定，施工总承包工程应由取得相应施工总承包资质的企业承担。取得施工总承包资质的企业可以对所承接的施工总承包工程内各专业工程全部自行施工，也可以将专业工程依法进行分包。换言之，取得施工总承包资质的企业，对总承包范围内的全部专业工程，无须逐项取得各专业工程资质即可全部进行施工。

30. 施工分包合同的一方主体是自然人的，如何认定该合同的效力？

建设工程施工分包，包括专业工程分包和劳务作业分包。施工总承包人可以将所承包工程中的专业工程分包给专业工程承包人，施工总承包人或专业工程承包人可以将其承包工程中的劳务作业分包给劳务作业承包人。现就专业工程分包和劳务作业分包两种情形分述如下：

(1)专业工程分包合同。

①施工总承包人是自然人的，其与专业工程承包人订立的专业分包合同无效。理由是，根据《建筑法》第26条第1款的规定，承包建筑工程的单位应当持有依法取得的资质证书，并在其资质等级许可的业务范围内承揽工程。也就是说，承包人依法应为具备相应资质的建筑施工企业，个人不具备承包建筑工程的资质，亦不具备再行分包建筑工程的资格。依据《民法典》第144条关于"无民事行为能力人实施的民事法律行为无效"的规定，专业工程分包合同因施工总承包人系自然人欠缺分包工程的行为能力而无效。

②施工总承包人是具有相应施工资质的建筑施工企业，而专业工程承包人是自然人的，双方签订的专业分包合同无效。理由是，根据《建设工程司法解释（一）》第1条第1款第1项的规定，承包人未取得建筑业企业资质或者超越资质等级而签订的施工合同，应认定无效。因此，专业分包合同因专业工程承包人是自然人、不具有相应施工资质而无效。

(2)劳务作业分包合同。

①施工总承包人或者专业工程承包人是自然人的，其与劳务作业承包人订立的分包合同无效[理由同上述第(1)条第①项]。

②施工总承包人或者专业工程承包人是具有相应施工资质的建筑施工企业，而劳务作业承包人是自然人的，双方签订的劳务分包合同无效[理由同上述第(1)条第②项]。

但是，在取消劳务企业资质试点地区，如果施工总承包人或者专业工程承包人是具有相应施工资质的建筑施工企业、劳务作业承包人是自然人的，笔者认为双方签订的劳务分包合同有效。理由是，法律、行政法规对施工资质的强制规定，目的在于确保承包人的建筑施工能力、确保工程质量和人民生命财产安全，事关社会公共利益的保护。在取消劳务企业资质的情形下，从事劳务作业的个人与施工总承包人或者专业工程承包人订立并履行劳务分包合同，并不会损害国家利益或者社会公共利益，并未违反效力性强制性规定，该合同有效。至于从事劳务作业的个人违反市场经营行政管理规定，则应另当别论，与合同效力无关。

综上所述，施工分包合同中的任何一方主体是自然人的，该合同无效，但在取消劳务资质试点地区从事劳务作业的个人所签订的劳务分包合同除外。

31. "背靠背条款"是否有效？实务中对该约定应当如何处理？

实践中，大量的建设工程分包合同约定：当建设单位资金拨付到总包单位账户后才能对分包单位付款；当建设单位资金不能及时到位而延期对总包单位拨付工程款时，总包单位也相应对分包单位延期拨付工程款，全部分包工程款待建设单位对总包单位付清后，总包单位也随之对分包单位付清。换言之，总包单位对分包单位支付工程款以建设单位对总包单位付款到位为前提。前述约定，建筑领域通常称之为"背靠背条款"。

诉讼或仲裁中，分包单位往往主张，根据《民法典》第 799 条第 1 款的规定，建设工程验收合格后，发包人应当按照约定支付价款，并接收该建设工程。其承建的分包工程已经验收合格，具备索要分包工程款的条件；而且根据《民法典》第 593 条"当事人一方因第三人的原因造成违约的，应当依法向对方承担违约责任。当事人一方和第三人之间的纠纷，依照法律规定或者按照约定处理"确定的履行合同的严格责任原则，发包人对总包人的付款违约，不能成为总包人对分包人延期付款的理由，该"背靠背条款"无效。总包单位则主张，签订合同是分包人的真实意思表示，而且又没有导致分包合同无效的其他法定情形，"背靠背条款"是有效的，应按合同约定在总包人收到建设单位支付的工程款后方能对分包人付款，合同约定的支付分包工程款的条件尚未成就，应当驳回分包人的诉讼或仲裁请求。双方会对"背靠背条款"的效力发生严重分歧，那么该"背靠背条款"是否有效？实务中，对"背靠背条款"应当怎样处理？

该问题较为复杂，笔者分解为以下问题渐次分析如下：

（1）"背靠背条款"是附条件条款吗？

笔者认为，"背靠背条款"不属于附条件的民事法律行为。民事法律行为所附条件，须满足如下构成要件：①构成"条件"的事实是偶成事实，即可能发生，也可能不发生的不确定的事实，亦即"到来"不确定的事实；②"条件"是决定民事义务是否产生的事实，即民事义务产生与否取决于条件成就与否。例如，承诺结婚时送房一套。"结婚"这一日期是不确定的，"结婚"与否也不确定，即到来不确定；结婚时送房一套，即结婚就送房，不结婚就不送房，结婚与否决定送房与否，"结婚"构成"送房"的条件。综上所述，"到来"不确定且决定民事义务是否产生的事实,是附条件的民事法律行为。① 但是,"背靠背条款"并未满足以上要件,不属于附条件条款。《民法典》第788条第1款规定:"建设工程合同是承包人进行工程建设,发包人支付价款的合同。"第799条第1款规定:"建设工程竣工后,发包人应当根据施工图纸及说明书、国家颁发的施工验收规范和质量检验标准及时进行验收。验收合格的,发包人应当按照约定支付价款,并接收该建设工程。"由此可见,承包人进行工程建设与发包人支付价款,两者互为对价,在承包人向发包人交付合格工程的情况下,发包人的付款义务已经确定产生。同理,在分包人向总包人交付合格工程的情况下,总包人的付款义务也已经确定产生。换言之,建设单位是否向总包人支付工程款的事实,并不决定总包人向分包人支付分包工程款的义务能否产生。因此,"背靠背条款"不是附条件的条款。

(2)"背靠背条款"是附期限条款吗?

笔者认为,"背靠背条款"也不属于附期限的民事法律行为。理由是,构成"附期限"的事实是必成事实,即一定会发生的事实。② 所附期限,包括确定期限与不确定期限。所谓确定期限,是指作为期限内容的事实到来时间能够准确地确定。如双方约定2020年9月10日交货,这种期限就属于确定期限。所谓不确定期限,是指作为期限内容的事实到来时间不完全确定,但到来是必然的。如双方当事人在2020年3月15日约定,卖方应当在中国的新冠疫情结束后3个月内交货。中国的新冠疫情肯定会结束,但在订约时对何时结束不能确定,这种情形属于不确定期限。③ 但是,"背靠背条款"所附期限即建设单位向总包人支付工程款的时间,既不是确定期限,也不是虽不确定但必然到来的不确定期限,该事实并不一定会发生。因此,"背靠背条款"也不是附期限的条款。

(3)怎样认定"背靠背条款"的性质?

笔者认为,"背靠背条款"仅属于双方对付款时间的约定,即总包人在收到建设单位向其支付的工程款后,向分包人支付分包工程款。该付款时间的约定,属于约定不明的条款。理由是,双方既未约定确定的履行期限,也未约定在

---

① 关于附条件的民事法律行为的论述,可参阅本书"330. 如何识别附条件的民事法律行为?""331. 如何区分'附条件'与'附期限'的民事法律行为?"的内容。——笔者注
② 关于附期限的民事法律行为的论述,可参阅本书"331. 如何区分'附条件'与'附期限'的民事法律行为?"的内容。——笔者注
③ 参见最高人民法院民法典贯彻实施工作领导小组主编:《中华人民共和国民法典总则编理解与适用》(下),人民法院出版社2020年版,第800页。

建设单位未向总包人支付工程款的情况下,总包人应如何向分包人支付分包工程款,故属于履行期限约定不明的条款。

综上所述,"背靠背条款"既不是附条件的条款,也不是附期限的条款,而是对支付分包工程款的履行期限条款。

(4)"背靠背条款"有效吗?

实际上,所有关于"背靠背"条款的效力之争都是建立在"背靠背条款"属于附条件条款的基础之上的,即总分包双方在认为"背靠背条款"是附条件条款的前提下,争论该条款有无效力。但是,已如前述,"背靠背条款"并非附条件条款,仅是履行期限条款。关于义务履行时间的约定,不涉及合同效力的认定,因此,履行期限条款不存在有效或无效的争论。值得注意的是,最高人民法院于2024年出台的《关于大型企业与中小企业约定以第三方支付款项为付款前提条款效力问题的批复》(法释〔2024〕11号)第1条规定:"大型企业在建设工程施工、采购货物或者服务过程中,与中小企业约定以收到第三方向其支付的款项为付款前提的,因其内容违反《保障中小企业款项支付条例》第六条、第八条的规定,人民法院应当根据民法典第一百五十三条第一款的规定,认定该约定条款无效。"也就是说,如果大型企业与中小企业约定了"背靠背条款",则应依据上述规定认定"背靠背条款"无效。

(5)实务中,对"背靠背条款"应当怎样处理?

笔者认为,在总包人与分包人签订的建设工程分包合同没有法定无效情形,即分包合同有效的情形下,应当认定其中的"背靠背条款"也有效,但属于履行期限约定不明的条款;在分包合同存在法定无效情形(如分包人不具有相应的施工资质),即分包合同无效的情形下,应当认定其中的"背靠背条款"也无效,对此应视为双方对付款时间没有约定。上述两种情况,即对付款时间没有约定或者约定不明的,认定总包人向分包人支付工程款的时间,均应依据《建设工程司法解释(一)》第27条的规定,即当事人对付款时间没有约定或者约定不明的,下列时间视为应付款时间:①建设工程已实际交付的,为交付之日;②建设工程没有交付的,为提交竣工结算文件之日;③建设工程未交付,工程价款也未结算的,为当事人起诉之日。

32. 施工企业与项目经理签订的内部承包合同在什么情况下可以认定为转包合同？

施工企业与建设单位签订建设工程施工合同后，将该工程以内部承包的形式交由与其有劳动关系的项目经理施工，如果从内部承包合同约定的工程质量、保修责任、工程盈亏风险、工伤（亡）事故处理、管理费等方面判断，施工企业已将施工合同约定的建设义务转给项目经理承担，则可以认定施工企业与项目经理签订的合同虽名为内部承包合同并以其与项目经理存在劳动关系、社会保险关系及行政管理关系为基础，但其已经将与发包人签署的施工合同约定的主要合同义务转到内部承包合同，转由项目经理承担，施工企业没有履行与发包人签署的施工合同约定的建设义务，内部承包合同实为转包合同，人民法院依法认定内部承包合同为转包合同。

签订内部承包合同的项目经理是转包合同的转承包人，属于《建设工程司法解释（一）》第43条[①]规定的"实际施工人"，享有实际施工人的权利，比如，可以依据该条规定直接向发包人主张权利，要求其在欠付工程价款范围内直接对实际施工人承担责任。

33. 如何区分内部承包与挂靠？

挂靠，是指单位或个人以其他有资质的施工单位的名义，承揽工程的行为。承揽工程，包括参与投标、订立合同、办理有关施工手续、从事施工等活动。

挂靠与内部承包，外部均表现为施工负责人承担了建设工程的施工、技术、质量、安全、管理等工作。那么，如何区分施工负责人与施工单位之间是内部承包关系还是挂靠关系？

笔者认为，可以从以下方面综合加以判断：

（1）施工负责人与施工单位签订的内部承包协议书明确约定了施工负责人

[①] 《建设工程司法解释（一）》第43条："实际施工人以转包人、违法分包人为被告起诉的，人民法院应当依法受理。实际施工人以发包人为被告主张权利的，人民法院应当追加转包人或者违法分包人为本案第三人，在查明发包人欠付转包人或者违法分包人建设工程价款的数额后，判决发包人在欠付建设工程价款范围内对实际施工人承担责任。"

借用资质施工的,为挂靠。

(2)施工负责人与施工单位之间没有劳动关系或者社会保险关系、隶属关系、产权归属关系(如分支机构)的,一般可以认定为挂靠关系。

(3)施工单位对工程质量、施工进度、安全生产、财务收支等方面有无监管职权,如无任何监管,而只收取管理费的,一般为挂靠。

(4)施工单位有无将质量责任、保修责任、安全事故责任以及工伤(亡)事故处理、对外经济责任等全部转移给施工负责人承担,如有一般为挂靠。

(5)一般情况下,内部承包是先有工程,后有内部承包人,即施工单位先承揽工程,后与内部承包人签订内部承包协议。而挂靠则相反,是先有挂靠人后有工程。如果施工负责人在招投标阶段就已经出现,可以作为有挂靠之嫌加以考虑。

34. 施工企业以联营方式将承建工程转交联营方建设的,是否属于转包?

建筑施工企业承包建设工程后,与其他单位签订联营协议,以联营的形式将建设工程全部交由联营方施工的,人民法院或仲裁机构将认定为转包行为。判断是否存在转包行为,关键是看承包人依据建设工程施工合同所负有的建设义务是否发生转移。我国《建筑法》对建筑施工企业实行资质强制管理制度,建筑施工企业只能在其资质等级许可的业务范围内承揽工程,并且必须自行完成建设工程的主体结构施工,承包人以联营方式将施工合同约定的建设义务全部转交联营方建设的,实属转包行为。

35. 建设工程施工合同被确认无效的法律后果是什么?

建设工程施工合同纠纷诉讼实践中,有时会出现案涉施工合同经人民法院审查确认无效的情形,对此人民法院按以下原则处理:

关于工程价款的处理。《民法典》第793条规定:"建设工程施工合同无效,但是建设工程经验收合格的,可以参照合同关于工程价款的约定折价补偿承包人。建设工程施工合同无效,且建设工程经验收不合格的,按照以下情形处理:

(一)修复后的建设工程经验收合格的,发包人可以请求承包人承担修复费用;(二)修复后的建设工程经验收不合格的,承包人无权请求参照合同关于工程价款的约定折价补偿。发包人对因建设工程不合格造成的损失有过错的,应当承担相应的责任。"上述规定表明,法律对建设工程施工合同无效但建设工程经竣工验收合格的,承包人有权请求参照合同约定进行折价补偿,即仍按合同约定的取价标准和取价程序计算工程价款。

但应注意,无效合同当事人无权要求对方承担违约责任。违约责任是违反有效合同导致的法律责任,是以合同有效为前提的。对工程价款之外的,如工程奖金等其他约定,也因合同无效而不能主张。对于工程款利息,因合同无效,不能按照合同中关于工程款利息的约定计付利息,对此应视为发承包双方没有约定工程款利息。这种情形下,应根据《建设工程司法解释(一)》第26条"当事人对欠付工程价款利息计付标准有约定的,按照约定处理。没有约定的,按照同期同类贷款利率或者同期贷款市场报价利率计息",以及第27条"利息从应付工程价款之日开始计付"的规定,从发包人应付而未付工程款时按照法定利率计付利息。

36. 发包人主张承包人与实际施工人签订的转包合同无效,能否得到法院支持?

发包人在知晓承包人转包工程后,提起诉讼要求确认承包人(转包人)与转承包人(实际施工人)之间签订的转包合同无效的,人民法院不予支持。

我国《建筑法》及《民法典》明令禁止转包建筑工程,转包合同因违反法律强制性规定而无效。确认合同无效,是法律所代表的公共权力对合同成立过程进行干预的结果。

但是,根据合同的相对性原理,合同中约定的权利义务内容,不能约束非合同当事人,非合同当事人也不享有合同当事人的权利。转包合同在承包人(转包人)和转承包人(实际施工人)之间签订,在双方均未主张合同无效的情况下,发包人作为非合同签订人,无权主张转包合同无效。虽然人民法院负有主动审查合同效力的职责,但其审查范围仅限于当事人诉至法院的合同,在转包合同双方当事人均未就转包合同效力提起诉讼的情况下,根据"不告不理"的诉讼原则,人民法院不能主动认定转包合同无效。虽然发包人提出了诉讼主张,但因其突破了合同相对性原则仍然不能得到人民法院的支持。

如果发包人认为承包人转包工程行为侵犯了其权益,提起侵权诉讼请求确认转包合同无效,则能够得到法院支持,因为侵权诉讼之诉讼标的是侵权法律关系,不涉及合同相对性原则。

37. 承包人违法分包建设工程,能否成为其对实际施工人欠付的材料款承担连带清偿责任的理由?

承包人违法分包建设工程,实际施工人(分包工程承包人)欠付材料供应商的材料款,材料供应商往往以分包合同无效为由要求承包人对材料款承担连带清偿责任,对此人民法院不予支持。

《民法典》第157条规定:"民事法律行为无效、被撤销或者确定不发生效力后,行为人因该行为取得的财产,应当予以返还;不能返还或者没有必要返还的,应当折价补偿。有过错的一方应当赔偿对方由此所受到的损失;各方都有过错的,应当各自承担相应的责任。法律另有规定的,依照其规定。"该规定表明,无效民事法律行为的当事人就无效行为相互承担法律责任,并不引发对第三人的法律责任。因此,即使分包合同无效,也仅在承包人与实际施工人之间产生法律责任,并不导致承包人对分包合同之外的第三人承担法律责任。

承包人既不是实际施工人与材料供应商之间材料买卖合同的缔约人,也没有因建设工程分包合同侵犯材料供应商的权益,材料供应商仅以建设工程分包合同无效为由,突破合同相对性原则要求承包人对实际施工人的材料款债务承担连带清偿责任,没有法律依据。

而且,人民法院在审理材料供应商与实际施工人买卖合同纠纷案件中,也不宜对建设工程分包合同的效力直接作出认定。因为,建设工程分包合同在承包人与实际施工人之间签订,人民法院在双方均未就分包合同的效力提起诉讼的情况下,径行认定建设工程分包合同无效,属于未诉而判,既代替当事人行使起诉权利,又剥夺了另一方当事人的抗辩权利,违反了人民法院审理民事案件的法定程序。

38. 大酒店工程是否属于强制招标项目？

《招标投标法》第 3 条规定："在中华人民共和国境内进行下列工程建设项目包括项目的勘察、设计、施工、监理以及与工程建设有关的重要设备、材料等的采购，必须进行招标：（一）大型基础设施、公用事业等关系社会公共利益、公众安全的项目……前款所列项目的具体范围和规模标准，由国务院发展计划部门会同国务院有关部门制订，报国务院批准。"根据《必须招标的基础设施和公用事业项目范围规定》第 2 条的规定，有关煤炭、石油、天然气、电力、新能源等能源基础设施项目，铁路、公路、管道、水运以及公共航空和 A1 级通用机场等交通运输基础设施项目，电信枢纽、通信信息网络等通信基础设施项目，防洪、灌溉、排涝、引（供）水等水利基础设施项目，城市轨道交通等城建项目，属于依法必须招标的大型基础设施、公用事业等关系社会公共利益、公众安全的项目。

因此，对社会公众开放的大酒店工程，虽然事关社会公共利益、公众安全，但仍不属于依法必须进行招标的建设项目。

39. 建设工程施工合同中不可竞争性费用的让利约定是否有效？

《建设工程工程量清单计价规范》（GB 50500—2013）第 3.1.5 项规定："措施项目中的安全文明施工费必须按国家或省级、行业建设主管部门的规定计算，不得作为竞争性费用。"第 3.1.6 项规定："规费和税金必须按国家或省级、行业建设主管部门的规定计算，不得作为竞争性费用。"《建筑安装工程费用项目组成》亦规定："建设单位和施工企业均应按照省、自治区、直辖市或行业建设主管部门发布标准计算规费和税金，不得作为竞争性费用。"上述《建设工程工程量清单计价规范》（GB 50500—2013）和《建筑安装工程费用项目组成》均规定，规费包括社会保险费、住房公积金、工程排污费。由此可知，规费（含社会保险费、住房公积金、工程排污费）、安全文明施工费、税金均为建设工程造价中的不可竞争性费用。

诉讼实务中，承包人主张对不可竞争性费用的让利或不予计取的约定无效，仍应计取上述费用；发包人则主张该约定有效，不应计取该费用。对此，应如何认定该约定的效力？

笔者认为，在建设工程施工合同有效的前提下，合同中对不可竞争性费用的让利或不予计取的条款有效。理由如下：

（1）《民法典》第153条第1款规定："违反法律、行政法规的强制性规定的民事法律行为无效。但是，该强制性规定不导致该民事法律行为无效的除外。"据此，认定合同效力以法律和行政法规为依据。《建筑安装工程费用项目组成》属于行政规章，不能作为认定合同条款无效的法律依据。

（2）《标准化法》第2条规定："本法所称标准（含标准样品），是指农业、工业、服务业以及社会事业等领域需要统一的技术要求。标准包括国家标准、行业标准、地方标准和团体标准、企业标准。国家标准分为强制性标准、推荐性标准，行业标准、地方标准是推荐性标准。强制性标准必须执行。国家鼓励采用推荐性标准。"第10条第4款规定："强制性国家标准由国务院批准发布或者授权批准发布。"上述规定表明，经国务院批准发布或其授权批准发布的标准，才属于强制性国家标准。因此，由住房和城乡建设部批准发布的《建设工程工程量清单计价规范》（GB 50500—2013），属于推荐性国家标准而非强制性国家标准[①]，不具有强制适用的法律效力，亦不能作为认定合同条款无效的法律依据。

（3）发承包双方约定对不可竞争性费用让利或不予计取，只是减损承包人一方企业的利益，并不损害社会公共利益。而且，对不可竞争性费用让利或者不予计取，并不意味着承包人可以不再安全文明施工、拒缴社保费用及税款、污染环境，承包人仍须依据《建筑法》《建设工程安全生产管理条例》《社会保险法》《环境保护法》《税收征收管理法》等法律法规，履行法定义务。

[①] 依据是1988年《标准化法》第7条："国家标准、行业标准分为强制性标准和推荐性标准。保障人体健康，人身、财产安全的标准和法律、行政法规规定强制执行的标准是强制性标准，其他标准是推荐性标准。省、自治区、直辖市标准化行政主管部门制定的工业产品的安全、卫生要求的地方标准，在本行政区域内是强制性标准。"1990年《标准化法实施条例》第18条："国家标准、行业标准分为强制性标准和推荐性标准。下列标准属于强制性标准：（一）药品标准，食品卫生标准，兽药标准；（二）产品及产品生产、储运和使用中的安全、卫生标准，劳动安全、卫生标准，运输安全标准；（三）工程建设的质量、安全、卫生标准及国家需要控制的其他工程建设标准；（四）环境保护的污染物排放标准和环境质量标准；（五）重要的通用技术术语、符号、代号和制图方法标准；（六）通用的试验、检验方法标准；（七）互换配合标准；（八）国家需要控制的重要产品质量标准。国家需要控制的重要产品目录由国务院标准化行政主管部门会同国务院有关行政主管部门确定。强制性标准以外的标准是推荐性标准。省、自治区、直辖市人民政府标准化行政主管部门制定的工业产品的安全、卫生要求的地方标准，在本行政区域内是强制性标准。"《建设工程工程量清单计价规范》（GB 50500—2013）也属于推荐性标准。

40. 建设工程施工合同违反《建设工程工程量清单计价规范》(GB 50500—2013)中的强制性条文,是否有效?

《建设工程工程量清单计价规范》(GB 50500—2013)自2013年7月1日起实施。其中,第3.1.1、3.1.4、3.1.5、3.1.6、3.4.1、4.1.2、4.2.1、4.2.2、4.3.1、5.1.1、6.1.3、6.1.4、8.1.1、8.2.1、11.1.1条为强制性条文,必须严格执行。[1] 建设工程施工合同中违反上述强制性条文的条款,是否有效?例如,违反第3.1.5项、3.1.6项规定,约定对安全文明施工费、规费、税金进行让利或不予计取的条款。

实践中对此问题争议较大,主要有两种观点:一种观点认为,《建设工程工程量清单计价规范》(GB 50500—2013)的标准编号"GB"为强制性国家标准的代号,而推荐性国家标准的编号是"GB/T",强制性标准必须执行,因此施工合同中违反上述强制性条文的合同条款无效。另一种观点认为,《建设工程工程量清单计价规范》(GB 50500—2013)并非法律、行政法规,故违反其中的强制性条文并不必然导致合同无效。[2] 合同价格属于当事人意思自治的范畴,民事权利可由权利人自由

---

[1] 《建设工程工程量清单计价规范》(GB 50500—2013) 3.1.1 使用国有资金投资的建设工程发承包,必须采用工程量清单计价。

3.1.4 工程量清单应采用综合单价计价。

3.1.5 措施项目中的安全文明施工费必须按国家或省级、行业建设主管部门的规定计算,不得作为竞争性费用。

3.1.6 规费和税金必须按国家或省级、行业建设主管部门的规定计算,不得作为竞争性费用。

3.4.1 建设工程发承包,必须在招标文件、合同中明确计价中的风险内容及其范围,不得采用无限风险、所有风险或类似语句规定计价中的风险内容及范围。

4.1.2 招标工程量清单必须作为招标文件的组成部分,其准确性和完整性应由招标人负责。

4.2.1 分部分项工程项目清单必须载明项目编码、项目名称、项目特征、计量单位和工程量。

4.2.2 分部分项工程项目清单必须根据相关工程现行国家计量规范规定的项目编码、项目名称、项目特征、计量单位和工程量计算规则进行编制。

4.3.1 措施项目清单必须根据相关工程现行国家计量规范的规定编制。

5.1.1 国有资金投资的建设工程招标,招标人必须编制招标控制价。

6.1.3 投标报价不得低于工程成本。

6.1.4 投标人必须按招标工程量清单填报价格。项目编码、项目名称、项目特征、计量单位、工程量必须与招标工程量清单一致。

8.1.1 工程量必须按照相关工程现行国家计量规范规定的工程量计算规则计算。

8.2.1 工程量必须以承包人完成合同工程应予计量的工程量确定。

11.1.1 工程完工后,发承包双方必须在合同约定时间内办理工程竣工结算。

[2] 参见常设中国建设工程法律论坛第八工作组编:《中国建设工程施工合同法律全书:词条释义与实务指引》,法律出版社2019年版,第273页。

处分,在不违反诸如招标投标法等强制性法律规定的情形下,上述约定应为有效。

笔者同意第二种观点,并认为:第一,国家标准,并非法律规范,不能直接作为认定合同效力的依据;第二,标准中的强制性条文,大多属于管理性强制规范。违反强制性标准,能否导致合同无效,还需结合有关效力性强制规定的规定进行判断和考量。施工合同中违反《建设工程工程量清单计价规范》(GB 50500—2013)中强制性条文的合同条款,如无同时违反招标投标法等强制性法律规定情形的,该条款有效。理由如下:

(1)根据《民法典》第153条第1款规定:"违反法律、行政法规的强制性规定的民事法律行为无效。但是,该强制性规定不导致该民事法律行为无效的除外。"因此,认定合同效力或合同条款效力,应当以法律、行政法规中的强制性规定作为依据。确认合同效力,实质是法律所代表的公权力对合同成立过程进行的干预。

而标准,并非法律规范。1989年《标准化法》[①]第1条规定:"为了发展社会主义商品经济,促进技术进步,改进产品质量,提高社会经济效益,维护国家和人民的利益,使标准化工作适应社会主义现代化建设和发展对外经济关系的需要,制定本法。"第2条规定:"对下列需要统一的技术要求,应当制定标准:(一)工业产品的品种、规格、质量、等级或者安全、卫生要求。(二)工业产品的设计、生产、检验、包装、储存、运输、使用的方法或者生产、储存、运输过程中的安全、卫生要求。(三)有关环境保护的各项技术要求和检验方法。(四)建设工程的设计、施工方法和安全要求。(五)有关工业生产、工程建设和环境保护的技术术语、符号、代号和制图方法。重要农产品和其他需要制定标准的项目,由国务院规定。"[②]

根据国家(质量)技术监督局发布的《标准化法条文解释》[③]对上述第1条、第2条的解释,"标准化"的含义是,在经济、技术、科学及管理等社会实践中,对重复性事物和概念通过制定、实施标准,达到统一,以获得最佳秩序和社会效益的过程。"标准"的含义是,对重复性事物和概念所作的统一规定。它以科学、技术和实践经验的综合成果为基础,经有关方面协商一致,由主管机构批准,以

[①] 《标准化法》于1988年12月29日公布,自1989年4月1日起施行,于2017年11月4日修订并自2018年1月1日起施行。为行文简便,分别称1989年《标准化法》和2017年《标准化法》。

[②] 因《建设工程工程量清单计价规范》(GB 50500—2013)适用当时的法律,仍以1989年《标准化法》及相关规定为主要论述依据。

[③] 该《标准化法条文解释》于2018年3月6日被国家质量监督检验检疫总局《关于废止和修改部分规章的决定》(国家质量监督检验检疫总局令第196号)废止。

特定形式发布,作为共同遵守的准则和依据。

由此可见,标准并不属于法律规范的范畴,只有经法律确认必须强制执行的标准,才能纳入法律,成为法律规范的一部分,对民事合同的效力产生影响。

(2)《建设工程工程量清单计价规范》(GB 50500—2013)未经法律、行政法规确认为必须强制执行的标准。1989年《标准化法》第7条第1款规定:"国家标准、行业标准分为强制性标准和推荐性标准。保障人体健康,人身、财产安全的标准和法律、行政法规规定强制执行的标准是强制性标准,其他标准是推荐性标准。"《建设工程工程量清单计价规范》(GB 50500—2013)显然不属于"保障人体健康,人身、财产安全的标准",也未经"法律、行政法规规定强制执行"。《建筑法》第18条第1款规定:"建筑工程造价应当按照国家有关规定,由发包单位与承包单位在合同中约定。公开招标发包的,其造价的约定,须遵守招标投标法律的规定。"可见,建设工程造价遵循从约原则,对经公开招标发包的建设工程,须同时遵守招标投标法律的规定。《建筑法》及相关行政法规,均未对建设工程造价的计价方法作出强制性规定。

反例说明,《建筑法》第52条第1款规定:"建筑工程勘察、设计、施工的质量必须符合国家有关建筑工程安全标准的要求,具体管理办法由国务院规定。"第61条第1款规定:"交付竣工验收的建筑工程,必须符合规定的建筑工程质量标准,有完整的工程技术经济资料和经签署的工程保修书,并具备国家规定的其他竣工条件。"因此,上述有关建设工程勘察、设计、施工的质量标准,例如《建筑工程施工质量验收统一标准》(GB 50300—2013),即属于由法律规定强制执行的标准,属于强制性国家标准。如果施工合同违反此类强制性标准中的强制性条文,则可能导致合同或合同条款无效。

(3)标准中的强制性条文,大多属于管理性强制规范,不能作为认定合同效力或合同条款效力的依据。违反强制性标准,能否导致合同无效,还需结合有关效力性强制规定的规定进行判断和考量。最高人民法院认为,只有违反法律和行政法规的强制性规定才能确认合同无效,而强制性规定又包括管理性规范和效力性规范。管理性规范是指法律及行政法规未明确规定违反此类规范将导致合同无效的规范。此类规范旨在管理和处罚违反规定的行为,但并不否认该行为在民商法上的效力。效力性规定是指法律及行政法规明确规定违反该类规定将导致合同无效的规范,或者虽未明确规定违反之后将导致合同无效,但若使合同继续有效将损害国家利益和社会公共利益的规范。此类规范不仅旨在处罚违反之行为，而且意在否定其在民商法上的效力。因此，只有违反了效力性的强制规范的，才应当认定合同无效。①

最高人民法院《关于当前形势下审理民商事合同纠纷案件若干问题的指导意见》（法发〔2009〕40号）第5条再次强调，"正确理解、识别和适用合同法第五十二条第（五）项中的'违反法律、行政法规的强制性规定'"，关系到民商事合同的效力维护以及市场交易的安全和稳定。人民法院应当注意根据《合同法解释（二）》②第14条之规定，注意区分效力性强制规定和管理性强制规定。如果强制性规范规制的是合同行为本身即只要该合同行为发生即绝对地损害国家利益或者社会公共利益的，人民法院应当认定合同无效。因此，违反强制性国家标准中的强制性条文，仍须判断该强制性条文是否属于效力性强制规定，考量违反该强制性条文能否导致损害国家利益或者社会公共利益的后果。如是效力性强制规定，则合同或合同条款无效；如不是效力性强制规定，则合同或合同条款有效。

例如，投标人违反《建设工程工程量清单计价规范》（GB 50500—2013）第3.1.5项、第3.1.6项规定，对安全文明施工费、规费、税金等不可竞争性费用进行让利或承诺不予计取，会导致废标；但如果发承包双方已经签订了对上述不可竞争性费用让利的施工合同，该合同内容的实施只是减损承包人一方企业的利益，并不会损害国家利益或者社会公共利益，则该第3.1.5项、第3.1.6项规定不属于效力性强制规定，该合同条款仍属有效。相反的例子，如果发承包双方违反《建筑工程施工质量验收统一标准》（GB 50300—2013）中第5.0.8项关于"经返修或加固处理仍不能满足安全或重要使用要求的分部工程及单位工程，严禁验收"的强制规定，予以验收，该行为后果会损害社会公共利益，也违反了《建筑法》第61条关于"交付竣工验收的建筑工程，必须符合规定的建筑工程质量标准"的强制性规定，应属无效行为。

（4）以2017年《标准化法》视角审视题述情形，施工合同条款违反《建设工程工程量清单计价规范》（GB 50500—2013）中的强制性条文，仍属有效。

---

① 参见《最高人民法院负责人在全国民商事审判工作会议上的讲话——充分发挥民商事审判职能作用　为构建社会主义和谐社会提供司法保障》，载《中国审判》2007年第7期。

② 参见《合同法解释（二）》，即最高人民法院《关于适用〈中华人民共和国合同法〉若干问题的解释（二）》，已被最高人民法院《关于废止部分司法解释及相关规范性文件的决定》（法释〔2020〕16号）于2021年1月1日废止。

因《建设工程工程量清单计价规范》(GB 50500—2013)颁布于1989年《标准化法》及《标准化法实施条例》施行期间，上述讨论以当时的法律规定为主。鉴于2017年《标准化法》的施行，有必要结合2017年《标准化法》对题述情形进行讨论。

先就2017年《标准化法》与1989年《标准化法》对强制性标准的不同规定作出对比：

(1)强制性标准的范围不同。2017年《标准化法》第10条第1款规定："对保障人身健康和生命财产安全、国家安全、生态环境安全以及满足经济社会管理基本需要的技术要求，应当制定强制性国家标准。"1989年《标准化法》第7条第1款规定："国家标准、行业标准分为强制性标准和推荐性标准。保障人体健康，人身、财产安全的标准和法律、行政法规规定强制执行的标准是强制性标准，其他标准是推荐性标准。"

(2)2017年《标准化法》只规定有强制性国家标准，推荐性国家标准、行业标准、地方标准均属于推荐性标准。而1989年《标准化法》规定国家标准、行业标准、地方标准，均可分为强制性标准、推荐性标准。

(3)强制程度不同。国家市场监督管理总局2020年1月6日公布，于2020年6月1日起施行的《强制性国家标准管理办法》第19条第1款规定："强制性国家标准的技术要求应当全部强制，并且可验证、可操作。"而此前的强制性国家标准，包括《建设工程工程量清单计价规范》(GB 50500—2013)、《建筑工程施工质量验收统一标准》等，大部分仅是部分条文强制。

(4)强制性国家标准的批准发布部门不同。根据2017年《标准化法》及《强制性国家标准管理办法》的规定，强制性国家标准由国务院批准发布，或者授权国务院标准化行政主管部门即国家标准委批准发布。而此前的强制性国家标准，可由国家标准委、国务院有关行政主管部门单独或联合批准发布，以及除国家标准委之外的两个国务院有关行政主管部门联合批准发布。

笔者认为，根据2017年《标准化法》及相关规定的新变化，《建设工程工程量清单计价规范》(GB 50500—2013)已不再符合强制性国家标准，且其规定的强制性条文，仍非效力性强制规定，违反该强制性条文并不导致施工合同条款无效。

41. 挂靠施工情形下的合同效力应如何认定？

挂靠，即借用资质，是指缺乏资质的单位或个人借用有资质的建筑施工企业的名义，承揽工程的行为。缺乏资质，既包括没有资质的单位或个人借用资质承揽工程，也包括低等级资质单位借用高等级资质单位的施工资质承揽工程。

挂靠施工情形下，存在着发包人、被挂靠人、挂靠人三方主体，在认定各方主体之间的合同关系以及合同效力问题上，笔者认为可以运用民法有关真意保留理论与虚假表示的法律规定加以认定。

第一，真意保留与虚假表示。

真意保留与虚假表示，均属于当事人意思表示不真实。一般来说，意思表示不真实包括两个方面：一是行为人的意思表示不自由，表现为欺诈、胁迫、重大误解、乘人之危等。二是行为人的意思表示不真实，包括真意保留、虚假表示。

（1）真意保留。

所谓真意保留，在双方作出意思表示时，一方对自己真实的意思表示有所保留，但对方当事人对此并不知晓，即相对人并不知晓行为人表示的是虚假意思。[1] 即表意人故意隐瞒其真意，将其意欲发生法律效果的真意保留于内心，没有表示出来，而其外在表示的意思又非其真实的意思。依照民法学界的通说，真意保留的构成要件包括：①须有意思表示；②须表示行为与表意人的效果意思不符；③在主观上，表意人须自身意识到其意思与表示的不一致；④在客观上，能够从表示的内容上推断意思与表示的不一致。

意思表示真实是意思自治的必然要求。意思存乎于心，当其表达于外时，方能为人所确知。而仅有可为外界知悉的表达才能构成法律约束力的直接依据。[2] 基于此，对于真意保留的法律效果按以下原则处理：

①如果相对人是善意的，则优先保护交易安全和相对人利益，采客观主义，以表意人的表示行为作为认定其意思表示的依据。

---

[1] 参见最高人民法院民法典贯彻实施工作领导小组主编：《中华人民共和国民法典总则编理解与适用》（下），人民法院出版社2020年版，第730页。

[2] 参见《〈中华人民共和国民法总则〉条文理解与适用》（下），人民法院出版社2017年版，第960页。

②如果相对人并非出于善意,其知道表意人保留真意之事实以及表意人表示行为之后所保留的效果意思,则应当采主观主义,以表意人的效果意思作为认定其意思表示的依据。①

(2)虚假表示。

相对人明知行为人保留真意作出虚假意思表示的,则真意保留行为转化为通谋虚伪行为。《民法典》第146条规定:"行为人与相对人以虚假的意思表示实施的民事法律行为无效。以虚假的意思表示隐藏的民事法律行为的效力,依照有关法律规定处理。"据此,双方当事人通谋作出的虚假意思表示无效,隐藏行为的效力则需依据相关法律规定处理。

第二,挂靠施工情形下有关合同效力的认定原则。

(1)发包人对挂靠事实不知情的情况。

①发包人与被挂靠人签订的建设工程施工合同的效力。

发包人善意、不知道是缺乏建筑工程施工资质的单位或个人借用有资质的企业的名义签订施工合同,这种情况下,被挂靠人与发包人签订合同属于真意保留,应按其表示行为解释其意思。因此,若无其他因素(如中标无效等)导致施工合同无效的情形下,发包人与被挂靠人签订的施工合同应认定为有效。在案件审理中,如果被挂靠人依据《建设工程司法解释(一)》第1条第1款第2项关于"没有资质的实际施工人借用有资质的建筑施工企业名义"签订的施工合同无效的规定,以其与挂靠人之间存在挂靠事实为由主张该施工合同无效的,人民法院或仲裁机构不应予以支持。笔者认为,在案件审理中适用《建设工程司法解释(一)》第1条第1款第2项规定,认定发包人与承包人签订的施工合同无效,应当具备一个前提,即发包人在与承包人签订施工合同时明知挂靠事实,否则,不能仅因承包人单方主张存在挂靠事实从而导致案涉合同无效。

②挂靠人与被挂靠人签订的挂靠协议的效力。

实践中,挂靠协议的常见形态,表现为出借资质企业与没有施工资质的个人签订内部承包协议、合作协议等,其本质特征均为被挂靠人不施工、不投资、不对施工进行管理、不承担法律责任,而由挂靠人进行施工、投资并承担包括工

---

① 参见谢勇、张静思:《挂靠施工情况下应区分发包人是否善意来认定建设工程施工合同的效力》,载最高人民法院民事审判第一庭编:《民事审判指导与参考》总第80辑,人民法院出版社2020年版,第220页。

程质量、安全、保修、债权债务、盈亏风险、工伤工亡事故责任在内的全部法律责任，被挂靠人向挂靠人收取一定的管理费或其他名目的费用。根据《建筑法》第26条第2款关于"禁止建筑施工企业以任何形式允许其他单位或者个人使用本企业的资质证书、营业执照，以本企业的名义承揽工程"、《民法典》第153条第1款中"违反法律、行政法规的强制性规定的民事法律行为无效"的规定，挂靠双方签订的挂靠协议无效。

需要注意的是，挂靠协议中虽有关于工程施工的内容，但其法律性质不属于建设工程施工合同。理由是，挂靠协议的标的是挂靠人与被挂靠人之间因挂靠形成的隶属关系，其标的物是被挂靠人即施工企业的施工资质和经营手续；而建设工程施工合同的标的是发承包之间形成的承揽关系，其标的物是建设工程。在审理挂靠双方因挂靠协议产生纠纷的案件中，案件案由依照最高人民法院《关于印发修改后的〈民事案件案由规定〉的通知》（法〔2020〕347号）关于四级案由的规定，应认定为"合同纠纷"，而非"建设工程施工合同纠纷"。案件适用法律亦有所限制，比如不能适用《建设工程司法解释（一）》的规定。

③挂靠双方之间的关系，应认定为转包关系。

在发包人善意、被挂靠人真意保留情形下，出于保护善意发包人利益的考虑，不论被挂靠人还是挂靠人，均不得以隐瞒于内心的挂靠事实对抗发包人。《建设工程质量管理条例》第78条第3款规定："本条例所称转包，是指承包单位承包建设工程后，不履行合同约定的责任和义务，将其承包的全部建设工程转给他人或者将其承包的全部建设工程肢解以后以分包的名义分别转给其他单位承包的行为。"据此，出借资质的企业将工程交由缺乏建筑工程施工资质的企业或者个人施工的行为，属于转包行为，挂靠双方之间的关系应认定为转包关系。

需要特别说明的是，无论挂靠双方借用资质的约定，是发生在被挂靠人与发包人签订建设工程施工合同之前还是之后，挂靠双方之间的关系均应认定为转包关系。一般情况下，判断转包与挂靠是以建设工程和实际施工人的出现顺序为标准，即转包是先有工程，后有实际施工人，亦即施工单位先承揽工程，后与实际施工人签订转包合同，将所承接工程转交实际施工人进行施工。而挂靠则相反，即先有挂靠人后有工程，挂靠人首先获得工程信息并与发包人前期接洽，之后在招投标阶段以被挂靠人的委托代理人的身份参与投标或签订中标合同。因此，司法实践中常以挂靠双方签订挂靠协议的时间与被挂靠人和发包人签订施工合同时间的先后进行对比,以此判断是转包还是挂靠,即挂靠双方签订协议在前的,认定为挂靠关系;挂靠双方签订协议在后的,认定为转包关系。但事实上,挂靠与转包本质上并无二致,均为承包人与发包人签订施工合同,但承包人并不履行该合同约定的工程建设义务,而转由他人承担该义务,施工中实际施工人全程隐身,不以自己面目出现,且不为发包人所知悉,区别在于转包系承包人承揽工程后确定不履行合同约定的建设义务,而挂靠则是承包人在承揽工程前即已确定不履行该建设义务。

申言之,当发包人对挂靠事实并不知情时,挂靠双方之间的内部关系,不具有对外效力,双方之间应认定为转包工程关系,不存在所谓"挂靠"的问题,亦不存在讨论和认定挂靠的必要。

(2)发包人在与承包人订立施工合同时即明知挂靠事实的情况。

①发包人与被挂靠人签订的建设工程施工合同的效力。

实践中,发包人在与承包人订立施工合同时即明知挂靠事实的情况,通常是发包人指定缺乏资质的个人或单位承建工程,但限于法律关于资质准入的强制规定,授意实际施工人挂靠有资质的建筑施工企业,以其名义签订施工合同。

不论发包人授意实际施工人以挂靠方式签订施工合同,还是发包人在知悉挂靠事实情形下签订施工合同,发包人与被挂靠人在签订合同时即明知被挂靠人并不实际施工,而由挂靠人实际施工,因此,发包人与被挂靠人之间签订的合同欠缺效果意思,属于通谋虚伪行为,根据《民法典》第146条第1款关于"行为人与相对人以虚假的意思表示实施的民事法律行为无效"的规定,双方签订的施工合同无效。

②挂靠人与被挂靠人签订的挂靠协议的效力。

挂靠双方签订的挂靠协议无效,理由同上,于此不赘。

③发包人与挂靠人之间形成的施工合同的效力。

在发包人明知挂靠人以被挂靠人的名义与其签订施工合同情形下,事实上存在两份施工合同,一是发包人与被挂靠人签订的施工合同,前已述及,该合同属于双方通谋作出的虚假表示,合同无效。二是在该合同之下隐藏的发包人与挂靠人之间的施工合同,该合同系以虚假的意思表示隐藏的民事法律行为,根据《民法典》第146条第2款规定:"以虚假的意思表示隐藏的民事法律行为的效力,依照有关法律规定处理。"据此,依照《建设工程司法解释(一)》第1条第1款第2项规定,没有资质的实际施工人借用有资质的建筑施工企业名义签订的建设工程施工合同,认定无效。因此,发包人与挂靠人之间隐藏的施工合同无效。

综上所述,只有在发包人明知挂靠事实而仍与被挂靠人签订施工合同的情况下,才存在所谓"挂靠"的问题。换言之,认定存在挂靠关系,以发包人知悉挂靠事实为前提,否则,不存在认定挂靠的问题。

(3)发包人在与承包人订立施工合同后知悉挂靠事实的情况。

发包人在与承包人订立施工合同时不知道挂靠事实,事后知悉挂靠事实,如果发包人并未提出异议,而是继续允许挂靠人继续施工的,对此应当视为对挂靠人借用被挂靠人资质与其签订施工合同的追认,视同发包人在与承包人订立合同时即明知挂靠事实,相关合同效力依据上述第(2)项"发包人在与承包人订立施工合同时即明知挂靠事实的情况"进行认定即可。

42. 施工企业能否以项目经理部未经授权为由,主张其项目经理部签订的合同无效?

施工企业项目经理部与工程分包人、材料供应商、施工设备租赁商等签订相关合同,并在合同上加盖施工企业项目经理部印章。在相关权利人对施工企业提起的诉讼或仲裁中,施工企业以其项目经理部未经授权为由,主张加盖施工企业项目经理部印章的合同无效。该主张能否成立?

笔者认为,该主张不能成立。理由是,项目经理是依法取得执业资格,经施工企业任命并在授权范围内负责履行与建设单位之间施工合同的项目负责人,是施工企业在特定项目上的职务代理人。《民法典》第170条规定:"执行法人或者非法人组织工作任务的人员,就其职权范围内的事项,以法人或者非法人组织的名义实施的民事法律行为,对法人或者非法人组织发生效力。法人或者非法人组织对执行其工作任务的人员职权范围的限制,不得对抗善意相对人。"因此,施工企业应就项目经理职权范围内所为事项承担责任。需要说明的是,职务代理人就其职权范围内事项实施行为,无须取得委托人的书面授权,其行为后果直接归属于委托人,由委托人承担行为责任。而项目经理部是施工企业为了完成某项建设工程施工任务而设立的内部组织,由项目经理在企业的支持下组建并领导、进行项目管理的组织机构。项目经理部不具备法人资格,是施工企业根据建设工程施工项目而组建的下属机构。因此,虽然相关合同上加盖了项目经理部的印章,以项目经理部的名义作出,但本质上仍属于项目经理的职务代理行为。《民法典合同编通则司法解释》第 21 条第 1 款规定:"法人、非法人组织的工作人员就超越其职权范围的事项以法人、非法人组织的名义订立合同,相对人主张该合同对法人、非法人组织发生效力并由其承担违约责任的,人民法院不予支持。但是,法人、非法人组织有过错的,人民法院可以参照民法典第一百五十七条的规定判决其承担相应的赔偿责任。前述情形,构成表见代理的,人民法院应当依据民法典第一百七十二条的规定处理。"第 2 款规定:"合同所涉事项有下列情形之一的,人民法院应当认定法人、非法人组织的工作人员在订立合同时超越其职权范围:(一)依法应当由法人、非法人组织的权力机构或者决策机构决议的事项;(二)依法应当由法人、非法人组织的执行机构决定的事项;(三)依法应当由法定代表人、负责人代表法人、非法人组织实施的事项;(四)不属于通常情形下依其职权可以处理的事项。"第 3 款规定:"合同所涉事项未超越依据前款确定的职权范围,但是超越法人、非法人组织对工作人员职权范围的限制,相对人主张该合同对法人、非法人组织发生效力并由其承担违约责任的,人民法院应予支持。但是,法人、非法人组织举证证明相对人知道或者应当知道该限制的除外。"本条司法解释第 1 款规定了越权职务代理行为对委托人不发生效力,第 2 款规定了越权职务代理事项的认定标准,即依法不应由职务代理人实施的事项,第 3 款规定了职务代理人未超越第 2 款规定的职权范围,仅超越了委托人对工作人员职权范围的限制,职务代理行为仍对委托人发生效力的原则。概言之,职务代理行为超越法定职权范围的,对委托人不发生效力;未超越法定职权范围,仅超越企业职权范围的,对委托人发生效力。如题所述,项目经理部为组织施工,与工程分包人、材料供应商、施工设备租赁商等签订相关合同,本就属于项目经理职权范围内的事项,而且亦无法律规定该等事项不应由项目经理实施,因此,施工企业以项目经理部未经其授权签订的合同无效的抗辩主张,不能成立。

专题二　合同的解释、转让、变更、解除问题

43. 招标文件是建设工程施工合同的组成部分吗？

一直以来，招标文件被定性为要约邀请，不属于要约，因而不是建设工程施工合同的组成部分。

笔者认为，招标文件应当认定为建设工程施工合同的组成部分。理由如下：

（1）《招标投标法》第46条第1款规定："招标人和中标人应当自中标通知书发出之日起三十日内，按照招标文件和中标人的投标文件订立书面合同。招标人和中标人不得再行订立背离合同实质性内容的其他协议。"第59条规定："招标人与中标人不按照招标文件和中标人的投标文件订立合同的，或者招标人、中标人订立背离合同实质性内容的协议的，责令改正；可以处中标项目金额千分之五以上千分之十以下的罚款。"上述规定表明，法律要求当事人按照招标文件、投标文件的内容签订合同，且不得订立背离招标文件、投标文件实质性内容的协议，招标文件的内容属于施工合同的组成部分。

（2）尽管按照《民法典》合同编订立合同的要约承诺理论，要约与承诺构成合同，要约邀请不属于合同的组成部分，但《民法典》合同编与《招标投标法》是一般法与特别法的关系，当两者规定不一致时，应当优先适用《招标投标法》的特别规定，认定招标文件属于施工合同的组成部分。

（3）《建设工程司法解释（一）》第22条规定："当事人签订的建设工程施工合同与招标文件、投标文件、中标通知书载明的工程范围、建设工期、工程质量、工程价款不一致，一方当事人请求将招标文件、投标文件、中标通知书作为结算工程价款的依据的，人民法院应予支持。"该规定确立了招投标文件与中标通知书的优先适用效力，即中标合同实质性内容与招投标文件、中标通知书不一致

时,应当优先适用招投标文件与中标通知书。

(4)实践中,招标人往往要求投标人对招标文件提出的所有实质性要求和条件作出全面回应,如果投标人没有对招标文件作出实质性响应,或者变动招标文件的要求和条件的,则构成废标,因此投标文件一般是对招标文件的全面响应,甚至仅表明全面认可和遵守招标文件,并没有实质性内容。在此情形下,仅依据投标文件(要约)和中标通知书(承诺),难以确定当事人的权利义务。

44. 如何界定"项目开发人"与"项目产权人"？

项目开发人与项目产权人是两个不同的概念。《城市房地产管理法》第 2 条第 3 款规定:"本法所称房地产开发,是指在依据本法取得国有土地使用权的土地上进行基础设施、房屋建设的行为。"因此,经国家批准取得土地使用权进行项目建设者为项目开发人;而项目产权人是建设项目的所有权人。有时,项目开发人并不是项目产权人。

在一些城市基础设施、公益事业建设项目中,当地人民政府会在开发项目的土地出让、建设过程中的税费等方面给予项目开发人或产权人一定的优惠政策,对此,应按上述原则确定项目开发人和项目产权人享受的有关优惠政策。

45. "建设单位"与"发包人"有什么区别？

《建筑法》中出现"建设单位"与"发包单位"两个概念,而"发包人"是《民法典》第 788 条第 1 款[1]中出现的概念。笔者认为,"发包单位"与"发包人"是同一概念,均为建设工程施工合同的一方主体,享有并承担施工合同中约定的权利与义务;"建设单位"是建设项目的产权人,但不必然是施工合同的发包人,不当然承受施工合同中的权利与义务,在处理建设工程合同纠纷当中,应根据具体情况确定其地位与责任。

---

[1] 《民法典》第 788 条第 1 款规定:"建设工程合同是承包人进行工程建设,发包人支付价款的合同。"

46. 如何区分工程保证金、垫资款与借款？

工程保证金，是承包人为保证工程质量、工期要求向发包人提交的履约保证金，是一种物的担保。工程保证金的返还一般附有条件，如工程质量符合合同约定、没有逾期竣工等违约情况及质保期满等。如果对工程保证金未附任何条件约定还款期限，则名为保证金，实为借款。

垫资款，则是承包人为承接工程替发包人垫付的款项。按《建设工程司法解释（一）》第 25 条[①]规定，垫资原则上按有效处理，当事人对垫资利息有约定且不高于垫资时的同类贷款利率或者同期贷款市场报价利率的，按约定处理；没有约定利息的，不予支付利息。当事人对垫资没有约定的，按照工程欠款处理。

47. 法律允许的垫资范围是什么？诉讼实务中，对超出垫资范围的款项如何处理？

承发包双方约定，承包方为发包方垫付回迁安置费用，待工程竣工后一并计息返还。诉讼中，承包人要求发包人按约定还本付息；发包人则主张，垫资实为企业间违规拆借资金，约定的垫资条款无效，应按无效合同处理。那么，承包人垫付的回迁安置费用是否属于垫资？如果不属于垫资，应如何处理？

建设工程合同是承包人进行工程建设，发包人支付价款的合同。承包人的主要合同义务是按期保质地完成并交付建设工程，同时享有向发包人收取工程价款的权利。与此相对应，支付工程价款则是发包人的主要合同义务。工程价款包括工程预付款、进度款、签证款、结算款和质量保证（保修）金。

所谓垫资是指，承包方在合同签订后，不要求发包方先支付工程款或者支付部分工程款，而是利用自有资金先进场进行施工，待工程施工到一定阶段或

[①] 《建设工程司法解释（一）》第 25 条："当事人对垫资和垫资利息有约定，承包人请求按照约定返还垫资及其利息的，人民法院应予支持，但是约定的利息计算标准高于垫资时的同类贷款利率或者同期贷款市场报价利率的部分除外。当事人对垫资没有约定的，按照工程欠款处理。当事人对垫资利息没有约定，承包人请求支付利息的，人民法院不予支持。"

者工程全部完成后,由发包方再支付垫付的工程款。[①] 即承包人垫付了本应由发包人支付的工程款,其垫资的范围仅限于与其施工行为相对应的工程款。因此,承包方为发包方垫付回迁安置费用,不属于工程垫资,不应按工程垫资处理。

承包方为发包方垫付回迁安置费用,实为企业法人间拆借资金,双方成立民间借贷合同关系。根据《民间借贷司法解释》第 10 条的规定,法人之间、非法人组织之间以及它们相互之间为生产、经营需要订立的民间借贷合同,除存在《民法典》第 146 条、第 153 条、第 154 条[②],以及本规定第 13 条[③]规定的情形外,当事人主张民间借贷合同有效的,人民法院应予支持。据此,承包方为发包方垫付回迁安置费用的内容应认定为有效,承包人有权要求发包人还本付息。

48. 工程造价尚未结算,施工企业能否转让其工程款债权?

建设工程经竣工验收合格,但尚未审定工程造价,承包人将其工程款债权转让给第三人,发包人以承包人转让其工程款债权数额不确定为由主张转让无效。该债权转让是否有效?

在建设工程经验收合格前提下,承包人转让其工程款债权有效。理由如下:

(1)《民法典》第 118 条规定:"民事主体依法享有债权。债权是因合同、侵权行为、无因管理、不当得利以及法律的其他规定,权利人请求特定义务人为或

[①] 参见最高人民法院民事审判第一庭编著:《最高人民法院建设工程施工合同司法解释的理解与适用》,人民法院出版社 2004 年版,第 62 页。

[②] 《民法典》第 146 条:"行为人与相对人以虚假的意思表示实施的民事法律行为无效。以虚假的意思表示隐藏的民事法律行为的效力,依照有关法律规定处理。"
第 153 条:"违反法律、行政法规的强制性规定的民事法律行为无效。但是,该强制性规定不导致该民事法律行为无效的除外。违背公序良俗的民事法律行为无效。"
第 154 条:"行为人与相对人恶意串通,损害他人合法权益的民事法律行为无效。"

[③] 《民间借贷司法解释》第 13 条:"具有下列情形之一的,人民法院应当认定民间借贷合同无效:(一)套取金融机构贷款转贷的;(二)以向其他营利法人借贷、向本单位职工集资,或者以向公众非法吸收存款等方式取得的资金转贷的;(三)未依法取得放贷资格的出借人,以营利为目的向社会不特定对象提供借款的;(四)出借人事先知道或者应当知道借款人借款用于违法犯罪活动仍然提供借款的;(五)违反法律、行政法规强制性规定的;(六)违背公序良俗的。"

者不为一定行为的权利。"该规定表明,债是当事人之间的特定权利义务关系,并非仅指金钱之债。施工企业履行了施工合同义务,取得了向发包人请求支付相应工程价款的权利,此时承包人债权已经形成,无须债权数额确定后始得转让,具体债权数额可以通过工程造价审计或鉴定予以确定。我国法律、法规并不禁止建设工程施工合同项下的债权转让,承包人仅需通知发包人,无须征得其同意即可合法转让工程款债权。

(2)《民法典》第545条规定:"债权人可以将债权的全部或者部分转让给第三人,但是有下列情形之一的除外:(一)根据债权性质不得转让;(二)按照当事人约定不得转让;(三)依照法律规定不得转让。当事人约定非金钱债权不得转让的,不得对抗善意第三人。当事人约定金钱债权不得转让的,不得对抗第三人。"第546条第1款规定:"债权人转让债权,未通知债务人的,该转让对债务人不发生效力。"工程款债权,属于普通合同债权,不属于具有人身依附关系等专属于债权人自身的债权,而且我国法律、法规亦不禁止建设工程施工合同项下的债权转让,当事人如无合同债权不得转让的特别约定,承包人仅需通知发包人,无须征得其同意即可合法转让工程款债权。

此外,《民法典》第547条第1款规定:"债权人转让债权的,受让人取得与债权有关的从权利,但是该从权利专属于债权人自身的除外。"利息作为工程款债权的次给付义务,从属于工程款主债权,系工程款债权的从权利。因此,债权受让人不但可以向发包人主张工程款债权,还可以向发包人主张逾期支付工程款的利息。

49. 一方当事人实际履行的内容与合同约定的内容不一致,对方对此认可并接受,但在诉讼中又主张该方当事人违约的,能否成立？

建设工程施工合同履行过程中,有时会出现一方当事人履行的内容与合同约定的内容不一致,对方当事人明知此事实,并认可和接受该履行行为,但在诉讼中却提出异议,主张该方当事人违约的,人民法院不应予以支持。

《民法典》第543条规定:"当事人协商一致,可以变更合同。"该款规定的是当事人基于双方行为的变更,属于协议变更。协议变更,往往通过签订补充协议来变更合同内容。但这种明示的变更合同的形式并非协议变更的全部形式,还有基于当事人一定的履行行为的协议变更,即当事人通过实际的履行行为,变更了之前合同约定的内容。根据《民法典》第 140 条第 1 款关于"行为人可以明示或者默示作出意思表示"的规定,默示也是当事人作出意思表示的一种方式。所谓默示,是指行为人没有通过书面、口头等积极行为的方式表现,而是通过行为的方式作出意思表示。[①]

一方当事人实际履行的内容与合同约定的内容不一致,对方明知此事实并认可和接受的,表明双方已以事实行为变更了合同的该项约定。诉讼中,当事人主张另一方履行行为违反合同约定,应承担违约责任的,不应得到人民法院的支持。

50. 违约方迟延履行合同义务,守约方如何解除建设工程施工合同?

建设工程施工合同履行期间,因发包人迟延付款或者因承包人延误工期而解除施工合同的现象,在诉讼实务中占有一定的比例,但是由于合同当事人行使法定解除权不规范,导致双方会在诉讼中为合同是否解除发生争议。下面从错误与正确两方面加以阐述:

(1)错误做法:守约方在催告函中行使合同解除权。例如,守约方在催告通知中载明:"1. 你方未按合同第____条约定时间履行付款义务,请于×××年××月××日前付清款项;2. 如你方未在×××年××月××日前付清款项,则视为你方自动解除合同。"此种情况在现实中普遍出现,但却不能达到解除合同的目的,对此人民法院认定合同并未解除。

一方因对方迟延履行解除合同是一种法定解除权。根据《民法典》第 563 条第 1 款第 3 项规定,当事人一方迟延履行主要债务,经催告后在合理期限内仍未履行的,另一方当事人可以解除合同。因此,守约方首先应催告违约方在合理

[①] 参见最高人民法院民法典贯彻实施工作领导小组主编:《中华人民共和国民法典总则编理解与适用》(下),人民法院出版社 2020 年版,第 707 页。

期限内履行合同义务,经催告在宽限期限届满仍未履行的,守约方才享有解除权。由于守约方在发送催告函时并不享有法定解除权,故不能产生解除合同之法律效果,在宽限期届满后发送解除合同通知,才能产生解除合同的法律效果。

(2)正确做法。第一步,合同一方迟延履行义务,守约方应及时向对方发送催告函,催促对方限期履行合同义务。

第二步,催告限期届满对方仍未履行的,再向对方发送解除合同通知行使解除权,合同自通知到达对方时解除。

值得注意的是,《民法典》第565条第1款规定:"当事人一方依法主张解除合同的,应当通知对方。合同自通知到达对方时解除;通知载明债务人在一定期限内不履行债务则合同自动解除,债务人在该期限内未履行债务的,合同自通知载明的期限届满时解除。对方对解除合同有异议的,任何一方当事人均可以请求人民法院或者仲裁机构确认解除行为的效力。"该条中有关合同自解除通知载明的履行债务宽限期届满时解除的规定,仍以发送解除通知时享有解除权为基础,否则仍不能解除合同。

仍以上例进行说明,一方当事人以对方迟延履行合同主要债务行使法定解除权,其采取的正确步骤为:

第一步,合同一方迟延履行义务,守约方应及时向对方发送催告函,催促对方限期履行合同义务。

第二步,催告限期届满对方仍未履行的,向对方发送解除合同通知行使解除权,合同自通知到达对方时解除;或者,在发送的解除通知中再次给予对方履行债务的期限,如该宽限期届满仍未履行债务的,合同自该宽限期届满时解除。

51. 当事人在对方违约后没有行使解除权而是继续履行合同的,能否再主张解除合同?

现实中,有些合同当事人在对方违约后碍于情面或其他因素未行使约定解除权解除合同,有的还会续订补充协议,到合同双方矛盾激化时再算老账要求解除合同,对此人民法院不予支持。

《民法典》第562条第2款规定:"当事人可以约定一方解除合同的事由。

解除合同的事由发生时,解除权人可以解除合同。"当事人在合同约定的解除事由发生时享有约定解除权。解除权人未解除合同而是继续履行合同的,视为放弃合同解除权,因此,再以之前的违约事实为由要求解除合同于法无据。双方续订补充协议即视为变更原合同,双方应依约继续履行,更不能依据变更前的违约事由主张解除合同,甚至连违约责任都无法向违约方追究。

对此,守约方在合同约定的解除事由发生后,应综合考量对方违约情况及后续履行合同风险,决定是否行使合同解除权,即使不解除合同,也要通过补充协议将违约责任加以固定,或者将追究违约责任的权利加以保留,以免守约者反遭损失。

52. 解除合同的律师函未加盖委托人公章的,是否有效?

合同守约方委托律师向违约方发出的解除合同的律师函没有加盖委托人公章的,该律师函有效。

根据《民法典》第161条第1款关于"民事主体可以通过代理人实施民事法律行为"、第162条"代理人在代理权限内,以被代理人名义实施的民事法律行为,对被代理人发生效力"的规定,民事主体可以通过代理人实施民事法律行为,而代理人在代理权限内,以被代理人名义实施的民事法律行为,对被代理人发生效力。守约方委托律师发出解除合同的律师函,虽然未加盖委托人的公章,但函件中明确载明受守约方的委托所拟,且守约方作为委托人对此予以认可的,则律师发送律师函的行为,是以委托人的名义代为行使合同解除权的代理行为,具有法律效力。

53. 守约方拖延送达解除合同通知的法律后果是什么?

在合同履行当中,当约定的或者法定的解除合同的事由发生时,有时会出现守约方拖延送达解除合同通知的情形。在此情形下,对解除合同通知的效力应区分不同情形作如下认定:

（1）超出法律规定或者合同中约定的行使解除权的期限，拖延送达解除通知的情形。依据《民法典》第564条"法律规定或者当事人约定解除权行使期限，期限届满当事人不行使的，该权利消灭。法律没有规定或者当事人没有约定解除权行使期限，自解除权人知道或者应当知道解除事由之日起一年内不行使，或者经对方催告后在合理期限内不行使的，该权利消灭"的规定，守约方在解除权行使期限届满后发送解除合同通知的，该通知不发生法律效力。

（2）合同中没有约定行使解除权的期限，在解除合同事由发生后的较长时期内拖延送达解除通知，但仍在解除权人知道或者应当知道解除事由之日起一年内送达解除通知的情形。根据《民法典》第565条"当事人一方依法主张解除合同的，应当通知对方。合同自通知到达对方时解除；通知载明债务人在一定期限内不履行债务则合同自动解除，债务人在该期限内未履行债务的，合同自通知载明的期限届满时解除"的规定，合同解除的确定是以享有解除权一方的解除通知送达到相对方或宽限期届满之时作为开始发生法律效力的依据，解除通知送达时间的拖延只能导致合同解除时间相应后延，但只要在法律规定的行使解除权的一年期限内送达解除通知，并不影响合同解除的法律后果。

54. 当事人收到对方的解除合同通知后，应当如何做？

实践中，有些合同当事人在收到对方发送的解除合同通知后，或者置之不理未加以重视，或者不知如何应对，影响了自己的合同权益。解除合同是影响合同当事人权益的重大法律行为，必须引起足够重视。

首先，合同一方在收到对方发送的解除合同通知后，应审查通知是否在法律规定的或者合同约定的解除权行使期限内。《民法典》第564条规定："法律规定或者当事人约定解除权行使期限，期限届满当事人不行使的，该权利消灭。法律没有规定或者当事人没有约定解除权行使期限，自解除权人知道或者应当知道解除事由之日起一年内不行使，或者经对方催告后在合理期限内不行使的，该权利消灭。"因此，当事人在法定的或者约定的解除权行使期限内发送解除合同通知的，方为有效；逾期发送解除合同通知的，该通知不发生法律效力。

其次,对解除合同有异议的,应及时请求人民法院或者仲裁机构确认解除合同的效力。《民法典》第 565 条第 1 款规定:"当事人一方依法主张解除合同的,应当通知对方。合同自通知到达对方时解除;通知载明债务人在一定期限内不履行债务则合同自动解除,债务人在该期限内未履行债务的,合同自通知载明的期限届满时解除。对方对解除合同有异议的,任何一方当事人均可以请求人民法院或者仲裁机构确认解除行为的效力。"因此,收到解除合同通知的一方对解除合同有异议的,应当及时请求人民法院或仲裁机构确认解除合同的效力。此外,需要注意的是,在收到解除合同通知的一方虽对解除合同持有异议,但怠于提起合同解除确认之诉的情形下,为避免合同效力长期处于不稳定和不确定的状态,损害解除权人的合法权益,解除权人亦可依据上述规定提起解除确认之诉。

55. 一方已向对方送达了解除合同通知,但又诉请解除合同的,该合同是否已解除?

在合同履行当中,一方当事人向其合同相对方送达了解除合同通知,但是,该当事人在其后对相对方提起的诉讼或仲裁中,又提出了请求人民法院或仲裁机构解除合同的诉讼或仲裁请求的,该合同解除与否?

《民法典》第 562 条规定:"当事人协商一致,可以解除合同。当事人可以约定一方解除合同的事由。解除合同的事由发生时,解除权人可以解除合同。"第 563 条规定:"有下列情形之一的,当事人可以解除合同:(一)因不可抗力致使不能实现合同目的;(二)在履行期限届满前,当事人一方明确表示或者以自己的行为表明不履行主要债务;(三)当事人一方迟延履行主要债务,经催告后在合理期限内仍未履行;(四)当事人一方迟延履行债务或者有其他违约行为致使不能实现合同目的;(五)法律规定的其他情形。以持续履行的债务为内容的不定期合同,当事人可以随时解除合同,但是应当在合理期限之前通知对方。"第 565 条规定:"当事人一方依法主张解除合同的,应当通知对方。合同自通知到达对方时解除;通知载明债务人在一定期限内不履行债务则合同自动解除,债务人在该期限内未履行债务的,合同自通知载明的期限届满时解除。对方对解除合同有异议的,任何一方当事人均可以请求人民法院或者仲裁机构确认解除行为的效力。当事人一方未通知对方,直接以提起诉讼或者申请仲裁的方式依法主张解除合同,人民法院或者仲裁机构确认该主张的,合同自起诉状副本或者仲裁申请书副本送达对方时解除。"上述规定表明,合同解除权系形成权,即权利人得以自己一方的意思表示而使法律关系发生变化的权利。合同的解除是以解除通知送达相对方这一法律事实为依据的,解除合同通知送达相对方,则合同的解除即发生法律效力,合同已解除。此后,虽然发送解除通知一方当事人又提出了解除合同的诉讼或仲裁请求,但该请求并不能否定解除通知已送达对方这一法律事实的存在,不能否定合同业已解除的法律效力。因此,审理机构应认定合同于解除通知到达对方时已经解除。

但需要注意的是,《民法典合同编通则司法解释》第53条规定:"当事人一方以通知方式解除合同,并以对方未在约定的异议期限或者其他合理期限内提出异议为由主张合同已经解除的,人民法院应当对其是否享有法律规定或者合同约定的解除权进行审查。经审查,享有解除权的,合同自通知到达对方时解除;不享有解除权的,不发生合同解除的效力。"因此,无论对方当事人是否对解除行为的效力提出异议,人民法院或者仲裁机构均应就解除行为的效力问题进行审理和认定。如经审查,解除权人在发送解除通知时已经具备解除合同的实质要件的,则确认合同于解除通知到达对方时已经解除;如经审查,解除权人在发送解除通知时并不具备解除合同的实质要件的,则确认合同在发送解除通知时未解除;如经审查,解除权人在发送解除通知时并不具备解除合同的实质要件,但在提起诉讼或仲裁时已具备解除合同的实质性要件的,则确认合同自起诉状副本或者仲裁申请书副本送达对方时解除。

56. 当事人未在约定的异议期限或者其他合理期限内对解除合同通知提出异议的,能否确认合同已经解除?

《民法典》第565条第1款规定:"当事人一方依法主张解除合同的,应当通知对方。合同自通知到达对方时解除;通知载明债务人在一定期限内不履行债务则合同自动解除,债务人在该期限内未履行债务的,合同自通知载明的期限届满时解除。对方对解除合同有异议的,任何一方当事人均可以请求人民法院或者仲裁机构确认解除行为的效力。"由该款规定可知,当事人在收到合同相对方送达的解除合同通知后,应当在约定的异议期限或者其他合理期限内提出异议并向人民法院起诉(或提起仲裁)。如果合同一方在收到对方解除合同通知,且未在约定的异议期限或者其他合理期限内提出异议,是否意味着合同必然解除呢?

《民法典》第562条第2款规定:"当事人可以约定一方解除合同的事由。解除合同的事由发生时,解除权人可以解除合同。"第563条第1款规定:"有下列情形之一的,当事人可以解除合同:(一)因不可抗力致使不能实现合同目的;(二)在履行期限届满前,当事人一方明确表示或者以自己的行为表明不履行主要债务;(三)当事人一方迟延履行主要债务,经催告后在合理期限内仍未履行;(四)当事人一方迟延履行债务或者有其他违约行为致使不能实现合同目的;(五)法律规定的其他情形。"上述第562条第2款规定了当事人约定解除合同的条件,第563条第1款规定了法定解除合同的条件,两款规定是解除合同的实质要件,是行使合同解除权的基础;第565条第1款规定的"通知对方",是行使合同解除权的形式要件。确认合同已经解除,应同时满足上述实质要件和形式要件,二者缺一不可。如果不符合解除合同的实质要件,则不享有合同解除权,即使一方当事人已经向对方送达了解除通知,也不能产生解除合同的法律效力。《民法典合同编通则司法解释》第53条规定:"当事人一方以通知方式解除合同,并以对方未在约定的异议期限或者其他合理期限内提出异议为由主张合同已经解除的,人民法院应当对其是否享有法律规定或者合同约定的解除权进行审查。经审查,享有解除权的,合同自通知到达对方时解除;不享有解除权的,不发生合同解除的效力。"因此,当事人在约定的异议期限或者其他合理期限内虽未对解除合同通知提出异议,但并不意味着合同必然解除,人民法院或仲裁机构仍需审查解除合同的实质要件,来判断合同是否已经解除。发出解除通知的一方在对方对解除合同通知未置可否,或者回函表示不同意解除合同时,应及时提起诉讼或仲裁,请求人民法院或仲裁机构确认解除合同的效力。接收解除通知的一方对解除合同有异议的,也应及时提起诉讼或仲裁,请求人民法院或仲裁机构确认解除合同的效力。

57. 合同一方发出解除合同通知书,对方认可解除合同,但认为是基于通知方的违约事实而解除合同,能否认定为双方协议解除合同?

一方当事人认为对方违约而发出解除合同通知书,对方同意解除合同,但认为是基于通知方的违约事实而同意解除合同,即双方均以对方违约而解除合同。此种情况下,能够认定双方协议解除了合同。

《民法典》规定的解除合同的方式有两种:一是双方解除,即协议解除,由双方当事人协商一致而解除合同。二是单方解除,包括约定解除和法定解除。约定解除,即由双方约定一方解除合同的事由,在该事由发生时解除权人可以解除合同;法定解除,即解除条件直接由法律规定,当事人在符合法定条件时可以解除合同。

一方当事人认为对方违约而发出解除合同通知书,对方同意解除合同但认为是通知方违约的情形下,应该说双方均有解除合同的意思表示,但均是以对方违约作为解除合同的事由。《民法典合同编通则司法解释》第52条第2款规定:"有下列情形之一的,除当事人一方另有意思表示外,人民法院可以认定合同解除:(一)当事人一方主张行使法律规定或者合同约定的解除权,经审理认为不符合解除权行使条件但是对方同意解除;(二)双方当事人均不符合解除权行使的条件但是均主张解除合同。"据此,一方或双方当事人主张解除合同的事由不成立,不符合解除权行使的条件,但只要双方均作出了解除合同的意思表示,则能够认定双方协议解除了合同。人民法院或仲裁机构应认定合同于双方达成解除合意时解除。此外,即使在合同解除后的权利义务处理问题上,双方尚未达成一致,但根据《民法典合同编通则司法解释》第52条第1款关于"当事人就解除合同协商一致时未对合同解除后的违约责任、结算和清理等问题作出处理,一方主张合同已经解除的,人民法院应予支持"的规定,当事人未对解除合同的善后事宜作出处理的,不影响合同已经解除的结果。

58. 发包人知晓承包人转包工程后，能否与其解除建设工程施工合同？

发包人在知晓承包人转包建设工程后，即使建设工程施工合同中并未设定约定解除合同条款，但因承包人转包建设工程是以其行为表明不履行合同义务的预期违约行为，因此，发包人可以根据《民法典》第 563 条关于在合同履行期限届满之前，当事人一方以自己的行为表明不履行主要债务，当事人可以解除合同的规定，行使法定解除权解除与承包人（转包人）签订的建设工程施工合同，对此人民法院或仲裁机构是支持的。

59. 承包人与发包人订立建设工程施工合同后，又与发包人的母公司签订补充协议解除施工合同的，如何认定施工合同的效力？

实践中，有些发包人作为其母公司设立的项目公司，与承包人签订了建设工程施工合同。在合同履行中，因母公司拨付资金不到位或者发生争议等原因，承包人与母公司签订补充协议解除了施工合同。那么，建设工程施工合同有没有解除？

根据《民法典》第 465 条第 2 款关于"依法成立的合同，仅对当事人具有法律约束力"的规定，合同应遵循相对性原则。根据合同相对性原则，当事人解除合同应当向其合同相对方提出。承包人要使其签订的建设工程施工合同解除或失效，应向施工合同的当事人即发包人作出表示。因发包人的母公司并不是建设工程施工合同的当事人，所以承包人与发包人的母公司有关解除施工合同的约定，不能发生建设工程施工合同解除的法律效果。

60. 解除合同的法律后果是什么？

《民法典》第 566 条规定："合同解除后，尚未履行的，终止履行；已经履行的，根据履行情况和合同性质，当事人可以请求恢复原状或者采取其他补救措施，并有权请求赔偿损失。合同因违约解除的，解除权人可以请求违约方承担违约责任，但是当事人另有约定的除外。主合同解除后，担保人对债务人应当承担的民事责任仍应当承担担保责任，但是担保合同另有约定的除外。"鉴于合同分为继续性合同①与一次性合同②，合同解除的法律后果区分为：

（1）对于继续性合同解除的，其法律效果表现为对于尚未履行的部分终止履行，对于解除前已经履行的部分，当事人不能主张恢复原状。

（2）对于一次性合同解除的，其法律效果表现为消灭合同，解除行为具有溯及于协议成立时消灭合同的效力，即解除合同如同该合同自始不存在，从而未履行之债务归于消灭，既已给付者，发生恢复原状请求权。

（3）除当事人另有约定外，无论是解除继续性合同还是一次性合同，均不影响守约方向违约方主张违约责任。

（4）除担保合同另有约定外，主合同解除不影响担保人继续承担担保责任。

61. 住宅小区项目范围内的排水工程是房屋建筑工程还是市政工程？

住宅小区项目范围内的排水工程，属于市政工程。

《房屋建筑和市政基础设施工程施工招标投标管理办法》第 2 条第 2 款、第 3 款规定，房屋建筑工程，是指各类房屋建筑及其附属设施和与其配套的线路、管道、设备安装工程及室内外装修工程。市政基础设施工程，是指城市道路、公共交通、供水、排水、燃气、热力、园林、环卫、污水处理、垃圾处理、防洪、地下公共设施及附属设施的土建、管道、设备安装工程。房屋建筑工程与市政工程虽

---

① 继续性合同，是指不断地重复相同内容的合同，而不是一时或一次完成的合同，如租赁合同。
② 一次性合同，是指可以通过一次给付使合同目的得以实现的合同，如买卖合同。

然均含有管道工程,但房屋建筑工程所含管道工程是指与房屋建筑及其附属设施配套的管道工程,不包括市政排水管道工程。房屋建筑排水工程与市政工程一般以房屋排水管道接入市政管网的碰头井为界。

下面结合山东省淄博市的相关规定,对该问题作一详细梳理。

(1)从行业管理来看。《淄博市地下管线管理条例》第7条第7款规定,"市政工程管理部门或者区、县人民政府确定的部门负责城市雨水、污水管线建设工程的规划、建设、质量和安全监督管理工作,地下综合管廊建设工程的质量、安全监督管理工作,制定并组织实施城市雨水、污水事故抢险救援预案等工作"。

(2)从排水许可管理来看。《淄博市市政工程设施管理办法》第26条第1款规定:"排水管理实行排水许可证制度,未经市政工程管理部门审查批准,不准将排水管接入城市排水管网。"第27条规定:"新建、改建、扩建项目的建设单位应当按照下列程序办理《排水许可证》或者《临时排水许可证》:(一)建设项目立项时,应当向市政工程管理部门征询雨、污水接入公共排水设施意见,并签订责任书;(二)建设单位向市政工程管理部门提出排水许可申请,并填写排水许可申请表;(三)建设单位提供建筑物底层排水平面图、建筑物排水系统图、规划许可证、规划红线图;(四)市政工程管理部门在接到建设单位提供的全部资料后3个工作日内完成现场勘测,提出设计条件要求;(五)排水设施竣工后,市政工程管理部门进行试排水监测;(六)市政工程管理部门根据试排水监测结果,5个工作日内核发《排水许可证》或者《临时排水许可证》。"

(3)从开发项目综合验收备案管理来看。《山东省房地产开发项目竣工综合验收备案管理办法》(鲁建房字〔2019〕34号,已失效)第6条规定,房地产开发项目综合验收应当主要包括以下内容:……4.红线内市政基础设施(道路、绿化、路灯、环卫、排水等)是否按照要求建设,并达到使用条件。第8条第1款规定,房地产开发项目竣工综合验收报告应附下列材料:……4.市政基础设施(道路、绿化、路灯、排水等)验收合格证明材料。第15条规定:"参加房地产开发项目各项竣工验收及设施移交工作的单位和个人,必须对其出具的工程质量鉴定意见、竣工验收结论及接收证明材料负责。"第16条规定:"供水、供电、燃气、热力、排水、通信等市政公用基础设施的报装提前到开工前办理,住宅小区项目公用基础设施的报装提前到建筑设计阶段,与建筑物同步进行设计和施工图联审,竣工验收后直接办理接入事宜。"

综合以上规定可以看出,市政工程管理部门对开发项目中排水工程的立项、规划、设计、建设、验收等各环节作为市政工程实施全过程监督管理,故住宅小区项目范围内的排水工程属于市政工程。

62. 如何判断合同约定的付款内容是工程进度款还是竣工结算价款？

在一些案件中,需对当事人约定的付款内容是工程进度款还是竣工结算价款进行区分,以便进一步判断当事人的诉讼或仲裁请求应否予以支持。例如,发承包双方对付款约定为:"承包人完成本合同工程量的50%后,发包人支付承包人壹佰伍拾万;承包人完成全部工程量后,发包人再支付承包人壹佰伍拾万;剩余款项在2023年1月底发包人付至本合同总工程量的50%;在2023年9月底付至本合同总工程量80%;在2024年2月底付至总工程量的95%。剩余质量保证金于质量保修期满后一次性返还(无息)。"建设工程竣工验收后,双方尚未竣工结算。承包人依据上述约定,向发包人主张应付款至80%的工程进度款及利息。本例中,承包人主张的款项是工程进度款还是竣工结算价款？

工程价款按其在施工中的支付阶段,分为工程预付款、工程进度款、竣工结算价款三部分。在工程实务中,发承包双方对于支付工程款的约定大体包括工程预付款、进度款、签证款、竣工款、结算款、质量保证金,其中签证款、竣工款实质上属于进度款,质量保证金属于结算款的一部分,故本质上仍分为三部分。依据《工程造价术语标准》(GB/T 50875—2013)第3.4.1项规定,工程预付款是由发包人按照合同约定,在正式开工前由发包人预先支付给承包人,用于购买工程施工所需的材料和组织施工机械和人员进场的价款;第3.4.2项规定,工程进度款是发包人在合同工程施工过程中,按照合同约定对付款周期内承包人完成的合同价款给予支付的款项,也是合同价款期中结算支付;第3.4.10项规定,竣工结算是发承包双方根据国家有关法律、法规规定和合同约定,在承包人完成合同约定的全部工作后,对最终工程价款的调整和确定。

施工实务中,对于工程进度款的支付,有的发承包双方约定按照工程形象进度支付,如当承包人施工至±0、主体封顶等节点时,由发包人按照签约合同总价的一定比例支付工程进度款;有的发承包双方约定按照承包人每月报送且经发包人审核后的进度结算值进行支付。而竣工结算价款,则是发承包双方已经竣工结算定案后,依据竣工结算值进行支付,即支付竣工结算价款以发承包双方已经确定最终结算价款为前提。由此,二者的区分标准是,确定每笔应付款数额是否以竣工结算值为依据。申言之,不依竣工结算值就能确定应付款数额的,则属于工程进度款,即非经竣工结算就能确定应付款数额的,属于工程进度款。不依竣工结算值就不能确定应付款数额的,则属于竣工结算价款,亦即未经竣工结算就不能确定应付款数额的,属于竣工结算价款。

仍回前例,承包人主张应付至80%的款项,属于竣工结算价款,并非工程进度款,故不应支持其请求。理由是,从"剩余款项在2023年1月底甲方付至本合同总工程量的50%;在2023年9月底付至本合同总工程量80%;在2024年2月底付至总工程量的95%。剩余质量保证金于质量保修期满后一次性返还(无息)"的表述来看,该约定是对剩余工程款逐次结清的内容,履行该约定以竣工结算为前提,如未经竣工结算,则既不能确定"剩余款项"的数额,亦无法结清工程价款。因此,上述关于"付至本合同总工程量的80%"的内容,系针对竣工结算价款支付的约定,承包人依据该约定请求发包人按照签约合同价支付工程进度款,与合同约定不符,鉴于双方尚未竣工结算,不能确定该笔款项的具体数额,故不应予以支持。

专题三 建设工期与工程质量问题

63. 同一工程项下的数份合同工期有冲突，应当如何确认竣工日期？

发承包双方就同一工程项下各单位工程或分部工程签有数份合同，数份合同之间约定的合同工期有冲突，为此双方当事人对各单位工程或分部工程的竣工日期发生争议。在此情况下，应当怎样认定某一单位工程或分部工程的竣工日期？

对此，人民法院或仲裁机构经审查认为，如果后合同约定的工程不竣工，前合同的目的就无法实现，后合同施工影响前合同工程的施工进度的，人民法院或仲裁机构可以认定前合同工期顺延至后合同竣工日期。

举例说明，发包人就某建筑安装项目与同一承包人分别签订《土建及预埋管线预埋件工程承包合同》（前合同）和《电气安装工程承包合同》（后合同），前合同约定的竣工日期早于后合同约定的竣工日期。但是，后合同约定的安装工程不竣工，前合同的目的就无法实现，后合同约定的安装工程施工影响到前合同工程的施工进度。在此情形下，人民法院或仲裁机构可以认定前合同的竣工日期顺延至后合同约定的竣工日期。

64. 竣工验收合格日期应当如何认定？

在建设工程施工合同纠纷案件中，承包人主张依据《竣工验收证明书》记载的验收日期为竣工验收合格日期，发包人则主张依据经地方人民政府建设工程质量监督机构确认的《建设工程质量监督报告》记载的日期为竣工验收合格日期,而二者记载的竣工验收时间不一致。对此,应如何认定建设工程的竣工验收合格日期?

笔者认为,应当以《竣工验收证明书》记载的验收日期为竣工验收合格日期。《建设工程质量管理条例》第16条第1款规定:"建设单位收到建设工程竣工报告后,应当组织设计、施工、工程监理等有关单位进行竣工验收。"第3款规定:"建设工程经验收合格的,方可交付使用。"第43条规定:"国家实行建设工程质量监督管理制度。国务院建设行政主管部门对全国的建设工程质量实施统一监督管理。国务院铁路、交通、水利等有关部门按照国务院规定的职责分工,负责对全国的有关专业建设工程质量的监督管理。县级以上地方人民政府建设行政主管部门对本行政区域内的建设工程质量实施监督管理。县级以上地方人民政府交通、水利等有关部门在各自的职责范围内,负责对本行政区域内的专业建设工程质量的监督管理。"第46条第1款规定:"建设工程质量监督管理,可以由建设行政主管部门或者其他有关部门委托的建设工程质量监督机构具体实施。"第47条规定:"县级以上地方人民政府建设行政主管部门和其他有关部门应当加强对有关建设工程质量的法律、法规和强制性标准执行情况的监督检查。"第49条第2款规定:"建设行政主管部门或者其他有关部门发现建设单位在竣工验收过程中有违反国家有关建设工程质量管理规定行为的,责令停止使用,重新组织竣工验收。"可见,在建设工程竣工后,建设单位负有组织有关单位进行竣工验收的法定义务,经验收合格的,可以交付使用;地方政府建设行政主管部门依法对建设工程质量实施监督管理,并可委托建设工程质量监督机构具体实施监督管理。因此,发包人依据《建设工程质量管理条例》第16条的规定组织承包人、勘察单位、设计单位、监理单位进行竣工验收并确认工程质量合格的日期,即为竣工验收合格时间。而建设工程质量监督机构在《建设工程质量监督报告》中确认监督结论为"符合要求",系其作为建设行政主管部门委托的建设工程质量监督机构实施监督的日期,并非建设工程竣工验收合格的日期。而且,建设工程质量监督性质上属于行政监督,该行政法律关系的双方主体是质监机构和被监督单位即发包人,质监机构对建设工程质量作出的监督结论并不向监督关系之外的承包人送达,因此,《建设工程质量监督报告》记载的验收日期对承包人没有约束力。综上所述,建设工程《竣工验收证明书》记载的验收日期应认定为竣工验收合格日期。

65. 工程竣工验收证书上的验收时间能否作为工程移交的时间？

工程竣工验收证书上记载的验收时间，不能作为工程移交的时间。

《民法典》第 799 条第 1 款规定："建设工程竣工后，发包人应当根据施工图纸及说明书、国家颁发的施工验收规范和质量检验标准及时进行验收。验收合格的，发包人应当按照约定支付价款，并接收该建设工程。"该规定同时使用"验收"与"接收"两个概念，由此可见，"验收"并非"接收"。

《建筑工程施工质量验收统一标准》（GB 50300—2013）第 2.0.7 项对"验收"的定义是，建筑工程质量在施工单位自行检查合格的基础上，由工程质量验收责任方组织，工程建设相关单位参加，对检验批、分项、分部、单位工程及其隐蔽工程的质量进行抽样检验，对技术文件进行审核，并根据设计文件和相关标准以书面形式对工程质量是否达到合格作出确认。因此，"验收"的内涵仅是对工程质量是否合格的确认，并非"检验"和"接收"两个词语的组合。

工程竣工验收证书上的验收意见只能作为符合当事人约定进行交工的条件，其记载的时间并不能确定为工程移交的时间。因为符合交工条件并不意味着承包人当即将工程交付给发包人。工程移交时间，应以工程移交证书或工程接收证书的时间为准。

66. 增加工程量没有工期顺延签证，如何折算顺延工期？

发包人在施工过程中增加了工程量，但是发承包双方没有约定顺延工期，也没有办理增量工程顺延工期签证，双方在诉讼或仲裁案件中因工程增量的顺延工期发生争议。对此，应如何确定增量工程的合理顺延工期？

对此，笔者认为，人民法院或仲裁机构可以根据增加工程的性质，参照承发包双方在建设工程施工合同中相同（或相近）工程的相关约定，按相同（或相近）工程的日平均造价折算顺延工期。顺延工期的计算公式如下：

顺延工期 = 增加工程量的造价 ÷ 相同（或相近）工程的日平均造价

日平均造价：承包人平均每天完成工程量的造价，即工程造价除以工期的商数。

举例说明，发承包双方约定某商场管线安装工程的暂定价为 300 万元，合同工期为 100 天，由此推算承包人每天完成工程量的造价（日平均造价）为 3 万元/天（300 万元÷100 天）。由于发包人增加了工程量，实际工程造价经司法鉴定确定为 360 万元，增加工程量的造价为 60 万元（360 万元 – 300 万元），则承包人因工程量增加应顺延工期 20 天（60 万元÷3 万元/天）。

67. 建设工程施工合同约定的工程暂定价与结算价不一致时，如何折算顺延工期？

建设工期，是承发包双方在确保工程质量前提下确定的完成建设工程的合理期限。该期限的确定应当具有现实合理性，能够确保施工单位在通常情况下可以将工程任务完成，并且能够确保建设工程的质量安全。

发承包双方在建设工程施工合同中约定的工期，一般是建立在招标文件、投标文件或者施工图反映的工程量基础上，是双方根据现有工程量结合有关施工规范、预算定额估计的建设周期。当实际工程量大于双方在签订施工合同时预计的工程量时，为保证施工方在确保工程质量的前提下完成建设任务，应当允许承包方对工期作相应顺延，承包方请求人民法院或仲裁机构根据实际工程量相应顺延工期的，人民法院或仲裁机构应予以支持。

建设工程施工合同中约定的合同价款（工程暂定价）与双方最终结算价款不一致时，表明实际工程量大于合同预计的工程量。人民法院或仲裁机构可以按合同约定计算的日平均造价折算顺延工期。计算公式如下：

顺延工期 =（结算价 – 暂定价）÷ 日平均造价

日平均造价 = 合同约定的暂定价 ÷ 合同工期

68. 如何认定承包人工期违约？

诉讼或仲裁实践中，发包人往往依据施工合同约定的开工和竣工日期，主张承包人逾期竣工，并据此要求承包人承担工期违约责任。那么，能否就此认定承包人工期违约？又应如何判断工期违约呢？

为解决上述问题，需要分解为以下概念逐步分析。

第一，实际开工日期的确定。根据《建设工程司法解释（一）》第8条规定，当事人对建设工程开工日期有争议的，应当按照以下情形认定实际开工日期：

（1）开工日期为发包人或者监理人发出的开工通知载明的开工日期；开工通知发出后，尚不具备开工条件的，以开工条件具备的时间为开工日期；因承包人原因导致开工时间推迟的，以开工通知载明的时间为开工日期。

（2）承包人经发包人同意已经实际进场施工的，以实际进场施工时间为开工日期。

（3）发包人或者监理人未发出开工通知，亦无相关证据证明实际开工日期的，应当综合考虑开工报告、合同、施工许可证、竣工验收报告或者竣工验收备案表等载明的时间，并结合是否具备开工条件的事实，认定开工日期。

上述第3项中文件，一般情况下的证据证明力对比为：

①开工报告＞竣工验收证明书。理由是，开工报告是承包人认为施工现场已经具备开工条件后，向监理人和/或发包人报请开工的专门性文件，开工报告记载的申请开工的日期，其效力高于以竣工验收为目的的竣工验收证明书中记载的开工日期。

②竣工验收证明书＞竣工验收报告。理由是，竣工验收证明书中的开工日期，经发承包双方的签字或盖章确认；而竣工验收报告中的开工日期，是承包人单方记载的日期。

③竣工验收报告＞竣工验收备案表。理由是，竣工验收报告，是承包人在竣工后向发包人报请验收的文件，竣工验收备案表是向建设行政主管部门备案材料，在开工日期问题上，竣工验收报告更接近真实。

④竣工验收备案表＞施工许可证。理由是，竣工验收备案表，记载的是确定的开工日期，而施工许可证记载的日期，根据《建筑工程施工许可管理办法》第8条"建设单位应当自领取施工许可证之日起三个月内开工。因故不能按期开工的，应当在期满前向发证机关申请延期，并说明理由；延期以两次为限，每次不超过三个月。既不开工又不申请延期或者超过延期次数、时限的，施工许可证自行废止"的规定，是允许开工的起点日期，不是确定的开工日期。

⑤施工许可证＞施工合同。如果合同约定的开工日期早于施工许可证记载的日期，应以施工许可证记载日期作为实际开工日期；如果约定开工日期晚

于施工许可证记载日期的,在再无其他证据的情况下,可以约定开工日期作为实际开工日期。理由是,《建筑工程施工许可管理办法》第3条第1款规定:"本办法规定应当申请领取施工许可证的建筑工程未取得施工许可证的,一律不得开工。"

上述标准是判断实际开工日期的一般标准。具体个案中,仍要结合其他证据综合判断。例如,竣工验收证书记载开工时间是2013年10月15日,而《定位测量记录》记载定位测量时间是2013年11月14日。鉴于定位测量是开工的前置工序和前置条件,因此,最早的开工时间应在2013年11月14日。

综上所述,确定实际开工日期的证据,依其证明效力从大到小的顺序依次为:实际进场施工→开工通知(未实际开工的,区分原因)→开工报告→其他文件(竣工验收证明书、竣工验收报告、竣工验收备案表、施工许可证、施工合同)。

第二,合同竣工日期的确定。合同竣工日期,是指承包人实际开工后按照合同约定的建设周期应当完成工程建设的日期,而不是合同中约定的竣工日期(计划竣工日期)。

实际开工日期确定以后,根据施工合同中约定的建设周期和发生的顺延工期,就能够确定建设工程的合同竣工日期。计算公式如下:

合同竣工日期 = 实际开工日期 + 建设周期 + 顺延工期

第三,实际竣工日期的确定。发承包双方对实际竣工日期如无争议,以双方一致确认的竣工日期为准。如对实际竣工日期有争议的,根据《建设工程司法解释(一)》第9条规定,分三种情况确定实际竣工日期:

(1)建设工程已经竣工验收合格的,以《工程竣工验收证书》或者《竣工验收备案表》上载明的竣工验收合格日期为竣工日期。

(2)承包人已经提交了竣工验收报告,但是发包人拖延验收的,以承包人提交验收报告之日为竣工日期。

(3)建设工程没有经过竣工验收,但是发包人擅自使用的,以转移占有建设工程之日为竣工日期。

第四,工期违约的认定。在上述合同竣工日期与实际竣工日期确定以后,将两者相比较,就能够确定承包人完成工程是否逾期,以及应否承担工程逾期违约责任。

69. 承包人逾期完工的免责事由有哪些？

建设工程施工合同纠纷案件中，工程逾期完工是发包人抗辩承包人追索工程欠款的主要事由。对此，承包人须根据建设工程施工合同、经批准的施工组织设计、相关技术资料以及施工中形成的会议纪要和工作联系单等证据，确定是否存在以下工期违约免责事由：

（1）发包人是否依约提供开工条件，实际开工日期有无非因承包人原因推迟的情况；

（2）发包人提供图纸是否及时，组织图纸会审是否迟延，发现问题是否及时解决；

（3）甲供材料、设备是否到货迟延；

（4）施工中的设计变更情况；

（5）工程量有无增加，包括以签证形式增加工程量和工程结算价高于合同暂定价推定的工程量增加；

（6）有无停水、停电等意外事件和台风、暴雨等不可抗力事件；

（7）发包人有无将承包范围内的单项工程甩项给其他单位施工的情况，交叉作业，增加管理难度，影响施工进度；

（8）有无拖欠工程预付款、进度款的情况；

（9）施工中有无暂停施工的情况。

此外，还应审查发包人有无违反工程建设强制性标准，任意压缩合理工期的现象。确定建设工期应以确保工程质量为前提，约定的工期如违反强制性的施工规范，不能确保工程质量，对完成施工任务不具有现实合理性的，人民法院或仲裁机构可认定约定的工期无效，依当事人申请或者依职权对涉案工程的合理工期进行鉴定，据以判断承包人是否存在逾期竣工的情况。

70. 施工方主张因发包方拖延付款造成工期延误的条件是什么？

建设工程施工合同诉讼实务当中，施工方抗辩工期延误的主要理由之一，是发包方拨付工程进度款不及时造成工期延误。但是,如果施工方没有按照施工合同的约定向发包方报提进度结算,则其抗辩理由不能为法院所采纳。

如根据建设工程施工合同约定,施工方每月按完成进度向发包方报送工程量和进度结算,由发包方审核后按约定比例支付工程进度款。在此约定下,如果施工方没有按照合同约定报送工程量和进度结算,则发包方依约支付工程进度款的条件未成就,也不能确定应付进度款的数额,发包方未付款不构成付款违约。诉讼中,施工方又不能举出在施工期间因欠付进度款向发包方催款或停工的证据,那么,施工方主张因发包方拖欠付款造成工期延误的理由没有事实依据,不能得到法院支持。反之,如果施工方按合同约定报送了工程量和进度结算,表明施工方向发包方主张支付进度款,发包方未付款则构成付款违约,由此造成的工期延误应由发包方承担。

进度款既是已完工程的价款,也是工程如期完工的保证。发包方拖延付款势必会造成承包方延误竣工,而施工方主张因发包方拖延付款造成工期延误的条件是按照合同约定报送工程量和进度结算。

71. 承包人不能提交工期索赔证据的,能否顺延工期？

工期索赔证据,是指承包人与发包人就工期顺延形成的误工签单以及停工通知、停工报告、复工报告等书面文件。

诉讼或仲裁案件中,承包人不能提交工期索赔证据的,人民法院或仲裁机构一般不能顺延工期。但是,承包人能够证明申请过工期顺延但发包人不予确认的除外。

首先,《2017版施工合同示范文本》通用合同条款第7.5.1项"因发包人原因导致工期延误"规定:"在合同履行过程中,因下列情况导致工期延误和(或)费用增加的,由发包人承担由此延误的工期和(或)增加的费用,且发包人应支付承包人合理的利润:(1)发包人未能按合同约定提供图纸或所提供图纸不符合合同约定的;(2)发包人未能按合同约定提供施工现场、施工条件、基础资料、许可、批准等开工条件的;(3)发包人提供的测量基准点、基准线和水准点及其书面资料存在错误或疏漏的;(4)发包人未能在计划开工日期之日起 7 天内同意下达开工通知的；(5) 发包人未能按合同约定日期支付工程预付款、进度款或竣工结算款的；(6) 监理人未按合同约定发出指示、批准等文件的；(7) 专用合同条款中约定的其他情形。因发包人原因未按计划开工日期开工的，发包人应按实际开工日期顺延竣工日期，确保实际工期不低于合同约定的工期总日历天数。因发包人原因导致工期延误需要修订施工进度计划的，按照第 7.2.2 项〔施工进度计划的修订〕执行。"第 19.1 款"承包人的索赔"规定："根据合同约定，承包人认为有权得到追加付款和（或）延长工期的，应按以下程序向发包人提出索赔：(1) 承包人应在知道或应当知道索赔事件发生后 28 天内，向监理人递交索赔意向通知书，并说明发生索赔事件的事由；承包人未在前述 28 天内发出索赔意向通知书的，丧失要求追加付款和（或）延长工期的权利；(2) 承包人应在发出索赔意向通知书后 28 天内，向监理人正式递交索赔报告；索赔报告应详细说明索赔理由以及要求追加的付款金额和（或）延长的工期，并附必要的记录和证明材料；(3) 索赔事件具有持续影响的，承包人应按合理时间间隔继续递交延续索赔通知，说明持续影响的实际情况和记录，列出累计的追加付款金额和（或）工期延长天数；(4) 在索赔事件影响结束后 28 天内，承包人应向监理人递交最终索赔报告，说明最终要求索赔的追加付款金额和（或）延长的工期，并附必要的记录和证明材料。"第 19.2 款"对承包人索赔的处理"规定："对承包人索赔的处理如下：(1) 监理人应在收到索赔报告后 14 天内完成审查并报送发包人。监理人对索赔报告存在异议的，有权要求承包人提交全部原始记录副本。(2) 发包人应在监理人收到索赔报告或有关索赔的进一步证明材料后的 28 天内，由监理人向承包人出具经发包人签认的索赔处理结果。发包人逾期答复的，则视为认可承包人的索赔要求。(3) 承包人接受索赔处理结果的，索赔款项在当期进度款中进行支付；承包人不接受索赔处理结果的，按照第 20 条〔争议解决〕约定处理。"由上述合同条款可知，在工期延误情况发生后，承包人负有向发包人提出工期索赔的合同义务，经发包人确认后得以顺延工期。

其次，实践中的施工进度计划大多以网络图或横道图的形式，采用统筹方法安排各工序、各分部工程、分项工程的施工顺序。发包人供货延误、停水、停电等情况，如果发生在非施工主线的工程，并不影响整体工程的竣工。并且，承包人在影响支线工程施工情况发生后，可以安排其他具备条件的支线工程施工。由此，仅有发包人供货延误、停水、停电等证据，而没有工期索赔的证据，人民法院不能确定是否必然导致停工的后果,也不能确定是否必须顺延工期以及应当顺延的具体天数。

因此,承包人在因发包人原因导致延误工期的情形发生后,未按合同约定申请顺延工期,不能提交工期索赔证据的,人民法院或仲裁机构一般不予顺延工期。

最后,《建设工程司法解释(一)》第 10 条第 1 款规定:"当事人约定顺延工期应当经发包人或者监理人签证等方式确认,承包人虽未取得工期顺延的确认,但能够证明在合同约定的期限内向发包人或者监理人申请过工期顺延且顺延事由符合合同约定,承包人以此为由主张工期顺延的,人民法院应予支持。"承包人如能证明施工期间曾向发包人申请过工期顺延,但发包人未予确认的,可以依据该规定请求人民法院或仲裁机构予以顺延工期。

72. 如何认定群体工程的工期延误?

建设工程由多个单体工程组成,且各个单体工程并未在同一时间开工的,应怎样认定群体工程是否延期竣工?

建设工程施工合同只统一约定群体工程的开工日期、竣工日期以及逾期竣工责任,在各单体工程并未在同一时间全面开工的情况下,由于准备开工条件及下达开工通知,均由发包人控制,因此应当以全部工程中最晚开工的单体工程的开工时间作为群体工程的开工时间,以全部工程中最晚竣工的单体工程(与最晚开工的单体工程可以不是同一工程)的竣工时间作为群体工程的竣工时间,以此判断群体工程是否存在延期竣工的事实。

如果发包人已就群体工程下达统一的开工令,但由于承包人组织人员、机械不力等原因导致开工时间推迟的,则应当以开工令载明的时间作为群体工程的开工时间,以全部工程中最晚竣工的单体工程的竣工时间作为群体工程的竣工时间,据此判断群体工程是否存在延期竣工的事实。

73. 如何计算工期提前奖？

发承包双方在建设工程施工合同中约定了工期提前奖，在承包人提前竣工的情况下，如何计算承包人应计取的工期提前奖？

工期提前奖的计算公式如下：

工期提前奖＝工期提前天数×每天的奖金额

计算承包人的工期提前奖，实务中的关键在于计算承包人提前竣工的天数。计算工期提前天数可按以下两种方式之一计算：

（1）工期提前天数＝实际竣工提前天数＋应予顺延工期的天数。

例如，施工合同约定施工工期自 2018 年 10 月 1 日起至 2019 年 12 月 31 日止；如果工期提前，则每提前一天奖励承包人 5000 元/天。承包人实际竣工日期为 2019 年 11 月 30 日。经审查，因发包人原因导致承包人停、窝工，应予顺延工期的天数为 15 天。则承包人的工期提前天数为 46 天[实际竣工提前天数 31 天（2019 年 12 月 1～31 日）＋顺延工期 15 天]，工期提前奖为 23 万元（46 天×5000 元/天）。

（2）工期提前天数＝顺延工期天数－实际竣工延后天数。

例如，施工合同约定施工工期自 2018 年 10 月 1 日起至 2019 年 12 月 31 日止；如果工期提前，则每提前一天奖励承包人 5000 元/天。承包人实际竣工日期为 2020 年 1 月 31 日。经审查，因发包人原因导致承包人停、窝工，应予顺延工期的天数为 90 天。则承包人的工期提前天数为 59 天[顺延工期 90 天－实际竣工延后 31 天（2020 年 1 月 1～31 日）]，工期提前奖为 24.5 万元（59 天×5000 元/天）。

74. 承包人逾期竣工，人民法院或仲裁机构对其已按形象进度分段预收的工期奖应如何处理？

建设工程实务中，建设单位尤其是工业项目业主，为使项目尽早投产取得经济效益，同时减轻还贷压力，往往要求承包人按期（或提前）竣工并承诺给予一定的奖励，如工期奖、抢工措施费、赶工奖等，有的还约定了承包人可以按照施工形象进度分阶段预收工期奖的内容。例如，发承包双方对工期奖约定为：

承包人按合同期竣工,发包人给予600万元工期奖,工期奖分阶段预支,完成±0.00预支200万元,主体封顶预支200万元,其余200万元在按期竣工时付清。施工中,承包人已经分段预收±0.00和主体封顶工期奖合计400万元,但最终未能按照合同约定的竣工日期竣工。问题是,承包人已经分段预收的这400万元工期奖,应如何处理?换言之,该400万元工期奖应否退还发包人?

建设工程施工合同约定的工期奖,实质上是一种附条件的民事法律行为。所谓"附条件的民事法律行为",即为民事法律行为设定一定的条件,把条件的成就与否作为民事法律行为效力发生或消灭的依据。质言之,承包人按期(或提前)竣工,所附条件成就,其有权主张工期奖;承包人延期竣工,所附条件没有成就,其无权领取工期奖。因此,承包人取得工期奖的前提是在合同期内竣工。承包人没有在合同期内竣工,其计取工期奖的条件尚未具备,无权向发包人主张工期奖,即使其已经按工程形象进度分段预收了抢工措施费(或赶工奖),人民法院或仲裁机构也应裁判承包人向发包人返还已经预收的工期奖,或者折抵发包人应付的剩余工程款。

值得注意的是,如果发承包双方在建设工程施工合同中明确约定,工期奖分期按工程进度奖罚、按层考核、按层兑现,则承包人已经分段领取的工期奖不应退还。因为,承包人每施工至合同约定的形象进度时,其收取工期奖的条件已经成就,有权获取该形象进度的工期奖,即使工程最终未能按合同工期完工,其已按各个形象进度领取的工期奖也不应退还。

75. 工程逾期竣工违约责任的举证责任应由谁承担?

诉讼或仲裁案件审理中,发包人主张承包人逾期竣工并承担逾期竣工违约责任的,应当由谁以及怎样承担举证证明责任?

首先,应当由发包人举证建设工程的实际开工日期、实际竣工日期以及实际建设工期,与合同约定建设工期进行比较,证明实际建设工期超出了合同约定建设工期,完成初步举证义务。

其次,在此基础上,承包人应就建设工程拖期的原因或者需要增加工期的事实进行举证,如发包人未及时提供开工条件,未及时提供图纸及会审图纸,甲供材料、设备到货迟延,发包人拖欠预付款、进度款、施工中停水、停电,发包人暂停工程施工等应予顺延工期的证据,或者存在设计变更、增加工程量等应予增加工期的证据。

最后,在承包人完成上述举证,证明建设工程客观上需要顺延工期或者增加工期的情形后,发包人作为逾期竣工责任的权利主张人应就上述情形在依约或依法顺延、增加工期后,承包人仍存在延误工期的事实进一步举证,比如双方就上述情形作出的顺延工期签证、双方就增量工程约定增加工期的协议,如无该等证据的,发包人则应就上述应予顺延、增加的工期申请鉴定,用以证明在扣除依约或依法顺延、增加的工期后,承包人仍延误了工期。如发包人未提供前列证据且亦未申请工期鉴定的,则应由发包人承担举证不能的不利后果。

76. 工程竣工验收证书未经监理单位盖章确认的,能否确认工程已通过验收?

建设工程施工合同纠纷案件中,发包人对承包人在诉讼中提供的没有工程设计单位、监理单位盖章的《工程竣工验收证书》或《工程移交证书》不予认可,主张建设工程未通过验收的,对此人民法院或仲裁机构不应予以支持。

工程竣工验收证书是评定建设工程质量的最终的、唯一的凭证。建设工程施工合同在承发包双方之间履行,工程竣工验收证书表明双方对工程质量的意思表示一致,能够作为确认工程已通过验收的依据。

根据《民法典》第 465 条第 2 款[1]确立的合同相对性原则,工程设计、监理等单位作为非施工合同缔约人,其是否参与验收,不影响发承包双方对工程验收的效力。况且,根据《建设工程质量管理条例》第 16 条第 1 款"建设单位收到建设工程竣工报告后,应当组织设计、施工、工程监理等有关单位进行竣工验收"的规定,组织设计、监理等单位进行验收是发包人的法定义务,发包人作为组织验收的义务人未通知设计、监理等单位参与验收,不能成为其否认工程竣工验收证书效力的理由。

---

[1] 《民法典》第 465 条第 2 款:"依法成立的合同,仅对当事人具有法律约束力,但是法律另有规定的除外。"

77. 工程未经验收即投入使用的法律后果是什么？

《建筑法》第61条①和《民法典》第799条②分别规定，建筑工程竣工经验收合格后，方可交付使用；未经验收或者验收不合格的，不得交付使用。但是，实践中大量出现了建设工程未经验收即投入使用的现象。由此带来的法律后果分析如下：

(1)《建设工程司法解释(一)》第14条规定："建设工程未经竣工验收，发包人擅自使用后，又以使用部分质量不符合约定为由主张权利的，人民法院不予支持；但是承包人应当在建设工程的合理使用寿命内对地基基础工程和主体结构质量承担民事责任。"据此，发包人无权对除地基基础和主体结构之外的已使用部分向承包人主张工程质量缺陷责任。

(2)根据《建设工程司法解释(一)》第9条第3项的规定，当事人如对建设工程实际竣工日期有争议，"建设工程未经竣工验收，发包人擅自使用的，以转移占有建设工程之日为竣工日期"。据此，工程交付之日可视为竣工之日。

(3)根据《建设工程司法解释(一)》第27条的规定，利息从应付工程价款之日开始计付。当事人对付款时间没有约定或者约定不明的，建设工程已实际交付的，交付之日视为应付款时间。结合《民法典》第799条，第793条第1、2款的规定，建设工程施工合同无效，但是建设工程经验收合格的，可以参照合同关于工程价款的约定折价补偿承包人。建设工程施工合同无效，且建设工程经验收不合格的，按照以下情形处理：修复后的建设工程经验收合格的，发包人可以请求承包人承担修复费用；修复后的建设工程经验收不合格的，承包人无权请求参照合同关于工程价款的约定折价补偿。以及第806条第3款"合同解除后，已经完成的建设工程质量合格的，发包人应当按照约定支付相应的工程价款；已经完成的建设工程质量不合格的，参照本法第七百九十三条的规定处理"

---

① 《建筑法》第61条规定："交付竣工验收的建筑工程，必须符合规定的建筑工程质量标准，有完整的工程技术经济资料和经签署的工程保修书，并具备国家规定的其他竣工条件。建筑工程竣工经验收合格后，方可交付使用；未经验收或者验收不合格的，不得交付使用。"

② 《民法典》第799条规定："建设工程竣工后，发包人应当根据施工图纸及说明书、国家颁发的施工验收规范和质量检验标准及时进行验收。验收合格的，发包人应当按照约定支付价款，并接收该建设工程。建设工程竣工经验收合格后，方可交付使用；未经验收或者验收不合格的，不得交付使用。"

的规定,建设工程质量合格是给付工程款的条件,因此,工程虽未经验收但投入使用即视为发包人认可工程质量合格,具备工程款给付条件。

综上所述,发包人未经验收就开始使用工程,既表明对工程质量责任的自行承担,同时也是对自开始使用工程时支付尚欠工程款本金和利息的事实认可。该行为的法律后果包括:①发包人无权对除地基基础和主体结构之外的已使用部分向承包人主张工程质量缺陷责任;②工程未经验收即投入使用视为发包人认可工程质量合格,具备工程款给付条件;③当事人对实际竣工日期争议未决的,以工程交付之日视为竣工之日;④依据合同不能确定应付款日期,以工程交付之日作为应付款日和利息起算日。

78. 在保修期内的建设工程质量责任应当由谁承担?

我国对建筑工程实行质量保修制度。施工单位对建设工程在保修范围和保修期限内发生的质量问题,依法承担保修责任。那么,在保修期间出现的工程质量责任,是不是由施工单位承担呢?

笔者认为,这里要区分保修责任与工程质量责任两个概念。

保修责任,是施工人依照法律规定或者合同约定,对建设工程在保修范围和保修期限内发生的质量问题负有的维修责任。

工程质量责任即质量缺陷责任,是行为人对造成建设工程不符合工程建设强制性标准、技术规范或者合同约定等质量缺陷,应承担的法律责任。

保修责任,准确地说,是施工人对已交付使用的建设工程的一项保修义务。在保修期内,即使非因施工原因产生的质量问题,施工人也应予保修。而工程质量责任,是行为人对造成工程质量缺陷应承担的法律责任。《建设工程质量管理条例》第3条规定:"建设单位、勘察单位、设计单位、施工单位、工程监理单位依法对建设工程质量负责。"《建筑法》第80条规定:"在建筑物的合理使用寿命内,因建筑工程质量不合格受到损害的,有权向责任者要求赔偿。"《房屋建筑工程质量保修办法》第4条规定:"房屋建筑工程在保修范围和保修期限内出现质量缺陷,施工单位应当履行保修义务。"第13条规定:"保修费用由质量缺陷的责任方承担。"由此可知,建设工程质量责任承担,适用过错责任原则。保修责任与工程质量责任是两种不同的责任。

建设工程在保修范围和保修期限内发生质量缺陷的,施工单位应当履行保修义务,否则应承担相应的法律责任。但是,施工单位负有保修责任并不意味着承担建设工程的质量缺陷责任。对于在建设工程保修期间出现的质量问题,虽由施工单位负责保修,但保修所发生的费用应当由造成质量缺陷的责任方负担。实务中,对于保修期间的质量责任划分和损失承担原则根据以下情形确定:(1)施工单位未按国家有关工程建设规范、标准和设计要求施工,造成质量缺陷的,应当履行保修义务,并对造成的损失承担赔偿责任。(2)属于勘察、设计方面的原因造成的质量缺陷,由施工单位负责返修,费用由建设单位支付,建设单位可向勘察、设计单位追偿。(3)因建筑材料、建筑构配件和设备质量不合格引起的质量缺陷,属于施工单位负责采购的,由施工单位承担民事责任;属于建设单位负责采购的,但施工单位提出异议而建设单位坚持使用的,由建设单位承担民事责任,如果施工单位没有验收或者验收不合格仍然使用的,由建设单位与施工单位共同承担责任。(4)因建设单位或者建筑物所有人使用不当造成的质量缺陷,由建设单位或者建筑物所有人自行负责。(5)因自然事故、社会条件等不可抗力造成的质量事故,由建筑物的所有人或者使用人承担责任。(6)对发包人提出的违反法律法规和建筑工程质量、安全标准,降低工程质量的要求,承包人不予拒绝而进行施工的,由建设单位与施工单位共同承担责任。①

79. 保修责任的特征是什么?保修责任与工程质量缺陷责任有何异同?

第一,保修责任的特征。

(1)保修责任实质上是法定的保修义务。《建筑法》第 62 条规定:"建筑工程实行质量保修制度。建筑工程的保修范围应当包括地基基础工程、主体结构工程、屋面防水工程和其他土建工程,以及电气管线、上下水管线的安装工程,

---

① 参见《山东省高级人民法院关于印发全省民事审判工作会议纪要的通知》(鲁高法〔2011〕297号)第 3 条第 9 款。

供热、供冷系统工程等项目；保修的期限应当按照保证建筑物合理寿命年限内正常使用，维护使用者合法权益的原则确定。具体的保修范围和最低保修期限由国务院规定。"《建设工程质量管理条例》第40条第1款规定了法定最低的保修期限："在正常使用条件下，建设工程的最低保修期限为：（一）基础设施工程、房屋建筑的地基基础工程和主体结构工程，为设计文件规定的该工程的合理使用年限；（二）屋面防水工程、有防水要求的卫生间、房间和外墙面的防渗漏，为5年；（三）供热与供冷系统，为2个采暖期、供冷期；（四）电气管线、给排水管道、设备安装和装修工程，为2年。"《房屋建筑工程质量保修办法》第4条规定："房屋建筑工程在保修范围和保修期限内出现质量缺陷，施工单位应当履行保修义务。"第9条规定："房屋建筑工程在保修期限内出现质量缺陷，建设单位或者房屋建筑所有人应当向施工单位发出保修通知。施工单位接到保修通知后，应当到现场核查情况，在保修书约定的时间内予以保修。发生涉及结构安全或者严重影响使用功能的紧急抢修事故，施工单位接到保修通知后，应当立即到达现场抢修。"第17条规定："下列情况不属于本办法规定的保修范围：（一）因使用不当或者第三方造成的质量缺陷；（二）不可抗力造成的质量缺陷。"根据上述规定可知，保修责任，是施工人依照法律规定或合同约定，对建设工程在保修范围和保修期限内发生的质量问题所负有的维修责任，保修范围仅限于因设计缺陷、施工质量缺陷或建筑材料、建筑构配件和设备不合格等竣工验收前的原因所造成的质量问题，不包括竣工验收后因使用不当、第三方以及不可抗力等外在原因所造成的质量问题。质言之，保修责任是施工人对业已竣工验收合格的建设工程之质量责任的延伸。

（2）保修责任并非质量缺陷责任。《房屋建筑工程质量保修办法》第13条规定："保修费用由质量缺陷的责任方承担。"第14条规定："在保修期内，因房屋建筑工程质量缺陷造成房屋所有人、使用人或者第三方人身、财产损害的，房屋所有人、使用人或者第三方可以向建设单位提出赔偿要求。建设单位向造成房屋建筑工程质量缺陷的责任方追偿。"据此，保修费用和质量缺陷产生的侵权责任由造成质量缺陷的责任方承担。例如，房屋因建设单位使用原因损坏，虽非施工人原因造成的质量缺陷，施工人也应依法保修，但应由建设单位向施工人承担保修费用。而工程质量责任，即质量缺陷责任，是行为人对造成建设工程不符合工程建设强制性标准、设计文件、技术规范或者合同约定等质量缺陷，应承担的法律责任。因此，保修责任并不是质量缺陷责任。

(3)施工人不履行保修义务的,应承担行政责任。《建设工程质量管理条例》第66条规定:"违反本条例规定,施工单位不履行保修义务或者拖延履行保修义务的,责令改正,处10万元以上20万元以下的罚款,并对在保修期内因质量缺陷造成的损失承担赔偿责任。"

(4)施工人不履行保修义务的,应承担合同责任。《房屋建筑工程质量保修办法》第12条规定:"施工单位不按工程质量保修书约定保修的,建设单位可以另行委托其他单位保修,由原施工单位承担相应责任。"

(5)施工人拖延保修的,应对造成的新的损害承担赔偿责任。《房屋建筑工程质量保修办法》第15条规定:"因保修不及时造成新的人身、财产损害,由造成拖延的责任方承担赔偿责任。"

通过上述五点可以看出,保修责任并不是质量缺陷责任。保修责任,实质上是施工人对已竣工验收合格工程的一项法定的保修义务,只要建设工程在保修范围和保修期限内出现质量问题,施工人均应依法履行保修义务。并且,对于非因施工原因造成的质量缺陷,施工人有权请求建设单位承担保修费用。

第二,保修责任与质量缺陷责任的异同。

(1)两者的不同之处:保修责任实质上是施工人负有的法定保修义务,施工人承担保修责任并非必然承担质量责任(只有在质量问题由施工原因造成时,施工人才自费维修);而质量缺陷责任是施工人承担的质量责任。

(2)两者的相同之处:当保修范围和保修期限内的质量问题系由施工人的施工原因造成时,施工人应当自费维修或者向建设单位支付维修费用,此时,保修责任与质量缺陷责任重合,表现为同一种责任形式。

80. 竣工验收合格证明能否证明工程质量合格?

诉讼或仲裁案件中,承包人持有发承包双方签字盖章的竣工验收合格证明,一般情况下是能够证明建设工程经竣工验收合格的。但在特殊情况下,比如建设工程实际存在明显的质量问题,且经人民法院或仲裁机构依法委托工程质量鉴定机构鉴定,发现承包人施工过程中有偷工减料、不按图纸施工等情形等导致工程质量不合格的,则该竣工验收合格证明不能对抗实际存在的质量缺陷的事实，不能证明工程质量合格。

《民法典》第 509 条第 1 款规定："当事人应当按照约定全面履行自己的义务。"债之履行，应当及时、全面、适当，否则即为不完全履行。所谓及时，是按合同约定的时间履行。所谓全面，既包括量的方面也包括质的方面。量的方面，不完全履行主要是部分履行。质的方面，不完全履行主要是标的不符合质量要求或不符合合同约定或者法律规定的其他要求。不完全履行不能达到彻底消灭债务之目的，或者即使能消灭原生债务也会引发派生债务，引起新的法律责任。[①] 承包人在施工过程中偷工减料、不按图纸施工等情形等导致工程质量不合格，即属于不完全履行行为。

值得注意的是，如果出现上述情形，承包人应当承担工程质量缺陷责任，而非保修责任。《建筑法》第 58 条规定："建筑施工企业对工程的施工质量负责。建筑施工企业必须按照工程设计图纸和施工技术标准施工，不得偷工减料。工程设计的修改由原设计单位负责，建筑施工企业不得擅自修改工程设计。"这是承包人对施工质量应负的法定义务。承包人如因违反该法定义务导致工程质量不合格的，应承担工程质量缺陷责任，而非保修责任，即应无偿修复、重建，或者承担修复费用。此外，承包人无偿修复、重建，如果造成建设工程迟延交付的，还应依照《民法典》第 801 条关于"因施工人的原因致使建设工程质量不符合约定的，发包人有权请求施工人在合理期限内无偿修理或者返工、改建。经过修理或者返工、改建后，造成逾期交付的，施工人应当承担违约责任"的规定，向发包人承担逾期交付工程的责任。

81. 建设工程质量保证金的性质是什么？如何确定返还时间？

诉讼实务中，发承包双方对建设工程质量保证金的性质及其返还时间有时会发生争议。发包方可能认为，保证金是施工人履行保修义务的担保，与其对应的是建设工程的保修期限，在保修期限届满前或者发包人要求承包人保修遭

[①] 参见最高人民法院民法典贯彻实施工作领导小组主编：《中华人民共和国民法典合同编理解与适用》（三），人民法院出版社 2020 年版，第 2008 页。

拒的情况下,该保证金不应返还。承包方则可能认为,质量保证金是对施工质量责任的担保,在工程质量没有出现问题或者责任不在承包人的情况下,保证金应予返还,发包人长期压占保证金损害了承包人的合法权益。

笔者认为,引发争议的原因在于法律规定了两种不同的责任期限,即工程保修期限与质量缺陷责任期限。

(1) 关于建设工程质量保修。

《建筑法》第 62 条第 1 款规定:"建筑工程实行质量保修制度。"与此相对应,《建设工程质量管理条例》第 40 条第 1 款和第 2 款规定:"在正常使用条件下,建设工程的最低保修期限为:(一)基础设施工程、房屋建筑的地基基础工程和主体结构工程,为设计文件规定的该工程的合理使用年限;(二)屋面防水工程、有防水要求的卫生间、房间和外墙面的防渗漏,为 5 年;(三)供热与供冷系统,为 2 个采暖期、供冷期;(四)电气管线、给排水管道、设备安装和装修工程,为 2 年。其他项目的保修期限由发包方与承包方约定。"《房屋建筑工程质量保修办法》第 4 条规定:"房屋建筑工程在保修范围和保修期限内出现质量缺陷,施工单位应当履行保修义务。"第 9 条规定:"房屋建筑工程在保修期限内出现质量缺陷,建设单位或者房屋建筑所有人应当向施工单位发出保修通知。施工单位接到保修通知后,应当到现场核查情况,在保修书约定的时间内予以保修。发生涉及结构安全或者严重影响使用功能的紧急抢修事故,施工单位接到保修通知后,应当立即到达现场抢修。"第 12 条规定:"施工单位不按工程质量保修书约定保修的,建设单位可以另行委托其他单位保修,由原施工单位承担相应责任。"第 13 条规定:"保修费用由质量缺陷的责任方承担。"第 17 条规定:"下列情况不属于本办法规定的保修范围:(一)因使用不当或者第三方造成的质量缺陷;(二)不可抗力造成的质量缺陷。"第 19 条规定:"施工单位不履行保修义务或者拖延履行保修义务的,由建设行政主管部门责令改正,处 10 万元以上 20 万元以下的罚款。"上述规定表明,保修责任,是施工人对业已竣工验收合格的建设工程之质量责任的延伸。施工人对保修期间出现的工程质量问题进行保修是施工人的法定义务,承担保修义务,并非承担工程质量缺陷责任,保修费用由造成质量缺陷的责任方承担。

(2) 关于建设工程质量保证金。

《建设工程质量保证金管理办法》第 2 条规定:"本办法所称建设工程质量保证金(以下简称保证金)是指发包人与承包人在建设工程承包合同中约定,从应付的工程款中预留,用以保证承包人在缺陷责任期内对建设工程出现的缺陷进行维修的资金。缺陷是指建设工程质量不符合工程建设强制性标准、设计文件,以及承包合同的约定。缺陷责任期一般为1年,最长不超过2年,由发、承包双方在合同中约定。"第5条规定:"推行银行保函制度,承包人可以银行保函替代预留保证金。"第6条规定:"在工程项目竣工前,已经缴纳履约保证金的,发包人不得同时预留工程质量保证金。采用工程质量保证担保、工程质量保险等其他保证方式的,发包人不得再预留保证金。"第9条规定:"缺陷责任期内,由承包人原因造成的缺陷,承包人应负责维修,并承担鉴定及维修费用。如承包人不维修也不承担费用,发包人可按合同约定从保证金或银行保函中扣除,费用超出保证金额的,发包人可按合同约定向承包人进行索赔。承包人维修并承担相应费用后,不免除对工程的损失赔偿责任。由他人原因造成的缺陷,发包人负责组织维修,承包人不承担费用,且发包人不得从保证金中扣除费用。"由此可知,建设工程质量保证金是针对承包人施工质量责任设定的担保,用于保证因施工质量缺陷产生的维修费用及赔偿损失的支付。在明确了工程质量保证金的性质之后,不难理解,与工程质量保证金相对应的,是施工质量缺陷责任期,与工程保修期无关。

工程质量保证金的返还时间。《建设工程司法解释(一)》第17条规定:"有下列情形之一,承包人请求发包人返还工程质量保证金的,人民法院应予支持:(一)当事人约定的工程质量保证金返还期限届满;(二)当事人未约定工程质量保证金返还期限的,自建设工程通过竣工验收之日起满二年;(三)因发包人原因建设工程未按约定期限进行竣工验收的,自承包人提交工程竣工验收报告九十日后当事人约定的工程质量保证金返还期限届满;当事人未约定工程质量保证金返还期限的,自承包人提交工程竣工验收报告九十日后起满二年。发包人返还工程质量保证金后,不影响承包人根据合同约定或者法律规定履行工程保修义务。"即发承包双方对保证金的返还有约定的,从其约定;没有约定或者约定不明的,发包人至迟应在工程竣工验收之日起2年内予以返还。但是,在保修期限届满前,承包人对建设工程仍负有法定或约定的保修义务。

82. 建设工程施工合同约定工程质量保证金在保修期满后返还的，应如何认定质量保证金的返还时间？

建设工程施工合同约定，工程质保金在保修期满后返还。在诉讼或仲裁中，发包人据此按照普通建筑和构筑物保修期限为 50 年，抗辩质保金应自建设工程竣工验收合格之日起 50 年后返还的，应如何认定质保金的返还时间？

笔者认为，发包人应自建设工程竣工验收合格之日起最长 2 年内向承包人返还工程质保金。《建设工程质量保证金管理办法》第 2 条规定："本办法所称建设工程质量保证金是指发包人与承包人在建设工程承包合同中约定，从应付的工程款中预留，用以保证承包人在缺陷责任期内对建设工程出现的缺陷进行维修的资金。缺陷是指建设工程质量不符合工程建设强制性标准、设计文件，以及承包合同的约定。缺陷责任期一般为 1 年，最长不超过 2 年，由发、承包双方在合同中约定。"可见，质保金是发包人从应付工程款中预留，用于对缺陷责任期内的缺陷进行维修的资金，与返还质保金对应的期限是缺陷责任期，而非保修期，且缺陷责任期最长不得超过两年。

《建设工程司法解释（一）》第 17 条第 2 款规定："发包人返还工程质量保证金后，不影响承包人根据合同约定或者法律规定履行工程保修义务。"该规定亦表明，返还质保金与工程保修期无关、且应在保修期满前返还。引发争议的原因是发、承包双方混淆了工程质量缺陷责任期与保修期两种不同的期限，以及对建设工程质量保证金性质和功能的认识错误。如按合同约定的保修期满返还质保金，不符合《民法典》第 6 条确立的"民事主体从事民事活动，应当遵循公平原则，合理确定各方的权利和义务"这一公平原则，将导致发、承包双方权利义务的失衡，故即使建设工程施工合同约定了保修期满返还质保金的，人民法院或仲裁机构仍应依法予以调整，认定发包人在建设工程竣工验收合格之日起最长 2 年内向承包人返还工程质保金。

83. 消防验收时间能否作为起算质量保证金返还时间的依据？

在建设工程施工合同纠纷案件中，发包人有时依据建设工程中的消防验收时间计算质保期满时间，并抗辩承包人请求返还质保金的期限尚未届至，不应返还工程质量保证金。该主张能否成立？

笔者认为，发包人以消防验收时间作为起算返还质保金时间的主张，不能成立。

1. 消防验收或消防备案抽查

《消防法》（2021年修正）第13条规定："国务院住房和城乡建设主管部门规定应当申请消防验收的建设工程竣工，建设单位应当向住房和城乡建设主管部门申请消防验收。前款规定以外的其他建设工程，建设单位在验收后应当报住房和城乡建设主管部门备案，住房和城乡建设主管部门应当进行抽查。依法应当进行消防验收的建设工程，未经消防验收或者消防验收不合格的，禁止投入使用；其他建设工程经依法抽查不合格的，应当停止使用。"根据该规定，对消防工程验收包括消防验收制度与消防备案抽查制度。

2. 消防验收或消防备案抽查的主体

2008年修订的《消防法》第13条规定，按照国家工程建设消防技术标准需要进行消防设计的建设工程竣工，依照下列规定进行消防验收、备案：（1）本法第十一条规定的建设工程，建设单位应当向公安机关消防机构申请消防验收；（2）其他建设工程，建设单位在验收后应当报公安机关消防机构备案，公安机关消防机构应当进行抽查。依法应当进行消防验收的建设工程，未经消防验收或者消防验收不合格的，禁止投入使用；其他建设工程经依法抽查不合格的，应当停止使用。2019年修正的《消防法》第13条与2021年修正的《消防法》第13条均规定，由住房和城乡建设主管部门进行消防验收或备案抽查。由此，在2019年4月23日《消防法》修正施行之前，消防验收或抽查由公安机关消防机构负责实施，此后由住房和城乡建设主管部门负责实施。

3. 消防验收或消防备案抽查的范围

（1）消防验收范围。住建部《建设工程消防设计审查验收管理暂行规定》（2023年修正）第27条规定："对特殊建设工程实行消防验收制度。特殊建设工程竣工验收后，建设单位应当向消防设计审查验收主管部门申请消防验收；

未经消防验收或者消防验收不合格的,禁止投入使用。"第14条规定:"具有下列情形之一的建设工程是特殊建设工程:(一)总建筑面积大于二万平方米的体育场馆、会堂,公共展览馆、博物馆的展示厅;(二)总建筑面积大于一万五千平方米的民用机场航站楼、客运车站候车室、客运码头候船厅;(三)总建筑面积大于一万平方米的宾馆、饭店、商场、市场;(四)总建筑面积大于二千五百平方米的影剧院,公共图书馆的阅览室,营业性室内健身、休闲场馆,医院的门诊楼,大学的教学楼、图书馆、食堂,劳动密集型企业的生产加工车间,寺庙、教堂;(五)总建筑面积大于一千平方米的托儿所、幼儿园的儿童用房,儿童游乐厅等室内儿童活动场所,养老院、福利院,医院、疗养院的病房楼,中小学校的教学楼、图书馆、食堂,学校的集体宿舍,劳动密集型企业的员工集体宿舍;(六)总建筑面积大于五百平方米的歌舞厅、录像厅、放映厅、卡拉OK厅、夜总会、游艺厅、桑拿浴室、网吧、酒吧,具有娱乐功能的餐馆、茶馆、咖啡厅;(七)国家工程建设消防技术标准规定的一类高层住宅建筑;(八)城市轨道交通、隧道工程,大型发电、变配电工程;(九)生产、储存、装卸易燃易爆危险物品的工厂、仓库和专用车站、码头,易燃易爆气体和液体的充装站、供应站、调压站;(十)国家机关办公楼、电力调度楼、电信楼、邮政楼、防灾指挥调度楼、广播电视楼、档案楼;(十一)设有本条第一项至第六项所列情形的建设工程;(十二)本条第十项、第十一项规定以外的单体建筑面积大于四万平方米或者建筑高度超过五十米的公共建筑。"据此,上述特殊建设工程属于消防验收的范围。

(2)消防备案抽查的范围。《消防法》第13条第1款、第2款规定:"国务院住房和城乡建设主管部门规定应当申请消防验收的建设工程竣工,建设单位应当向住房和城乡建设主管部门申请消防验收。""前款规定以外的其他建设工程,建设单位在验收后应当报住房和城乡建设主管部门备案,住房和城乡建设主管部门应当进行抽查。"住建部《建设工程消防设计审查验收管理暂行规定》第34条规定:"对其他建设工程实行备案抽查制度,分类管理。其他建设工程经依法抽查不合格的,应当停止使用。"第2条第3款规定:"本规定所称其他建设工程,是指特殊建设工程以外的其他按照国家工程建设消防技术标准需要进行消防设计的建设工程。"据此,特殊建设工程以外的其他建设工程属于消防备案抽查的范围。

4.申请消防验收或消防备案抽查的时间

住建部《建设工程消防设计审查验收管理暂行规定》(2023年修正)第27条第2款规定:"特殊建设工程竣工验收后,建设单位应当向消防设计审查验主管部门申请消防验收;未经消防验收或者消防验收不合格的,禁止投入使用。"第 36 条第 1 款规定:"其他建设工程竣工验收合格之日起五个工作日内,建设单位应当报消防设计审查验收主管部门备案。"可见,无论是消防验收,还是消防备案,均是在发、承包双方对建设工程竣工验收后,由建设单位向住房和城乡建设主管部门申请消防验收或者消防备案。

5. 消防验收或消防备案抽查的法律性质

《建设工程消防验收评定规则》(GA 836—2016)第 3.1 条规定,建设工程消防验收是指公安机关消防机构依据消防法律法规和国家工程建设消防技术标准,对纳入消防行政许可范围的建设工程在建设单位组织竣工验收合格的基础上,通过抽查、评定,作出是否合格的行政许可决定。第 3.2 条规定,建设工程竣工验收消防备案检查是指公安机关消防机构依据消防法律法规和国家工程建设消防技术标准,对消防行政许可范围以外并经备案被确定为检查对象的建设工程,在建设单位组织竣工验收合格的基础上,通过抽查、评定,作出是否合格的检查意见。因此,消防验收或消防备案抽查,在性质上属于行政法律行为。

综上,笔者认为,消防验收或消防备案抽查是在建设工程经竣工验收后由建设单位依据行政管理法律法规,向住房和城乡建设主管部门申请验收或备案,其性质属于行政监督管理,该行政法律关系的双方主体是住房和城乡建设主管部门与建设单位,施工单位并非该行政法律关系的一方主体,该消防验收或备案时间对施工单位没有约束力,故消防验收或备案时间不能作为起算质保金返还时间的依据,应当以发、承包双方竣工验收合格时间作为起算工程质量保证金的返还时间。

84. 发包人主张扣抵建设工程质量保证金应提供哪些证据?

建设工程质量保证金是保证承包人对缺陷工程进行维修的资金。在承包人提起的工程款索赔诉讼或仲裁案件中,发包人有时会主张讼争工程存在质量缺陷,要求人民法院或仲裁机构扣抵承包人预留的工程质量保修金。《建设工程质量保证金管理办法》第 9 条规定:"缺陷责任期内,由承包人原因造成的缺陷,承包人应负责维修,并承担鉴定及维修费用。如承包人不维修也不承担费用,发包人可按合同约定从保证金或银行保函中扣除,费用超出保证金额的,发包人可按合同约定向承包人进行索赔。承包人维修并承担相应费用后,不免除对工程的损失赔偿责任。由他人原因造成的缺陷,发包人负责组织维修,承包人不承担费用,且发包人不得从保证金中扣除费用。"据此,发包人主张扣抵保修金应具备以下条件:(1)工程在保修期内出现缺陷且该缺陷由承包人施工原因造成;(2)经发包人通知而承包人不予维修,导致发包人自行维修支出了维修费用。

相应地,发包人主张扣抵工程质量保证金,应负有以下举证义务:

第一,工程在缺陷责任期内出现缺陷,且该缺陷由承包人造成的证据;第二,在工程缺陷责任期内通知维修而承包人不予维修的证据;第三,发包人自行维修支出费用的证据。

基于以上举证义务,如果:其一,工程虽出现质量缺陷,但无证据证明系承包人造成,则承包人不应承担该质量缺陷责任。其二,缺陷责任期内的质量缺陷确由承包人造成,但无通知承包人维修的证据,发包人未履行合同约定的通知义务,则承包人并非基于自身原因未对工程进行修理,工程质量保证金仍应返还。其三,工程虽有质量缺陷,但未有证据表明发包人为此支付了维修费用,则主张扣抵工程质量保证金没有依据。

85. 建设工程施工合同无效,是否还应按照约定扣留工程质量保证金?

建设工程施工合同约定,按照工程造价的一定比例预留工程质量保证金,工程质量保证金于质保期满无质量问题后付清。在承包人对发包人提起的索要工程款诉讼中,发包人以诉讼时质保期尚未届满为由主张在应付工程款中扣留工程质量保证金。上述建设工程施工合同经审理被认定为无效,此种情形下工程质量保证金还应否扣留?

实务中存在两种观点:第一种观点认为,施工合同无效不影响承包人依法应当承担的保修责任,工程质量保证金应当扣留。第二种观点认为,施工合同无效,工程质量保证金条款亦无效,不应扣留工程质量保证金。

笔者同意第二种观点,在建设工程施工合同无效的情况下,不应再扣留工程质量保证金。理由如下:

(1)建设工程质量保证金,是指发包人与承包人在建设工程承包合同中约定,从应付的工程款中预留,用以保证承包人在缺陷责任期内对建设工程出现的缺陷进行维修的资金。其本质,是以预留保证金的方式对承包人维修工程质量缺陷提供的资金担保,预留质保金条款属于履约担保条款,而非结算和清理条款。

(2)根据《民法典》第155条的规定,无效的民事法律行为自始没有法律约束力。合同被认定无效是基于合同的违法性,被认定无效的合同自始无效,不可能产生当事人所预期的法律效果。[1] 一旦建设工程施工同被认定无效,则该合同所有条款将当然无效、自始无效[2],其中就包括预留质保金条款。因此,不能依据该无效的预留质保金条款扣留工程质量保证金。如果发包人已经依据质保金条款预留了工程质量保证金,则应依照《民法典》第157条关于民事法律行为无效后,行为人因该行为取得的财产,应当予以返还的规定,将扣留的工程质量保证金返还给承包人。

(3)与工程质量保证金对应的,是质量缺陷责任而非保修责任,保修责任与应否扣留工程质量保证金并无关联。

根据《建设工程质量保证金管理办法》第2条、第8条、第10条的规定,工程质量保证金是用以保证承包人在缺陷责任期内对建设工程出现的缺陷进行维修的资金,缺陷责任期从工程通过竣工验收之日起计,一般为1年,最长不超过2年,由发、承包双方在合同中约定。缺陷责任期内,承包人认真履行合同约定的责任,到期后,承包人向发包人申请返还保证金。由此可见,与工程质量保证金对应的是缺陷责任,承包人在缺陷责任期届满后可向发包人申请返还工程质量保证金。

保修责任,是承包人依照法律规定或者合同约定,对建设工程在保修范围和保修期限内发生的质量问题负有的维修责任。《建设工程质量管理条例》第

---

[1] 参见刘德权主编:《最高人民法院裁判意见精选》(上),人民法院出版社2011年版,第250页。
[2] 参见肖峰:《施工合同无效,能否直接参照合同约定工期计算相关损失》,载最高人民法院民事审判第一庭编:《民事审判指导与参考》2018年第4辑(总第76辑),人民法院出版社2019年版,第213页。

39 条第 1 款规定,建设工程实行质量保修制度;第 40 条按照建设工程的不同性质和部位,分别规定了不同的法定最低保修期限,自建设工程竣工验收合格之日起计算;[1]第 66 条规定,施工单位不履行保修义务或者拖延履行保修义务的,责令改正,处 10 万元以上 20 万元以下的罚款,并对在保修期内因质量缺陷造成的损失承担赔偿责任。上述规定表明,对承建工程进行保修是承包人的法定义务。但法律法规并未要求承包人在质量保修期内缴纳或者预留质量保修金。[2]

上述缺陷责任与保修责任、缺陷责任期与保修期均有重叠,但亦有区别,体现在:缺陷责任期对应的"缺陷"的外延比保修期对应的"质量问题"的外延要小。《建设工程质量保证金管理办法》第 2 条第 2 款规定,"缺陷,是指建设工程质量不符合工程建设强制性标准、设计文件,以及承包合同的约定",即缺陷有着特定的含义。而只要是影响工程的结构、使用功能和外形观感的,一般认为都属于质量问题。按照行业惯例,建设工程质量问题通常分为质量缺陷、质量通病和质量事故三类。故缺陷属于质量问题的一种,但并非所有的质量问题都可称为缺陷。[3] 按照工程质量瑕疵由轻到重的程度,质量问题依次可以分为质量通病、质量缺陷、质量事故。而工程质量保证金仅仅与其中的质量缺陷责任相对应,其功能是确保承包人在缺陷责任期内对质量缺陷进行维修,并非对全部质量问题进行维修的担保。

通过上述分析可见,与工程质量保证金对应的是质量缺陷责任而非保修责任,保修责任与工程质量保证金并无关联,不能成为扣留工程质量保证金的理由。

---

[1] 《建设工程质量管理条例》第 40 条:"在正常使用条件下,建设工程的最低保修期限为:(一)基础设施工程、房屋建筑的地基基础工程和主体结构工程,为设计文件规定的该工程的合理使用年限;(二)屋面防水工程、有防水要求的卫生间、房间和外墙面的防渗漏,为 5 年;(三)供热与供冷系统,为 2 个采暖期、供冷期;(四)电气管线、给排水管道、设备安装和装修工程,为 2 年。其他项目的保修期限由发包方与承包方约定。建设工程的保修期,自竣工验收合格之日起计算。"

[2] 参见常设中国建设工程法律论坛第八工作组编:《中国建设工程施工合同法律全书:词条释义与实务指引》,法律出版社 2019 年版,第 720 页。

[3] 参见蒙:《建设工程施工合同解除后,质量保证金条款能否适用》,载最高人民法院民事审判第一庭编:《民事审判指导与参考》2018 年第 2 辑(总第 74 辑),人民法院出版社 2018 年版,第 208~209 页。

86. 建设工程施工合同解除后，承包人是否继续保修？发包人能否预留工程质量保证金？

建设工程施工合同约定，按照工程结算价款的一定比例预留工程质量保证金，质保金于质保期满后付清。施工合同解除后，该约定的工程质量保证金条款还能否继续适用？发包人能否依此主张扣留承包人已完工程部分价款的质保金？

对此，存在不同观点：一种观点认为，根据法律规定，合同解除后，尚未履行的，终止履行。承包人在施工合同解除后不再承担保修义务，发包人也无权扣留承包人的工程质量保证金。另一种观点认为，施工合同解除后，承包人仍需对已完工程履行保修义务，发包人有权扣留工程质量保证金。

笔者认为，上述两种观点均有不当之处，建设工程施工合同解除后，原工程质量保证金条款不能继续适用，不能扣留工程质量保证金，但承包人仍应依法履行保修义务。理由如下：

1. 合同解除后，不能依据原工程质量保证金条款继续扣留质保金。《民法典》第 566 条第 1 款规定："合同解除后，尚未履行的，终止履行；已经履行的，根据履行情况和合同性质，当事人可以请求恢复原状或者采取其他补救措施，并有权请求赔偿损失。"在建设工程施工合同解除后，尚未履行的条款应不再履行。而且，施工合同原约定的预留工程质量保证金条款，是在合同正常履行、合同项下工程全部完工情形下对预留工程质量保证金所作的约定，并不适用于施工合同中途解除的情形，在施工合同已经解除，而且双方没有对合同解除后支付工程款时是否扣留工程质量保证金进行特别约定的情形下，不宜直接适用原合同中的工程质量保证金条款作出扣留部分款项的认定。

此外，如果发包人在合同解除前依据工程质量保证金条款已经扣留了质保金，应否返还？《2017 版施工合同示范文本》第 12.4.2 项"进度付款申请单的编制"规定："除专用合同条款另有约定外，进度付款申请单应包括下列内容：（1）截至本次付款周期已完成工作对应的金额；（2）根据第 10 条〔变更〕应增加和扣减的变更金额；（3）根据第 12.2 款〔预付款〕约定应支付的预付款和扣减的返还预付款;(4)根据第 15.3 款〔质量保证金〕约定应扣减的质量保证金;(5)根据第 19 条〔索赔〕应增加和扣减的索赔金额;(6)对已签发的进度款支付证书中出现错误的修正,应在本次进度付款中支付或扣除的金额;(7)根据合同约定应增加和扣减的其他金额。"第 15.3.2 项"质量保证金的扣留"规定,质量保证金的扣留有以下三种方式:(1)在支付工程进度款时逐次扣留,在此情形下,质量保证金的计算基数不包括预付款的支付、扣回以及价格调整的金额;(2)工程竣工结算时一次性扣留质量保证金;(3)双方约定的其他扣留方式。除专用合同条款另有约定外,质量保证金的扣留原则上采用上述第(1)种方式。发包人累计扣留的质量保证金不得超过工程价款结算总额的 3%。根据上述规定可见,发包人可在每次支付工程进度款时扣留质保金。但实践中,发承包双方往往在专用条款中约定按照当期已完工程价款的一定比例支付工程进度款,而且一般情况下扣留的比例[①]远大于预留质保金的比例。

笔者认为,即使发包人在合同解除前已经扣留了工程质量保证金,根据《民法典》第 566 条第 1 款规定,合同解除后,已经履行的,当事人可以要求恢复原状,以及第 806 条第 3 款"合同解除后,已经完成的建设工程质量合格的,发包人应当按照约定支付相应的工程价款"的规定,承包人仍然可以要求发包人返还已经扣留的工程质量保证金。也就是说,合同解除后,发包人不能依据原工程质量保证金条款继续扣留质保金,而且承包人可以要求发包人返还施工中已经扣留的工程质量保证金。换言之,承包人可以向发包人主张合同解除前已完合格工程的全部价款。

2. 虽然施工合同已经解除,但承包人仍应履行法定保修义务。《民法典》第 566 条第 1 款关于"合同解除后,尚未履行的,终止履行"的规定,属于合同解除后果的一般规定,而《建筑法》第 62 条[②]、《建设工程质量管理条例》第 40 条、第

[①] 实践中,发包人支付工程进度款的比例一般不超过当期已完工程价款的 80%,扣留比例在 20%以上。

[②] 《建筑法》第 62 条:"建筑工程实行质量保修制度。建筑工程的保修范围应当包括地基基础工程、主体结构工程、屋面防水工程和其他土建工程,以及电气管线、上下水管线的安装工程,供热、供冷系统工程等项目;保修的期限应当按照保证建筑物合理寿命年限内正常使用,维护使用者合法权益的原则确定。具体的保修范围和最低保修期限由国务院规定。"

41条、第66条①关于建设工程质量保修的强制性规定,作为特别法,优先于作为一般法的《民法典》第566条适用,承包人仍应履行法定的保修义务。

3.履行保修义务与工程质量保证金无关,不是扣留工程质量保证金的依据。根据《建设工程质量保证金管理办法》第2条、第8条、第10条的规定,建设工程质量保证金,是指发包人与承包人在建设工程承包合同中约定,从应付的工程款中预留,用以保证承包人在缺陷责任期内对建设工程出现的缺陷进行维修的资金。缺陷责任期从工程通过竣工验收之日起计,一般为1年,最长不超过2年,由发、承包双方在合同中约定。缺陷责任期内,承包人认真履行合同约定的责任,到期后,承包人向发包人申请返还保证金。《2017版施工合同示范文本》第1.1.4.4项对"缺陷责任期"的定义,是指承包人按照合同约定承担缺陷修复义务,且发包人预留质量保证金(已缴纳履约保证金的除外)的期限,自工程实际竣工日期起计算。由此可见,与工程质量保证金对应的是质量缺陷责任,承包人在缺陷责任期届满后可向发包人申请返还工程质量保证金。

而保修责任,是承包人依照法律规定或者合同约定,对建设工程在保修范围和保修期限内发生的质量问题负有的维修责任。《建设工程质量管理条例》第39条规定,建设工程实行质量保修制度;第40条规定,按照建设工程的不同性质和部位,分别规定了不同的法定最低保修期限,自建设工程竣工验收合格之日起计算;第66条规定,施工单位不履行保修义务或者拖延履行保修义务的,责令改正,处10万元以上20万元以下的罚款,并对在保修期内因质量缺陷造成的损失承担赔偿责任。上述规定表明,对承建工程进行保修是承包人的法定义务。但法律法规并未要求承包人在质量保修期内缴纳或者

---

① 《建设工程质量管理条例》第40条规定:"在正常使用条件下,建设工程的最低保修期限为:(一)基础设施工程、房屋建筑的地基基础工程和主体结构工程,为设计文件规定的该工程的合理使用年限;(二)屋面防水工程、有防水要求的卫生间、房间和外墙面的防渗漏,为5年;(三)供热与供冷系统,为2个采暖期、供冷期;(四)电气管线、给排水管道、设备安装和装修工程,为2年。其他项目的保修期限由发包方与承包方约定。建设工程的保修期,自竣工验收合格之日起计算。"

第41条规定:"建设工程在保修范围和保修期限内发生质量问题的,施工单位应当履行保修义务,并对造成的损失承担赔偿责任。"

第66条规定:"违反本条例规定,施工单位不履行保修义务或者拖延履行保修义务的,责令改正,处10万元以上20万元以下的罚款,并对在保修期内因质量缺陷造成的损失承担赔偿责任。"

预留质量保修金。[1] 因此，承包人履行保修义务与工程质量保证金无关，不是扣留工程质量保证金的依据。

综上所述，建设工程施工合同解除后，原工程质量保证金条款不能继续适用，发包人无权主张扣留工程质量保证金，承包人可以向发包人主张已完工程的全部价款，但承包人依法仍应对其承建工程进行保修。

87. 施工人从何时起不再对工程质量承担责任？

建设工程经竣工验收合格后，施工人承担工程质量责任的期限如何确定？换言之，施工人从何时起不再对工程质量承担责任？对此，《民法典》《建筑法》以及其他法律、法规、规章均未作出明确规定。这对如何确定施工人的工程质量责任，以及权利人主张工程质量责任的诉讼时效均带来不便，导致实务中产生分歧，无法形成一致认识。

现行法律法规及部门规章对施工人在建设工程经竣工验收合格后承担质量责任的期限，规定了两种责任期限，即质量缺陷责任期和保修期。

（1）关于质量缺陷责任期。《建设工程质量保证金管理办法》第 2 条第 2 款、第 3 款规定，缺陷是指建设工程质量不符合工程建设强制性标准、设计文件，以及承包合同的约定。缺陷责任期一般为 1 年，最长不超过 2 年，由发、承包双方在合同中约定。第 8 条规定："缺陷责任期从工程通过竣工验收之日起计。由于承包人原因导致工程无法按规定期限进行竣工验收的，缺陷责任期从实际通过竣工验收之日起计。由于发包人原因导致工程无法按规定期限进行竣工验收的，在承包人提交竣工验收报告 90 天后，工程自动进入缺陷责任期。"第 9 条规定："缺陷责任期内，由承包人原因造成的缺陷，承包人应负责维修，并承担鉴定及维修费用。如承包人不维修也不承担费用，发包人可按合同约定从保证金或银行保函中扣除，费用超出保证金额的，发包人可按合同约定向承包人进行索赔。承包人维修并承担相应费用后，不免除对工程的损失赔偿责任。由他人原因造成的缺陷，发包人负责组织维修，承包人不承担费用，且发包人不

---

[1] 参见常设中国建设工程法律论坛第八工作组编：《中国建设工程施工合同法律全书：词条释义与实务指引》，法律出版社 2019 年版，第 720 页。

得从保证金中扣除费用。"根据上述规定可知：①质量缺陷责任，是施工人对造成建设工程不符合工程建设强制性标准、技术规范或者合同约定等质量缺陷，向发包人承担的法律责任；②该质量缺陷仅指施工质量缺陷，由施工人自费维修并对由此造成的损失进行赔偿；③质量缺陷责任期由发承包双方约定，但最长不超过2年。质量缺陷责任期，在性质上属于施工人在竣工验收后，对其施工质量不符合规定要求的验收项或验收点的复查期。

（2）关于保修期。《建筑法》第62条规定，建筑工程实行质量保修制度。《建设工程质量管理条例》第40条规定："在正常使用条件下，建设工程的最低保修期限为：（一）基础设施工程、房屋建筑的地基基础工程和主体结构工程，为设计文件规定的该工程的合理使用年限；（二）屋面防水工程、有防水要求的卫生间、房间和外墙面的防渗漏，为5年；（三）供热与供冷系统，为2个采暖期、供冷期；（四）电气管线、给排水管道、设备安装和装修工程，为2年。其他项目的保修期限由发包方与承包方约定。建设工程的保修期，自竣工验收合格之日起计算。"第41条规定："建设工程在保修范围和保修期限内发生质量问题的，施工单位应当履行保修义务，并对造成的损失承担赔偿责任。"《建设工程司法解释（一）》第18条规定："因保修人未及时履行保修义务，导致建筑物毁损或者造成人身损害、财产损失的，保修人应当承担赔偿责任。保修人与建筑物所有人或者发包人对建筑物毁损均有过错的，各自承担相应的责任。"《房屋建筑工程质量保修办法》第13条规定："保修费用由质量缺陷的责任方承担。"第17条规定："下列情况不属于本办法规定的保修范围：（一）因使用不当或者第三方造成的质量缺陷；（二）不可抗力造成的质量缺陷。"

根据上述规定可知：①保修责任，是施工人依照法律规定或合同约定，对建设工程在保修范围和保修期限内发生的质量问题所负有的维修责任，以及因拖延保修对造成的新的损害所承担的赔偿责任。②保修范围包括因发包人（如甲供材不合格）、勘察人、设计人、施工人原因导致的工程质量缺陷，不仅限于施工质量缺陷，对于非施工质量缺陷的保修费用应由发包人承担；对于施工质量缺陷，则应由施工人自费保修并对由此造成的损失进行赔偿。而对于因使用不当、除发包人、勘察人、设计人、施工人之外的第三方，以及因不可抗力造成的质量缺陷，则不在保修范围内。③保修期由发承包双方约定，但不得低于法定最低保修期限，根据上述规定，保修期一般长于质量缺陷责任期。保修期，在性质上属于施工人在竣工验收后，对施工质量责任的延长保证期。

（3）关于两种期限及两种责任之间的关系问题。已如前述，保修期一般长于质量缺陷责任期，而且在工程质量缺陷是由承包人施工原因造成的情况下，质量缺陷责任与保修责任并无二致。《建设工程司法解释（一）》第17条第2款规定："发包人返还工程质量保证金后，不影响承包人根据合同约定或者法律规定履行工程保修义务。"《2017版施工合同示范文本》通用合同条款第15.1款规定："在工程移交发包人后，因承包人原因产生的质量缺陷，承包人应承担质量缺陷责任和保修义务。缺陷责任期届满，承包人仍应按合同约定的工程各部位保修年限承担保修义务。"由此可见，质量缺陷责任及质量缺陷责任期均被保修责任及保修期所覆盖，二者并无本质区别。

（4）关于施工人承担工程质量责任最长期限的确定。无论哪种建设工程，都有一定的使用年限。承包人只在合理使用期限内，对建设工程质量负责。超出合理使用期限后，因建设工程质量问题造成的损失，则不应由承包人承担责任。[1]《民法典》第802条规定："因承包人的原因致使建设工程在合理使用期限内造成人身损害和财产损失的，承包人应当承担赔偿责任。"《建设工程质量管理条例》第42条规定："建设工程在超过合理使用年限后需要继续使用的，产权所有人应当委托具有相应资质等级的勘察、设计单位鉴定，并根据鉴定结果采取加固、维修等措施，重新界定使用期。"但前述法律规定并未明确界定建设工程的"合理使用期限"。对此，笔者认为，第一，该"合理使用期限"，应仅指基础设施工程、房屋建筑的地基基础工程和主体结构工程的合理使用期限。如果发承包双方明确约定了建设工程合理使用期限的，则应按照双方的约定确定承包人承担基础设施工程、地基基础和主体结构工程质量责任的最长期限，超出该约定期限后承包人不再就建设工程质量向发包人承担责任；如果发承包双方未约定建设工程合理使用期限的，则应按照设计文件规定的合理使用年限，作为承包人承担工程质量责任的最长期限。第二，对于除基础设施工程、地基基础工程和主体结构工程之外的其他分部工程（如屋面防水工程、装修工程等），应当按照发承包双方约定的保修期限与《建设工程质量管理条例》第40条规定的法定最低保修期限两者之中的较长期限[2]，作为承包人承担各分部工程质量

---

[1] 参见最高人民法院民法典贯彻实施工作领导小组主编：《中华人民共和国民法典合同编理解与适用》（三），人民法院出版社2020年版，第2010页。

[2] 如果发承包双方约定的保修期低于《建设工程质量管理条例》第40条规定的最低保修期限的，则该约定因违反行政法规强制性规定而无效，应当依照《建设工程质量管理条例》第40条确定保修期限。

责任的最长期限,超出该期限后承包人不再就各分部工程质量向发包人承担责任。但是,施工人对主控项目偷工减料的除外。所谓主控项目,根据《建筑工程施工质量验收统一标准》(GB50300—2013)第 2.0.8 条规定,是指建筑工程中对安全、节能、环境保护和主要使用功能起决定性作用的检验项目。

88. 发包人能否要求实际施工人承担返工费用?

所谓实际施工人,是指无效建设工程施工合同中实际施工的单位或个人。包括非法转包工程中的转承包人、违法分包工程中接受分包的分承包人、借用资质施工的单位或个人。

承包人将承建工程转包、违法分包,或者允许他人挂靠施工,由实际施工人完成工程建设,发包人因工程质量不合格要求实际施工人承担返工费用的,能否得到人民法院或仲裁机构的支持?笔者认为,该主张不应得到人民法院或仲裁机构支持。

在上述情况下,发包人与承包人之间有建设工程施工合同关系,承包人与实际施工人之间有转包、违法分包或挂靠合同关系,但是发包人与实际施工人之间没有合同关系,要求实际施工人对发包人承担返工费用无事实依据。虽然工程由实际施工人建设,但是根据合同的相对性原理,发包人不能要求作为非合同当事人的实际施工人承担合同责任,其只能依据建设工程施工合同要求承包人承担返工/或维修费用。

例外情形是,如果发包人以实际施工人转承包工程、违法分承包工程、借用资质施工侵犯其权益为由主张返工费用损失,则因侵权关系不涉及合同相对性,发包人有权向实际施工人主张该返工费用损失。《建筑法》第 67 条规定:"承包单位将承包的工程转包的,或者违反本法规定进行分包的,责令改正,没收违法所得,并处罚款,可以责令停业整顿,降低资质等级;情节严重的,吊销资质证书。承包单位有前款规定的违法行为的,对因转包工程或者违法分包的工程不符合规定的质量标准造成的损失,与接受转包或者分包的单位承担连带赔偿责任。"《建设工程司法解释(一)》第 7 条规定:"缺乏资质的单位或者个人借用有资质的建筑施工企业名义签订建设工程施工合同,发包人请求出借方与借用方对建设工程质量不合格等因出借资质造成的损失承担连带赔偿责任的,人民法院应予支持。"根据上述规定,实际施工人就其施工部分工程质量不合格与承包人共同向发包人承担连带赔偿责任,在性质上属于侵权责任。因此,发包人就工程质量对实际施工人享有侵权责任请求权,而无违约责任请求权。

89. 发包人超出诉讼时效提出工程质量索赔,能否得到人民法院或仲裁机构支持?

当事人行使权利应当在法定的诉讼时效期间内,发包人怠于行使自己的权利,没有在诉讼时效期限内提出工程质量异议的,其已丧失胜诉权,法律不予保护,人民法院或者仲裁机构应不予支持。

关于建设工程质量索赔的诉讼时效,《建设工程质量管理条例》《建设工程司法解释(一)》《诉讼时效制度规定》均未对此作出特别规定,因此,应当适用《民法典》第188条[①]"三年"的普通诉讼时效,从知道或者应当知道权利被侵害时起计算。

笔者认为:(1)如果发承包双方明确约定了建设工程合理使用期限,则该合理使用期限为建设工程质量责任期,超过该期限后承包人不再就建设工程质量向发包人承担责任;(2)如果发承包双方对建设工程合理使用期限没有约定或约定不明,或者双方约定的合理使用期限低于法定最低保修期限导致该约定无效的,则应当依照法律关于建设工程各部位最低保修期限的规定,将各最低保修期限作为建设工程质量责任期,承包人在超过各最低保修期限后不再就对应分部工程的质量向发包人承担责任;[②](3)发包人未在上述建设工程质量责任期内提出工程质量异议的,则承包人的工程质量责任排除。发包人提出质量异

[①] 《民法典》第188条规定:"向人民法院请求保护民事权利的诉讼时效期间为三年。法律另有规定的,依照其规定。诉讼时效期间自权利人知道或者应当知道权利受到损害以及义务人之日起计算。法律另有规定的,依照其规定。但是,自权利受到损害之日起超过二十年的,人民法院不予保护,有特殊情况的,人民法院可以根据权利人的申请决定延长。"

[②] 关于建设工程质量责任期,可参见本书"87.施工人从何时起不再对工程质量承担责任?"的内容。

议的,应自提出异议之日起算 3 年诉讼时效。发包人在提出质量异议后 3 年内没有提起工程质量索赔诉讼的,则丧失胜诉权。

90. 发包人在承包人提起的索要工程款诉讼或仲裁中,提出工期和质量异议的,承包人如何应对?

诉讼实践中,承包人为追索工程欠款提起诉讼或仲裁,而发包人往往提出承包人工期违约和/或工程质量不合格,反诉或反请求承包人承担违约责任或者赔偿损失,借以"吞噬"或抵销承包人的工程款请求权。此时,承包人应如何应对?

笔者认为,承包人应审查其诉讼时效,如果发包人的反诉或反请求已经超过诉讼时效,则应提出诉讼时效抗辩。

《民法典》第 188 条第 1 款规定:"向人民法院请求保护民事权利的诉讼时效期间为三年。法律另有规定的,依照其规定。"我国现行法律对工期和质量索赔诉讼时效未作特别规定,应适用三年的普通诉讼时效。根据《民法典》第 188 条第 2 款[①]规定,诉讼时效期间自权利人知道或者应当知道权利受到损害以及义务人之日起计算。因此,发包人主张工期违约责任,应在知道或应当知道工期违约之日,即工程实际竣工之日起 3 年内提出;而主张工程质量责任,应在工程质量责任期[②]届满 3 年内提出。但实践中,发包人往往在使用讼争工程多年后、承包人起诉索要工程欠款时,才提出工期或质量异议,早已超出了诉讼时效,其已丧失胜诉权,法律不予保护。

值得注意的是,诉讼时效抗辩权由当事人行使,人民法院不予主动审查。抗辩,是诉讼当事人针对对方的诉讼请求或主张,提出的对抗或异议,包括诉讼上的抗辩和实体法上的抗辩权。二者的区别在于,诉讼上抗辩的效力,足以使

[①] 《民法典》第 188 条第 2 款规定:"诉讼时效期间自权利人知道或者应当知道权利受到损害以及义务人之日起计算。法律另有规定的,依照其规定。但是,自权利受到损害之日起超过二十年的,人民法院不予保护,有特殊情况的,人民法院可以根据权利人的申请决定延长。"

[②] 工程质量责任期,可参见本书"87. 施工人从何时起不再对工程质量承担责任?""89. 发包人超出诉讼时效提出工程质量索赔,能否得到人民法院或仲裁机构支持?"的内容。

请求权归于消灭,当事人在诉讼中即使未提出,法院也应当审查事实,如认为有抗辩事由的存在,为当事人利益,也应当依职权作出有利的裁判。它包括权利障碍抗辩及权利毁灭抗辩,权利障碍抗辩在于主张请求权根本不发生,例如契约不成立、法律行为的当事人为无行为能力人、法律行为违反强制或禁止之规定等;权利毁灭(或消灭)抗辩在于主张请求权虽一度发生,但其后因特定事由已归于消灭,例如债务已清偿、混同等。而实体法上的抗辩权的效力在于对已存在的请求权发生一种对抗的权利,是否主张是义务人的自由。义务人放弃抗辩的权利时,法院不得予以审查;只有义务人在诉讼中主张时,法院才有审查的义务。① 诉讼时效抗辩,系主张权利人未在法定时效期间内行使权利,继而丧失请求法律保护的权利,属于实体法上的抗辩权。《民法典》第193条规定:"人民法院不得主动适用诉讼时效的规定。"《诉讼时效制度规定》第2条规定:"当事人未提出诉讼时效抗辩,人民法院不应对诉讼时效问题进行释明。"第3条第1款规定:"当事人在一审期间未提出诉讼时效抗辩,在二审期间提出的,人民法院不予支持,但其基于新的证据能够证明对方当事人的请求权已过诉讼时效期间的情形除外。"根据上述规定,承包人应当自行行使诉讼时效抗辩权,而且应在一审诉讼程序中提出,如果未提出,则视为放弃诉讼时效抗辩权利,不得在二审期间提出诉讼时效抗辩。

91. 如何认定"半截子"工程的质量?

发包人向承包人发出解除合同通知及撤场通知后,将后续工程另行发包给他人施工。在此后承包人提起的追索工程款诉讼中,发包人主张承包人已完工程存在质量瑕疵、不应支付工程价款的,应如何认定承包人已完工程的质量?

《民法典》第140条规定:"行为人可以明示或者默示作出意思表示。沉默只有在有法律规定、当事人约定或者符合当事人之间的交易习惯时,才可以视为意

---

① 参见王泽鉴:《民法总则》,北京大学出版社2009年版,第76~77页。转引自姜强:《被告在前诉中主张抗辩权,又以同一事实另行起诉的情形下,本案诉讼应否就抗辩权是否成立进行审理》,载最高人民法院民事审判第一庭编:《民事审判指导与参考》2012年第2辑,人民法院出版社2012年版,第166页。

思表示。"据此，意思表示包括明示与默示，特定情况下沉默构成意思表示。所谓明示，是指通过语言或文字形式明确表达意思的行为。所谓默示，是指虽未通过语言或文字明确表达意思，但可以通过行为推知当事人的意思表示。所谓沉默，是指单纯不作为，当事人既未明示，也不能从其行为推知其意思。

承包人收到发包人解除合同通知及撤场通知后，未提出异议及撤场的行为，表明认可双方之间建设工程施工合同已经解除。发包人在施工合同解除后，并未就承包人的已完工程质量提出异议，接收工程并将后续工程予以另行发包，对此应视为认可承包人承建工程的质量，承包人具备索要已完工程价款的条件。

92. 对于"半截子"工程，谁对工程质量合格承担证明责任，应由发包人证明已完工程不合格，还是应由承包人证明已完工程合格？

发承包双方因发生争议解除或终止了建设工程施工合同，或者承包人中途撤场，形成"半截子"工程。承包人提起诉讼或仲裁主张支付已完工程价款，发包人辩称工程质量合格是支付工程款的前提条件，已完工程未经验收，不具备付款的前提条件，应驳回承包人主张工程价款的诉讼或仲裁请求。此种情形下，谁应对工程质量承担举证责任？换言之，应由承包人举证证明已完工程质量合格，还是应由发包人举证证明工程质量不合格？

笔者认为，在发包人提出工程质量异议的情况下，应当由发包人就"半截子"工程质量承担举证责任或申请工程质量鉴定。理由如下：

《民法典》第806条第3款规定："合同解除后，已经完成的建设工程质量合格的，发包人应当按照约定支付相应的工程价款；已经完成的建设工程质量不合格的，参照本法第七百九十三条的规定处理。"第793条第1款、第2款规定："建设工程施工合同无效，但是建设工程经验收合格的，可以参照合同关于工程价款的约定折价补偿承包人。建设工程施工合同无效，且建设工程经验收不合格的，按照以下情形处理：（一）修复后的建设工程经验收合格的，发包人可以请求承包人承担修复费用；（二）修复后的建设工程经验收不合格的，承包人无权请求参照合同关于工程价款的约定折价补偿。"根据上述规定，不论建设工程施工合同有效或者无效,在施工合同解除或承包人中途撤场情形下,已完工程质量合格的,发包人应当支付相应工程价款;经修复验收合格的,发包人仍应支付相应工程价款,但有权请求承包人承担修复费用;经修复仍不合格的,发包人有权拒付工程价款。

上述规定表明,法律一方面为承包人主张工程价款设置了"建设工程质量合格"这一条件,另一方面赋予发包人对承包人支付工程价款请求权享有相应抗辩权,即主张承包人先履行交付合格工程的义务,承包人未先履行交付合格工程义务的,发包人有权拒绝其支付工程价款的履行要求。因此,发包人以工程质量不合格抗辩支付工程价款的,系行使其后履行抗辩权的行为。

上述实体权利义务的设置,体现在举证义务上,一方面,承包人应积极提供建设工程过程验收证据,如分部分项验收证明、隐蔽工程验收证明等。另一方面,如果发包人提出工程质量异议抗辩的,亦应就其主张提供证据。

在施工合同解除或承包人中途撤场,且双方未就已完工程质量进行评定的情况下,发包人对未经验收工程(是否合格处于不确定状态)的支付价款请求权,享有质量异议抗辩权,该权利实为主张承包人的工程价款请求权受到妨害,根据《民事诉讼法解释》第91条①的规定,应由主张权利受到妨害的当事人承担举证证明责任,因此,发包人应就该权利受妨害的要件事实承担举证责任。亦即对于"半截子"工程,发包人提出工程质量异议的,其应就工程质量不合格承担相应的举证责任,而非由承包人就工程质量合格承担举证责任。

93. 承包人提起诉讼或仲裁索要工程款,发包人主张部分工程存在施工质量缺陷并要求限期整改的,人民法院或仲裁机构一般如何处理?

根据《民法典》第801条关于"因施工人的原因致使建设工程质量不符合约

---

① 《民事诉讼法解释》第91条规定:"人民法院应当依照下列原则确定举证证明责任的承担,但法律另有规定的除外:(一)主张法律关系存在的当事人,应当对产生该法律关系的基本事实承担举证证明责任;(二)主张法律关系变更、消灭或者权利受到妨害的当事人,应当对该法律关系变更、消灭或者权利受到妨害的基本事实承担举证证明责任。"

111

定的,发包人有权请求施工人在合理期限内无偿修理或者返工、改建。经过修理或者返工、改建后,造成逾期交付的,施工人应当承担违约责任"的规定,如经审理查明工程存在质量缺陷且系由承包人施工原因所致,则承包人存在该条规定的瑕疵履行行为,即使建设工程已经通过竣工验收,承包人仍应对存在质量问题的工程进行整改,审理者可以对承包人本请求中涉及该部分工程的价款暂不处理,待承包人整改合格后由双方另行结算及主张权利。

94. 建设工程施工合同无效,能否直接参照合同约定工期计算延期竣工损失?

《建设工程司法解释(一)》第 6 条规定:"建设工程施工合同无效,一方当事人请求对方赔偿损失的,应当就对方过错、损失大小、过错与损失之间的因果关系承担举证责任。损失大小无法确定,一方当事人请求参照合同约定的质量标准、建设工期、工程价款支付时间等内容确定损失大小的,人民法院可以结合双方过错程度、过错与损失之间的因果关系等因素作出裁判。"该司法解释确立了在建设工程施工合同无效且损失大小无法确定的情况下,人民法院可以参照合同无效计算损失的原则。

对于以上司法解释确立的参照无效合同约定计算损失的原则,笔者持保留意见。笔者认为,实务中,当发包人依据无效合同向承包人主张延期竣工损失时,不宜简单、直接参照无效合同约定的建设工期径直计算承包人延期竣工天数及损失。主要理由是,由于建筑市场属于买方市场,承包人在与发包人订立合同时处于卖方市场地位,又因发包人为使项目尽早交付使用、取得经济效益,减少融资成本、减轻还贷压力,双方签订的合同工期往往低于建设项目的合理工期,在建设工程施工合同业已无效的情况下,仍然参照合同约定的不合理工期计算承包人延期竣工损失,既缺乏法理基础,也对承包人造成实质不公平的结果。

在讨论问题之前,有必要对工期的种类及概念作一说明。工期包括约定工期、实际工期、定额工期、合理工期。

约定工期,是指在合同协议书约定的承包人完成工程所需的期限,包括按照合同约定所作的期限变更(参见《2017版施工合同示范文本》通用合同条款第1.1.4.3目),即自计划开工日期至计划竣工日期之间的日历天数。

实际工期,是指一项工程从开工之日至工程按约定的质量标准或国家规定的质量标准完工并通过竣工验收之日的全部有效施工期限。[1] 即自实际开工日期至实际竣工日期之间的日历天数。

定额工期,是指依据工期定额确定的工程自开工之日至完成全部内容并达到国家验收标准之日止的日历天数(包括法定节假日),不包括三通一平、打试验桩、地下障碍物处理、基础施工前的降水和基坑支护、竣工文件编制等所需的时间。[2] 即总工期 = ±0.00以下工程工期 + ±0.00以上工程工期。定额工期不具有强制适用效力,可作为判断合理工期的参考依据。

合理工期,是指在一定的施工条件下,具有相同或近似施工技术、施工经验和管理水平的施工单位在完成一定工作量时,正常情况下所需要花费的工程建设工期。[3] 关于合理工期的确定,没有国家层面的法律、行政法规的规定,仅有一些地方性政府部门规定。例如,2016年12月30日,江苏省住建厅发布《关于贯彻执行〈建筑安装工程工期定额〉的通知》(苏建价〔2016〕740号)第6条规定,压缩工期超过定额工期30%以上的建筑安装工程,必须经过专家认证。2017年5月22日,浙江省住建厅发布了《关于做好贯彻执行〈建筑安装工程工期定额〉的通知》第2条规定,招标人确定的工期低于定额工期70%的,招标人应当组织专家论证,并依照审定的技术措施方案编制相应的提前竣工增加费。《北京市住房和城乡建设委员会关于执行2018年〈北京市建设工程工期定额〉和2018年〈北京市房屋修缮工程工期定额〉有关问题的通知》(京建法〔2019〕4号)第3条规定:"发包人压缩定额工期的,应提出保证工程质量、安全和工期的具体技术措施,并根据技术措施测算确定发包人要求工期。压缩定额工期的幅度超过10%(不含)的,应组织专家对相关技术措施进行合规性和可行性论证,并承担相应的质量安全责任。"河北省住房和城乡建设厅《关于加强建设工程工

---

[1] 参见常设中国建设工程法律论坛第八工作组编:《中国建设工程施工合同法律全书:词条释义与实务指引》,法律出版社2019年版,第478页。

[2] 参见常设中国建设工程法律论坛第八工作组编:《中国建设工程施工合同法律全书:词条释义与实务指引》,法律出版社2019年版,第480~481页。

[3] 参见常设中国建设工程法律论坛第八工作组编:《中国建设工程施工合同法律全书:词条释义与实务指引》,法律出版社2019年版,第483页。

期管理有关工作的通知》(冀建市〔2015〕14号)第2条第1项规定,建设单位应当依据工期定额计算工期,在招标文件中注明招标工期和定额工期。拟定的招标工期可以小于定额工期,但不得小于定额工期的70%,否则视为任意压缩合理工期。招标工期小于定额工期时,应按有关规定计算压缩工期所增加的费用,小于定额工期的85%时,应组织专家论证。深圳市住房和建设局《关于印发〈深圳市建设工程工期管理办法〉的通知》(深建规〔2015〕4号)第7条规定,招标人应当在定额工期基础上结合自身需求,同时考虑必要的行政审批时间,科学确定招标工期。招标人确定的招标工期不宜低于定额工期的80%,低于定额工期80%的,建设单位应当组织专家论证,并采取相应的技术经济措施。[1] 综上所述,各地关于允许压缩定额工期的程度不尽一致,但总体来说,尚无允许压缩定额工期超过30%的例子。因此,一般来说,压缩定额工期在30%以内的,可以认定为合理工期;压缩定额工期超过30%的,可以认定为不合理工期。

笔者认为,在建设工程施工合同无效,约定工期不可适用的情形下,不能以约定工期与实际工期的简单对比,按此确定承包人延期竣工的天数及责任。建设工期,应当是发承包双方在确保工程质量前提下确定的完成工程建设的合理期限。建设工期的确定应当具有现实合理性,要能够确保施工单位在通常情况下可以将工程任务完成,还要能够确保建设工程的质量安全。《建设工程质量管理条例》第10条第1款规定:"建设工程发包单位不得迫使承包方以低于成本的价格竞标,不得任意压缩合理工期。"由此可见,确定建设工期依法应具有现实合理性。确定承包人延期竣工并承担责任应以合理工期为限,即承包人实际工期超出合理工期的部分,应认定为延期竣工并承担责任;未超出合理工期的部分,即使已经超出了约定工期天数,也不应认定承包人延期竣工及承担责任。实务中,人民法院或仲裁机构在施工合同无效,约定工期不可适用的情形下,可考虑依据工期定额标准,通过鉴定方式确定案涉工程的定额工期,结合工程所在地的地方性规定或案件情况,确定涉案工程的合理工期,用该合理工期与承包人的实际工期进行对比,以此确定承包人是否延误工期以及应否赔偿损失。

---

[1] 参见常设中国建设工程法律论坛第八工作组编:《中国建设工程施工合同法律全书:词条释义与实务指引》,法律出版社2019年版,第483~484页。

95. 建设工程施工合同无效,是否需要参照合同约定的质量标准、付款时间计算损失?

《建设工程司法解释(一)》第 6 条规定:"建设工程施工合同无效,一方当事人请求对方赔偿损失的,应当就对方过错、损失大小、过错与损失之间的因果关系承担举证责任。损失大小无法确定,一方当事人请求参照合同约定的质量标准、建设工期、工程价款支付时间等内容确定损失大小的,人民法院可以结合双方过错程度、过错与损失之间的因果关系等因素作出裁判。"该司法解释确立了在建设工程施工合同无效且损失大小无法确定的情况下,人民法院可以参照无效合同约定计算损失的原则。

上文①中谈到,在建设工程施工合同无效时,不宜直接依据上述司法解释参照合同约定的建设工期径直计算承包人延期竣工问题。那么,在施工合同无效情形下,对于建设工程质量标准、工程价款支付时间,有无必要参照合同约定计算损失呢?

笔者认为,在施工合同无效情形下,没有必要参照无效合同中关于质量标准、工程价款支付时间的约定内容,确定损失数额。分述如下:

(1)关于质量标准,没有必要参照无效合同约定。合同无效,则合同全部条款当然无效、自始无效、确定无效,其中就包括质量标准条款。在质量标准条款无效的情形下,根据《民法典》第 799 条第 1 款"建设工程竣工后,发包人应当根据施工图纸及说明书、国家颁发的施工验收规范和质量检验标准及时进行验收。验收合格的,发包人应当按照约定支付价款,并接收该建设工程"的规定,应当适用国家颁发的施工验收规范和质量检验标准,确定工程质量是否合格,无须参照合同的无效约定。实务中需要注意的是,发承包双方在施工合同中约定的质量标准是优良,并约定承包人施工质量未达到优良标准时需向发包人交纳罚款。而承包人的实际施工质量经检验或鉴定为合格时,是否还需要向发包人支付罚款?笔者认为,所谓"罚款",究其本质是违约金,在施工合同无效情形下,违约金条款自然无效,不能再适用无效的违约金条款对承包人予以处罚。

(2)关于工程价款支付时间,也没有必要参照无效合同约定。工程价款支

---

① 指本书"94.建设工程施工合同无效,能否直接参照合同约定工期计算延期竣工损失?"——笔者注

付时间,主要涉及计算发包人延期付款损失的问题。在施工合同整体无效情形下,其中的工程价款支付时间亦为无效条款,应视为没有约定。在对付款时间没有约定的情况下,应当适用《建设工程司法解释(一)》第27条关于"利息从应付工程价款之日开始计付。当事人对付款时间没有约定或者约定不明的,下列时间视为应付款时间:(一)建设工程已实际交付的,为交付之日;(二)建设工程没有交付的,为提交竣工结算文件之日;(三)建设工程未交付,工程价款也未结算的,为当事人起诉之日"的规定,确定发包人的应付款时间。实务中需要注意的是,合同关于逾期付款利率的约定亦无效,不能适用约定利率计算利息,应当依照《建设工程司法解释(一)》第26条关于"当事人对欠付工程价款利息计付标准有约定的,按照约定处理。没有约定的,按照同期同类贷款利率或者同期贷款市场报价利率计息"的规定,按照同期同类贷款利率或者同期贷款市场报价利率计算利息。

综上所述,无效合同不能有效对待是一个基本原则。合同有效与合同无效是截然相反的价值取向,在司法案件中将无效合同按有效对待,一则于法理不通,二则会对社会大众产生错误的导向。

需要说明的是,虽然《民法典》第793条第1款[①]规定了无效合同参照合同约定结算工程价款,但并不意味着除工程价款之外的其他条款均可以参照无效合同约定。而且,《民法典》第793条第1款规定的出台,是有其特殊考虑的。该规定吸收了最高人民法院《关于审理建设工程施工合同纠纷案件适用法律问题的解释》(法释〔2004〕14号)第2条规定,"建设工程施工合同无效,但建设工程经竣工验收合格,承包人请求参照合同约定支付工程价款的,应予支持"。最高人民法院制定该条规定的特殊考虑是,在合同无效的情况下,参照合同约定支付工程价款,与法理和现行法律有关无效合同的处理原则明显相悖;但这种处理方式有利于保障工程质量。且这种方式利于案件的审理,平衡当事人之间的利益关系,得到良好的社会效果。其他关于工程款支付标准的意见,都存在一定的审判实践中不好掌握的问题。合同无效,按照工程造价成本由发包人折价补偿承包人。如果按照工程定额或者建设行政主管部门发布的市场价格信息作为计价标准计算工程的造价成本,都需要委托鉴定。势必增加当事人的诉

[①] 《民法典》第793条第1款规定:"建设工程施工合同无效,但是建设工程经验收合格的,可以参照合同关于工程价款的约定折价补偿承包人。"

讼成本,扩大当事人的损失,案件审理期限延长,不能及时审结案件,不利于对当事人合法权益的保护,案件审判的法律效果与社会效果不能得到有机的统一。同时,目前我国建筑市场属于发包人市场,发包人在签订合同时往往把工程压得很低,常常低于当年适用的工程定额标准和政府公布的市场价格信息标准,如果合同无效按照上述两种标准折价补偿,就可能诱使承包人恶意主张合同无效,以达到获取高于合同约定工程款的目的,这与无效合同处理原则及制定司法解释以期达到规范建筑市场、促进建筑业的发展提供法律保障的初衷相悖。故而在合同无效时,不宜采用上述两种标准作为折价补偿的计算标准。认为合同无效,承包人只能要求合同约定中的直接费和间接费,不能主张利润及税金的观点同样有不当之处。就建设工程而言,其价值就是建设工程的整体价值,也即建设工程的完整造价。如果合同无效,承包人只能主张合同约定价款中的直接费和间接费,则承包人融入建筑工程产品中的利润及税金就被发包人获得。发包人依据无效合同取得了承包人应得到的利润,这与无效合同的处理原则不符,其利益向一方当事人倾斜,不能很好地平衡当事人之间的利益关系,导致矛盾激化,案件审判的社会效果不好。故而,此种观点亦不可取。参照合同约定确定工程款数额符合签约时当事人的真实意思,且有利于保证工程质量,平衡双方之间的利益关系,便于人民法院掌握,对一部分案件而言,可适当简化程序,减少当事人讼累。[①] 可见,该条司法解释规定是有其特殊考虑的,不能简单认为,既然工程价款在合同无效情形下可以参照适用,无效合同的其他条款也应当予以参照适用。

96. 发包人未经验收擅自使用建设工程的,还能否向承包人主张返工责任?

发包人未经验收擅自使用建设工程,此后在承包人向发包人提起的索要工程款诉讼中,提出承包人的施工质量不合格,主张由承包人返修工程的,该主张能否成立?

[①] 参见最高人民法院民事审判第一庭编著:《最高人民法院建设工程施工合同司法解释的理解与适用》,人民法院出版社2004年版,第37~38页。

发包人在擅自使用建设工程后,不得向承包人主张返修责任,只得主张保修责任。理由如下:

(1)《建设工程质量管理条例》第32条规定:"施工单位对施工中出现质量问题的建设工程或者竣工验收不合格的建设工程,应当负责返修。"《民法典》第801条规定:"因施工人的原因致使建设工程质量不符合约定的,发包人有权请求施工人在合理期限内无偿修理或者返工、改建。经过修理或者返工、改建后,造成逾期交付的,施工人应当承担违约责任。"上述规定仅适用于建设工程未竣工验收、未交付使用的情形,承包人的返工责任建立在发包人不提前使用建设工程的前提下。发包人未经验收擅自使用建设工程的,应根据《建设工程司法解释(一)》第14条关于"建设工程未经竣工验收,发包人擅自使用后,又以使用部分质量不符合约定为由主张权利的,人民法院不予支持"的规定,认定承包人关于质量瑕疵的返工义务已消失,返工责任免除。

(2)发包人擅自使用建设工程后向承包人主张质量责任,应当依照《建设工程质量管理条例》第41条规定"建设工程在保修范围和保修期限内发生质量问题的,施工单位应当履行保修义务,并对造成的损失承担赔偿责任",第40条第3款规定"建设工程的保修期,自竣工验收合格之日起计算",按照建设工程保修的规定处理。如果承包人拒绝保修的,发包人可以依据《建设工程司法解释(一)》第16条关于"发包人在承包人提起的建设工程施工合同纠纷案件中,以建设工程质量不符合合同约定或者法律规定为由,就承包人支付违约金或者赔偿修理、返工、改建的合理费用等损失提出反诉的,人民法院可以合并审理"的规定,以提起反诉的方式向承包人主张返修费用或者工程质量违约金。

专题四　工程造价与结算问题

97. 承包方诉讼或仲裁中提供的设计变更单未经设计单位盖章认可，变更部分能否计价？

建设工程施工合同纠纷案件中，发包人对承包人在诉讼或仲裁中提供的没有工程设计单位盖章的设计变更单不予认可，主张不予结算该部分工程价款。该变更部分能否计算工程价款？

设计变更经发承包双方认可后，即能够作为确认工程量及工程价款的依据。理由如下：

(1)《民法典》第543条规定："当事人协商一致，可以变更合同。"建设工程承包合同在发承包双方之间履行，工程变更单表明双方对工程量变更的意思表示一致，能够作为确认工程量的依据。

(2) 工程变更虽然未经设计单位认可，但设计单位不是建设工程施工合同的一方主体，其行为不能约束施工方，因此设计变更不以设计单位认可为必备条件。

(3) 工程变更由发包方提出，发包方有义务将工程变更单提交设计单位、监理单位有关代表签字，发包方作为完善工程变更手续的义务人未提交有关代表签字，不能成为其否认工程变更单效力的理由。

98. 签证单上只有监理人员签字而无发包人签字的，能否计取签证款？

诉讼或仲裁案件中，承包人提供的签证单上"监理单位"一栏只有监理人员签字,而无发包人代表签字或盖章,且发包人不认可该签证的,则该签证单不能计取工程款。

签证是发承包人或其代理人就施工过程中涉及的影响双方当事人权利义务的责任事件所作的补充协议。[①] 签证的本质是合同的变更,应遵循合同相对性原则,由合同当事人行使该权利。

《建筑法》第32条第1款规定:"建筑工程监理应当依照法律、行政法规及有关的技术标准、设计文件和建筑工程承包合同,对承包单位在施工质量、建设工期和建设资金使用等方面,代表建设单位实施监督。"监理人的法定职责是代表发包人对施工质量、建设工期和建设资金使用等方面实施监督,并无代表发包人变更合同的权利。

因此,签证单未经发包人签字或盖章认可,施工合同亦无授权监理人办理签证的约定,且发包人不认可该签证的,则该签证不能约束发包人,合同变更未成立,不能计取签证部分的工程款。

99. 建设工程施工合同约定签证单应由发包人和监理人同时签章才能生效的,如何认定缺少其中一方签章的签证单效力?

发承包双方在建设工程施工合同中约定,签证单应由发包人和监理人同时签章才能生效。诉讼或仲裁案件中,承包人提供的签证单缺少发包人或监理人一方的签章,应如何认定该类签证单的效力?分两种情况讨论如下:

第一种情况,签证单只有施工单位和监理单位的签章,但没有发包人的签章。签证的本质是合同的变更,需经要约和承诺后该合同变更方为成立。承包人在诉讼或仲裁案件中提供的签证单只有施工单位和监理单位签章,但没有发包人签章的,则该份签证单就只有要约(承包人向发包人提出变更合同的意思表示),而没有承诺(缺乏承诺人的意思表示),因此,发承包双方之间关于签证单记载事项并

---

① 参见常设中国建设工程法律论坛第八工作组编:《中国建设工程施工合同法律全书:词条释义与实务指引》,法律出版社2019年版,第314页。

未达成合意,合同变更并未成立,此类签证单无效,不能约束发包人。

第二种情况,签证单经发承包双方签章,但没有监理单位的签章。此类签证单经发包人和承包人签章确认,则既有要约也有承诺,该签证单成立。但是,该签证单并未生效,因为签证单未达到合同约定的三方会签的生效条件。此类签证单成立但并未生效,由此带来的法律后果是,如果签证单中记载了签证价款,则该签证款不能直接作为签证事项的工程价款。但签证单关于变更或者增加工程量的签证事项经发承包双方确认,可以作为计算工程量及工程价款的依据,此种情形下应首先由发承包双方协商确定签证部分的工程价款,如不能协商一致,则可依据签证单和施工合同约定的计价标准,通过工程造价司法鉴定确定签证部分的工程价款。

100. 当事人采用《1999版施工合同示范文本》订立施工合同,未在专用条款中明确约定结算默认条款,发包方收到承包方结算资料后逾期未予答复的,能否直接认定承包方的工程结算造价?

承发包双方采用《1999版施工合同示范文本》签订建设工程施工合同,没有在专用合同条款中约定结算的默认条款,即发包方收到承包方的竣工结算资料后逾期未予答复即视为认可的内容。发包人收到承包人提报的竣工结算资料后未置可否,诉讼或仲裁中承包方主张以其单方提报的结算值认定工程造价的,该主张能否成立?

发承包双方未在专用合同条款中特别约定在收到承包方竣工结算资料后逾期未予答复,则视为认可承包方提报的结算值的,人民法院或者仲裁机构不能直接认定承包人单方的工程结算造价。

《民法典》第140条规定:"行为人可以明示或者默示作出意思表示。沉默只有在有法律规定、当事人约定或者符合当事人之间的交易习惯时,才可以视为意思表示。"所谓明示,是指通过语言或文字形式明确表达意思的行为。所谓默示,是指虽未通过语言或文字明确表达意思,但可以通过行为推知当事人的意思表示。所谓沉默,是指单纯不作为,当事人既未明示,也不能从其行为推知其意思。沉默，只有在特定情况下才能视为当事人作出意思表示，即只有在法律有规定、当事人有约定或者符合当事人之间的交易习惯时，才能视为意思表示。除此之外，一方无权以自己单方的行为为对方设定法律义务。

《1999版施工合同示范文本》通用合同条款第33.2款规定："发包人收到承包人递交的竣工结算报告及结算资料后28天内进行核实，给予确认或者提出修改意见。发包人确认竣工结算报告后通知经办银行向承包人支付工程竣工结算价款。承包人收到竣工结算价款后14天内将竣工工程交付发包人。"第33.3款规定："发包人收到竣工结算报告及结算资料后28天内无正当理由不支付工程竣工结算价款，从第29天起按承包人同期向银行贷款利率支付拖欠工程价款的利息，并承担违约责任。"该款仅规定了发包人收到竣工结算文件后28天内不支付工程价款的责任，但并未明确约定发包人逾期不予答复就视为认可承包人的结算文件，并不意味着发包人认可了承包人提报的结算值。工程价款牵涉发承包双方的重大权益，在双方未就逾期不结算则视为认可结算报告作出明确、一致的意思表示时，不宜进行推论作出扩大的解释。

《建设工程司法解释（一）》第21条规定："当事人约定，发包人收到竣工结算文件后，在约定期限内不予答复，视为认可竣工结算文件的，按照约定处理。承包人请求按照竣工结算文件结算工程价款的，人民法院应予支持。"适用该司法解释的前提条件是，当事人之间约定了发包人收到竣工结算文件后，在约定的期限内不予答复，则视为认可竣工结算文件。如果当事人只是选择适用了上述建设工程施工合同格式文本，并没有对发生上述情况下是否以承包人报送的竣工结算文件作为工程款结算依据一事作出特别约定。那么，不能以《1999版施工合同示范文本》的通用合同条款第33条第3款之规定为据，直接推定出发包人认可以承包人报送的竣工结算文件为确定工程款数额的依据。

需要说明的是，如果发承包双方在施工合同专用合同条款中明确约定了结算默认条款的，在结算默认条款条件成就时，可以以承包人单方提报结算值认定工程价款。

约定结算默认条款的方式，可采用以下方式之一：

（1）直接约定方式：双方可在建设工程施工合同"专用合同条款"第九部分"竣工验收与结算"中约定"发包人如未在通用条款第33.2款规定期限内提出异议的，视为认可承包人竣工结算报告及结算资料"的内容。

（2）间接约定方式：在建设工程施工合同"专用合同条款"第3.2款"需要

明示的法律、行政法规"中列示《建筑工程施工发包与承包计价管理办法》或《建设工程价款结算暂行办法》。《建筑工程施工发包与承包计价管理办法》第18条①、《建设工程价款结算暂行办法》第16条②，均规定了发包人收到竣工结算资料后未在合同约定期限或者上述两部门规章规定的期限内予以答复的，则竣工结算文件视为已被认可的内容。该两部门规章经合同双方选择适用后，可以作为人民法院或仲裁机构认定结算默认条款的依据。

101. 当事人采用《2017版施工合同示范文本》订立施工合同，未在专用条款中明确约定结算默认条款，发包方收到承包方结算资料后逾期未予答复的，能否直接认定承包人单方的工程结算造价？

发承包双方采用《2017版施工合同示范文本》订立建设工程施工合同，没

---

① 《建筑工程施工发包与承包计价管理办法》第18条规定："工程完工后，应当按照下列规定进行竣工结算：（一）承包方应当在工程完工后的约定期限内提交竣工结算文件。（二）国有资金投资建筑工程的发包方，应当委托具有相应资质的工程造价咨询企业对竣工结算文件进行审核，并在收到竣工结算文件后的约定期限内向承包方提出由工程造价咨询企业出具的竣工结算文件审核意见；逾期未答复的，按照合同约定处理，合同没有约定的，竣工结算文件视为已被认可。非国有资金投资的建筑工程发包方，应当在收到竣工结算文件后的约定期限内予以答复，逾期未答复的，按照合同约定处理，合同没有约定的，竣工结算文件视为已被认可；发包方对竣工结算文件有异议的，应当在答复期内向承包方提出，并可以在提出异议之日起的约定期限内与承包方协商；发包方在协商期内未与承包方协商或者经协商未能与承包方达成协议的，应当委托工程造价咨询企业进行竣工结算审核，并在协商期满后的约定期限内向承包方提出由工程造价咨询企业出具的竣工结算文件审核意见。（三）承包方对发包方提出的工程造价咨询企业竣工结算审核意见有异议的，在接到该审核意见后一个月内，可以向有关工程造价管理机构或者有关行业组织申请调解，调解不成的，可以依法申请仲裁或者向人民法院提起诉讼。发承包双方在合同中对本条第（一）项、第（二）项的期限没有明确约定的，应当按照国家有关规定执行；国家没有规定的，可认为其约定期限均为28日。"

② 《建设工程价款结算暂行办法》第16条规定："发包人收到竣工结算报告及完整的结算资料后，在本办法规定或合同约定期限内，对结算报告及资料没有提出意见，则视同认可。承包人如未在规定时间内提供完整的工程竣工结算资料，经发包人催促后14天内仍未提供或没有明确答复，发包人有权根据已有资料进行审查，责任由承包人自负。根据确认的竣工结算报告，承包人向发包人申请支付工程竣工结算款。发包人应在收到申请后15天内支付结算款，到期没有支付的应承担违约责任。承包人可以催告发包人支付结算价款，如达成延期支付协议，承包人应按同期银行贷款利率支付拖欠工程价款的利息。如未达成延期支付协议，承包人可以与发包人协商将该工程折价，或申请人民法院将该工程依法拍卖，承包人就该工程折价或者拍卖的价款优先受偿。"

有在专用合同条款中约定结算的默认条款。发包人收到承包人提报的竣工结算资料后未置可否,诉讼或仲裁中承包方主张以其单方提报的结算值认定工程造价的,该主张能否成立？

笔者认为,发承包双方虽未在专用合同条款中明确约定结算的默认条款,但发包人未在通用合同条款第14.2款约定的28天内提出异议的,人民法院或者仲裁机构能够直接认定承包人单方的工程结算造价。

《2017版施工合同示范文本》通用合同条款第14.1款第1项规定:"除专用合同条款另有约定外,承包人应在工程竣工验收合格后28天内向发包人和监理人提交竣工结算申请单,并提交完整的结算资料,有关竣工结算申请单的资料清单和份数等要求由合同当事人在专用合同条款中约定。"第14.2款第1项规定:"除专用合同条款另有约定外,监理人应在收到竣工结算申请单后14天内完成核查并报送发包人。发包人应在收到监理人提交的经审核的竣工结算申请单后14天内完成审批,并由监理人向承包人签发经发包人签认的竣工付款证书。监理人或发包人对竣工结算申请单有异议的,有权要求承包人进行修正和提供补充资料,承包人应提交修正后的竣工结算申请单。发包人在收到承包人提交竣工结算申请书后28天内未完成审批且未提出异议的,视为发包人认可承包人提交的竣工结算申请单,并自发包人收到承包人提交的竣工结算申请单后第29天起视为已签发竣工付款证书。"从以上条款可以看出,《2017版施工合同示范文本》对发包人收到承包人提交的竣工结算资料后逾期未提出异议,即视为认可承包人竣工结算申请单的规定,是明确的、具体的。因此,人民法院或仲裁机构能够依据上述约定直接认定承包方的单方工程造价。

有人提出,在发承包双方未在专用合同条款特别约定结算默认条款的情况下,能否直接适用通用合同条款关于"发包人在收到承包人提交竣工结算申请书后28天内未完成审批且未提出异议的,视为发包人认可承包人提交的竣工结算申请单"的内容,直接认定承包人的单方报审值？笔者认为,发承包双方虽未在专用合同条款中约定结算的默认条款,但亦未在专用合同条款中对通用合同条款中的结算默认条款明确予以排除适用,在双方选择适用《2017版施工合同示范文本》订立建设工程施工合同,而通用合同条款本属于合同组成部分的情况下,通用合同条款中的结算默认条款对双方当事人具有约束力,在发包人收到承包人报送的竣工结算书后未在28天内予以答复的,应当视为认可承包人的单方报审值。

102. 发包人未在建设工程施工合同约定的审核竣工结算期限内答复承包人，诉讼或仲裁案件中又不认可承包人的单方结算文件的，应由哪方申请工程造价鉴定？

发承包双方在建设工程施工合同中约定了发包人在收到承包人提报的竣工结算文件后的一定期限内予以审核，但未约定逾期未予答复则视为认可承包人的送审值。实践中，发包人已经签收承包人提报的竣工结算文件，但未在上述期限内给予答复，直到在承包人提起的索要工程价款诉讼或仲裁案件中才提出对承包人提报的送审值不予认可。鉴于施工合同未约定发包人逾期未予答复则视为认可承包人的竣工结算文件，因此，不能直接以承包人的单方送审值认定工程造价，需要通过工程造价鉴定确定工程价款。此种情况下，应由谁申请工程造价鉴定？

实务中有两种观点：

第一种观点认为，应当由发包人申请工程造价鉴定。主要理由是，承包人向发包人提报了竣工结算文件，发包人负有审查并给予答复的合同义务，发包人既未答复也不予认可的，应依据《民事诉讼法》第67条第1款关于"当事人对自己提出的诉讼主张，有责任提供证据"和最高人民法院《关于适用〈中华人民共和国民事诉讼法〉的解释》第90条第1款"当事人对自己提出的诉讼请求所依据的事实或者反驳对方诉讼请求所依据的事实，应当提供证据加以证明，但法律另有规定的除外"的规定，向人民法院申请工程造价鉴定。否则，发包方既不认可承包方提供的结算造价，也不申请鉴定以确定工程造价，拒不提供反驳证据，应承担举证不能的法律后果，人民法院或仲裁机构可以依据承包方的结算文件确定工程造价。

第二种观点认为，应当由承包人申请工程造价鉴定。主要理由是，承包人作为主张工程价款的权利人，应对其权利发生的要件事实负有举证证明责任，在发包人对承包人提供的竣工结算文件这一证据不予认可的情况下，应当由承包人申请工程造价鉴定。

笔者认同第二种观点。理由是，承包人向发包人提起工程价款请求权，只有在工程价款总额明确的情况下，再结合发包人已付工程款的数额，才能确定承包人主张的工程价款请求权能否发生，因此，承包人对工程价款总额负有举证证明责任。至于发包人未在施工合同约定的审核竣工结算期限内给予答复，仅仅是一种违约行为，应由发包人承担违约责任，或者裁判由发包人承担全部或大部分鉴定费用，但发包人的该违约行为并不引发民事诉讼举证证明责任的转移，承包人仍应对其权利发生的要件事实负有举证证明责任。

103. 建设工程施工合同纠纷案件中，一方提出了具体的工程造价数额，另一方不认可该数额又不申请鉴定的，如何确定工程造价？

在建设工程施工合同纠纷案件中，一方当事人提供了具体的工程造价数额，另一方当事人对此数额不予认可，但又不申请工程造价鉴定的，此时，应当怎样认定工程造价的数额？

对此问题，最高人民法院民一庭认为："《中华人民共和国民事诉讼法》第六十四条第一款规定'当事人对自己提出的主张，有责任提供证据'。建设工程施工合同纠纷案件中，如果合同对于工程价款约定了固定价格，则按照合同约定确定工程价款即可；如果合同约定的不是固定价格，则可能需要通过鉴定确定工程造价。实践中会出现的情形：一方提出了具体的工程造价数额，另一方对此数额不予认可但又不申请鉴定，此种情形下，如何确定工程价款？我们认为，如果是承包人提出了具体的工程造价数额，发包人不予认可但又不申请鉴定的，可按照承包人提出的数额确定工程造价；如果是发包人提出了具体的工程造价数额，承包人不予认可但又不申请鉴定的，可按照发包人认可的金额确定工程造价，要避免出现简单驳回承包人全部诉讼请求的情形。如果双方都提出了不同的具体的工程造价数额又都不申请鉴定的，则要根据谁主张谁举证的原则，根据各自的诉讼地位、诉讼请求等因素确定由哪一方承担举证不力的后果。"[1]

---

[1] 《建设工程施工合同纠纷案件中，在需要通过鉴定确定工程造价的情形下，若一方提出了具体的工程造价数额，另一方对此数额不予认可但又不申请鉴定的，人民法院应该如何认定工程造价？》，载杜万华主编，最高人民法院民事审判第一庭编：《民事审判指导与参考》总第69辑，人民法院出版社2017年版，第250~251页。原《民事诉讼法》第64条第1款已修改为现行《民事诉讼法》（2023年）第67条第1款。——笔者注

笔者对上述非固定价格情形下认定工程造价数额的方式有不同意见,认为上述内容违反了民事诉讼举证证明责任的承担规则,也未区分在承包人主张权利或者发包人主张权利的不同情况下,应依据不同的权利主张作具体的分析,有失简单化。

笔者认为,应当区分承包人主张权利和发包人主张权利两种具体情形,根据案件具体情况确定工程造价数额。详述如下:

(1)在承包人向发包人提起的索要工程价款的案件中:①对于承包人提出了具体的工程造价数额而发包人不予认可的,属于发包人对承包人的证据提出抗辩,仍应由承包人申请工程造价鉴定。如果承包人经释明仍不申请鉴定,则应当驳回承包人的诉讼或仲裁请求。②发包人提出了具体的工程造价数额而承包人不予认可的,应当由承包人申请工程造价鉴定。如果承包人经释明仍不申请鉴定或者虽经鉴定但不能作出鉴定意见,则可以认定发包人自认的工程造价数额。③双方各自提出了不同的工程造价数额,但均不予认可对方的工程造价数额的,应当由承包人申请工程造价鉴定。如果承包人经释明仍不申请鉴定或者虽经鉴定但不能作出鉴定意见,则可以认定两个工程造价数额中的较小者。举例说明:承包人按照其单方计算的工程价款总额1000万元,扣除发包人已付款600万元,向发包人主张剩余工程价款400万元。庭审中,发包人主张工程价款总额为900万元。双方均不认可对方主张数额,亦均未申请工程造价鉴定,承包人经法庭释明证明责任后仍未提出鉴定申请。此时,应以发包人自认的工程价款总额900万元,扣减已付款600万元后,判决发包人向承包人偿付300万元工程款。如果发包人自认的工程价款总额为1100万元(现实中几无此现象,仅举例予以说明),此时,仍应以承包人主张工程价款总额1000万元与发包人自认工程价款总额1100万元中的较小者即1000万元为基数,计算发包人的应付款数额为400万元(1000万元-600万元)。这是由于,如以发包人自认数额1100万元计算应付承包人款项为500万元(1100万元-600万元),则形成判决数额超出原告即承包人的诉讼请求数额,造成程序违法。

(2)在发包人以其超付工程款为由向承包人提起的请求返还工程价款的案件中:①发包人提出了具体的工程造价数额而承包人不予认可的,属于承包人对发包人证据提出的抗辩,仍应由发包人申请工程造价鉴定。如果发包人经释明仍不申请鉴定,则应当驳回发包人的诉讼或仲裁请求。②承包人提出了具体的工程造价数额而发包人不予认可的,应当由发包人申请工程造价鉴定。如果发包人经释明仍不申请鉴定或者虽经鉴定但不能作出鉴定意见,可以认定承包人自认的工程造价数额。③双方各自提出了不同的具体的工程造价数额,但均不予认可对方的工程造价数额的,应当由发包人申请工程造价鉴定。如果发包人经释明仍不申请鉴定或者虽经鉴定但不能作出鉴定意见,则应当驳回发包人的诉讼或仲裁请求。举例说明:发包人主张其已付承包人工程款1000万元,而工程价款总额仅为900万元,超付100万元,向承包人提起返还超付款的诉讼。庭审中,承包人主张工程价款总额为1200万元。双方均不认可对方主张数额,亦均未申请工程造价鉴定,发包人经法庭释明证明责任后仍未提出鉴定申请。此时,因工程价款总额无法查清,不能证明发包人超付了工程价款,故应驳回发包人的诉讼请求。

支持上述观点的理由如下:

(1)当事人承担证明责任,以当事人提出的权利主张或针对该权利的抗辩主张为依据。详言之,原告或仲裁申请人提出权利主张,则对该权利发生的要件事实负有证明责任;被告或仲裁被申请人提出的该权利存在障碍、权利已经消灭、权利受到限制(妨碍)的抗辩主张,则应对该主张所依据的事实负有证明责任。当承包人向发包人提起索要工程价款的案件时,其工程价款请求权发生的要件事实是发包人欠付其工程价款,而只有在工程造价数额明确的情况下,再结合发包人已付工程款的数额,才能确定承包人主张的工程价款请求权能否发生,故承包人应对工程造价数额负有证明责任。当发包人以其超付工程款为由向承包人提起请求返还工程价款的案件时,其返还工程价款请求权发生的要件事实是发包人超付了工程价款,也只有在工程造价数额明确的情况下,再结合发包人已付工程款的数额,才能确定发包人主张的返还工程价款请求权能否发生,故发包人应对工程造价数额负有证明责任。

(2)对于负有证明责任的一方提出的工程造价数额,另一方不予认可的,属于对证据的抗辩。而对证据的抗辩或反驳,无须举证,并不产生举证证明责任承担的问题,亦不导致举证证明责任的转移。换言之,一方针对另一方证据提出抗辩或反驳,既可以不举证仅抗辩,也可以举出反驳性证据[①]用以证明对方证据不具有合法性、真实性和关联性,但无论是否举证,举证证明责任仍由权利主

---

① 反驳性证据是一方当事人提出的针对对方所提证据,以证明该证据不具有合法性、真实性和关联性的证据,是对证据反驳的依据。参见张卫平:《民事证据法》,法律出版社2017年版,第22页。

张人承担。例如,在承包人向发包人提起索要工程价款的案件中,承包人提出了具体的工程造价数额而发包人不予认可,属于对证据的抗辩,发包人无须举证,仅提出抗辩即可,发包人也可以举出反驳性证据用以证明承包人的工程造价数额不真实。但是,不论发包人是否举证,鉴于承包人在该案中提出权利主张,仍应由承包人对工程造价数额继续举证或者申请工程造价鉴定,如果承包人不能举证或者拒不申请工程造价鉴定,则由承包人承担举证不能的不利后果。[①]

(3)不负有证明责任的一方提出的工程造价数额,属于其自认,在负有证明责任的一方经释明仍不申请鉴定或者无法通过鉴定确定工程造价数额的情形下,可以对方自认的数额确定工程造价数额,不宜简单驳回其全部诉讼或仲裁请求。双方各自提出了不同的工程造价数额,在负有证明责任的一方经释明仍不申请鉴定或者无法通过鉴定确定工程造价数额的情形下,可以不负有证明责任的一方自认的数额确定工程造价数额,而如果权利人主张的工程造价数额小于该自认数额时,则系其自由处分其民事权利的行为,故应以两个工程造价数额中的较小者确定为工程造价数额,亦不宜驳回原告或申请人的全部诉讼或仲裁请求。

综上所述,当事人对其权利主张所依据的事实,负有证明责任,该证明责任在案件中是恒定的,并不因对方对举证责任人所举证据提出了抗辩或反驳而发生转移,举证不能的不利后果由负有证明责任的当事人承担。例如,在承包人向发包人提起的索要工程价款的案件中,承包人提出了具体的工程造价数额,虽然发包人不予认可,但鉴于承包人是工程价款请求权的主张人,仍应由其申请工程造价鉴定。如果承包人经释明仍不申请鉴定,则应当驳回承包人的诉讼或仲裁请求。再如,在发包人以其超付工程款为由向承包人提起的请求返还工程价款的案件中,发包人提出了具体的工程造价数额,虽然承包人不予认可,但鉴于发包人是返还工程价款请求权的主张人,仍应由其申请工程造价鉴定。如果发包人经释明仍不申请鉴定,则应当驳回发包人的诉讼或仲裁请求。

---

① 关于对证据的抗辩与实体抗辩的区别,参见张卫平:《民事证据法》,法律出版社2017年版,第298页。

104. 建设工程施工合同约定发包方逾期不答复即视为认可承包方结算值，双方就结算对项工作另行达成协议但最终未能定案，能否再适用合同中约定的默认条款？

发承包双方在建设工程施工合同中约定：发包方收到承包方竣工结算文件后，在约定期限内不予答复，则视为认可承包方的结算文件。该约定是结算的默认条款，属于一种附生效条件的民事行为。

《民法典》第158条规定："民事法律行为可以附条件，但是根据其性质不得附条件的除外。附生效条件的民事法律行为，自条件成就时生效。附解除条件的民事法律行为，自条件成就时失效。"双方约定"发包方收到承包方竣工结算文件后，在约定期限内不予答复，则视为认可承包方的结算文件"的内容，即是一种附生效条件的民事行为。发包人"在约定期限内不予答复"是"视为认可承包方结算文件"所附的条件，当所附条件"在约定期限内不予答复"成就时，"视为认可承包方结算文件"这一民事行为才能生效，即发包人"逾期不答复"，所附条件成就，视为认可承包人的结算值；反之，则不能视为认可。

实践中，会出现发包人在收到承包人提报的竣工结算文件后，与承包人就结算对项工作另行达成了协议或会议纪要等情况，后因种种原因工程结算的核对工作没有进行下去，双方最终未能审定工程造价。此后，承包人不能再主张适用上述默认条款。区分两种情况分析如下：

其一，如果发包人在施工合同约定的答复期限内就结算对项工作与承包人达成协议或会议纪要，其行为已表明发包人没有认可承包人的结算书，所附条件"逾期不答复"没有成就，不能视为认可承包人的结算书。

其二，发包人在约定期限内未予答复，首先依据合同约定的默认条款能够认定承包人的结算文件。但如果承包人在施工合同约定的答复期限届满后与发包人达成协议，又同意进行结算对项的，其实质上是否定了本已确定的工程造价，应依据结算协议重新结算，不能再适用施工合同原约定的默认条款。

因此，只要承发包双方就结算对项工作另行达成合意，无论是在答复期限之内，还是在答复期限之后形成协议，也不论因何方原因导致结算工作未能顺利进行及最终定案,承包方都不能再主张适用施工合同约定的默认条款确定工程造价,人民法院或仲裁机构对其该项主张应不予支持。

105. 发包人与承包人审定的工程造价与鉴定意见不一致时,以哪个为准?

承发包双方已经对工程造价予以审定,有的还在此基础上签订了还款协议,承包方为追索工程欠款提起诉讼或仲裁,发包人在庭审中又否认业已审定的工程造价并提出工程造价鉴定申请,有的法院或仲裁机构也给予准许,经鉴定后鉴定意见与原审定工程造价不一致。此时,应以发承包双方自行审定的工程造价为准,还是以鉴定意见为准?

笔者认为:(1)《建设工程司法解释(一)》第29条规定:"当事人在诉讼前已经对建设工程价款结算达成协议,诉讼中一方当事人申请对工程造价进行鉴定的,人民法院不予准许。"鉴于工程造价及/或工程尾款已经双方确定,发包人对已决事项再行提出鉴定申请,法院或仲裁机构首先应不予准许。

(2)既然发承包双方因履行建设工程合同发生纠纷,只要合同约定内容没有违反法律法规的强制性规定,是有效合同,就应当充分尊重当事人的意思自治。双方对工程造价进行对项确认,并在工程造价结算书上签字盖章确认,表明双方已确定工程造价,这是对自己权利的一种处分行为,应当具有合同的效力。该工程造价与鉴定意见不一致时,认定工程造价应综合考察双方当事人的合同约定和预算、决算以及还款协议的签订等一系列履行合同行为,而不应仅以鉴定结果为准,唯鉴定结果论。

(3)双方已经审定工程造价,说明双方对工程造价已达成合意,在此基础上签订还款协议,属于双方就还款事项又达成了一个新的合同,根据《民法典》第465条第1款"依法成立的合同,受法律保护"以及第136条第2款"行为人非依法律规定或者未经对方同意,不得擅自变更或者解除民事法律行为"的规定,发包人反悔已决事项,有违诚信原则,法院或仲裁机构不应予以支持。

因此,当发包人与承包人审定的工程造价数额与鉴定意见不一致时,应当以双方审定的工程造价为准,认定工程价款数额。

106. 发包人与承包人审定的工程造价与审计结论不一致时，以哪个为准？

发承包双方建立施工合同法律关系是平等主体之间建立的民事法律关系，审计结论是审计机关对被审计单位作出的具体行政行为，双方建立的是行政法律关系。建设工程施工合同在承发包双方之间建立与履行，结算书经承发包双方盖章确认且符合合同约定即能确定工程造价。最高人民法院在《关于建设工程承包合同案件中双方当事人已确认的工程决算价款与审计部门审计的工程决算价款不一致时如何适用法律问题的电话答复意见》中答复："审计是国家对建设单位的一种行政监督，不影响建设单位与承建单位的合同效力。建设工程承包合同案件应以当事人的约定作为法院判决的依据。只有在合同明确约定以审计结论作为结算依据或者合同约定不明确、合同约定无效的情况下，才能将审计结论作为判决的依据。"因此，双方审定的工程造价与审计结论不一致时，应以双方一致确认的工程造价为准。

107. 工程造价鉴定意见与审计机关审计结论不一致时，以哪个为准？

工程造价鉴定，是人民法院或仲裁机构在审理建设工程施工合同纠纷案件中，为查明案情、明确双方责任，对工程造价这一专门性问题，依法委托具有鉴定资格的鉴定机构对工程造价进行鉴定，据以确定合同双方权利义务关系的行为。其法律依据是《民事诉讼法》第79条的规定："当事人可以就查明事实的专门性问题向人民法院申请鉴定。当事人申请鉴定的，由双方当事人协商确定具备资格的鉴定人；协商不成的，由人民法院指定。当事人未申请鉴定，人民法院对专门性问题认为需要鉴定的，应当委托具备资格的鉴定人进行鉴定。"鉴定意见在性质上属于民事诉讼证据中的一种证据形式。

审计，是指审计机关依法独立检查被审计单位的会计凭证、会计账簿、财务会计报告以及其他与财政收支、财务收支有关的资料和资产，监督财政收支、财务收支真实、合法和效益的行为。其法律依据是《审计法》，在性质上属于行政监督。

虽然《审计法》第23条[1]、《审计法实施条例》第20条[2]赋予了审计机关对国家建设项目（政府投资和以政府投资为主的建设项目）竣工决算的审计监督权，但该审计监督是审计机关对行政相对方的一种行政监督，其审计结论不能作为确立民事法律关系的依据，不能约束和否定平等主体之间的民事权利义务关系。因此，工程造价鉴定意见与审计机关审计结论不一致时，应当以鉴定意见作为确定工程造价的依据。

108. 以审计机关的审计结论作为确定工程造价的条件是什么？

根据《审计法》的规定及其立法宗旨，法律规定审计机关对政府投资和以政府投资为主的建设项目的预算执行情况和决算进行审计监督，目的在于维护国家财政经济秩序，提高财政资金使用效益，防止建设项目中出现违规行为。发包人与承包人之间关于工程价款的结算，属于平等民事主体之间的民事法律关系。因此，工程价款的结算，与法律规定的国家审计的主体、范围、效力等，属于不同性质的法律关系问题，即无论涉诉工程是否依法须经国家审计机关审计，均不能认为，国家审计机关的审计结论，可以成为确定发承包双方之间结算的当然依据。鉴于国家审计机关的审计系对工程建设单位的一种行政监督行为，审计人与被审计人之间因国家审计发生的法律关系与发承包双方之间的民事法律关系性质不同，因此在民事合同中，当事人对接受行政审计作为确定民事

---

[1] 《审计法》第23条："审计机关对政府投资和以政府投资为主的建设项目的预算执行情况和决算，对其他关系国家利益和公共利益的重大公共工程项目的资金管理使用和建设运营情况，进行审计监督。"

[2] 《审计法实施条例》第20条："审计法第二十二条所称政府投资和以政府投资为主的建设项目，包括：（一）全部使用预算内投资资金、专项建设基金、政府举借债务筹措的资金等财政资金的；（二）未全部使用财政资金，财政资金占项目总投资的比例超过50%，或者占项目总投资的比例在50%以下，但政府拥有项目建设、运营实际控制权的。审计机关对前款规定的建设项目的总预算或者概算的执行情况、年度预算的执行情况和年度决算、单项工程结算、项目竣工决算，依法进行审计监督；对前款规定的建设项目进行审计时，可以对直接有关的设计、施工、供货等单位取得建设项目资金的真实性、合法性进行调查。"该20条中"审计法第二十二条"即2021年修正后的《审计法》第23条。——笔者注

法律关系依据的约定,应当具体明确。也就是说,只有发承包双方在施工合同中明确约定了以国家审计机关的审计结论作为确定工程价款的依据的,才能认定当事人已经同意接受国家机关的审计行为对民事法律关系的介入,并依此确定工程价款。

109. 当事人就同一工程提供数份不同版本的建设工程施工合同,应当依据哪份合同结算工程价款？

当事人在案件审理中就同一工程提供了数份不同版本的建设工程施工合同,法院或者仲裁机构应当依据哪份合同作为结算工程价款的依据？

对于同一工程存在不同版本的建设工程施工合同,笔者认为应当根据具体情形确定工程价款的结算依据。详述如下：

第一,建设工程属于依法必须进行招标的项目。

(1)在已招标且中标有效的情形下,应当依据中标合同结算工程价款。《建设工程司法解释(一)》第2条规定："招标人和中标人另行签订的建设工程施工合同约定的工程范围、建设工期、工程质量、工程价款等实质性内容,与中标合同不一致,一方当事人请求按照中标合同确定权利义务的,人民法院应予支持。招标人和中标人在中标合同之外就明显高于市场价格购买承建房产、无偿建设住房配套设施、让利、向建设单位捐赠财物等另行签订合同,变相降低工程价款,一方当事人以该合同背离中标合同实质性内容为由请求确认无效的,人民法院应予支持。"因此,在已招标且中标有效的情形下,应当依据中标合同作为结算工程价款的依据。

所谓合同实质性内容,是指影响或者决定当事人基本权利义务的合同内容。就建设工程施工合同而言,合同的实质性内容一般是指工程范围、建设工期、工程质量、工程价款四个方面。发承包双方另行订立的施工合同背离中标合同以上四个方面的实质性内容的,一般可以认定为"黑白合同"。

值得注意的是,适用上述司法解释,以中标合同有效为前提,如果中标合同无效,则不能仅因系中标合同而据此作为结算依据[结算依据参见下文第(2)项]。在发承包双方实际履行的合同不是中标合同,而是非中标合同的情况下,应当认定中标合同无效。理由是,根据《民法典合同编通则司法解释》第14条第1款关于"当事人之间就同一交易订立多份合同,人民法院应当认定其中以虚假意思表示订立的合同无效"的规定,如经审理查明发承包双方实际履行的合同为非中标合同,则应认定中标合同是以虚假表示订立的合同,该合同无效。

(2)虽招标但中标无效的,应当参照双方实际履行的合同结算工程价款,如果实际履行的合同难以确定的,可以参照最后签订的合同结算工程价款。理由:①根据《建设工程司法解释(一)》第1条第1款第3项的规定,施工合同具有"建设工程必须进行招标而未招标或者中标无效的"情形,认定为无效。因此,中标合同因中标无效而无效,其他合同因应招未招亦无效,即全部施工合同均无效。②《建设工程司法解释(一)》第24条规定:"当事人就同一建设工程订立的数份建设工程施工合同均无效,但建设工程质量合格,一方当事人请求参照实际履行的合同关于工程价款的约定折价补偿承包人的,人民法院应予支持。实际履行的合同难以确定,当事人请求参照最后签订的合同关于工程价款的约定折价补偿承包人的,人民法院应予支持。"因此,在工程质量合格的情况下,应当首先以双方实际履行的合同作为结算工程价款的依据,在实际履行的合同难以确定的情况下,可以最后签订的合同作为结算工程价款的依据。

(3)未经招标签订了数份施工合同的情形。在此情形下,根据《建设工程司法解释(一)》第1条第1款第3项的规定,建设工程必须进行招标而未招标签订的施工合同无效,因此,该数份施工合同均无效。依据《建设工程司法解释(一)》第24条关于"当事人就同一建设工程订立的数份建设工程施工合同均无效,但建设工程质量合格,一方当事人请求参照实际履行的合同关于工程价款的约定折价补偿承包人的,人民法院应予支持。实际履行的合同难以确定,当事人请求参照最后签订的合同关于工程价款的约定折价补偿承包人的,人民法院应予支持"的规定,在工程质量合格的情况下,应当首先参照实际履行的合同结算工程价款,如果实际履行的合同难以确定的,可以参照最后签订的合同结算工程价款。

(4)中标合同与中标文件(包括招标文件、投标文件、中标通知书)不一致的,应当依据中标文件结算工程价款。《招标投标法》第46条第1款规定:"招标人和中标人应当自中标通知书发出之日起三十日内,按照招标文件和中标人的投标文件订立书面合同。招标人和中标人不得再行订立背离合同实质性内容的其他协议。"在此基础上,《建设工程司法解释(一)》第22条规定:"当事人签订的建设工程施工合同与招标文件、投标文件、中标通知书载明的工程范围、建设工期、工程质量、工程价款不一致,一方当事人请求将招标文件、投标文件、中标通知书作为结算工程价款的依据的,人民法院应予支持。"因此,当中标合同内容与中标文件不一致时,应当依据中标文件结算工程价款。

值得注意的是,适用本条司法解释以招标投标行为合法有效为前提,如果中标无效的,则不能依据中标文件结算工程价款[结算依据参见上文第(2)项]。

(5)不论是否履行了招投标程序以及是否签有中标合同,凡因发承包双方在履行施工合同过程中基于客观情况变化所签订的合同,均应优先作为结算工程价款的依据。理由是:①当事人因客观情况发生变化而签订的合同,不属于"黑合同"。当事人签订"黑白合同",其本质在于规避依法形成的中标结果,架空和取代中标合同,规避中标行为和行政部门监管,其特点是在签订该两份合同时有关建设工程的情况是相同的。如果发承包双方在履行合同过程中,确因建设工程状况或客观条件发生变化而相应改变了中标合同的实质性内容,则其变更合同目的并非为了规避中标结果,架空和取代中标合同,规避中标行为和行政部门监管。根据《民法典》第543条"当事人协商一致,可以变更合同"的规定,协商变更合同是合同当事人的法定权利,因此,当事人在履行施工合同过程中因为工程情况发生变化而签订的合同,是当事人正常变更合同的行为,该合同有效且变更了原中标合同内容。②在中标合同无效以及其他非经招投标签订的其他合同亦无效,即全部施工合同均无效的情形下,当事人因客观情况发生变化而签订的合同,是当事人实际履行的合同。

第二,建设工程不属于依法必须进行招标的项目。

对于非强制招标项目,发承包双方可以不通过招投标程序订立施工合同,实践中也有发包人自愿履行招标程序并签订施工合同的情形。对此,分别就以上两种情形下存在数份施工合同时的结算依据讨论如下:

(1)发承包双方未自愿履行招投标程序情形下签订数份施工合同的情形。

①在双方签订的数份施工合同不存在其他无效情形(例如,因承包人缺乏施工资质、订立施工合同时发包人尚未取得建设工程规划许可证等原因导致合同无效),且均系双方的真实意思表示时,则发承包双方签订的数份施工合同均有效。在此情形下,应当依据双方实际履行的合同作为结算工程价款的依据;如果双方当事人各自主张实际履行的施工合同并非同一合同,且实际履行的合

同难以确定的,则应依据签订时间在后的合同结算工程价款,理由是,签订时间在后的合同应当视为对签订在前合同的变更。如果数份合同中存在以虚假意思表示订立的合同,则应根据《民法典合同编通则司法解释》第14条第1款规定认定虚假表示合同无效并排除适用,适用前述规则在剩余合同中确定结算工程价款的依据。

②如果发承包双方签订的数份施工合同,因存在承包人缺乏施工资质、订立施工合同时发包人尚未取得建设工程规划许可证等情形,导致数份施工合同均无效时,在建设工程质量合格的情况下,应当依据《建设工程司法解释(一)》第24条"当事人就同一建设工程订立的数份建设工程施工合同均无效,但建设工程质量合格,一方当事人请求参照实际履行的合同关于工程价款的约定折价补偿承包人的,人民法院应予支持。实际履行的合同难以确定,当事人请求参照最后签订的合同关于工程价款的约定折价补偿承包人的,人民法院应予支持"的规定,首先以双方实际履行的合同作为结算工程价款的依据,在实际履行的合同难以确定的情况下,可以最后签订的合同作为结算工程价款的依据。

(2)发包人自愿履行招标程序并签订中标合同,同时还存在其他未经招投标签订的其他合同的情形。

①在中标合同有效的情形下,应当依据中标合同结算工程价款。《建设工程司法解释(一)》第2条规定:"招标人和中标人另行签订的建设工程施工合同约定的工程范围、建设工期、工程质量、工程价款等实质性内容,与中标合同不一致,一方当事人请求按照中标合同确定权利义务的,人民法院应予支持。招标人和中标人在中标合同之外就明显高于市场价格购买承建房产、无偿建设住房配套设施、让利、向建设单位捐赠财物等另行签订合同,变相降低工程价款,一方当事人以该合同背离中标合同实质性内容为由请求确认无效的,人民法院应予支持。"第23条规定:"发包人将依法不属于必须招标的建设工程进行招标后,与承包人另行订立的建设工程施工合同背离中标合同的实质性内容,当事人请求以中标合同作为结算建设工程价款依据的,人民法院应予支持,但发包人与承包人因客观情况发生了在招标投标时难以预见的变化而另行订立建设工程施工合同的除外。"因此,在发包人自愿履行招标程序且中标有效的情形下,应当依据中标合同作为结算工程价款的依据。

②虽然履行了招标程序,但是存在中标无效或并未实际履行中标合同情形的。虽然发包人自愿履行了招标程序,但是存在《招标投标法》《招标投标法实

施条例》规定的中标无效情形,或者双方并未实际履行中标合同的情形,根据《建设工程司法解释(一)》第1条第1款第3项的规定,施工合同具有"建设工程必须进行招标而未招标或者中标无效的"情形,认定为无效,以及《民法典合同编通则司法解释》第14条第1款关于"当事人之间就同一交易订立多份合同,人民法院应当认定其中以虚假意思表示订立的合同无效"的规定,认定中标合同为无效合同。此外,发承包双方未经招投标程序签订的其他合同,如果存在背离中标合同实质性内容的条款的,根据《招标投标法》第46条第1款关于"招标人和中标人应当自中标通知书发出之日起三十日内,按照招标文件和中标人的投标文件订立书面合同。招标人和中标人不得再行订立背离合同实质性内容的其他协议"的规定,该其他合同中背离中标合同约定的工程价款计价标准的条款亦无效。因此,中标合同与其他合同中的结算条款均应认定为无效。在工程质量合格的情况下,应当根据《建设工程司法解释(一)》第24条的规定:"当事人就同一建设工程订立的数份建设工程施工合同均无效,但建设工程质量合格,一方当事人请求参照实际履行的合同关于工程价款的约定折价补偿承包人的,人民法院应予支持。实际履行的合同难以确定,当事人请求参照最后签订的合同关于工程价款的约定折价补偿承包人的,人民法院应予支持。"首先以双方实际履行的合同作为结算工程价款的依据,在实际履行的合同难以确定的情况下,可以最后签订的合同作为结算工程价款的依据。

③中标合同与中标文件(包括招标文件、投标文件、中标通知书)不一致的,应当依据中标文件结算工程价款。《建设工程司法解释(一)》第22条规定:"当事人签订的建设工程施工合同与招标文件、投标文件、中标通知书载明的工程范围、建设工期、工程质量、工程价款不一致,一方当事人请求将招标文件、投标文件、中标通知书作为结算工程价款的依据的,人民法院应予支持。"因此,当中标合同内容与中标文件不一致时,应当依据中标文件结算工程价款。

值得注意的是,适用本条司法解释以招标投标行为合法有效为前提,如果中标无效的,则不能依据中标文件结算工程价款,应当依据《建设工程司法解释(一)》第24条关于"当事人就同一建设工程订立的数份建设工程施工合同均无效,但建设工程质量合格,一方当事人请求参照实际履行的合同关于工程价款的约定折价补偿承包人的,人民法院应予支持。实际履行的合同难以确定,当事人请求参照最后签订的合同关于工程价款的约定折价补偿承包人的,人民法院应予支持"的规定,首先以双方实际履行的合同作为结算工程价款的依据,在实际履行的合同难以确定的情况下,可以最后签订的合同作为结算工程价款的依据。

(3)对于非强制招标项目,不论发包人是否自愿履行了招标程序,也不论在履行招标程序情况下是否存在中标无效的情形,凡因发承包双方在履行施工合同过程中基于客观情况变化所签订的合同,均应优先作为结算工程价款的依据。理由是,①《建设工程司法解释(一)》第23条规定:"发包人将依法不属于必须招标的建设工程进行招标后,与承包人另行订立的建设工程施工合同背离中标合同的实质性内容,当事人请求以中标合同作为结算建设工程价款依据的,人民法院应予支持,但发包人与承包人因客观情况发生了在招标投标时难以预见的变化而另行订立建设工程施工合同的除外。"因此,当事人因客观情况发生变化而签订的合同,应当优先于中标合同作为结算工程价款的依据。②不论中标合同及其他合同是否有效,当事人因客观情况发生变化而签订的合同,是当事人实际履行的合同,均应优先作为结算工程价款的依据。

110. 当事人就同一工程提供数份不同版本的建设工程施工合同,如何确定结算依据的优先次序?

在上文"109.当事人就同一工程提供数份不同版本的建设工程施工合同,应当依据哪份合同结算工程价款?"中,已经讨论了在建设工程施工合同纠纷案件中,对于当事人就同一工程提供数份不同版本的建设工程施工合同,在各种情形下,人民法院或者仲裁机构应当依据哪份合同作为结算工程价款的依据的问题。

在上文基础上,本节对当事人就同一工程提供数份不同版本施工合同情形下的结算依据进行总结,结算工程价款依据的优先次序为:因客观变化签订的合同＞中标文件＞中标合同＞多份合同均有效或者均无效①时实际履行合同＞在后合同。

作为法官或仲裁员,当审理建设工程施工合同纠纷案件中存在多份不同版

---

① 多份合同均有效,如发承包双方就非强制招标项目签订的数份施工合同。多份合同均无效,如强制招标项目签订的数份合同,其中中标合同因中标无效而无效,其他合同因未经招标签订也无效。

本的施工合同时,则需要依次查明:(1)案涉建设工程是否属于依法必须进行招标的项目;(2)是否履行了招投标程序及签订中标合同;(3)是否存在中标无效或中标合同系以虚假意思表示订立的情形;(4)是否存在因客观情况变化而变更合同的情形。然后,依据上述公式确定建设工程价款的结算依据。

111. 当事人就同一工程提供的数份建设工程施工合同均无效,并且不能辨别当事人的真实意思时,如何确定结算依据?

发承包双方就同一建设工程提供了数份内容不相同的施工合同,该数份合同均属无效合同(如承包人假冒他人名义签订合同),数份合同之间约定的工程款差额巨大,但合同记载的签订时间却为同一日期或均未填写签订日期,由相同的委托代理人所签订。此种情形下,该数份施工合同均不能作为工程价款结算的依据,人民法院应当依据市场价格通过委托司法鉴定的方式确定工程价款。

《民法典》第793条第1款规定:"建设工程施工合同无效,但是建设工程经验收合格的,可以参照合同关于工程价款的约定折价补偿承包人。"但是,在数份合同价款分配没有规律且无法辨别真伪的情况下,不能确认当事人对工程价款约定的真实意思表示。因此,该数份合同均不能作为结算的依据。在双方不能依照《民法典》第510条[①]协商确定工程价格时,根据《民法典》第511条第2项规定,当事人就合同价款或者报酬约定不明确,按照订立合同时履行地的市场价格履行;依法应当执行政府定价或者政府指导价的,依照规定履行。因此,在当事人提供的数份施工合同均无效,并且不能辨别当事人的真实意思时,应当依据市场价格通过委托司法鉴定的方式确定工程价款。

[①] 《民法典》第510条:"合同生效后,当事人就质量、价款或者报酬、履行地点等内容没有约定或者约定不明确的,可以协议补充;不能达成补充协议的,按照合同相关条款或者交易习惯确定。"

112. 两份建设工程施工合同均无效且无法判断实际履行合同以及最后签订的合同时，应当如何确定工程价款？

建设工程施工合同纠纷案件中，包括经过备案的中标合同在内的两份施工合同均被认定为无效，庭审中双方当事人各自主张对自己有利的合同进行结算，在无法判断双方实际履行的是哪份合同，而且该两份合同的签订时间均在同一天或者签订日期均空白，亦不能判断最后签订的合同的情形下，应当怎样确定发承包双方之间的工程价款？

《民法典》第793条第1款规定："建设工程施工合同无效，但是建设工程经验收合格的，可以参照合同关于工程价款的约定折价补偿承包人。"《建设工程司法解释（一）》第24条规定："当事人就同一建设工程订立的数份建设工程施工合同均无效，但建设工程质量合格，一方当事人请求参照实际履行的合同关于工程价款的约定折价补偿承包人的，人民法院应予支持。实际履行的合同难以确定，当事人请求参照最后签订的合同关于工程价款的约定折价补偿承包人的，人民法院应予支持。"上述规定确立了无效合同的工程价款处理原则，即参照合同约定进行补偿的原则。但参照约定结算价款的合同，应为当事人意思真实且实际履行的合同，在实际履行的合同难以确定时，基于最后签订的合同是双方当事人的最后意思表示，故可以参照双方最后签订的合同结算工程价款。但在最后签订的合同亦难以确定时，怎样确定发承包双方之间的工程价款？

笔者认为，发承包双方就同一建设工程签订两份施工合同且均被认定为无效，意味着法律对两份合同均给予了否定性评价，无效的合同效力等级相同，不涉及哪份合同更优先的问题。在两份施工合同均无效，而且不能确定双方实际履行的合同，亦不能确定最后签订的合同，无法依照上述司法解释确定结算工程价款的依据时，可以将两份合同之间工程价款的差价，作为《民法典》第157条①中规定的损失，结合当事人的缔约过错、已完工程质量、诚实信用原则以及利益平衡等因素，由各方当事人按照过错程度分担因合同无效所造成的损失。

---

① 《民法典》第157条规定："民事法律行为无效、被撤销或者确定不发生效力后，行为人因该行为取得的财产，应当予以返还；不能返还或者没有必要返还的，应当折价补偿。有过错的一方应当赔偿对方由此所受到的损失；各方都有过错的，应当各自承担相应的责任。法律另有规定的，依照其规定。"

113. 工程造价鉴定机构分别按照定额价和市场价作出鉴定意见的，应当如何确定工程价款？

发承包双方就同一建设工程向法院或仲裁机构提供两份或以上的建设工程施工合同，数份施工合同签署日期相同，但工程价款约定不同。法院或仲裁机构在无法辨别合同真伪、不能确认当事人对合同价款约定的真实意思表示，又不能通过认定合同效力排除某份合同适用的情况下，应当通过委托鉴定的方式对讼争工程价款作出认定。

由于没有合同依据进行鉴定，鉴定机构分别按照定额价和市场价作出鉴定意见，对此，法院或仲裁机构一般情况下应以市场价确定工程价款。理由如下：

第一，建设工程定额标准是各地建设主管部门根据本地建筑市场建安成本的平均值确定的，是完成一定计量单位产品的人工、材料、机械和资金消费的规定额度，属于政府指导价范畴，是任意性规范而非强制性规范。在当事人之间没有作出以定额价作为工程价款的约定时，一般不宜以定额价确定工程价款。

第二，定额标准往往跟不上市场价格的变化，而建设行政主管部门发布的市场价格信息，更贴近市场价格，更接近建筑工程的实际造价成本。

第三，以定额为基础确定工程造价没有考虑企业的技术专长、劳动力生产水平、材料采购渠道和管理能力，这种计价模式不能反映企业的施工技术和管理水平。

第四，根据《民法典》第510条、第511条的规定，在合同关于价款约定不明且双方当事人不能达成补充协议、按照关联条款和交易习惯也不能确定价款情况下，应当按照订立合同时履行地的市场价格履行；依法应当执行政府定价或者政府指导价的，依照规定履行。诉争工程如果不属于政府定价工程，以市场价作为合同履行的依据不仅更符合法律规定，而且对双方当事人更公平。

因此，在不能通过合同约定确定工程价款计价方式的情况下，法院或仲裁机构一般应当依照鉴定机构以市场价作出的鉴定意见作为定案的依据。

114. 对固定价格的建设工程施工合同，人民法院或仲裁机构能否依据鉴定意见确定工程造价？

固定价格，是指工程价格在实施期间不因价格变化而调整。在工程价格中应考虑价格风险因素并在合同中明确固定价格包括的范围。

固定价格，俗称"包死价""一口价""闭口价""一脚踢"（含风险费用包干），固定价款是合同总价或单价在合同约定的风险范围内不可调整的价格。工程价款固定，表明合同双方已经充分预判合同风险，并考虑到合同履行中引起价格变动的诸种因素，双方在此基础上有权自愿决定是否签订合同以及承担相关风险。

固定价格合同，鉴于双方"一揽子"估价，其工程造价即为合同约定的价格，无须通过鉴定确定工程造价。根据《建设工程司法解释（一）》第28条规定："当事人约定按照固定价结算工程价款，一方当事人请求对建设工程造价进行鉴定的，人民法院不予支持。"因此，对于固定价格合同，一方当事人工程申请工程造价鉴定的，法院或仲裁机构不应予以准许。

但在诉讼或仲裁实践中，有些法官或仲裁员对固定价款工程准许进行工程造价鉴定，并以此确定工程价款。笔者认为，该做法欠妥。合同是确立民事法律关系的依据，依法成立的合同应受法律保护，合同双方的权利义务应严格依照合同的约定履行，不得擅自变更。在双方没有对固定价格及工程结算方式予以变更的情况下，法院或仲裁机构一方面认可合同的效力，另一方面又委托工程造价鉴定，有悖当事人意思自治原则，其委托鉴定缺乏事实和法律依据。因此，其鉴定意见因违反上述《建设工程司法解释（一）》第28条的规定，不能作为认定工程造价的依据。

115. 固定价格建设工程施工合同中途解除的，如何确定已完工程造价？

固定价格合同，是发承包双方约定了合同价款包含的风险范围和风险费用的计算方法，在约定的风险范围内合同价款不再调整的合同。包括固定总价合同和固定单价合同。

在未约定解除合同应如何计算已完工程价款的情形下,固定价格施工合同中途解除了,应如何计算承包人已完工程的价款?这一问题比较复杂,司法实践中存在各种做法,都有一定的合理性,但也存在着一定的缺陷。介绍实践中的各种做法如下。

第一种做法是,按同一定额分别计算已完工程和全部工程的预算价,以该两个预算价的比值作为已完工程的比例系数,再以该比例系数乘以合同固定总价(合同约定固定单价的,按工程量换算成固定总价),计算已完工程价款。公式为:

$$已完工程价款 = \frac{已完工程预算价}{全部工程预算价} \times 合同约定的固定总价$$

该做法的初衷是尊重当事人的意思自治,但实际效果有时却背道而驰。因为,固定价格合同,往往是承包人让利、价格下浮的合同价格,带有综合平衡报价性质。承包人签订该价格,是建立在全部完成合同约定的施工任务和全部工程量基础之上,建立在施工合同得以全面履行这一心理预期之上。如果施工合同非因承包人原因而解除,工程量减少,其让利损失不能以全部工程量进行摊销,不能在后续工程中得以弥补,仍按全部工程量的让利幅度进行让利,有违公平原则。

第二种做法是,按已完施工工期与全部应完施工工期的比值作为计价系数,再以该系数乘以合同固定总价计算已完工程价款。公式为:

$$已完工程价款 = \frac{已完施工工期}{全部应完施工工期} \times 合同约定的固定总价$$

这种做法,在司法实践当中采用得较少。施工工期与工程价格,实际上没有必然的联系,且施工工期与承包人投入的人力、机械以及施工的工作面、工作的难易程度、发包人的供材是否及时等因素有关,该做法缺乏合理性。

第三种做法是,依据政府部门发布的定额进行计算已完工程价款。此种做法的缺陷是,完全抛弃当事人约定的价格,有悖意思自治原则,且如因承包人违约而解除合同,承包人反而获得较原定价格高的价款,不符合"任何人均不得因其不法行为而获益"的法律原则,对发包人不公平。

司法实践中,有的法院按照第一种做法,即按比例折价计算已完工程价款,有的按照第三种做法,即改按定额计算已完工程价款,裁判尺度不统一,给人以法无定法之感，影响司法权威。

笔者认为，对于固定价格合同解除情形下计算承包人已完工程价款，不应完全抛弃施工合同约定的价格，还应充分考虑承包人综合平衡报价在合同解除情形下不能以合同约定的全部工程量摊销损失的因素，结合双方履行行为导致合同解除的过错，综合确定承包人的已完工程价款。

首先，《民法典》第 567 条规定："合同的权利义务关系终止，不影响合同中结算和清理条款的效力。"第 806 条第 3 款规定，合同解除后，已经完成的建设工程质量合格的，发包人应当按照约定支付相应的工程价款。前述规定确立了合同解除后，约定的结算条款依然有效，并应按照约定支付工程价款的原则，故完全抛弃合同约定价格的做法，缺乏法律依据。

其次，《民法典》第 566 条第 1 款、第 2 款规定："合同解除后，尚未履行的，终止履行；已经履行的，根据履行情况和合同性质，当事人可以请求恢复原状或者采取其他补救措施，并有权请求赔偿损失。合同因违约解除的，解除权人可以请求违约方承担违约责任，但是当事人另有约定的除外。"上述规定赋予守约方有权要求违约方赔偿损失的权利。并且，承包人在诉讼中提出的其报价为综合平衡报价，按施工合同原固定价格折算其已完工程价款，不足以弥补其损失的主张，实质上亦是主张损失。

鉴于此，笔者认为，对于固定价格合同解除情形下计算承包人已完工程价款，应按"承包人已完工程价款＝按比例折价＋赔偿损失"的模式计算。具体而言，按第一种做法确定已完工程的价款（按比例折价），按第三种做法即按政府指导价计算的已完工程定额造价与该工程价款（按比例折价的价款）之间的差额，作为因施工合同解除导致承包人综合平衡报价不能摊销的损失的最高限额。

在以上计算已完工程价款模式下，案件审理中根据双方当事人的过错，区分以下情形具体处理：

其一，如果施工合同因发包人单方违约而解除，导致承包人不能以合同约定的全部工程量对综合平衡报价损失进行弥补的，则由发包人全部赔偿上述解除合同的损失，实际效果为按第三种做法确定已完工程价款。

其二，如果施工合同因承包人单方违约而解除，系承包人因其自身原因导致不能以后续工程弥补综合平衡报价的损失，故应由其自行承担上述解除合同的损失，实际效果为按第一种做法确定已完工程价款。

其三，如果施工合同因双方混合过错而解除，则根据双方的过错确定各自应承担的损失数额。

按以上模式计算承包人已完工程价款,可避免司法实践中做法不统一及缺乏法理依据的弊端,有助于统一裁判尺度。

116. 以划分界区的方式确定承包范围签订的固定总价建设工程施工合同,当实际工程量超出合同约定的工程量时,承包人能否要求增加工程价款?

承发包双方在建设工程施工合同中约定,以划分界区的方式确定承包人的承包范围,即界区范围内的所有工程均为承包人的施工内容,并在此基础上签订固定总价施工合同。工程完工后,承包人认为实际工程量远超出合同约定的工程量,要求发包人增加工程款。而发包人认为,施工合同是固定价格合同,在界区范围内的工程量均不得要求增加价款。双方为此发生争议。笔者认为,如经查实,承包人完成的实际工程量超出签订合同时预计的工程量时,承包人有权要求发包人增加工程价款。

例如,山东省某公司四炉一机 12 兆瓦余热发电项目工程约定承包范围界区如图 1 所示。

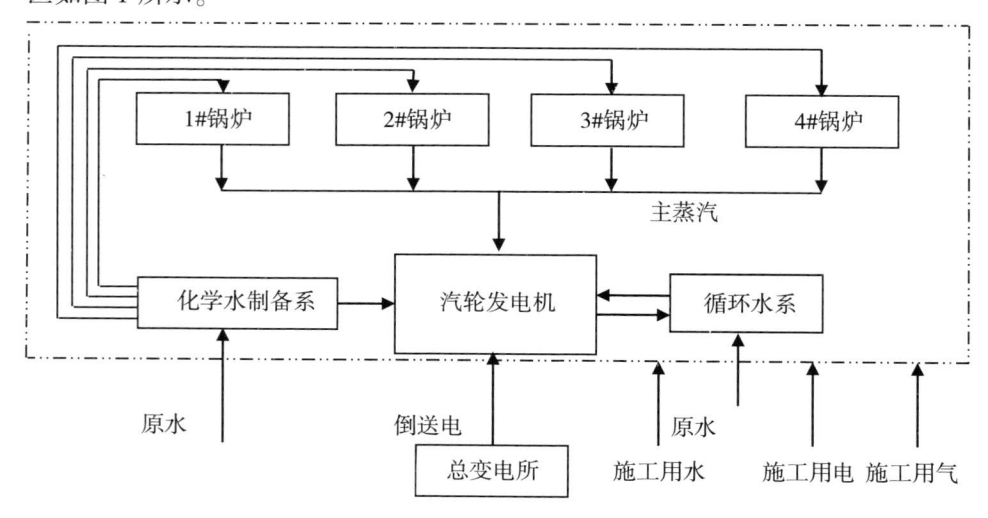

图 1 装置界区划分

双点画线(—··—··—··—··—··—)框内为装置界区。界区内外接口交接点在装置平面布置界区线外 1 米处。

双方在建设工程施工合同中约定:界区范围内属于系统必需的内容无论设计图纸是否标示,均为承包人承包范围,界区范围内工程造价为固定总价,承包人不得因任何理由要求增加工程款。在界区范围外增加的工程量所增加的施工费用,由双方协商确定。

本工程实际情况是,发包人招标时提供给承包人的图纸不全,在施工过程中陆续增加图纸和施工内容。工程完工后,承包人认为界区范围内的实际工程量远远超出签订合同时所预计的工程量,要求增加工程款,发包人以其属于界区范围内工程且总价固定为由拒绝增加价款,双方发生争议。

对此类问题,笔者的观点是,发承包双方在建设工程施工合同中约定的固定总价,与订立合同时所测定的工程量相对应。换言之,总价固定以工程量固定为前提。如果实际工程量超出双方签订合同时所测定的工程量的,承包人有权请求增加工程价款。具体理由如下:

(1)固定价格是指工程价格在实施期间不因价格变化而调整,在工程价格中应考虑价格风险因素并在合同中明确固定价格包括的范围。《2017 版施工合同示范文本》通用合同条款第 12.1 款第 2 项规定,总价合同是指合同当事人约定以施工图、已标价工程量清单或预算书及有关条件进行合同价格计算、调整和确认的建设工程施工合同,在约定的范围内合同总价不作调整。合同当事人应在专用合同条款中约定总价包含的风险范围和风险费用的计算方法,并约定风险范围以外的合同价格的调整方法。上述规定表明,固定价格合同要求合同当事人充分预判合同履行过程中存在的各种价格风险因素并承担相关风险。固定价格合同,实质上是起着分配风险的作用,由此决定着由谁防御风险和承担风险。但是,该"风险"仅指商业风险,商业风险是从事商业活动的固有风险,诸如施工期间人工、材料、机械租赁价格的上涨等。

(2)以划分界区方式确定承包范围并在此基础上签订固定价格施工合同,尤其是发包人在签订合同时未能提供全部图纸、无法准确判断具体的工程量时,该固定价格施工合同不能起到分配风险的作用,而且,该风险也不属于商业风险。与价格固定相对应的是工程量的固定,承包人投标价格的测定建立在招标文件反映的工程量的基础之上,由于实际工程量超出签订合同时预计的工程量增加的工程价款,发包人应予支付。

（3）在一定界区范围内建筑施工的工程量，理论上可以是无限大的，比如建筑面积可以随容积率的大小而浮动。发承包双方以界区范围划定承包范围，而不是以施工图确定承包范围和工程量，双方约定的工程量实际上是不固定的。工程量不能固定，就无所谓"价格固定"，即双方对固定价格的约定是不明确的。《民法典》第510条规定："合同生效后，当事人就质量、价款或者报酬、履行地点等内容没有约定或者约定不明确的，可以协议补充；不能达成补充协议的，按照合同相关条款或者交易习惯确定。"因此，此类纠纷首先应当允许并力求由双方协商解决。如果双方不能协商一致的，可以参照当地建设行政主管部门发布的工程计价方法或者计价标准，按承包人的施工资质和工程量据实结算工程价款。

117. 发承包双方签订"平方米包干"的建设工程施工合同，因设计变更导致工程量增加，但建筑面积未增加的，能否允许调整工程价款？

承发包双方签订"平方米包干"的固定单价施工合同，即每平方米建筑面积单价固定的施工合同，在施工过程中由于发包人变更了设计，导致施工工程量增加，承包人要求增加工程造价，发包人则认为双方约定了"平方米包干"，在建筑面积没有增加的情况下不允许变更合同价款，由此发生争议。

例如，承发包双方就建筑电气安装工程签订了"平方米包干"施工合同，施工过程中发包人提出设计变更，电气敷设线路、房间内部布置发生较大变化，导致电气安装的工程量增加。承发包双方为是否应当追加工程价款发生争议。此种情形下，能否对双方约定的固定价格进行调整？

笔者认为，与固定价格相对应的是固定的工程量，价格固定建立在工程量固定的基础之上，工程量发生变化的，应当允许调整工程造价。虽然双方约定了"平方米包干"的固定价格条款，但是发包人在建筑面积没有发生变化的情况下改变了原设计，导致施工工程量增大，应就增加的工程量向承包人增加价款。发包人变更设计本身就是一种变更合同的行为，原合同约定的固定价格的条件和基础已经发生变化。对设计变更等原因导致的增量工程追加价款，与合同约定的按固定价结算工程款的原则并不矛盾,不能以固定单价包干为由对变更增加的工程量不予调整工程价款。

调整方法:按同一定额分别对原设计与变更设计后的工程量(实际工程量)计算工程造价,以实际工程量计算的工程造价除以按原设计工程量计算的工程造价,得出固定单价调整系数,用该系数调整合同约定的平方米单价后计算工程造价。计算公式:工程造价 = 按同一定额计算的实际工程量造价 ÷ 按同一定额计算的原设计造价 × 平方米单价 × 建筑面积。

118. 因建筑材料或人工费大幅上涨,承包人以情势变更为由请求变更或解除固定价格建设工程施工合同的,人民法院或仲裁机构应否支持?

发承包双方订立固定价格施工合同,在合同履行过程中,因建筑材料价格或者人工费用过快(大幅)上涨,承包人请求适用情势变更原则调整合同价款或解除合同的,人民法院或仲裁机构应否支持?

情势变更原则,是指出现不可归责于当事人原因的客观变化,致合同之基础动摇,若继续维持合同原有效力则显失公平的,允许变更或解除合同的原则。适用情势变更原则变更或解除合同,是法律确立的公平原则对当事人意思自治原则进行的合理干预。

关于情势变更的识别。《民法典》第533条规定:"合同成立后,合同的基础条件发生了当事人在订立合同时无法预见的、不属于商业风险的重大变化,继续履行合同对于当事人一方明显不公平的,受不利影响的当事人可以与对方重新协商;在合理期限内协商不成的,当事人可以请求人民法院或者仲裁机构变更或者解除合同。人民法院或者仲裁机构应当结合案件的实际情况,根据公平原则变更或者解除合同。"《民法典合同编通则司法解释》第32条第1款规定:"合同成立后,因政策调整或者市场供求关系异常变动等原因导致价格发生当事人在订立合同时无法预见的、不属于商业风险的涨跌,继续履行合同对于当事人一方明显不公平的,人民法院应当认定合同的基础条件发生了民法典第五百三十三条第一款规定的'重大变化'。但是,合同涉及市场属性活跃、长期以来价格波动较大的大宗商品以及股票、期货等风险投资型金融产品的除外。"根据上述规定,对于情势变更适用上"重大变化"的认定,应把握以下几点:(1)客观情况发生足以动摇合同基础的重大变化。从"足以动摇"来看,情势变更制度中的重大变化并不要求导致合同基础丧失或者合同目的落空,而只需要对合同关系建立和合同正常履行造成障碍即可,当然这种障碍应该是严重的,即足以动摇合同基础,假设此种重大变化发生在合同订立之前,当事人若知晓此种变化便不会缔结合同。从"客观情况"来看,重大变化并不是当事人主观产生了不同认识,而是合同正常成立、履行所依托的社会经济形势、周围环境和客观条件等发生了剧烈变动,具有某种"突发性"和"异常性",从而导致当事人之间出现了对价关系障碍,进而动摇了合同基础。① (2)重大变化发生在合同成立后至履行完毕前。(3)应当是当事人在订立合同时无法预见的重大变化。认定"无法预见"应把握为,预见的主体为合同双方当事人,预见的内容为情势变更发生的可能性,预见的时间为合同缔结之时,预见的标准应当为主观标准,即以遭受不利益一方的实际情况为准,尤应注意的是,重大变化所具有的"突发性"和"异常性"是无法预见的基础。② (4)重大变化不能属于商业风险。人民法院要合理区分情势变更与商业风险。商业风险属于从事商业活动的固有风险,诸如尚未达到异常变动程度的供求关系变化、价格涨跌等。情势变更是当事人在缔约时无法预见的非市场系统固有的风险。人民法院在判断某种重大客观变化是否属于情势变更时,应当注意衡量风险类型是否属于社会一般观念上的事先无法预见、风险程度是否远远超出正常人的合理预期、风险是否可以防范和控制、交易性质是否属于通常的"高风险高收益"范围等因素,并结合市场的具体情况,在个案中识别情势变更和商业风险。③ 此外,如果重大变化事件导致合同目的落空,则属于不可抗力,不应认定为情势变更。

笔者认为,对由于建筑材料价格或者人工费用过快上涨,当事人诉请变更或解除固定价格施工合同的,应区分以下情形区别对待:

---

① 参见最高人民法院民事审判第二庭、研究室编著:《最高人民法院民法典合同编通则司法解释理解与适用》,人民法院出版社2023年版,第370页。
② 参见最高人民法院民事审判第二庭、研究室编著:《最高人民法院民法典合同编通则司法解释理解与适用》,人民法院出版社2023年版,第371页。
③ 参见《关于当前形势下审理民商事合同纠纷案件若干问题的指导意见》(法发〔2009〕40号)第1条第3款。

（1）固定价格合同约定了风险范围及调整方法的，按照当事人的约定处理。如果建筑材料价格或者人工费用的上涨没有超出固定价格合同约定的风险范围，当事人请求适用情势变更原则调整合同价款的，法院或仲裁机构应不予支持。

（2）固定价格合同未约定风险范围的，按以下情形处理。

①在施工期间，因建筑材料价格或者人工费用过快（大幅）上涨，承包人诉至法院或仲裁机构请求适用情势变更原则调整合同价款或解除合同的，法院或仲裁机构要积极引导当事人重新协商，改订合同；重新协商不成的，争取调解解决[①]；调解不成的，为避免损失扩大，及时应判决解除合同。对解除合同前工程价款的结算，法院或仲裁机构可适用情势变更原则予以适当调整。

②承包人明知材料价格或人工费用已大幅上涨，但未提出异议或主张权利，仍继续履行固定价格施工合同，在竣工结算期间主张因情势变更调整合同价款的，法院或仲裁机构不予支持。

③材料价格或人工费用上涨发生在当事人违约期间，违约方以情势变更为由主张变更或解除合同的，法院或仲裁机构不予支持。例如，承包人因工程逾期期间材料价格或人工费用上涨，要求调整合同价款的，法院或仲裁机构不予支持。

人民法院或仲裁机构适用情势变更原则裁判，应注意以下问题：

(1)区分情势变更与商业风险。已如前述，于此不赘。

(2)保护守约方原则。在调整尺度的价值取向把握上，仍应遵循侧重于保护守约方的原则。适用情势变更原则并非简单地豁免债务人的义务而使债权人承受不利后果，而是要充分注意利益均衡，公平合理地调整双方利益关系。

(3)在变更或解除合同的适用顺序上，遵循合同严守立场。《民法典合同编通则司法解释》第32条第2款规定："合同的基础条件发生了民法典第五百三十三条第一款规定的重大变化，当事人请求变更合同的，人民法院不得解除合同；当事人一方请求变更合同，对方请求解除合同的，或者当事人一方请求解除合同，对方请求变更合同的，人民法院应当结合案件的实际情况，根据公平原则判决变更或者解除合同。"据此，原告或仲裁申请人仅主张变更合同的，人民法院或仲裁机构不得径行裁判解除合同。只有双方当事人各自主张不一致时，才可以结合具体案情根据公平原则裁判变更或解除合同。即力求最大限度地保

---

① 参见最高人民法院《关于当前形势下审理民商事合同纠纷案件若干问题的指导意见》（法发〔2009〕40号）第1条第4款。

留原有合同、维护合同效力、促进合同履行,尽量通过变更合同使双方的权利义务重新达致平衡,使合同继续履行变得公正合理。①

119. 发包人单方委托咨询公司审价,承包人代其支付审价费取得的审价报告能否作为认定工程造价的证据?

发承包双方在竣工结算过程中,发包人单方委托工程造价咨询机构审价并与之签订造价咨询委托合同,后因发包方未支付审价费,审价机构拒绝出具审价报告。承包人代发包人支付审价费后,取得了审价机构在双方认可的工程量基础上作出的审价报告,并以此为证据提起工程款索赔诉讼或仲裁。对此,人民法院或仲裁机构能以该审价报告作为确定工程造价的依据。

发包方就工程造价委托造价咨询机构审价,是履行其与承包人之间建设工程施工合同约定的义务。造价咨询委托合同签订后,发包人与承包人共同参与审价机构的工程结算审核工作,该事实表明虽然审价报告是依据发包人的单方委托出具,但体现了发包人和承包人双方共同的意思表示。承包人代发包人支付审价费,取得审价机构出具的审价报告,作为主张工程款的依据,并没有违反法律的禁止性规定,取得审价报告的程序并无不当。

对于审价报告的证据效力,应当区分以下情形认定:

(1)发承包双方均在审价报告中的工程造价审核定案表中签字或盖章确认的,表明双方已就工程造价达成合意,应予认定审价报告的效力。如果一方当事人不予认可并申请工程造价鉴定,法院或仲裁机构应当依据《建设工程司法解释(一)》第29条关于"当事人在诉讼前已经对建设工程价款结算达成协议,诉讼中一方当事人申请对工程造价进行鉴定的,人民法院不予准许"的规定,不予准许鉴定申请。对于承包人垫付的审价费,因为承包人在诉讼或仲裁中将审核结果作为应付工程款的证据使用,人民法院或仲裁机构可参照工程造价鉴定

---

① 参见最高人民法院民事审判第二庭、研究室编著:《最高人民法院民法典合同编通则司法解释理解与适用》,人民法院出版社2023年版,第373页。

费的处理原则判由双方各半负担。

（2）发包人如果对审价报告内容有异议，且尚未在审价报告中的工程造价审核定案表中签字或盖章确认的，不能依据该审价报告认定双方之间的工程造价。如果一方当事人申请工程造价鉴定，根据《建设工程司法解释（一）》第30条规定："当事人在诉讼前共同委托有关机构、人员对建设工程造价出具咨询意见，诉讼中一方当事人不认可该咨询意见申请鉴定的，人民法院应予准许，但双方当事人明确表示受该咨询意见约束的除外。"在双方当事人没有明确表示受审价报告约束的情况下，法院或仲裁机构应予准许当事人的鉴定申请。对于承包人垫付的审价费，由双方另行解决。

120. 承包方与发包方委托的第三人作出的未经发包方盖章确认的结算书，人民法院或仲裁机构能否以此确定工程造价？

发包人委托第三人协助其与承包人进行工程结算，结算完成取得第三人盖章或其相关人员签字的工程结算书，但是发包人没有加盖印章，诉讼或仲裁中发包人以结算书未加盖其公章为由否认其效力。对此，应如何认定该结算书的效力？

发包人就涉案工程委托第三人进行造价结算，承包人对委托事实予以认可并参与结算对项工作，说明同意该第三人代表发包人进行工程结算。第三人依据授权代表发包人进行工程结算，且就工程结算与承包人达成一致意见，视为发包人与承包人就工程结算达成了一致意见，结算书系发包人委托第三人作出，无须发包人盖章，能够作为确定发承包双方之间工程造价的依据。

121. 协助发包人结算对项的第三人没有审计资质，如何认定已经审定的结算书的效力？

发包人在竣工结算过程中委托第三人协助其进行内部审计，第三人依据授权完成了与承包人的结算对项工作，在承包人提起工程款索赔诉讼或仲裁后，发包人又以协助其审核结算的第三人不具备审计资质为由否认业已审定的结算书的效力。对此,应如何认定结算书的效力?

应认为,承包人与发包人委托的第三人共同审定的结算书有效。理由如下:

(1)协助其他单位进行内部审计,不要求参与内部审计的单位具有相关的资质,协助审计的单位出具的审计报告是针对委托单位,作为委托单位的工作成果。如果协助审计的单位独立从事审计工作,并且出具的报告独立于委托单位,具有对外的效果,则要求审计单位及参与审计的人员具有相关的资质。第三人协助发包人进行内部审计,不要求第三人具有相关资质,已经审定的结算书不因此而无效。

(2)发包人委托第三人协助其完成结算工作,委托关系的建立以当事人相互信任为基础,不以第三人具备审计资质为成立要件。协助发包人结算对项的第三人,是基于发包人的授权与承包人进行结算对项工作,不以该第三人具备审计资质为必要条件。发包人既已委托第三人协助其内部审计,在诉讼或仲裁中又以第三人不具备审计资质为由否认业已审定结算书的效力,于法无据,不应得到人民法院或仲裁机构的支持。

122. 承包人能否在已审定的工程造价之外要求增加签证款?

发承包双方已经审定工程造价并在结算明细表上签章确认,诉讼或仲裁审理中,承包人又提供由发包人原来的施工代表(诉讼时已离职)签字确认的签证单,以结算漏项为由要求发包人支付签证单记载的款项,而发包人坚称该签证单是原施工代表通过倒签日期伪造的,不同意支付签证款。此种情形下,审理机构应否支持承包人增加签证款的请求?

结算工程价款,应当尊重合同当事人的意思自治。签证单形成时间在前,对工程进行竣工结算时间在后,承包人结算工程款时未将签证款予以列入,是对自己权利的一种处分行为,其在结算明细表上签字盖章进行确认,是就工程结算与发包人形成的协议,具有合同的效力,任何一方未经对方同意,不得擅自变更。发承包双方进行工程结算,存在反复磋商甚至争执、妥协、平衡的过程,亦存在"此让彼补""明让暗补"等情形,仅凭签证款项未包含在结算明细表中不能认定为结算漏项。因此,承包人请求在结算造价之外增加工程价款,无事实与法律依据,审理机构不应在双方已审定的工程造价之外,增加工程价款。

123. 建设工程施工合同约定的工程款计价标准与定额标准不一致的,诉讼或仲裁中能否变更?

承发包双方在建设工程施工合同中约定的工程价款计价标准与工程所在地建设主管部门颁布的定额标准不一致,一方当事人在诉讼或仲裁中主张按照定额标准计价的,该主张能否成立?

当事人主张改按定额标准计价的主张,不能成立。理由如下:

(1)根据合同当事人意思自治原则,只要当事人约定内容不违反法律法规的强制性规定,无论具体条款是否合理,当事人均应依据诚信原则遵从自己的约定;

(2)定额标准是各地建设主管部门根据本地建筑市场建安成本的平均值确定的,是为完成单位工程量所消耗的劳动、材料以及机械台班的标准额度,属于政府指导价范畴,是任意性规范而非强制性规范,不具有强制适用的法律效力,法律允许当事人订立与定额标准不一致的工程结算价格;

(3)依照《民法典》第136条第2款规定,行为人非依法律规定或者未经对方同意,不得擅自变更或者解除民事法律行为。一方当事人主张将合同约定的计价标准变更适用定额标准,系擅自变更合同行为,不能成立。

124. 对于建设工程施工合同约定的定额标准和结算时已实施的新定额标准,应适用哪一标准结算工程造价?

承发包双方在建设工程施工合同中约定了工程取价定额标准,但在竣工结算时又有新的定额标准已经实施,诉讼或仲裁中双方为应适用哪一个结算标准发生争议。对此,应适用哪一个定额标准?

如果双方当事人没有在施工合同中约定取价标准随当地政策调整的内容,人民法院或仲裁机构应当适用施工合同约定的定额标准。

《民法典》第 5 条规定:"民事主体从事民事活动,应当遵循自愿原则,按照自己的意思设立、变更、终止民事法律关系。"第 464 条第 1 款规定:"合同是民事主体之间设立、变更、终止民事法律关系的协议。"上述规定,体现了合同自由原则与当事人意思自治原则。据此,只要合同内容不违反法律和行政法规的强制性规定,就应当充分尊重合同当事人的意思自治。当事人在考察了市场机遇、风险及各自可能获得的利益以后,平等自愿、意思真实且一致地签订的施工合同,应受法律保护,双方均应依约履行合同义务,不得擅自变更合同内容。

定额标准,属于政府颁布的政策性调整文件,不是必须遵守的强制性文件,当事人的约定具有优先于法律的任意性规范的适用效力。契约是当事人之间的法律。新定额标准无法抗辩已生效的合同。因此,在施工合同无特别约定的情况下,人民法院或仲裁机构应当适用施工合同约定的定额标准。

125. 发承包双方对执行定额作出特别约定的,能否执行该特别约定?

发承包双方约定执行定额结算工程价款,同时对执行定额内容作出特别约定(不同于定额规定内容)的,应当优先适用该特别约定。

建设工程定额标准是各地建设主管部门根据本地建筑市场建安成本的平均值确定的,是为完成单位工程量所消耗的劳动、材料以及机械台班的标准额度,属于政府指导价范畴,是任意性规范而非强制性规范,不具有强制适用的法律效力。法律允许当事人在执行定额基础上,就定额中某些项目及费用进行特别约定,该特别约定具有优先于定额规定或定额主管部门发布的取费程序、计价方法的适用效力。

126. 承包人参照定额标准组成清单报价，发包人主张按照定额标准计价的，能否得到人民法院或仲裁机构支持？

建设工程招投标采用工程量清单报价，承包人参考建设主管部门制定的定额标准组成清单价格参与投标，发包人由此主张按照定额标准计取工程价款的，人民法院或仲裁机构不予支持。

《建设工程工程量清单计价规范》（GB 50500—2013）第4.1.2项规定："招标工程量清单必须作为招标文件的组成部分，其准确性和完整性应由招标人负责。"第4.1.3项规定："招标工程量清单是工程量清单计价的基础，应作为编制招标控制价、投标报价、计算或调整工量、索赔等的依据之一。"第6.1.3项规定："投标报价不得低于工程成本。"第6.1.4项规定："投标人必须按招标工程量清单填报价格。项目编码、项目名称、项目特征、计量单位、工程量必须与招标工程量清单一致。"第6.2.1项规定："投标报价应根据下列依据编制和复核：1. 本规范；2. 国家或省级、行业建设主管部门颁发的计价办法；3. 企业定额，国家或省级、行业建设主管部门颁发的计价定额和计价办法；4. 招标文件、招标工程量清单及其补充通知、答疑纪要；5. 建设工程设计文件及相关资料；6. 施工现场情况、工程特点及投标时拟定的施工组织设计或施工方案；7. 与建设项目相关的标准、规范等技术资料；8. 市场价格信息或工程造价管理机构发布的工程造价信息；9. 其他的相关资料。"由此可知，工程量清单报价是指招标人提供工程量清单，投标人根据市场价格信息和自身技术管理水平自主报价，通过市场竞争确定工程价格。

工程量清单计价是国际通行的计价模式，由施工企业根据本企业的具体条件和资源配置情况及内在潜力、市场需求和竞争环境等因素自主决定工程报价，其本质是市场定价。清单计价模式在我国尚处于发展阶段。

实践中，有些施工企业因自身技术管理条件的限制，尚未制定企业定额，没有系统、完善的企业价格，只能参考建设主管部门制定的定额标准组成工程量清单价格，参与投标。承包人参照定额标准组价，发包人认可其清单报价的，视为双方就清单计价方式及清单价格形成了合意。由此订立的建设工程施工合同对双方具有法律约束力，任何一方非依法律规定或者取得对方同意，不得擅自变更合同内容。因此，发包人以承包人参照定额组价为由，主张按定额标准结算工程价款的,系变更合同约定的清单计价方式,没有法律依据,不能得到人民法院或仲裁机构的支持。

127. 工程转包情况下,发包人应当与谁结算工程价款?

诉讼或仲裁实践中,发包人知悉承包人转包建设工程后,往往主张承包人转包工程视同其转让施工合同,承包人退出原施工合同,发包人与转承包人(实际施工人)形成了事实上的发承包关系,要求直接与转承包人(实际施工人)结算工程价款,对此人民法院或仲裁机构不予支持。

建设工程被转包,虽然诉争工程实际由转承包人(实际施工人)完成,但发包人与转承包人之间没有建立施工合同法律关系,虽然承包人转包建设工程严重违反法律禁止性规定,但并不影响其与发包人订立的建设工程施工合同的效力,因此,发包人不能突破合同相对性原则直接与转承包人结算工程价款,还应与其合同相对方即承包人结算工程价款。

笔者认为,不能将转包视为合同的转让即合同权利义务的概括转移。因为,合同转让后,转让人(承包人)即退出原合同关系,受让人(转承包人)取代转让人原合同地位,承继原合同的权利义务,与发包人形成了施工合同法律关系,根据《民法典》第555条"当事人一方经对方同意,可以将自己在合同中的权利和义务一并转让给第三人"的规定,承包人转包建设工程并未征得发包人同意,并且转包建设工程是一种严重的违法行为,因此转包工程不能产生转让合同的法律效力。况且,实践中转承包人仍然以转包人的名义施工,而且大多数转包人在施工过程中实施一定程度的管理、协调配合等工作,因此,司法实践中不宜将转包工程视为施工合同的转让。

128. 工程转包情况下,转包人能否向转承包人主张管理费?

转包人和转承包人在转包合同中约定,转包人按照转包工程造价的一定比例向转承包人收取管理费。在双方发生的工程价款纠纷中,转包人主张应当扣留合同约定的管理费,其主张能否成立?

笔者认为,转包人请求扣留管理费的主张,不能成立。

(1)《建筑法》第28条规定:"禁止承包单位将其承包的全部建筑工程转包给他人,禁止承包单位将其承包的全部建筑工程肢解以后以分包的名义分别转包给他人。"《民法典》第791条第2款规定,承包人不得将其承包的全部建设工程转包给第三人或者将其承包的全部建设工程支解以后以分包的名义分别转包给第三人。根据《建设工程司法解释(一)》第1条第2款的规定,承包人因转包建设工程与他人签订的建设工程施工合同,应当依据《民法典》第153条第1款及第791条第2款的规定,认定无效。因此,转包合同无效。根据《民法典》第155条规定,无效的民事法律行为自始没有法律约束力。合同被认定无效是基于合同的违法性,被认定无效的合同自始无效,不可能产生当事人所预期的法律效果。[①] 一旦建设工程施工合同被认定无效,则该合同所有条款将当然无效、自始无效、确定无效,其中就包括管理费条款。转包人依据无效的管理费条款,主张扣留管理费,没有法律依据。

(2)有观点认为,合同约定的管理费条款是转包人与转承包人之间的结算和清理条款,根据《民法典》第567条关于"合同的权利义务关系终止,不影响合同中结算和清理条款的效力"的规定,该管理费条款属于有效条款。笔者认为,该认识错误。结算和清理条款效力独立规则不适用于无效合同,仅适用于有效而被终止的合同。与此对应的是争议解决条款效力独立规则。《民法典》第507条规定:"合同不生效、无效、被撤销或者终止的,不影响合同中有关解决争议方法的条款的效力。"不难发现,不论合同未生效、无效,还是被撤销或终止,合同中的争议解决条款均有效,亦即只要是合同当事人就解决争议达成合意,该条款即对当事人产生约束力。

(3)如果转包人在施工现场设立了项目管理机构并派驻相关人员,对转承包人的施工活动实施了一定的监督管理以及协调配合工作,转包人据此主张管理费的,应当依据《民法典》第157条"民事法律行为无效、被撤销或者确定不发生效力后,行为人因该行为取得的财产,应当予以返还;不能返还或者没有必要返还的,应当折价补偿。有过错的一方应当赔偿对方由此所受到的损失;各方

[①] 参见刘德权主编:《最高人民法院裁判意见精选》(上),人民法院出版社2011年版,第250页。

都有过错的,应当各自承担相应的责任。法律另有规定的,依照其规定"的规定,按照无效合同过错归责原则,对转包人因实施管理行为产生的损失根据双方的过错予以处理。

本题结论同样适用于被挂靠人向挂靠人主张管理费、违法分包人向分承包人主张管理费的情形。

129. 承包人转包工程情况下,能否向发包人主张因发包人甩项工程产生的配合费?

发包人将与承包人签订的建设工程施工合同项下部分工程甩项给其他单位施工,必然会产生承包人与甩项工程施工人交叉影响与协调配合的问题,承包人主张配合费的,人民法院或仲裁机构应予支持。

承包人(转包人)转包建设工程,相对于发包人而言是违反合同约定的违约行为,应就其行为向发包人承担违约责任,虽然其行为也违反了法律的强制性规定,就此应承担相应的行政法律责任,但是并不能剥夺其基于有效建设工程施工合同所享有的权利。发包人对部分工程甩项,必然会产生配合费用问题,转包人作为有效施工合同中的承包人,享有计取配合费的权利,并不因其转包工程的违约行为而被剥夺该权利,也不因其违法行为而被剥夺该权利。尽管建设工程由转承包人(实际施工人)完成,但因其不是建设工程施工合同法律关系的相对一方,不能突破合同的相对性向其支付配合费。

130. 承包人转包工程情况下,能否向发包人主张停窝工损失?

承包人与发包人签订的建设工程施工合同经人民法院或仲裁机构审查认定为有效合同,承包人基于该有效合同所享有的权利并不因其转包违法行为而丧失。施工中由于发包人原因造成的停窝工损失,应依约由发包人承担,人民法院或仲裁机构对于承包人的停窝工损失应予支持。尽管工程是由转承包人

(实际施工人)完成施工并且实际给其造成停窝工损失,但因其并非建设工程施工合同中发包人的相对方,根据合同相对性原理,其无权直接向发包人主张停窝工损失。

131. 承包人转包工程情况下,能否向发包人主张逾期支付工程款的利息?

根据《建设工程司法解释(一)》第 27 条关于"利息从应付工程价款之日开始计付"的规定,支付利息与发包人的付款责任同时产生,利息从发包人应付而未付工程款时计付。享有工程价款请求权,就享有利息请求权。承包人索要作为工程款主债权的从权利的利息,与承包人转包工程以及是否实际施工无关,人民法院或仲裁机构应支持其工程款利息请求权。

132. 总承包人主张按照其与建设单位的结算值认定分包工程价款的,能否得到人民法院或仲裁机构的支持?

分包人起诉或仲裁总承包人索要分包工程款,总承包人认为分包合同约定的工程量及工程造价计算方式,与总承包人与建设单位之间总承包合同的约定内容完全一致,应当按照其与建设单位就该部分工程的结算值扣除管理费后作为分包工程的价款。该主张能否成立?

总承包人的主张不能成立。理由是,根据合同的相对性原理,合同中约定的权利义务内容,不能约束非合同当事人。总承包人与建设单位进行结算,是履行其与建设单位之间的建设工程总包合同的约定,不能约束作为非合同当事人的分包人。总承包人主张按照其与建设单位的结算造价扣减管理费后作为分包工程的价款,不符合合同相对性原则,不应得到人民法院或仲裁机构的支持。

但应注意的是,如果分包合同中约定分包工程的工程造价按照总承包人与建设单位的结算值扣除管理费确定,则应依约履行。因为,这是分包人对自己权利的一种处分行为，人民法院或仲裁机构应尊重其意思自治。

133. 实际施工人冒用其他单位名义签订建设工程施工合同的，如何结算工程价款？

实际施工人冒用其他单位名义签订建设工程施工合同进行施工，且建设工程已经验收合格和交付使用。诉讼或仲裁中，发包人提出实际施工人不具有承揽诉争工程的施工资质，且在合同签订和履行过程中有欺诈行为，确定工程价款应只计取鉴定机构依据定额计算的工程造价中的直接费，而不应计取间接费、利润和税金；而实际施工人则主张，仅支付直接费违背了民法的等价有偿原则，尽管施工合同无效，但建设工程已经验收合格，应参照合同约定支付工程价款，扣减间接费、利润和税金没有法律依据，确定工程价款应以鉴定的工程造价总额为依据。双方由此发生争议。

笔者认为，对于实际施工人冒用其他单位名义订立施工合同且质量合格的，可以参照合同中结算条款的约定计算工程价款。

第一，认为合同无效，承包人只能要求合同约定中的直接费，不能主张间接费、利润及税金的观点有不当之处。就建设工程而言，其价值就是建设工程的整体价值，也即建设工程的完整造价。如果合同无效，承包人只能主张合同约定价款中的直接费，则承包人融入建筑工程产品中的间接费、利润及税金就被发包人获得。发包人依据无效合同取得了承包人应当得到的利润，这与无效合同的处理原则不符，其利益向一方当事人倾斜，不能很好地平衡当事人之间的利益关系，导致矛盾激化，案件审判的社会效果不好。故此种观点不可取。[①]

第二，《民法典》第157条规定，民事法律行为无效后，行为人因该行为取得的财产，应当予以返还；不能返还或者没有必要返还的，应当折价补偿。鉴于承包人已将其资金投入和劳动付出物化到建设工程当中，因此，对于无效施工合同的处理只能采取折价补偿的方式。《民法典》第793条第1款规定："建设工程施工合同无效，但是建设工程经验收合格的，可以参照合同关于工程价款的

[①] 参见最高人民法院民事审判第一庭编著：《最高人民法院建设工程施工合同司法解释的理解与适用》，人民法院出版社2004年版，第38页。

约定折价补偿承包人。"该条款规定了无效合同的工程价款处理原则,即参照合同约定进行补偿的原则。因此,实际施工人冒用其他单位名义签订建设工程施工合同进行施工,但建设工程经竣工验收合格的,可以参照合同约定的计价方式结算工程价款,对其实际付出给予补偿。

134. 实际施工人与发包人就工程价款签署的结算协议能否作为主张工程欠款的依据?

建设工程经竣工验收合格后,实际施工人与发包人就工程价款签署了结算协议,并以此向发包人提起索要工程价款的诉讼,诉讼中发包人以转包合同、违法分包合同或者借用资质签订的施工合同无效为由,主张对工程造价进行鉴定,或者主张其应向转包人、违法分包人及被借用资质单位支付工程价款的,该主张能否成立?

实际施工人与发包人签署的结算协议,能够作为实际施工人向发包人主张工程欠款的依据。发包人以转包合同、违法分包合同或者借用资质签订的施工合同无效,提出对工程造价进行鉴定或者向转包人、违法分包人及被借用资质单位支付工程价款的主张,不能成立。

《民法典》第793条第1款规定:"建设工程施工合同无效,但是建设工程经验收合格的,可以参照合同关于工程价款的约定折价补偿承包人。"《建设工程司法解释(一)》第43条第2款规定:"实际施工人以发包人为被告主张权利的,人民法院应当追加转包人或者违法分包人为本案第三人,在查明发包人欠付转包人或者违法分包人建设工程价款的数额后,判决发包人在欠付建设工程价款范围内对实际施工人承担责任。"上述规定表明,法律赋予实际施工人就质量合格工程突破合同相对性直接向发包人主张工程价款的权利。

建设工程经竣工验收合格后,实际施工人与发包人通过结算签署的结算协议,属于实际施工人与发包人就工程结算问题所达成的合意,亦即实际施工人同发包人就工程价款折价补偿达成了合意。签署结算协议是双方处分自己权利的民事行为,具有合同的效力。《建设工程司法解释(一)》第29条规定:"当事人在诉讼前已经对建设工程价款结算达成协议,诉讼中一方当事人申请对工程造价进行鉴定的,人民法院不予准许。"因此,实际施工人基于结算协议确定的债权债务关系对发包人行使工程欠款请求权的,受法律保护。而发包人以施工合同无效为由,主张对工程造价进行司法鉴定或者其应向转包人、违法分包人及被借用资质单位支付工程价款的,则有违诚信原则,人民法院不应予以支持。

135. 建设工程施工合同无效,发承包双方就结算工程价款达成的补充协议是否有效?

承包人为索要工程价款,依据与发包人就工程结算达成的补充协议提起诉讼,因双方签订的建设工程施工合同经审理被认定为无效,发包人抗辩因主合同无效,作为从合同的补充协议也应无效。该补充协议是否有效?

发承包双方就工程结算达成的补充协议有效。理由如下:

(1)合同是当事人为确立民事权利义务关系达成的协议。虽然建设工程施工合同被认定为无效,但在工程质量合格的情况下,并不因此否定承包人索要工程价款的权利,发承包双方为结算工程价款,清理双方之间既存的债权债务关系所达成的补充协议,其确立的权利义务内容有别于施工合同,具有独立性,不能仅以冠名"补充协议"而简单地认定为二者具有主从关系。而且,认定主从合同以及主合同无效导致从合同无效规则,仅仅适用于担保领域,并无法律规定在其他领域亦适用上述规则。笔者认为,建设工程施工合同与结算协议各自确立的权利义务并不相同,不构成主从合同,仅可称之为关联合同。

(2)判断合同效力,应适用《民法典》的一般原则及相关法律规定认定其效力。即使发承包双方签订的施工合同因违反法律、行政法规的强制性规定而无效,但不能认定双方为结算工程价款所达成的补充协议也违反了法律、行政法规的强制性规定,如果双方结算工程价款行为并不存在《民法典》第 144 条、第 146 条第 1 款、第 153 条、第 154 条[①]所规定的无效情形的,应依法认定为有效。

---

① 《民法典》第 144 条:"无民事行为能力人实施的民事法律行为无效。"第 146 条第 1 款:"行为人与相对人以虚假的意思表示实施的民事法律行为无效。"第 153 条:"违反法律、行政法规的强制性规定的民事法律行为无效。但是,该强制性规定不导致该民事法律行为无效的除外。违背公序良俗的民事法律行为无效。"第 154 条:"行为人与相对人恶意串通,损害他人合法权益的民事法律行为无效。"

136. 材料价格如何调整价差？

《2017版施工合同示范文本》通用合同条款第11.1款"市场价格波动引起的调整"规定，除专用合同条款另有约定外，市场价格波动超过合同当事人约定的范围，合同价格应当调整。该款规定了两种材料调差方法，即采用价格指数进行价格调整（内容略）和采用造价信息进行价格调整。实践中，发承包双方较少采用第一种方式，大多在专用合同条款中采用第二种方式对材料价格进行调差。

《2017版施工合同示范文本》通用合同条款第11.1款对第二种方式规定为，材料、工程设备价格变化的价款调整按照发包人提供的基准价格，按以下风险范围规定执行：(1) 承包人在已标价工程量清单或预算书中载明材料单价低于基准价格的：除专用合同条款另有约定外，合同履行期间材料单价涨幅以基准价格为基础超过5%时，或材料单价跌幅以在已标价工程量清单或预算书中载明材料单价为基础超过5%时，其超过部分据实调整。(2) 承包人在已标价工程量清单或预算书中载明材料单价高于基准价格的：除专用合同条款另有约定外，合同履行期间材料单价跌幅以基准价格为基础超过5%时，材料单价涨幅以在已标价工程量清单或预算书中载明材料单价为基础超过5%时，其超过部分据实调整。(3) 承包人在已标价工程量清单或预算书中载明材料单价等于基准价格的：除专用合同条款另有约定外，合同履行期间材料单价涨跌幅以基准价格为基础超过±5%时，其超过部分据实调整。(4) 承包人应在采购材料前将采购数量和新的材料单价报发包人核对，发包人确认用于工程时，发包人应确认采购材料的数量和单价。发包人在收到承包人报送的确认资料后5天内不予答复的视为认可，作为调整合同价格的依据。未经发包人事先核对，承包人自行采购材料的，发包人有权不予调整合同价格。发包人同意的，可以调整合同价格。前述基准价格是指由发包人在招标文件或专用合同条款中给定的材料、工程设备的价格，该价格原则上应当按照省级或行业建设主管部门或其授权的工程造价管理机构发布的信息价编制。

上述规定中的"已标价工程量清单或预算书中载明材料单价"，即承包人投标时在其已标价工程量清单中或者在其工程预算书中的材料价格，亦即承包人的材料报价；"基准价格"是发包人在招标文件或专用合同条款中给定的材料单价；材料信息价是市级建设行政管理部门、行业建设管理部门或其授权的工程造价管理机构定期发布的工程材料价格。

质言之,上述材料调差方法包括:(1)当材料价格调增时,以承包人的材料报价与基准价格二者中的高者,作为材料的基础价格与施工当期的材料信息价进行比对予以调增;(2)当材料价格调减时,以承包人的材料报价与基准价格二者中的低者,作为材料的基础价格与施工当期的材料信息价进行比对予以调减;(3)当承包人的材料报价等于基准价格时,以该价格与施工当期的材料信息价进行比对予以调增或调减;(4)调整部分仅为超过基础价格±5%的部分。

值得注意的是,《民法典》第513条规定:"执行政府定价或者政府指导价的,在合同约定的交付期限内政府价格调整时,按照交付时的价格计价。逾期交付标的物的,遇价格上涨时,按照原价格执行;价格下降时,按照新价格执行。逾期提取标的物或者逾期付款的,遇价格上涨时,按照新价格执行;价格下降时,按照原价格执行。"对于因承包人违约而进入延期施工期间的材料价格调差,只允许材料价格调减,不得调增;对于因发包人违约而进入延期施工期间的材料价格调差,只允许材料价格调增,不得调减。

137. 承包方不能提供停工、窝工签证的,能否通过委托鉴定方式确定停工、窝工的损失?

工程建设周期长、资金大,施工过程中由于材料、设备到货迟延以及拨付资金不及时等原因,导致承包方停工、窝工情况普遍发生。对此,施工单位必须及时办理由建设单位指定的甲方代表或监理公司确认的停、窝工签证。否则,该损失将无法主张。即使能够以停窝工时间通过鉴定报告计算出停窝工损失,也因不能提供停窝工证据,该停窝工损失仍然不能得到人民法院或仲裁机构的支持。所谓停窝工证据,是指对处于停窝工期间的现场机械停滞台班量、停窝工工日以及周转性材料的签证。

停窝工损失,属于《民法典》合同编确定的违约赔偿损失。《民法典》第591条第1款规定:"当事人一方违约后,对方应当采取适当措施防止损失的扩大;没有采取适当措施致使损失扩大的,不得就扩大的损失请求赔偿。"因此,承包人在停窝工事实出现后,负有采取措施防止损失扩大的法定义务,采取措施包括撤离人员、调走机械等内容。因此,仅有停窝工时间证据,没有停窝工数量证据,人民法院或仲裁机构仍然不能确定停窝工损失。

138. 建设工程停工的，停工时间及停工损失的责任应如何确定？

施工过程中，建设工程因发承包双方发生争议而停工，虽经多次、反复调查、鉴定及磋商，但双方对应否复工及停工责任等问题仍不能达成一致意见，导致建设工程长期处于停滞状态。之后，承包人提起停工索赔诉讼，要求发包人赔偿自停工开始至起诉时止的停工损失。对此，应如何确定一个合理的期间作为停工时间，以及如何划分各方当事人的责任成为难点问题。

根据合同法一般原理，合同当事人应当严格按照合同约定的权利义务全面、实际地履行合同，在因履行合同发生纠纷时也应严格依照合同约定加以处理，并遵循诚实信用原则协商处理纠纷。在建设工程长期停工后，各方当事人亦应本着诚实信用原则履行通知、协助、减少对方损失或防止自身损失扩大等法定义务。具体表现在：

首先，发包人与承包人不能就工程停工时间及赔偿、工程停建及缓建等达成协议的情况下，发包人对于工程停工、承包人撤场等应当有明确的意见，及时指令承包人停工或撤场。

其次，承包人和/或分包人也不应盲目等待而放任停工状态的持续及停工损失的扩大，应及时将有关停工事宜通知发包方，并采取适当措施如自行做好人员、机械的撤离等工作，并通知发包人，以减少自身的损失。

对于计算停工损失所依据的停工时间的确定，不能简单地以停工状态的自然持续时间为准，而应根据案件事实确定一定的合理期间作为停工时间。

对于停工时间的认定，可参考《2017 版施工合同示范文本》通用合同条款第 7.8.6 项中关于"暂停施工持续 84 天以上不复工的，且不属于第 7.8.2 项〔承包人原因引起的暂停施工〕及第 17 条〔不可抗力〕约定的情形，并影响到整个工程以及合同目的实现的，承包人有权提出价格调整要求，或者解除合同"规定的 84 天。在此期间内，承包方需要保留相应的机械、施工人员，以便恢复施工后，能够立即投入施工，同时承包方也能对工程的前景有合理的预见，对风险有较理性的把握，积极采取措施，降低损失，因而有义务及时做好人员和机械的安置工作。当然，人民法院或仲裁机构将会结合案件事实对停工时间作出具体认定，这属于审理机构自由裁量权的范畴。

对于停工损失的承担,应根据发包方、承包方和/或分包方的履行行为及过错,由各方承担与其自身原因相适应的责任。如经查实,建设工程因发包方过错导致停工,且在停工后,发包方没有对是否复工或撤场作出明确指令的,其应对承包方的停工损失承担主要责任;总包方在工程停工后对是否由分包方继续施工等问题的解决组织协调不力,并对停工后如何避免分包方的损失,没有采取有效的措施的,其对分包方的停工损失也应承担相应的责任;分包方在工程停工后,除应就停工问题进行协商外,还应就复工问题积极进行磋商,在工程短期内明显无法复工的情况下,应自行做好人员、机械的撤离工作,防止损失扩大,否则对于因盲目等待而扩大的停工损失应自行承担。

139. 建设工程长期停工的,停工损失应如何承担?

建设工程长期停工,承包人提起停工索赔诉讼或仲裁,要求发包人赔偿自停工开始至起诉或仲裁时止的停工损失。对此,停工损失应当如何认定及承担?

首先,应当区分合理损失与不当扩大损失。根据《民法典》第591条第1款关于"当事人一方违约后,对方应当采取适当措施防止损失的扩大;没有采取适当措施致使损失扩大的,不得就扩大的损失请求赔偿"的规定,当事人负有防止自身损失扩大的法定义务,否则应自担扩大的损失。建设工程停工后,承包人不应盲目等待而放任停工状态的持续及停工损失的扩大,应就停工、复工及减损问题与发包人积极进行磋商,在工程短期内明显无法复工的情况下,应自行做好人员、机械的撤离工作,防止损失扩大,否则对于因盲目等待而扩大的停工损失应自行承担。

其次,对于停工时间的确定,不能简单地以停工状态的自然持续时间为准,而应根据案件事实确定一定的合理期间作为停工时间,并依据该停工时间确定合理停工损失。

最后,合理停工损失确定后,根据发包方、承包方的履行行为及过错,各方应承担与其自身原因相适应的责任。如经查实,建设工程因发包方过错导致停工,且在停工后,发包方没有对是否复工或撤场、减少对方损失作出明确指令的,其应对承包方的停工损失承担主要责任。承包方在保留必要的机械、施工人员,以便恢复施工后,能够立即投入施工的前提下,也应及时调整施工材料及构件的采购计划、调迁机械设备,并与材料供应商、机械设备出租方积极协调磋商,降低损失,否则亦应承担相应责任。

140. 发承包双方在施工过程中增加了施工内容,但没有约定计价标准的,应当如何适用增加部分的结算标准?

发承包双方在履行建设工程施工合同过程中,增加了施工内容,但未就增加部分另行约定计价标准的,因双方在履行施工合同过程中增加施工内容,增加部分建立在原施工合同基础之上,应当适用原施工合同约定的结算标准。原施工合同约定让利或者工程造价下浮的,增加部分亦应让利或下浮造价。

如果原施工合同没有相同或近似工程的,应当依据《建设工程司法解释(一)》第 19 条第 2 款关于"因设计变更导致建设工程的工程量或者质量标准发生变化,当事人对该部分工程价款不能协商一致的,可以参照签订建设工程施工合同时当地建设行政主管部门发布的计价方法或者计价标准结算工程价款"的规定,参照政府指导价,即按照工程定额标准据实结算增加部分的工程价款。

141. 发包人甩项工程,应如何计取配合费?

甩项工程,是发包人将承包人承包范围内的部分工程另行发包给其他单位或个人承建的工程。发包人甩项,其本质是对承包人的违约行为。

发包人将已发包工程中的部分工程甩项给其他单位施工,就会产生承包人与该甩项工程施工人之间的配合问题,必然会产生配合费用问题,应当计取配合费。关于配合费的计取,需要注意以下问题:

(1)虽然大多地方建设工程定额规定,发包人甩项工程,承包人应向发包人计取一定比例的现场配合、交叉影响费,但因工程定额属于地方性部门规章,不是法律和行政法规的强制性规定,如果双方约定不计取配合费的,该约定有效。

(2)如果发承包双方之间对配合费承担另有约定的,例如约定承包人向甩项工程施工人计取配合费,则承包人不得向发包人主张配合费。

(3)双方如无特别约定,应依照建设工程施工合同约定的结算规范向发包人计取配合费。

142. 发包人甩项工程,仍要求总包单位对甩项工程质量负责的,总包单位能否同时主张配合费和管理费?

配合费,即交叉协调配合费,是发包人将总包范围内的部分工程甩项给其他施工单位承建,必然会产生总包单位与该甩项工程施工单位之间的配合问题,总包单位依约向发包人(或甩项工程施工人)计取一定比例的现场配合、交叉影响费。

管理费,是发包人将总包范围内的部分工程甩项给其他施工单位承建,但甩项工程质量仍由总包单位对发包人负责,总包单位对甩项工程负有监管义务并承担相应的民事责任,应向发包人收取的管理费用。

发包人甩项工程,仍要求总包单位对甩项工程质量负责的,承包人有权收取管理费,配合费不是管理费,两者不相冲突,能够同时收取。

143. 建设工程施工合同约定按"双方认可的工程总价"让利,承包方因造价未能审定主张不予让利的,能否成立?

发承包双方在建设工程施工合同中约定按照"双方认可的工程总价"的一定比例让利或返点,或者约定按照"双方认可的工程造价"的一定比例下浮造价,是目前建筑行业中普遍存在的一种现象。实践中,由于双方在竣工结算过程中发生争议,导致最终未能审定工程造价,承包方在诉讼或仲裁中由此主张"双方认可的工程总价"是让利所附的条件,因该条件未成就,不同意让利。承包人的主张能否成立？

承包人的主张不能成立。理由：双方在施工合同中约定按"双方认可的工程总价"的一定比例让利，该"双方认可的工程总价"是确定让利数额的计算基数，不是让利条款的附生效条件，合同双方并未为让利设定条件，不能以"双方认可的工程总价"尚未确定、对计算基数存有争议就否定让利关系的存在。在案件审理中，通过委托工程造价司法鉴定确定工程总价以后，承包人仍应依约给予发包人让利。

但是，对于发承包双方在中标合同之外签订的让利协议或承包人单方作出的让利承诺，其实质为变更中标合同的工程价款，改变了中标合同的实质性内容，根据《建设工程司法解释（一）》第 2 条[①]第 2 款规定，该让利协议或让利承诺无效，人民法院或仲裁机构应当依照该条司法解释第 1 款的规定，以中标合同结算工程价款，不应依据该让利协议或让利承诺予以让利。

144. 承包方式由承包人包工包料改为发包人供料，承包人提出不再予以让利的，能否得到人民法院或仲裁机构的支持？

发承包双方在施工合同中约定的承包方式为承包人包工包料，但在合同履行过程中实际改为发包人供料。承包人在提起的追索工程款诉讼或仲裁中提出，原施工合同约定的对工程让利是建立在包工包料承包方式的基础上，因包工包料改为甲供料，承包人利润减少，主张不再对工程让利的，将不能得到人民法院或仲裁机构的支持。

承包方式由承包人包工包料改为发包人供料，实质为合同的变更。承包人对变更供料方式未提出异议及继续施工的行为，表明对发包人变更合同的认

[①] 《建设工程司法解释（一）》第 2 条第 1 款："招标人和中标人另行签订的建设工程施工合同约定的工程范围、建设工期、工程质量、工程价款等实质性内容，与中标合同不一致，一方当事人请求按照中标合同确定权利义务的，人民法院应予支持。"第 2 款："招标人和中标人在中标合同之外就明显高于市场价格购买承建房产、无偿建设住房配套设施、让利、向建设单位捐赠财物等另行签订合同，变相降低工程价款，一方当事人以该合同背离中标合同实质性内容为由请求确认无效的，人民法院应予支持。"

可。承包人在合同变更时未就工程让利问题与发包人重新进行磋商并达成合意,而是继续施工至工程竣工验收,诉讼或仲裁中主张不按合同约定进行让利缺乏事实依据,人民法院或仲裁机构不应予以支持。

145. 承包人购材享有优惠,发包人能否要求以该优惠价格结算工程款?

承包人与材料供应商签订的施工材料买卖合同中,材料供应商给予承包人一定的让利优惠。在发包人与承包人工程结算中,发包人能否要求以让利后的材料价格进入结算?

根据合同相对性原则,合同中约定的权利义务内容,不能约束非合同当事人,非合同当事人也不享有合同当事人的权利。材料供应商对承包人在材料买卖合同中让利,仅是材料供应商针对承包人这一特定交易相对方实施,属于买卖双方之间权利义务的约定。发包人作为买卖合同的非合同当事人,不得主张该让利优惠。发包人仍应依据建设工程施工合同中约定的材料价格与承包人结算工程造价。

146. 建设工程施工合同因发包人原因解除,承包人要求对其中部分工程的让利部分给予适当补差的,能否得到人民法院或仲裁机构的支持?

施工实践中,会出现有些建设项目由于业主的原因中途停建,或者由于政策原因而"下马"(多为工业项目),或者由于发包人严重违约致使不能继续施工,由承包人提出解除合同的情况。出现上述情况后,施工方对施工合同中约定的部分工程的让利部分要求发包人给予适当补差的,人民法院或仲裁机构应予支持。

第一,对部分工程项目让利虽然是承包人的真实意思,是其意思自治的结果,但是承包人让利是建立在全部完成合同约定的施工任务和全部工程量基础之上,建立在施工合同得以全面履行这一心理预期之上的。施工合同非因承包人原因而提前终止履行,工程量减少,其部分项目的让利损失不能以全部工程量进行摊销,不能在后续工程中得以弥补,仍按全部工程量的让利幅度进行让利,有违公平原则,也不符合"多销才能薄利"这一商业惯例。

第二,《民法典》第 577 条规定:"当事人一方不履行合同义务或者履行合同义务不符合约定的,应当承担继续履行、采取补救措施或者赔偿损失等违约责任。"由此确立违约责任适用严格责任原则,即便工程"下马"系由政策原因导致,也不能免除违约方的赔偿责任。

第三,《民法典》第 566 条第 2 款规定:"合同因违约解除的,解除权人可以请求违约方承担违约责任,但是当事人另有约定的除外。"第 584 条:"当事人一方不履行合同义务或者履行合同义务不符合约定,造成对方损失的,损失赔偿额应当相当于因违约所造成的损失,包括合同履行后可以获得的利益;但是,不得超过违约一方订立合同时预见到或者应当预见到的因违约可能造成的损失。"最高人民法院《关于当前形势下审理民商事合同纠纷案件若干问题的指导意见》(法发〔2009〕40 号)第 9 条指出:"在当前市场主体违约情形比较突出的情况下,违约行为通常导致可得利益损失。根据交易的性质、合同的目的等因素,可得利益损失主要分为生产利润损失、经营利润损失和转售利润损失等类型。生产设备和原材料等买卖合同违约中,因出卖人违约而造成买受人的可得利益损失通常属于生产利润损失。承包经营、租赁经营合同以及提供服务或劳务的合同中,因一方违约造成的可得利益损失通常属于经营利润损失。先后系列买卖合同中,因原合同出卖方违约而造成其后的转售合同出售方的可得利益损失通常属于转售利润损失。"笔者认为,在承包方的让利部分不能继续用后续工程进行摊销的情况下,其在施工合同履行期间的让利损失即属于经营利润损失,且为订立施工合同时的发包人所能预见,因此,该让利损失应由发包人予以适当补偿。

故而,建设工程施工合同因发包人单方原因解除,承包人有权对已完工程中的让利部分要求发包人给予适当补差,对此人民法院或仲裁机构应予支持。

需要注意的是,基于业主原因导致建设工程中途停建而要求对让利部分补差,仅仅适用于全部工程中的部分项目让利,不适用于工程总造价整体下浮的情形。这是因为,按工程总价整体下浮,如工程量小则让利相对应就少,如工程量大则让利相对应就多,不存在用后续工程摊销让利损失的问题。

147. 人民法院对合同未约定的内容选择适用相关计费标准，是否妥当？

建设工程合同纠纷案件中，有时会出现当事人在合同中没有约定相关计费标准，并且存在多个计费标准可供选择的情况，此种情形下，诉讼当事人出于各自利益各执己见、争执不下。对此，人民法院在合同当事人没有明确约定相关计费标准，并且存在多个计费标准的情况下，可以根据案件实际情况选择适用相关计费标准。有关主管部门颁布的计费标准或定额标准，其法律性质为任意性规范而非强制性规范，不具有强制适用的法律效力，人民法院结合案件实际情况确定适用哪一份规范性文件，属于人民法院自由裁量权范畴，并无不妥。

148. 承包人未完成建设工程施工合同约定的全部工程，能否对已完工程计取优质工程奖？

施工实践中，建设单位往往要求承包人承建工程确保合格力争优良，为此双方在建设工程施工合同中约定，如果承包人承建工程全部达到优良标准给予一定的优质工程奖。但在实际施工过程中，发包人事实上同意承包人不再施工某些合同约定的工程内容，比如，对某些工程进行了甩项等。承包人已完工程经评定质量等级为优良，承包人主张应对已完工程计取优质工程奖，发包人认为不应计取，由此形成争议。此种情形下，承包人还能否计取合同约定的优质工程奖？

根据双方施工合同的约定，施工合同项下全部工程质量优良是承包人计取优质工程奖的前提条件，即使发包人事实上同意承包人不再施工某些内容，但是并不表明双方变更了合同约定的计取优质工程奖的前提条件。换言之，双方变更了合同约定的施工内容条款，并不意味着相应变更了计取优质工程奖的条款内容。故承包人因没有完成施工合同约定的全部工程，其计取优质工程奖的条件未成就，不能计取优质工程奖。

149. 发包人能否以未收到竣工资料为由主张不予结算工程价款？

承包人没有按照施工合同的约定向发包人提交相关工程建设技术数据及竣工图纸等竣工资料，但发包人已接收并使用工程的，表明工程已具备结算条件，承包人主张工程欠款的条件已成就。承包人未依约提交完备竣工资料的行为，不足以构成发包人不支付工程欠款的法定理由。发包人以承包人未提交竣工资料为由主张不具备工程结算条件的，人民法院或仲裁机构应不予支持，但应认定发包人在承包人交付竣工资料的同时向承包人支付工程价款。

《民法典》第788条第1款规定："建设工程合同是承包人进行工程建设，发包人支付价款的合同。"该款规定了建设工程合同双方当事人的主要合同义务，即承包人的主要合同义务是完成建设任务并交付工程，发包人的主要合同义务是支付工程价款。交付竣工资料并非承包人的主要合同义务，亦非发包人支付工程价款的对等义务。《民法典》第525条规定："当事人互负债务，没有先后履行顺序的，应当同时履行。一方在对方履行之前有权拒绝其履行请求。一方在对方履行债务不符合约定时，有权拒绝其相应的履行请求。"《民法典合同编通则司法解释》第31条第1款规定："当事人互负债务，一方以对方没有履行非主要债务为由拒绝履行自己的主要债务的，人民法院不予支持。但是，对方不履行非主要债务致使不能实现合同目的或者当事人另有约定的除外。"上述规定确立了当事人行使同时履行抗辩权应遵循债务对等原则，即债务人不得以债权人未履行其非主要债务为由拒绝履行自己的主要债务。因此，承包人未交付完备竣工资料的行为，不能成为发包人拒绝结算工程价款的理由。《民法典》第799条第1款规定："建设工程竣工后，发包人应当根据施工图纸及说明书、国家颁发的施工验收规范和质量检验标准及时进行验收。验收合格的，发包人应当按照约定支付价款，并接收该建设工程。"发包人接收并使用建设工程，既表明对工程质量的认可，同时也是对自开始使用工程时支付工程价款的事实的认可，承包人按照施工合同完成了约定的建设义务，具备工程结算条件，有权向发包人主张工程欠款。

《建筑法》第61条第1款规定："交付竣工验收的建筑工程，必须符合规定的建筑工程质量标准，有完整的工程技术经济资料和经签署的工程保修书，并具备国家规定的其他竣工条件。"《建设工程质量管理条例》第 16 条第 2 款规定,建设工程竣工验收应当有完整的技术档案和施工管理资料。由此表明,承包人依法负有向发包人交付完整竣工资料的义务。因此,发包人提出的承包人应同时交付竣工资料的抗辩成立。根据《民法典合同编通则司法解释》第 31 条第 2 款的规定,当事人一方起诉请求对方履行债务,被告依据《民法典》第 525 条的规定主张双方同时履行的抗辩且抗辩成立,被告未提起反诉的,人民法院应当判决被告在原告履行债务的同时履行自己的债务,并在判项中明确原告申请强制执行的,人民法院应当在原告履行自己的债务后对被告采取执行行为。据此,人民法院或仲裁机构应作出对待给付裁判,即裁判发包人在承包人交付竣工资料的同时向承包人支付工程价款。

所谓"对待给付裁判",是诉讼法上为适用同时履行抗辩权而创设的一种附对待给付条件的判决方式。对待给付判决在确认双方应同时履行的同时,会在判项中将原告履行其债务作为被告履行其债务的条件,且并不为双方设定履行期限,通常表述为"被告应于原告履行其……义务时向原告履行……义务"。[①]对于申请执行对待给付裁判,需要注意的是:原告或仲裁申请人未履行自己的债务,虽可申请强制执行立案,但只有在履行自己的义务后法院才能开始采取执行行为;原告或仲裁申请人未履行对待给付义务的,被告或仲裁被申请人不能向法院申请强制执行,而只能另行提起诉讼或仲裁。

此外,如果被告或仲裁被申请人以提起反诉或反请求的方式主张同时履行抗辩权且该抗辩成立,则人民法院或仲裁机构应依据《民法典合同编通则司法解释》第 31 条第 2 款关于"被告提起反诉的,人民法院应当判决双方同时履行自己的债务,并在判项中明确任何一方申请强制执行的,人民法院应当在该当事人履行自己的债务后对对方采取执行行为"的规定,作出同时履行裁判。

对待给付判决与同时履行判决的相同点在于二者均强调双方应同时履行债务。不同点主要有两个:一是对待给付判决将原告履行其义务作为被告履行其义务的条件,而同时履行判决则无此要求。二是同时履行判决的既判力及于双方当事人,判决生效后任何一方不得再行提起诉讼;而对待给付判决的既判

[①] 最高人民法院民事审判第二庭、研究室编著:《最高人民法院民法典合同编通则司法解释理解与适用》,人民法院出版社 2023 年版,第 361 页。

力并不及于原告的对待给付义务,原告未履行其义务的,被告应另行提起诉讼。①

150. 建设工程未经验收但由发包人实际接收的,承包人是否具备索要工程款的权利?

《民法典》第 793 条规定:"建设工程施工合同无效,但是建设工程经验收合格的,可以参照合同关于工程价款的约定折价补偿承包人。建设工程施工合同无效,且建设工程经验收不合格的,按照以下情形处理:(一)修复后的建设工程经验收合格的,发包人可以请求承包人承担修复费用;(二)修复后的建设工程经验收不合格的,承包人无权请求参照合同关于工程价款的约定折价补偿。发包人对因建设工程不合格造成的损失有过错的,应当承担相应的责任。"第 806 条第 3 款规定:"合同解除后,已经完成的建设工程质量合格的,发包人应当按照约定支付相应的工程价款;已经完成的建设工程质量不合格的,参照本法第七百九十三条的规定处理。"《建设工程司法解释(一)》第 19 条第 3 款规定:"建设工程施工合同有效,但建设工程经竣工验收不合格的,依照民法典第五百七十七条规定处理。"《民法典》第 577 条规定:"当事人一方不履行合同义务或者履行合同义务不符合约定的,应当承担继续履行、采取补救措施或者赔偿损失等违约责任。"上述规定表明,不论建设工程施工合同有效或无效,抑或中途解除施工合同,给付工程价款均以建设工程质量合格为前提条件。

但是,实践中会出现建设工程未经验收但已由发包人实际接收、尚未投入使用的情况,此种现象在一些工业项目中较为多见。在承包人提起的追索工程款诉讼或仲裁案件中,发包人往往以建设工程未经验收、不具备给付(或结算)工程款的前提条件为由拒付工程款。

对此,笔者认为,发包人已实际接收建设工程的,承包人具备索要工程款的条件。理由是,《民法典》第 799 条第 1 款规定:"建设工程竣工后,发包人应当根据施工图纸及说明书、国家颁发的施工验收规范和质量检验标准及时进行验

---

① 参见最高人民法院民事审判第二庭、研究室编著:《最高人民法院民法典合同编通则司法解释理解与适用》,人民法院出版社 2023 年版,第 362 页。

177

收。验收合格的，发包人应当按照约定支付价款，并接收该建设工程。"《建设工程质量管理条例》第 16 条第 1 款："建设单位收到建设工程竣工报告后，应当组织设计、施工、工程监理等有关单位进行竣工验收。"《2017 版施工合同示范文本》通用合同条款第 13.2 款"竣工验收"规定，承包人在工程具备竣工验收条件后向监理人报送竣工验收申请报告，经监理人审查认为具备验收条件的，将竣工验收申请报告提交发包人，发包人应在收到经监理人审核的竣工验收申请报告后 28 天内审批完毕并组织监理人、承包人、设计人等相关单位完成竣工验收。竣工验收合格的，发包人应在验收合格后 14 天内向承包人签发工程接收证书。竣工验收不合格的，由承包人返工、修复或采取其他补救措施，在返工、修复或采取其他补救措施后，承包人应重新提交竣工验收申请报告，并按本项约定的程序重新进行验收。除专用合同条款另有约定外，发包人不按照本项约定组织竣工验收、颁发工程接收证书的，每逾期一天，应以签约合同价为基数，按照中国人民银行发布的同期同类贷款基准利率支付违约金。

根据上述规定可见，发包人在建设工程竣工后负有组织相关单位进行验收的法定义务。发包人违反该法定义务未组织验收工程的，不能成为其拒付工程款的理由。

151. 发包方指定材料设备供应商的诉讼风险是什么？

现实中有些发包方在建设工程施工合同中约定由施工方采购材料设备，而且往往指定材料设备供应商。如果施工方采购材料设备价格超出工程所在地定额站发布的市场信息价，一旦涉诉，人民法院有可能按照当地定额站发布的市场信息价即政府指导价执行，如此将导致施工方承担巨大材料损失，甚至工程亏损。

对此，施工方应注意每月（季）对所采购材料设备制作材料设备价格签证单，列明材料设备名称、规格型号、数量、单价、厂家等事项，要求发包方对材料价格进行签证。如此，能确保按照材料设备实际价格结算，避免施工方不必要的经济损失。

此外，对于发包人指定材料设备供应商的，承包人应尽量争取在施工合同中约定:"本工程材料设备由发包人、监理单位、承包人共同组织考察、认质、询价,最终由发包人确定供应商及价格。"如此约定,可以避免或减少材料设备质量不合格给承包人所带来的法律责任风险。

152. 施工方包工包料应注意哪些问题?

(1)建设工程施工合同中应明确约定需要价格签证的材料范围以及材料价差、量差的调整方法。

(2)施工过程中应留意工程所在地定额站发布的材料市场指导价,对高于市场指导价的材料尤其注意价格签证。否则,工程造价鉴定单位和人民法院可能依据《民法典》第511条第2项关于"价款或者报酬不明确的,按照订立合同时履行地的市场价格履行;依法应当执行政府定价或者政府指导价的,依照规定履行"的规定,按照工程所在地定额站发布的材料市场指导价进行结算,给施工单位造成损失。

153. 建设工程施工合同中约定"甲供材不进入结算也不转账"的法律风险是什么?

实践中,有些工业安装项目建设单位为少缴税款,在施工合同中约定"甲供材不进入结算也不转账",而施工企业也认为既然是甲供材,不进入结算对安装工程费用没有影响,往往予以允许。

对此,存在如下法律风险:根据安装工程预算定额取费定额,甲供材作为"未计价材料费"列入"工程直接费",据此向建设单位计取税金。甲供材不进入结算,会导致施工企业少计取税金。但是根据我国税法的规定,建筑业增值税的纳税义务人是施工企业,法律后果是施工企业依法需补足应向建设单位计取而未计取的税金。

例如,甲公司(建设单位)与乙公司(施工单位)施工合同中约定"甲供材不进入结算也不转账",因追索工程款成讼。庭审中乙公司提出该约定违反税收

179

相关法律强制性规定系无效条款,要求计取未进入结算部分甲供材的税金。人民法院经审理认为,该条款仅仅是对甲供材料结算方法的约定,且工程定额非强制性规范,该约定为法律所允许,系有效条款,因甲供材未进入结算导致税金减少部分,由纳税义务人施工单位承担。

针对该种情况,当建设单位提出甲供材不进入结算要求时,可约定仍计取该部分税金或者由建设单位承担未进入结算部分的材料税金,以避免无形之中造成的损失。

154. 建设工程施工合同约定甲方供材按定额价结算,发包人主张按领料单上的供货价进行材料退价的,能否得到人民法院或仲裁机构的支持?

发承包双方在建设工程施工合同中约定了甲供材按定额价结算,发包人在诉讼或仲裁中主张按照调拨材料时承包人签署的领料单记载的价格进行材料退价,对此人民法院或仲裁机构应不予支持。

双方签订的建设工程施工合同已经约定了材料结算方法,承包人在施工过程中签署领料单或供料单,仅仅是履行材料交付手续,不意味着对领料单载明价格的认可以及对甲方供材按定额计价约定条款的变更,不能视为双方对变更材料结算方法达成合意,因此仍应按施工合同约定的材料结算方法进行材料退价。

155. 建设工程施工合同约定的工程造价取费标准发生变化,是否还应执行工程造价下浮的约定?

发承包双方在建设工程施工合同中约定了按照某类工程类别取费以及工程造价下浮率,但工程造价鉴定机构进行鉴定时并未采用合同约定的取费标准,而是根据实际的工程类别计取工程价款。此时,施工合同关于工程造价下浮的约定是否还应执行?

施工合同约定工程造价下浮,是建立在按原约定标准取费及由此计算的工程造价基础上,如果改变了合同约定的取费标准,则之前约定的下浮率也就失去了计价基础。鉴定机构按照实际的工程类别计取工程价款,是对承包人实际付出的补偿,不应在此基础上再予让利。因此,施工合同约定的取费标准发生变化时,不应再执行原工程造价下浮的约定,对工程造价鉴定结果进行下浮。

156. 工程造价下浮,材料退价时是否也应下浮?

发承包双方在建设工程施工合同中约定工程造价按一定比例下浮,材料退价时的价格是否也应下浮?

材料退价,是指在承包人的工程造价中扣回发包人供应的工程材料(即甲供材)的价款。

建设工程施工合同约定工程造价按一定比例下浮,如无特别约定,材料退价价格亦应按同比例下浮,并据此进行材料退价分析。理由是,施工合同没有特别约定工程造价下浮前予以扣除材料价款的,由于材料价款是工程造价的组成部分,工程造价整体下浮,材料价款亦应下浮,材料退价也应按照下浮后的价格退价。

如果施工合同约定工程造价下浮前先予扣除材料价款的,则材料退价的价格不应下浮。

值得注意的是,对于承包人超领的材料退价,不论工程造价是否下浮,均应按照发包人的材料调拨价格退价。理由是,承包人超出工程用量与合理损耗外领取的材料,并未用于工程,亦未计入工程造价,因此该部分材料的退价与工程造价是否下浮无关。

157. 工程造价下浮,工程的修复费用是否也应下浮?

发包人起诉或仲裁承包人工程质量索赔案件中,发包人依据经法院或仲裁机构委托作出的工程修复费用鉴定报告要求承包人支付修复费用。但承包人

181

提出建设工程施工合同约定的工程造价按一定比例下浮,修复费用也应按该比例下浮。该观点能否成立?

承包人承担因施工质量不合格造成的工程修复费用,是其向发包人承担的一种违约责任,与双方之间的工程款结算分属不同的法律关系,承包人要求比照工程造价下浮率计算工程修复费用,没有合同依据和法律依据,因此该观点不能成立。

158. 有关索赔证据上的印章未经备案,如何固定其效力?

工程建设中,有些建设单位或者施工单位未经备案刻制"××指挥部"或"××项目部"的印章,但在工程索赔诉讼或仲裁案件中,当事人对关键证据上的签章予以否认,如对竣工验收证书、竣工结算资料上的签章予以否认,由于该印章未经备案,致使人民法院或仲裁机构不能认定该签章直接约束对方,难以认定案件事实。对此,可考虑从以下几个方面固定未经备案印章的效力:

(1)先出示加盖该印章的非关键证据,如对方对该证据认可,则可以认为对该签章效力的认可及于该所有签章的效力。

(2)用该印章与经过备案的印章同时出现的证据固定其效力。

(3)用对方认可人员的签字间接固定其效力。例如,甲作为发包方的委托代理人在建设工程施工合同上签字,后来,甲又在图纸会审纪要上签字同时加盖了"××指挥部"的印章的,则可以认为仅加盖"××指挥部"印章的工程造价结算书能够约束发包人。

根据《民法典合同编通则司法解释》第22条第1款、第3款规定,法定代表人、负责人或者工作人员以法人、非法人组织的名义订立合同且未超越权限,法人、非法人组织仅以合同加盖的印章不是备案印章或者系伪造的印章为由主张该合同对其不发生效力的,人民法院不予支持。合同仅加盖法人、非法人组织的印章而无人员签名或者按指印,相对人能够证明合同系法定代表人、负责人或者工作人员在其权限范围内订立的,人民法院应当认定该合同对法人、非法人组织发生效力。据此,上述印章虽未经备案,但只要施工单位能够证明系由建设单位相关人员在其职权范围内加盖印章,则该加盖印章行为能够约束建设单位。

159. 工程结算书上仅有发包方人员签字而无盖章,如何固定其效力?

建设工程施工合同纠纷案件中,经常会出现承包方提供的仅有发包方人员签字而无盖章的工程结算书,遭到发包方以未对其授权为由加以否认的情况。此时,如果承包方提供的有关案涉工程的施工、验收等资料,如图纸会审记录、工程开工报告、地基验槽记录、设备开箱检查记录、子分部(分项)工程质量验收记录、隐蔽工程验收记录、工程竣工验收证书、工程变更单、工作联系单、设计变更洽商记录、会议纪要等,证明案涉人员一直是作为建设单位代表签字并且发包方对其签字从未提出异议的,则应当认定案涉人员系发包方在讼争工程中的全权代表。如果发包方在建设工程施工合同中并未特别指定办理工程价款结算事宜的人员,则案涉人员作为发包方的全权代表能够代表发包方确认工程价款,其签字确认的工程造价结算书能够约束发包人。

160. 发包方有关人员在工程结算书回执单签字但未盖章,发包人庭审中否认收到竣工结算文件的,应如何认定案件事实?

承包人向发包人递交竣工结算文件,发包方有关人员在工程结算书回执单上署名签收,但未加盖发包人公章。在承包人提起的追索工程款诉讼或仲裁案件中,发包人否认收到承包人递交的竣工结算文件,并且称该签收人员已调离建设单位,无法查明其签字的真实性时,应如何认定案件事实?

此种情形下,人民法院或仲裁机构应结合双方当事人履行合同的客观行为与主观意思,根据主客观相一致的原则综合判断,对案件事实作出认定。举例说明如下:

承包人为催促发包人审定工程结算,向发包人寄发催促函称:"我公司已于×××年××月××日将竣工结算文件资料报送给贵公司,至今已一年有余,贵公司至今未予答复,而是一拖再拖,望贵公司接此函五日内给予明确答复。"

发包人在回函中答复:"我公司已委托××工程咨询有限公司进行审计,由于咨询公司经办人员出差在外耽误一段时间,我公司并非故意一拖再拖,自今日起于 10 日内与贵公司沟通相关决算数据,具体决算数额再行商定。"

笔者认为,根据上述函件内容可以认定发包人已经收到承包人的竣工结算文件:

第一,发包人回函内容是针对承包人去函内容的响应和答复,证明其已收到承包人的催促函。

第二,发包人回函中自认已委托××工程咨询有限公司进行审计。工程造价审计是发包人对于承包人提交的竣工结算文件的审核,收到结算文件是发包人委托审计的物质基础和前提条件。如果发包人没有收到承包人的结算文件,不会进行到委托审计这一程序,说明发包人已收到承包人的结算文件。

第三,发包人针对承包人催促函中提出的拖延审计问题,非但没有提出未收到结算文件,反而对"我公司并非一拖再拖"进行辩解,并对决算期限作出了承诺。这也说明,发包人已经收到了承包人提交的竣工结算文件。

161. 在建设工程施工合同无效、工程尚未竣工且未经验收的情况下,如何结算承包人的已完工程价款?

发承包双方在施工过程中发生争议,承包人撤场。在此后的施工合同纠纷案件审理中,经审查,双方签订的建设工程施工合同无效,建设工程尚未竣工亦未经验收,在此情形下,应如何结算承包人已完工程的价款?

《民法典》第 793 条规定:"建设工程施工合同无效,但是建设工程经验收合格的,可以参照合同关于工程价款的约定折价补偿承包人。建设工程施工合同无效,且建设工程经验收不合格的,按照以下情形处理:(一)修复后的建设工程经验收合格的,发包人可以请求承包人承担修复费用;(二)修复后的建设工程经验收不合格的,承包人无权请求参照合同关于工程价款的约定折价补偿。发包人对因建设工程不合格造成的损失有过错的,应当承担相应的责任。"上述规定表明,工程质量合格是发包人支付工程价款的前提条件,发包人对质量不合格工程有权拒付工程款,对于未经验收工程(是否合格处于不确定状态)的支付价款请求权,发包人享有质量异议抗辩权。在承包人撤场、发包人已经接收建设工程,且发包人在诉讼或仲裁中并未针对承包人支付价款请求权提出质量异议抗辩的情况下,发包人应当支付承包人已完工程价款。对于已完工程价款结算,应区分以下情形分别予以处理:

(1)如果承包人已按无效施工合同建设了大部分约定工程,应当按照上述《民法典》第793条规定,参照合同约定结算承包人的已完工程价款。

(2)如果建设工程仅达到"正负零",或地上工程仅完成了一小部分,承包人撤场的,因承包人前期施工成本较大,不能以全部工程量进行分摊,不能以后续工程进行弥补,参照无效施工合同约定结算工程价款对承包人明显不公平的,则可以以签约时当地定额标准或市场价格信息据实结算承包人的已完工程价款。

162. 建设工程施工合同约定应由承包人完成、实由发包人完成的工作,其费用承担原则是什么?

在建设工程施工合同诉讼或仲裁案件中,发包人提出依照施工合同应由承包人完成,但实际由发包人完成的工作,为完成该工作的费用应抵顶工程款。但其提供的费用清单上无承包人签字或盖章确认,承包人在诉讼或仲裁中不予认可的,如何认定该费用的承担原则?

依据建设工程施工合同约定应由承包人完成,但经审理查明实际由发包人完成的工作,虽然发包人提供的完成该工作的费用清单上无承包人签字或盖章确认,但因该工作属于承包人应当完成的合同内容,在没有证据证明该费用不实及分摊不合理的情况下,人民法院或仲裁机构应当认定该费用由承包人承担。

163. 结算统计表中,有待发包、承包双方负责人最终确定的意思表示但未经确认的,该统计表能否作为确认工程价款的依据?

发承包双方结算人员在达成的结算统计表中记载,结算值仅供双方领导参考,双方最终结算价由双方公司领导确定。但直至双方因建设工程施工合同发生纠纷,并无证据显示该结算统计表已经双方领导确认。对此,该结算统计表能否作为确认工程价款的依据?

尽管该结算统计表属于双方合意的结果,但由于该结算统计表中,约定有结算价款仅供双方领导参考,最终结算价由双方公司领导确定的内容,且结算统计表最终未得到发承包双方领导确认,因此,该结算统计表不能直接作为确认工程价款的依据。

实践中,有些情况是双方负责人业已认可经双方结算人员作出的结算值,仅因未向对方书面回复意见,导致工程造价未能最终确认。为避免结算造价长期处于不确定的状态,促使当事人及时履行回复义务,可在结算统计表中附注:"如果一方未在××××年××月××日前向对方回复领导意见,视为认可该结算统计表。"

164. 当工程造价鉴定数值低于发包人在有关文件中自认的数额且明显与已查明事实相悖时,能否以鉴定意见确定工程价款?

在发承包双方因工程价款发生纠纷提起的诉讼或仲裁案件中,当法院或仲裁机构委托鉴定机构作出的工程造价鉴定数值,低于发包人在有关文件中自认的工程造价数额,并且明显与庭审查明的事实相悖(例如,鉴定数值低于或仅接近于发包人已付的进度款数额)时,应当怎样确定工程价款的数额?

笔者认为,当出现上述情形时,认定工程造价应当综合全案证据与事实,而不应仅以鉴定结果为准,唯鉴定结果论。鉴定意见属于《民事诉讼法》第66条[①]规定的八种法定证据形式之一,与其他形式证据的证明效力无异,均应在查证属实后,才能作为认定案件事实的根据。

当工程造价鉴定数值低于发包人在案件审理中提交的有关文件中自认的工程造价数额,也与庭审已查明的事实明显相悖,并且现有证据条件无法对工

[①] 《民事诉讼法》第66条:"证据包括:(一)当事人的陈述;(二)书证;(三)物证;(四)视听资料;(五)电子数据;(六)证人证言;(七)鉴定意见;(八)勘验笔录。证据必须查证属实,才能作为认定事实的根据。"

程造价进行补充鉴定时,该鉴定意见不能作为认定工程价款的依据。根据《民事诉讼证据规定》第 3 条关于"在诉讼过程中,一方当事人陈述的于己不利的事实,或者对于己不利的事实明确表示承认的,另一方当事人无须举证证明。在证据交换、询问、调查过程中,或者在起诉状、答辩状、代理词等书面材料中,当事人明确承认于己不利的事实的,适用前款规定"、第 5 条关于"当事人委托诉讼代理人参加诉讼的,除授权委托书明确排除的事项外,诉讼代理人的自认视为当事人的自认。当事人在场对诉讼代理人的自认明确否认的,不视为自认"的规定,当事人及其代理人自认的事实,属于免证事实。自认一经作出,即产生两方面的效果:其一,对当事人产生拘束力,即当事人一方对另一方主张的于其不利的事实一经作出承认的声明或表示,另一方当事人无须对该事实举证证明,而且除特定情形外,作出自认的当事人也不能撤销或否认其自认;其二,对法院产生拘束力,即对于当事人自认的事实,法院在原则上应当予以确认,不能作出与自认的事实相反的认定,无法定情形不能否认自认的效力。[①] 因此,在排除发包人自认的工程造价数额与已查明事实不符的情况下,人民法院或仲裁机构应当以发包人自认的数额认定工程价款。

165. 承包人未按建设工程施工合同约定提出变更工程价款报告的,能否在诉讼或仲裁中主张变更工程价款?

发承包双方在建设工程施工合同中就变更工程价款作出了程序约定,承包人未在施工中按照合同约定程序提出变更工程价款报告,在诉讼或仲裁中提出变更工程价款的,能否得到人民法院或仲裁机构的支持?

举例说明,发承包双方在建设工程施工合同中,就工程变更价款约定如下:

(1) 承包人在工程变更确定后 14 天内,提出变更工程价款的报告,经工程师确认后调整合同价款。

[①] 最高人民法院修改后民事诉讼法贯彻实施工作领导小组编著:《最高人民法院民事诉讼法司法解释理解与适用》(上),人民法院出版社 2015 年版,第 318 页。

（2）承包人在双方确定变更后14天内不向工程师提出变更工程价款报告时，视为该项变更不涉及合同价款的变更。

（3）工程师应在收到变更工程价款报告之日起14天内予以确认，工程师无正当理由不确认时，自变更工程价款报告送达之日起14天后视为变更工程价款报告已被确认。

（4）工程师不同意承包人提出的变更价款，按通用条款关于争议的约定处理。

（5）工程师确认工程变更价款作为追加合同价款，与工程款同期支付。

上述条款规定了确认变更工程价款的条件、程序，以及双方不积极作为的法律后果：①承包人须在工程变更后的14天内向发包人主张变更工程价款；②承包人未在变更后的14天内提出变更工程价款报告的，视为该项变更不涉及合同价款的变更；③发包人无正当理由不确认变更工程价款报告的，视为已确认。

如果承包人在施工中未就工程变更向发包人提出变更工程价款报告的，则不能在诉讼或仲裁案件中再行主张变更工程价款。理由如下：

（1）合同是确立民事法律关系的依据。依法成立的合同应受法律保护，合同双方的权利义务应严格依照合同的约定履行，不得擅自变更或解除合同。承包人在工程变更后的约定期限内未向发包人提出变更工程价款报告，也未向法庭或仲裁庭提供其曾主张变更工程价款的其他证据的，上述合同约定表明该工程变更不涉及价款变更。承包人作为主张存在合同价款变更的义务人，未按合同约定提出变更工程价款报告，却在诉讼或仲裁时主张工程变更涉及价款变更的，系对合同有效约定的擅自变更，其在诉讼或仲裁中再行主张变更工程价款，缺乏合同依据。

（2）工程价款变更的本质是合同的变更，仍应遵循订立合同之要约、承诺的规定。承包人未按合同约定提出变更工程价款报告，即属未就变更工程提出变更价款的要约，在其未曾提出要约的情况下，请求人民法院或仲裁机构确认变更工程价款，亦于法无据。

因此，承包人未按合同约定提出变更工程价款报告的，不能在诉讼或仲裁中再行主张变更工程价款。

166. 对工程造价鉴定意见中有争议的部分，应如何认定和处理？

在工程造价司法鉴定意见中，鉴定机构将工程造价分列为双方当事人无争议的和有争议的两部分，对于双方有争议部分的工程造价，应当如何认定处理？

对于工程造价鉴定意见中有争议的部分，可按以下方式处理：

(1) 有争议部分的工程造价，依据双方当事人的证据资料，无法判断该事实是否存在即缺乏事实依据的，该部分工程造价不予支持。

(2) 有证据证明该事实存在或一方主张的事实被对方认可，但双方对有关数量和费用数额达不成一致，并且对方也不能提供有关数量和费用数额证据的情况下，人民法院或仲裁机构可以依据公平、公正原则对争议事项进行自由裁量，比如判令双方各半承担相关费用等。

167. 承包人开具工程款发票时的税率较合同约定税率已经调整的，应按何种税率计算工程造价中的税金？

"营改增"后，建筑业增值税税率从11%（2016年5月1日执行）调整到10%（2018年5月1日执行），再次调整到9%（2019年4月1日执行）。

发承包双方在建设工程竣工后，长期未能完成竣工结算，因工程款数额未确定，承包人亦未向发包人开具发票。承包人起诉或仲裁索要工程款时，建筑业增值税的税率已经调整，发包人遂主张应按调整后的税率计算税款；承包人主张发包人变更合同有效约定，不应予以支持，仍应按合同约定的税率计取税款。在此情形下，应适用何种税率计算税款？

笔者认为，应按建设工程施工合同约定确定应付工程款的日期，以该日期施行的税率作为计税税率。理由如下：

(1) 根据《增值税暂行条例》（2017年修订）第19条第1款的规定："增值税纳税义务发生时间：（一）发生应税销售行为，为收讫销售款项或者取得索取销售款项凭据的当天；先开具发票的，为开具发票的当天……"承包人缴纳建筑业增值税的纳税义务发生时间，为取得索取销售款项凭据的当天，即施工合同约定的应付工程款的日期。因此,应适用该日期施行的税率。

(2)如果施工合同约定的税率,在上述应付款日期发生政策调整的,可参照《民法典》第513条关于"执行政府定价或者政府指导价的,在合同约定的交付期限内政府价格调整时,按照交付时的价格计价"的规定,适用调整后的该日期施行的税率。

(3)如果施工合同约定的税率,在上述应付款日期并未发生政策调整,即使承包人实际开具发票时的税率已经降低,也不能按照实际税率进行变更。

举例说明:发承包双方2016年签订合同,约定工程款税率11%,竣工日期2017年5月1日,验收合格30天内审计完成,并付款至审计额的95%,余5%作为质保金。工程自2017年5月1日竣工后一直未能完成审计,承包人也未向发包人开发票。承包人2019年6月1日起诉索要工程款。诉讼或仲裁中,发包人主张2019年4月1日后的开票税率是9%,要求按9%计税。承包人主张还按合同约定的11%计税。笔者认为,按合同约定的付款时间是2017年6月1日(验收合格日期2017年5月1日后的第30天),此时的增值税税率是11%,应按11%计算工程造价中的税款,而不应按9%计税。假设合同约定的付款时间是2018年6月1日,那么即使合同约定的是11%税率,但因增值税税率已自2018年5月1日后改为10%,法院或仲裁机构应按10%计取税款。

168. 招标工程量清单中的部分工程量是按照定额计算的,鉴定时应按清单还是定额计算该部分工程量?

发包人提供的招标工程量清单中的部分工程量系按照工程定额计算,诉讼或仲裁中发包人主张施工合同约定的计价标准是工程量清单计价规范,应按工程量清单计价规范鉴定该部分工程量。对此,鉴定人应按清单计价规范还是工程定额计算该部分的工程量?

笔者认为,应当按照工程定额计算该部分工程量。理由如下:

(1)工程量清单招标模式,是由发包人提供招标工程量清单,承包人针对招标工程量清单逐项标明价格,量价结合从而构成工程价款的方式。承包人投标时对工程量清单标价是建立在发包人提供的工程量基础之上,如果在鉴定中改变招标工程量的计算规则,从而改变招标工程量,则会导致承包人的报价基础丧失,损害承包人在投标时的信赖利益。例如,同一土方回填工程按照工程定额计算为 3000 立方米,按照清单计价规范计算为 800 立方米(计算规则不同所致)。发包人招标时提供的土方回填工程量是按定额计算的 3000 立方米,承包人在此基础上报价土方回填每立方米 28 元,如果在鉴定时改为按清单计价规范计算的 800 立方米,则每立方米 28 元的价格,就失去了其报价的基础。

(2)根据《建设工程司法解释(一)》第 22 条关于"当事人签订的建设工程施工合同与招标文件、投标文件、中标通知书载明的工程范围、建设工期、工程质量、工程价款不一致,一方当事人请求将招标文件、投标文件、中标通知书作为结算工程价款的依据的,人民法院应予支持"的规定,招投标文件具有优先于中标合同的适用效力。作为招标文件重要组成部分的工程量清单,是决定工程价款的关键因素,当招标工程量计算规则与合同约定不一致时,应当优先适用招标工程量清单所适用的计算规则。

169. 暂列金额与暂估价有何异同?

第一,暂列金额。[①] 根据《建设工程工程量清单计价规范》(GB 50500—2013)第 2.0.18 项的定义,是指"招标人在工程量清单中暂定并包括在合同价款中的一笔款项。用于工程合同签订时尚未确定或者不可预见的所需材料、工程设备、服务的采购,施工中可能发生的工程变更、合同约定调整因素出现时的合同价款调整以及发生的索赔、现场签证确认等的费用"。《2017 版施工合同示范文本》通用合同条款第 1.1.5.5 目对暂列金额的定义与此基本相同。其特征如下:

(1)暂列金额是在招投标或签约时尚未确定或者不可预见的预备性支出,性质上属于招标人或发包人的备用金,功能在于支付施工中发生的不可预见的支出以及合同价款调整、索赔等款项。根据《建设工程工程量清单计价规范》(GB 50500—2013)第 9 条"合同价款调整"的规定,暂列金额可以用来支付包

[①] 《建设工程工程量清单计价规范》(GB 50500—2003)中使用"暂留金",《建设工程工程量清单计价规范》(GB 50500—2008)、《建设工程工程量清单计价规范》(GB 50500—2013)均使用"暂列金额"。

括但不限于下列事项引起的合同价款调整：法律法规变化、工程变更、项目特征不符、工程量清单缺项、工程量偏差、计日工、物价变化、暂估价、不可抗力、提前竣工（赶工补偿）、误期赔偿、索赔、现场签证。

质言之，暂列金额可用于支付施工合同因任何变化而产生的费用。值得注意的是，前述暂列金额支付范围中包括的"暂估价"，是指暂估价调整部分的价款，不是指暂估价本身。例如，施工合同中对消防工程的暂估价为100万元，后经招标确定的消防工程的中标价格为120万元，则可用暂列金额支付该消防工程在原暂估价100万元基础上增加的20万元，原消防工程暂估价100万元已经包含在签约合同价中，无须使用暂列金额支付该100万元。

（2）暂列金额在签约时没有与之对应的具体项目（或工作内容）和金额，即项目、价格均未确定。

（3）暂列金额的数额由招标人给定，投标人无权更改金额。根据《建设工程工程量清单计价规范》（GB 50500—2013）第4条"工程量清单编制"，招标人在编制工程量清单时在"其他项目清单"列项暂列金额；第5条"招标控制价"，招标人在编制和复核招标控制价时，"暂列金额应按招标工程量清单中列出的金额填写"；第6条"投标报价"，投标人在投标报价中的"暂列金额应按招标工程量清单中列出的金额填写"。由此表明，暂列金额由招标人确定，此与暂列金额系招标人备用金的属性亦相吻合。

（4）暂列金额虽然计入签约合同价，但暂列金额的所有权人是发包人，暂列金额是否使用、如何使用均由发包人自由决定，承包人无权申请发包人支付暂列金额。根据《2017版施工合同示范文本》通用合同条款第1.1.5.1目："签约合同价：是指发包人和承包人在合同协议书中确定的总金额，包括安全文明施工费、暂估价及暂列金额等。"暂列金额计入签约合同价。但应注意的是，暂列金额虽然包括在签约合同价中，却是发包人的项目备用金，归发包人所有，不是承包人的应得款项。换言之，签约合同价去除暂列金额后的价款，才是承包人的应得合同价款，需要说明的是，此处的"合同价款"是一个静态价格，即发承包双方根据招标工程量清单及投标报价在签订施工合同时确定的预算价格。而《2017版施工合同示范文本》通用合同条款1.1.5.2目定义的"合同价格"是一个动态价格，根据该目规定："合同价格：是指发包人用于支付承包人按照合同约定完成承包范围内全部工作的金额，包括合同履行过程中按合同约定发生的价格变化。"由此可见，该合同价格是一个动态价格，是工程结束时发生的"实际价格"，该价格系由工程施工过程中的累计计价而得出，即工程全部完成后的竣工结算价格。亦即静态的合同价款（签约合同价－暂列金额）与实际发生的暂列金额之和，即为动态累积而成的合同价格（结算价格）。施工中，当发生合同价款调整、向承包人赔偿等合同约定价款之外的费用时，发包人可以从暂列金额中支出，并相应扣减暂列金额的总额；也可以另行计支，暂列金额保持不变，是否从暂列金额中支出完全由发包人自主决定。[①] 鉴于暂列金额属于发包人的自有备用资金，在施工合同中并不存在必须完成的对应工作内容，因此，发包人没有向承包人支付暂列金额的义务，只有支付暂列金额所对应工作价款的义务，故承包人应以具体明确的工作内容列项而非直接以"暂列金额"列项向发包人申请款项。

（5）暂列金额与工程价款结算无关。工程价款结算，是对承包人已经完成的工程量按照施工合同约定的计价标准及价格调整方法，据实计算承包人已完成工程价款的活动。无论施工合同是否约定了暂列金额以及数额的多少，也不论是否使用了暂列金额，均对工程价款结算没有影响。

第二，暂估价。根据《建设工程工程量清单计价规范》（GB 50500—2013）第2.0.19项的定义，是指"招标人在工程量清单中提供的用于支付必然发生但暂时不能确定价格的材料、工程设备的单价以及专业工程的金额"。《2017版施工合同示范文本》通用合同条款第1.1.5.4目对暂估价的定义与此基本相同。其特征如下：

（1）暂估价在签约时具有与之对应的具体项目（或工作内容），但价格不能确定，仅仅暂估一个价格，即项目确定、但价格未确定。

（2）暂估价的数额在招标时由招标人给定，施工中确定价格后，以此取代暂估价，并调整合同价款。根据《建设工程工程量清单计价规范》（GB 50500—2013）第4条"工程量清单编制"的规定，招标人在编制工程量清单时，需将"暂估价中的材料、工程设备暂估单价应根据工程造价信息或参照市场价格估算，列出明细表；专业工程暂估价应分不同专业，按有关计价规定估算，列出明细表"。第5条"招标控制价"的规定，招标人在编制和复核招标控制价时，将"暂估价中的材料、工程设备单价应按招标工程量清单中列出的单价计入综合单

[①] 参见常设中国建设工程法律论坛第八工作组编：《中国建设工程施工合同法律全书：词条释义与实务指引》，法律出版社2019年版，第293页。

价；暂估价中的专业工程金额应按招标工程量清单中列出的金额填写"。第6条"投标报价"的规定，投标人在投标报价时，"材料、工程设备暂估价应按招标工程量清单中列出的单价计入综合单价；专业工程暂估价应按招标工程量清单中列出的金额填写"。即按照招标人给定的暂估价进行投标报价。施工中，能够确定材料、工程设备、专业工程的价格后，以确定的价格取代暂估价，调整合同价款。

例如，发包人在招标工程量清单中对C30商砼的暂估价为360元/立方米，在实际施工中，实际采购价格可能是350元/立方米，也可能是370元/立方米，合同双方当事人确定以365元/立方米的固定单价结算，则暂估价360元/立方米转为固定单价365元/立方米，并以此价格计入结算；也可以约定以实际发生时的市场价为结算价，则暂估价转为可调价，并按实际市场价格计入结算。

再如，发包人在招标时对幕墙工程的暂估价为300万元，施工中经发承包双方招标确定的幕墙工程中标固定总价为400万元，则以该400万元取代暂估价300万元，调整合同价款。

第三，暂列金额与暂估价的异同。

（1）相同点：①均计入签约合同价；②在招投标阶段的数额，均由招标人给定，投标人不能更改数额。

（2）不同点：①预见性不同。暂列金额是在招标时尚未确定或不可预见的预备支出，即项目、金额均未确定；暂估价是必然会发生但价格尚不确定的支出，即项目确定、但金额不确定。②性质不同。暂列金额实质是招标人的预备金，是否在招标文件或施工合同中明确，并不影响施工合同的履行；暂估价的工程内容是除价格外所有内容均已经明确在施工合同中、合同双方不按约定履行可能承担违约责任的具体工作。③使用方式不同。暂列金额由招标人自主决定是否使用、如何使用；暂估价应按法律规定及合同约定确定。④与工程价款结算的关系不同。暂列金额与工程价款结算无关，无论暂列金额的多少或有无，均不影响工程结算价格；暂估价与工程价款结算有关，暂估价项目金额确定后，以确定金额取代暂估价，并计入工程结算价格。[①]

[①] 此处有部分内容参见常设中国建设工程法律论坛第八工作组编：《中国建设工程施工合同法律全书：词条释义与实务指引》，法律出版社2019年版，第291页。

专题五　建设工程价款优先受偿权问题

170. 建设工程价款优先受偿权的性质是什么？

《民法典》第807条规定："发包人未按照约定支付价款的，承包人可以催告发包人在合理期限内支付价款。发包人逾期不支付的，除根据建设工程的性质不宜折价、拍卖外，承包人可以与发包人协议将该工程折价，也可以请求人民法院将该工程依法拍卖。建设工程的价款就该工程折价或者拍卖的价款优先受偿。"该条赋予承包人就建设工程价款依法享有优先受偿权的权利。

工程价款优先受偿权，其实质是对承包人物化到建设工程上的资金投入和劳动付出设定的担保物权。关于建设工程价款优先受偿权的性质，存在法定抵押权、留置权和法定优先权三种学说。现学界通说认为，承包人的优先受偿权性质上属于一种法定优先权，既不同于抵押权，也不同于留置权。

《民法典》第394条第1款规定："为担保债务的履行，债务人或者第三人不转移财产的占有，将该财产抵押给债权人的，债务人不履行到期债务或者发生当事人约定的实现抵押权的情形，债权人有权就该财产优先受偿。"抵押权，系基于当事人的约定而产生，属于意定物权。我国《民法典》中只有约定抵押权的规定，并无法定抵押权的规定，如果将承包人优先受偿权定性为法定抵押权，则不符合物权法定原则。

《民法典》第447条第1款规定："债务人不履行到期债务，债权人可以留置已经合法占有的债务人的动产，并有权就该动产优先受偿。"留置权虽属法定物权，但留置权的标的物以动产为限。如果将承包人优先权定性为留置权，亦与法律规定相悖。

承包人优先受偿工程价款，既不是发承包双方通过约定设定了抵押权，也不是留置权的权利内容,而是《民法典》直接赋予承包人的一项法定权利,是一种法定优先权。

171. 建设工程价款优先受偿权的权利范围是什么?

《民法典》第788条规定:"建设工程合同是承包人进行工程建设,发包人支付价款的合同。建设工程合同包括工程勘察、设计、施工合同。"由此,建设工程合同包括工程勘察、设计、施工合同。但笔者认为,建设工程价款优先受偿权仅为建设工程施工合同的承包人所享有。不仅因为,狭义的建设工程仅指土木工程、建筑工程、线路管道和设备安装工程及装修工程[1],还因为勘察、设计合同的承包人没有将其资金和劳动物化在建设工程当中,缺乏享有优先受偿权的法理基础。

《建设工程司法解释(一)》第40条规定:"承包人建设工程价款优先受偿的范围依照国务院有关行政主管部门关于建设工程价款范围的规定确定。承包人就逾期支付建设工程价款的利息、违约金、损害赔偿金等主张优先受偿的,人民法院不予支持。"据此,承包人优先受偿的范围仅为建设工程价款,而不包括利息、违约金、损害赔偿金。

至于建设工程价款的内涵及范围,笔者认为应参照《建筑安装工程费用项目组成》中的"建筑安装工程费用"进行界定,包括施工人为工程建设支付的人工费、材料费、施工机具使用费、企业管理费、利润、规费和税金,即《民法典》第807条[2]所称的"建设工程的价款",应为经发承包双方结算或经工程造价司法鉴定确定的建筑安装工程费用,扣减甲方(建设单位)供材款、承包方应承担的违约损失等费用后的价款。

---

[1] 《建设工程质量管理条例》第2条第2款规定:"本条例所称建设工程,是指土木工程、建筑工程、线路管道和设备安装工程及装修工程。"

[2] 《民法典》第807条规定:"发包人未按照约定支付价款的,承包人可以催告发包人在合理期限内支付价款。发包人逾期不支付的,除根据建设工程的性质不宜折价、拍卖外,承包人可以与发包人协议将该工程折价,也可以请求人民法院将该工程依法拍卖。建设工程的价款就该工程折价或者拍卖的价款优先受偿。"

172. 建设工程价款优先受偿权的行使期限如何确定？

《建设工程司法解释（一）》第 41 条规定："承包人应当在合理期限内行使建设工程价款优先受偿权，但最长不得超过十八个月，自发包人应当给付建设工程价款之日起算。"据此，承包人最迟应在发包人应当给付工程价款之日起的十八个月内行使优先受偿权。该十八个月的优先受偿权行使期限，为除斥期间。该期间是承包人行使优先受偿权的不变期间，不因任何事由而中止、中断或延长；承包人未在该期间内行使优先权，则优先受偿权消灭，此后不得优先受偿工程价款。

173. 如何实现建设工程价款优先受偿权？

承包人行使工程价款优先受偿权有两种方式：

其一，承包人可以依据《民法典》第 807 条规定，在追索工程价款的诉讼或仲裁案件中，一并主张对拍卖建设工程的价款优先受偿；或者，仅就建设工程价款优先受偿权单独提起诉讼或申请仲裁，请求确认对拍卖建设工程的价款享有优先受偿权。

有观点认为，优先权作为《民法典》赋予承包人的法定权利，无须在诉讼中确认，可由承包人在执行程序中直接主张优先受偿。笔者认为，此观点有失偏颇。鉴于承包人行使优先受偿权受到 18 个月除斥期间的限制，其是否拥有或丧失优先权，须由人民法院或仲裁机构确认后方可行使。

其二，承包人可以依据《民事诉讼法》第 203 条[①]规定，直接向建设工程所在地的基层人民法院申请拍卖建设工程，并就拍卖价款优先受偿。

---

① 《民事诉讼法》第 203 条规定："申请实现担保物权，由担保物权人以及其他有权请求实现担保物权的人依照民法典等法律，向担保财产所在地或者担保物权登记地基层人民法院提出。"

174. 建设工程施工合同解除或终止履行时，承包人如何行使工程价款优先受偿权？

施工实践中，有些项目因发包人资金链断裂无法继续履行施工合同，有的因为政策原因而"下马"，或者由于当事人履行合同违约，导致施工合同被解除或终止履行。此种情况下，承包人如何行使建设工程价款优先受偿权？

《建设工程司法解释（一）》第39条规定："未竣工的建设工程质量合格，承包人请求其承建工程的价款就其承建工程部分折价或者拍卖的价款优先受偿的，人民法院应予支持。"第41条规定："承包人应当在合理期限内行使建设工程价款优先受偿权，但最长不得超过十八个月，自发包人应当给付建设工程价款之日起算。"依据上述规定，承包人对其施工且质量合格的未竣工工程依法享有工程价款优先受偿权，并应自发包人应当给付工程价款之日起的18个月内行使该权利。

根据《民法典》第806条第3款关于"合同解除后，已经完成的建设工程质量合格的，发包人应当按照约定支付相应的工程价款"的规定，在建设工程施工合同约定了合同解除后支付工程价款的时间的，以该时间作为计算工程价款优先受偿权的起算点。以《2017版施工合同示范文本》为例，该施工合同示范文本通用合同条款第16.1.4条（因发包人违约解除合同后的付款）、第16.2.4条（因承包人违约解除合同后的处理）、第17.4条（因不可抗力解除合同），均规定了发包人应在解除合同后的28天内向承包人支付已完工程价款，因此，承包人对其施工的已完工程价款的优先受偿权自合同解除后的第29天起算。

如果建设工程施工合同没有约定合同解除后支付工程价款的时间，根据《民法典》第511条第4项关于"履行期限不明确的，债务人可以随时履行，债权人也可以随时请求履行，但是应当给对方必要的准备时间"的规定，则承包人最迟应在合同解除后的18个月内向发包人主张已完工程价款的优先受偿权。

175. 承包人转让其工程款债权，受让人能否享有建设工程价款优先受偿权？

承包人转让其工程款债权后，债权受让人能否享有工程价款优先受偿权，即受让人是否可以向发包人主张工程款债权时一并主张优先受偿权？

实务中存在两种观点，即肯定说与否定说。

肯定说认为，建设工程债权转让后，受让人也应享有优先受偿权。建设工程承包人转让其在施工中形成的债权，受让人基于债权的转让而取得工程款债权，因而其应当享有该工程款的优先受偿权。法定优先权属于担保物权，具有一定的追及效力，其功能是担保工程款优先支付，该权利依附于所担保的工程而存在，即使被担保的工程发生转让，也不影响承包人优先受偿权的行使。[①]

支持该观点的典型案例，是最高人民法院（2007）民一终字第10号民事判决书[②]，该判决认为，"关于建发公司[③]对涉案工程是否享有优先受偿权的问题。建设工程款具有优先受偿性质。建发公司基于受让债权取得此项权利"。[④] 司法实践中，持该种观点的地方法院有广东高院、江苏高院、宣城中院等。[⑤]

否定说认为，建设工程价款转让的，优先受偿权不随之转让。该条立法本意是为解决拖欠工程款的问题，保障承包人价款的实现。建设工程价款的优先受偿权，其本质是一种基于建设工程的特殊性，通过专设法条的方式保护承包人的特殊权利，具有专属性。根据《民法典》第547条第1款的规定，从权利专属于债权人自身的债权不能转让。因此建设工程价款受让人无法取得专属于作为出让人的承包人的优先受偿权。[⑥] 司法实践中支持该观点的法院有河北高

---

① 参见《建设工程债权转让后，受让人是否享有优先受偿权》，载杜万华主编、最高人民法院民事审判第一庭编：《民事审判指导与参考》总第65辑，人民法院出版社2016年版，第252~253页。

② 参见陕西西岳山庄有限公司与中建三局建发工程有限公司、中建三局第三建设工程有限责任公司建设工程施工合同纠纷案，载《最高人民法院公报》2007年第12期，第32~40页。

③ 工程款债权受让人。——笔者注

④ 建发公司为工程款债权受让人。——笔者注

⑤ 参见常设中国建设工程法律论坛第八工作组编：《中国建设工程施工合同法律全书：词条释义与实务指引》，法律出版社2019年版，第426页。

⑥ 参见常设中国建设工程法律论坛第八工作组编：《中国建设工程施工合同法律全书：词条释义与实务指引》，法律出版社2019年版，第427页。

院、深圳中院等。①

此外，最高人民法院民一庭在《最高人民法院建设工程施工合同司法解释（二）理解与适用》中认为，请求发包人支付建设工程价款的债权转让后，受让人是否应享有优先受偿权尚无定论。有意见认为，建设工程承包人转让其在施工中形成的债权，受让人基于债权的转让而取得工程款债权，因而其应当享有该工程款的优先受偿权。然而，工程价款优先受偿权制度的目的是保护施工人的劳动报酬，如果承包人通过转让工程价款的债权获得相应对价，则承包人的权利得以实现。② 该书对此并未给出明确意见，但似乎存在持否定说的倾向。

《民法典》第547条第1款规定："债权人转让债权的，受让人取得与债权有关的从权利，但是该从权利专属于债权人自身的除外。"由此，该问题的核心是，工程价款优先受偿权是不是专属于承包人自身的权利？如是，则工程价款债权的受让人不能取得优先受偿权；如否，则工程款债权受让人享有优先受偿权。

笔者认同否定说，即工程价款优先受偿权是专属于"承包人"的特别权利，工程价款债权的受让人不享有优先受偿权。理由如下：

（1）对于上述《民法典》第547条第1款规定的"该从权利专属于债权人自身"，依据《民法典合同编通则司法解释》第34条对于代位权中的"专属于债务人自身的权利"作出的解释，是指基于扶养关系、抚养关系、赡养关系产生的给付请求权和劳动报酬、基本养老保险金、失业保险金、最低生活保障金、人身伤害赔偿请求权等权利。由此可见，所谓专属性的债权，是指该债权与权利人具有人身上的依附关系，是基于权利人的特定身份而产生的债权。尽管该条是界定的"专属于债务人自身的权利"，但仍可作为判断从权利是否具有专属性的标准，即"专属性的从权利"，是指该从权利与权利人具有人身上的依附关系，是基于权利人的特定身份而产生的从权利。

（2）基于前述"专属性的从权利"的判断标准，笔者认为工程价款优先受偿

---

① 参见常设中国建设工程法律论坛第八工作组编：《中国建设工程施工合同法律全书：词条释义与实务指引》，法律出版社2019年版，第427页。
② 参见最高人民法院民事审判第一庭编著：《最高人民法院建设工程施工合同司法解释（二）理解与适用》，人民法院出版社2019年版，第373页。

权专属于"承包人"。理由是,《民法典》第 807 条[①]之所以赋予承包人享有工程价款优先受偿权,是因为承包人已将其资金投入和劳动付出物化到建设工程上,为保障承包人工程价款的实现,专门针对"承包人"设定该特别权利,该权利基于承包人的特定身份而产生,是专属于承包人的(从)权利。这一点,从其他工程承包人如勘察人、设计人并不享有优先受偿权,亦可见一斑。

(3)设立工程价款优先受偿权的立法目的是保护施工人的劳动报酬,在承包人已将工程款债权转让给他人的情况下,该特殊保护目的已不复存在,亦无继续保护的必要。而且,承包人可以转让工程款债权的对价支付其人员的劳动报酬。受让人仅仅是受让了一般的合同债权,该债权并没有比其他债权更优先的效力。

176. 承包人能否对已被发包人转让的建设工程主张建设工程价款优先受偿权?

发包人将在建工程或已竣工工程转让给第三人的,承包人对已转让工程的价款主张行使优先受偿权的,人民法院应予支持。

《民法典》第 807 条规定:"发包人未按照约定支付价款的,承包人可以催告发包人在合理期限内支付价款。发包人逾期不支付的,除根据建设工程的性质不宜折价、拍卖外,承包人可以与发包人协议将该工程折价,也可以请求人民法院将该工程依法拍卖。建设工程的价款就该工程折价或者拍卖的价款优先受偿。"《建设工程司法解释(一)》第 36 条规定:"承包人根据民法典第八百零七条规定享有的建设工程价款优先受偿权优于抵押权和其他债权。"由此,工程价款优先受偿权是民法典赋予承包人的法定优先权,其效力优于抵押权和其他债权。其实质是对承包人物化到建设工程上的资金投入和劳动付出设定的担保物权。

---

① 《民法典》第 807 条:"发包人未按照约定支付价款的,承包人可以催告发包人在合理期限内支付价款。发包人逾期不支付的,除根据建设工程的性质不宜折价、拍卖外,承包人可以与发包人协议将该工程折价,也可以请求人民法院将该工程依法拍卖。建设工程的价款就该工程折价或者拍卖的价款优先受偿。"

建设工程优先受偿权,是指承包人在发包人不依约支付工程价款时,可以与发包人协议将该工程折价或申请人民法院将该工程拍卖,对折价或拍卖所得的价款,承包人有优先受偿的权利。其为担保承包人的建设工程价款债权而生,具有担保物权的属性。发包人未结清工程价款将在建工程或者已竣工工程转让给第三人,只要受让人对受让该工程存在一定过错,即不构成善意取得,则承包人基于该法定优先权的物权追及效力仍可就所建工程拍卖所得价款优先受偿。当然,建设工程受让人可就承包人行使优先受偿权对其造成的损失向发包人追偿。

177. 承包人能否对已被发包人转让的商铺行使建设工程价款优先受偿权?

发包人将已建成的商铺出售给第三人,并已办理完毕产权转移登记手续的,承包人对已经出售的商铺能否主张建设工程价款优先受偿权?

承包人对发包人已经出售的商铺能够主张工程价款优先受偿权。理由如下:

(1)《民法典》第807条规定:"发包人未按照约定支付价款的,承包人可以催告发包人在合理期限内支付价款。发包人逾期不支付的,除根据建设工程的性质不宜折价、拍卖外,承包人可以与发包人协议将该工程折价,也可以请求人民法院将该工程依法拍卖。建设工程的价款就该工程折价或者拍卖的价款优先受偿。"该规定赋予承包人就建设工程价款享有优先受偿的权利。工程价款优先受偿权,其实质是对承包人物化到建设工程上的资金投入和劳动付出设定的担保物权。物权具有追及效力,即在物权成立后,其标的物不论辗转入何人之手,物权人均得追及物之所在,而直接支配其物的效力。

(2)《建设工程司法解释(一)》第36条规定:"承包人根据民法典第八百零七条规定享有的建设工程价款优先受偿权优于抵押权和其他债权。"《民法典》第406条第1款规定:"抵押期间,抵押人可以转让抵押财产。当事人另有约定的,按照其约定。抵押财产转让的,抵押权不受影响。"举轻以明重,作为优先于抵押权的工程价款优先受偿权,亦可对已被转让的担保物产生追及效力。

（3）承前所述，建设工程价款优先受偿权优于抵押权且具有追及效力，对此应视为属于《民法典》第311条第1款①规定的"法律另有规定"的除外情形，购买商铺的第三人不能依据《民法典》第311条主张善意取得抗辩权，不能阻断承包人的工程价款优先权。

（4）商铺买受人不能依据《关于人民法院办理执行异议和复议案件若干问题的规定》第28条阻却承包人的执行，从而挑战、否认承包人的工程价款优先受偿权。《关于人民法院办理执行异议和复议案件若干问题的规定》第28条规定："金钱债权执行中，买受人对登记在被执行人名下的不动产提出异议，符合下列情形且其权利能够排除执行的，人民法院应予支持：（一）在人民法院查封之前已签订合法有效的书面买卖合同；（二）在人民法院查封之前已合法占有该不动产；（三）已支付全部价款，或者已按照合同约定支付部分价款且将剩余价款按照人民法院的要求交付执行；（四）非因买受人自身原因未办理过户登记。"该条规定的"已签订合法有效的书面买卖合同"，至少包含双方善意且依法订立买卖合同之义。发包人在尚未清偿工程价款的情况下将负担建设工程价款优先受偿权的商铺出卖，难谓"善意""合法"，故不存在适用该条的条件。

（5）根据《消费者权益保护法》第2条②的规定，消费者是为生活消费需要而购买、使用商品或者接受服务的人。商品房，按其用途划分为住宅用房和商业用房。住宅用房是专供家庭、个人日常生活居住使用的房屋；商业用房是用于商业、工业、旅游、写字楼等等经营性活动的房屋。③ 商铺，是用于经营活动的生产资料，不属于生活消费品。因此，购买商铺的第三人不属于消费者，不能依据《商品房消费者权利保护批复》第2条关于"商品房消费者以居住为目的购买房屋并已支付全部价款，主张其房屋交付请求权优先于建设工程价款优先受偿

---

① 《民法典》第311条第1款："无处分权人将不动产或者动产转让给受让人的，所有权人有权追回；除法律另有规定外，符合下列情形的，受让人取得该不动产或者动产的所有权：（一）受让人受让该不动产或者动产时是善意；（二）以合理的价格转让；（三）转让的不动产或者动产依照法律规定应当登记的已经登记，不需要登记的已经交付给受让人。"

② 《消费者权益保护法》第2条："消费者为生活消费需要购买、使用商品或者接受服务，其权益受本法保护；本法未作规定的，受其他有关法律、法规保护。"

③ 参见最高人民法院民事审判第一庭编著：《最高人民法院关于审理商品房买卖合同纠纷案件司法解释的理解与适用》，人民法院出版社2003年版，第14~15页。

权、抵押权以及其他债权的,人民法院应当予以支持。只支付了部分价款的商品房消费者,在一审法庭辩论终结前已实际支付剩余价款的,可以适用前款规定"之规定,以消费者优先权对抗承包人优先权。

178. 承包人对哪些费用不享有建设工程价款优先受偿权?

《建设工程司法解释(一)》第40条规定:"承包人建设工程价款优先受偿的范围依照国务院有关行政主管部门关于建设工程价款范围的规定确定。承包人就逾期支付建设工程价款的利息、违约金、损害赔偿金等主张优先受偿的,人民法院不予支持。"因此,承包人对工程价款的利息、因发包人违约应支付的违约金、损害赔偿金,不享有优先受偿权。

此外,发承包双方在建设工程施工合同中约定的安全奖、优良奖、工期奖(或赶工奖、抢工费)、封顶奖等各类工程奖金,在性质上属于工程价款之外发包人对承包人的奖励,不属于工程款。再者,包干风险费、甩项工程配合费及补偿款、逾期付款违约金、因发包人违约造成的直接损失(如停窝工损失)及其他可得利益损失等,均不属于工程款范畴,不能依据《民法典》第807条的规定享有优先受偿权。

179. 实际施工人能否主张建设工程价款优先受偿权?

实际施工人,系无效建设工程施工合同中实际施工的单位或个人。包括非法转包工程中的转承包人、违法分包工程中接受分包的分承包人、借用资质施工的单位或个人。

根据法律及司法解释规定,笔者认为实际施工人不享有工程价款优先受偿权,但有例外情形。

《建设工程司法解释(一)》第35条规定,与发包人订立建设工程施工合同的承包人,依据《民法典》第807条①的规定请求其承建工程的价款就工程折价或者拍卖的价款优先受偿的,人民法院应予支持。据此,享有工程价款优先受偿权以与发包人存在直接的施工合同关系为前提。鉴于包括转承包人、分承包人、借用资质的施工单位或个人等实际施工人,均未与发包人直接订立施工合同,因此,该等实际施工人不享有工程价款优先受偿权。

例外情形有两种:

其一,发包人在与承包人订立施工合同时即明知挂靠事实的情况。

实践中,发包人在与承包人订立施工合同时即明知挂靠事实的情况,通常是发包人指定缺乏资质的个人或单位承建工程,但限于法律关于资质准入的强制规定,授意实际施工人挂靠有资质的建筑施工企业名义签订施工合同。

不论发包人授意实际施工人以挂靠方式签订施工合同,还是发包人在知悉挂靠事实情形下签订施工合同,发包人与被挂靠人在签订合同时即明知被挂靠人并不实际施工,而由挂靠人实际施工。《民法典》第146条规定:"行为人与相对人以虚假的意思表示实施的民事法律行为无效。以虚假的意思表示隐藏的民事法律行为的效力,依照有关法律规定处理。"因此,在发包人明知挂靠人以被挂靠人的名义与其签订施工合同情形下,事实上存在两份施工合同,一是发包人与承包人签订的施工合同,该合同欠缺效果意思,属于通谋虚伪行为,不能认定双方之间形成了施工合同法律关系;二是在该合同之下隐藏的发包人与挂靠人之间的施工合同,该合同系以虚假的意思表示隐藏的民事法律行为,根据《建设工程司法解释(一)》第1条第1款第2项关于"没有资质的实际施工人借用有资质的建筑施工企业名义"签订施工合同,应认定为无效的规定,发包人与挂靠人之间的施工合同应认定为无效合同。该合同虽为无效合同,但根据《建设工程司法解释(一)》第38条关于"建设工程质量合格,承包人请求其承建工程的价款就工程折价或者拍卖的价款优先受偿的,人民法院应予支持"的规定,挂靠人对其施工的质量合格工程的价款仍享有优先受偿权。

其二,实际施工人代位权诉讼的情况。根据《建设工程司法解释(一)》第

---

① 《民法典》第807条:"发包人未按照约定支付价款的,承包人可以催告发包人在合理期限内支付价款。发包人逾期不支付的,除根据建设工程的性质不宜折价、拍卖外,承包人可以与发包人协议将该工程折价,也可以请求人民法院将该工程依法拍卖。建设工程的价款就该工程折价或者拍卖的价款优先受偿。"

44 条规定,实际施工人依据民法典第 535 条①规定,以转包人或者违法分包人怠于向发包人行使到期债权或者与该债权有关的从权利,影响其到期债权实现,提起代位权诉讼的,人民法院应予支持。鉴于实际施工人代为行使的是承包人与发包人之间建设工程施工合同项下的合同权利,承包人依据《民法典》第 807 条规定依法享有工程价款优先受偿权,故实际施工人亦可取得工程价款优先受偿权。

180. 承包人转包建设工程的,还能否向发包人主张建设工程价款优先受偿权?

《民法典》第 807 条规定:"发包人未按照约定支付价款的,承包人可以催告发包人在合理期限内支付价款。发包人逾期不支付的,除根据建设工程的性质不宜折价、拍卖外,承包人可以与发包人协议将该工程折价,也可以请求人民法院将该工程依法拍卖。建设工程的价款就该工程折价或者拍卖的价款优先受偿。"该规定表明,承包人就建设工程价款享有法定优先受偿权利。其实质是以已完工程作为工程价款的物的担保,随发包人的付款义务同时产生。

《建设工程司法解释(一)》第 35 条规定:"与发包人订立建设工程施工合同的承包人,依据民法典第八百零七条的规定请求其承建工程的价款就工程折价或者拍卖的价款优先受偿的,人民法院应予支持。"第 38 条规定:"建设工程质量合格,承包人请求其承建工程的价款就工程折价或者拍卖的价款优先受偿的,人民法院应予支持。"上述规定表明,在承包人与发包人直接订立施工合同且在工程质量合格的前提下,承包人依法享有工程价款优先受偿权。虽然承包人将其与发包人之间施工合同项下工程转包给他人施工,但不影响其依据施工合同向发包人主张工程款的权利,因此,承包人转包建设工程但工程质量合格的,其仍可以依据上述规定向发包人主张工程价款优先受偿权。

---

① 《民法典》第 535 条:"因债务人怠于行使其债权或者与该债权有关的从权利,影响债权人的到期债权实现的,债权人可以向人民法院请求以自己的名义代位行使债务人对相对人的权利,但是该权利专属于债务人自身的除外。代位权的行使范围以债权人的到期债权为限。债权人行使代位权的必要费用,由债务人负担。相对人对债务人的抗辩,可以向债权人主张。"

181. 承包人能否以留置建设工程的方式主张建设工程价款优先受偿权？

承包人因发包人未能清偿工程价款，与发包人协议暂不交付工程，待发包人付清工程价款后再予交付。但在工程价款优先受偿权期限届满后，发包人仍未清偿工程价款，承包人以其曾留置建设工程为由主张享有工程价款优先权的，能否得到人民法院或仲裁机构的支持？

笔者认为，留置建设工程不属于承包人行使工程价款优先受偿权的法定方式，不能产生主张优先受偿权的法律效果，人民法院或仲裁机构对承包人的上述主张应不予支持。

《民法典》第807条规定："发包人未按照约定支付价款的，承包人可以催告发包人在合理期限内支付价款。发包人逾期不支付的，除根据建设工程的性质不宜折价、拍卖外，承包人可以与发包人协议将该工程折价，也可以请求人民法院将该工程依法拍卖。建设工程的价款就该工程折价或者拍卖的价款优先受偿。"依据该规定，承包人实现工程优先权有两种方式：一是承包人与发包人协议将建设工程折价，即以物抵债。二是承包人依法申请人民法院拍卖建设工程。关于拍卖建设工程的方式，承包人既可以依照《民事诉讼法》第207条①规定的特别程序，直接申请人民法院拍卖建设工程以实现担保物权，也可以在普通民事诉讼程序中主张工程价款优先受偿权。但不论采用哪种方式，承包人均应依照《建设工程司法解释（一）》第41条关于"承包人应当在合理期限内行使建设工程价款优先受偿权，但最长不得超过十八个月，自发包人应当给付建设工程价款之日起算"的规定，最迟在发包人应当给付建设工程价款之日起的十八个月内行使优先受偿权，未在该期限内行使则优先权消灭。

前文已述，承包人行使工程价款优先受偿权，只有与发包人协议将工程折价和申请人民法院拍卖两种方式。暂缓交付工程，显然不是行使优先权的法定方式。承包人因发包人尚未付清工程款，与发包人协议暂不交付工程，意在以交付工程作为索要工程款的条件，双方并未就该工程达成以物抵债协议并转移物权。工程价款优先受偿权，其性质属于法定优先权，不属于留置权。通过约

---

① 《民事诉讼法》第207条规定："申请实现担保物权，由担保物权人以及其他有权请求实现担保物权的人依照民法典等法律，向担保财产所在地或者担保物权登记地基层人民法院提出。"

定留置不动产的方式,不能产生主张建设工程价款优先受偿的法律效果。承包人未在法定期限内向人民法院申请拍卖建设工程的,则其优先受偿权因超过十八个月除斥期间而消灭,此后不得再行主张优先受偿权。

有观点认为,根据《民法典》第808条"本章没有规定的,适用承揽合同的有关规定"以及第783条关于"定作人未向承揽人支付报酬或者材料费等价款的,承揽人对完成的工作成果享有留置权或者有权拒绝交付,但是当事人另有约定的除外"的规定,承包人享有留置建设工程的权利。笔者认为,该观点欠妥。理由是,根据《民法典》第447条第1款关于"债务人不履行到期债务,债权人可以留置已经合法占有的债务人的动产,并有权就该动产优先受偿"之规定,留置权的标的物以动产为限。如果依据上述规定认为承包人享有留置权,则不符合《民法典》第116条①确立的物权法定原则,于法相悖。因此,承包人只依据《民法典》第807条享有工程价款法定优先权,并不享有留置权,留置建设工程亦非行使工程价款优先受偿权的法定方式,不能达到主张工程价款优先受偿权的法律效果。

182. 承包人对他人续建的工程是否享有建设工程价款优先受偿权?

承包人施工中途撤场,发包人将后续工程另行发包给他人继续施工。承包人诉讼中就全部工程主张优先受偿权,该主张能否成立?

《民法典》第807条规定:"发包人未按照约定支付价款的,承包人可以催告发包人在合理期限内支付价款。发包人逾期不支付的,除根据建设工程的性质不宜折价、拍卖外,承包人可以与发包人协议将该工程折价,也可以请求人民法院将该工程依法拍卖。建设工程的价款就该工程折价或者拍卖的价款优先受偿。"该规定赋予承包人就建设工程价款享有优先受偿的权利,其实质是对承包人物化到建设工程上的资金投入和劳动付出设定的担保物权。承包人因其资金和劳动物化于建设工程而享有优先受偿权,故承包人仅对其施工部分的工程

---

① 《民法典》第116条规定:"物权的种类和内容,由法律规定。"

享有优先受偿权,由于后续工程并非其施工,亦不存在资金和劳动物化的过程,因此,承包人对他人续建的工程不享有优先受偿权利。

183. 承包人在哪些情形下不享有建设工程价款优先受偿权?

《建设工程司法解释(一)》自 2021 年 1 月 1 日起施行,该司法解释施行后,哪些情形下承包人不享有建设工程价款优先受偿权?

(1)与发包人没有直接合同关系的承包人不享有优先权。

《建设工程司法解释(一)》第 35 条规定,与发包人订立建设工程施工合同的承包人,依据《民法典》第 807 条①的规定请求其承建工程的价款就工程折价或者拍卖的价款优先受偿的,人民法院应予支持。依据该规定,建设工程价款优先受偿权只归与发包人订立施工合同的承包人享有。因此,未与发包人直接订立施工合同的分包人②、实际施工人③,以及虽然与发包人订立相关合同的勘察人、设计人、监理人,但因其不存在将资金物化于建设工程的情形,均不享有优先受偿权。

(2)建设工程质量不合格。

《建设工程司法解释(一)》第 38 条规定:"建设工程质量合格,承包人请求其承建工程的价款就工程折价或者拍卖的价款优先受偿的,人民法院应予支持。"第 39 条规定:"未竣工的建设工程质量合格,承包人请求其承建工程的价款就其承建工程部分折价或者拍卖的价款优先受偿的,人民法院应予支持。"承包人交付合格建设工程是取得工程价款的对价,工程质量合格是承包人主张工

---

① 《民法典》第807条规定:"发包人未按照约定支付价款的,承包人可以催告发包人在合理期限内支付价款。发包人逾期不支付的,除根据建设工程的性质不宜折价、拍卖外,承包人可以与发包人协议将该工程折价,也可以请求人民法院将该工程依法拍卖。建设工程的价款就该工程折价或者拍卖的价款优先受偿。"

② 分包人,是指承包人合法分包情形下接受分包的单位。

③ 实际施工人,是指无效建设工程施工合同中实际施工的单位或个人。包括非法转包工程中的转承包人、违法分包工程中接受分包的分承包人、借用资质施工的单位或个人。当实际施工人行使代位权诉讼发包人时,对发包人享有工程价款优先受偿权,参见本书"179. 实际施工人能否主张建设工程价款优先受偿权?"的内容。

209

程价款的基础,承包人对质量不合格工程不享有工程价款请求权,亦不享有工程价款优先受偿权。

(3)建设工程没有规划审批手续。

建设工程没有规划审批手续,即使建设工程质量合格,承包人也不享有优先受偿权。《城乡规划法》第 64 条规定:"未取得建设工程规划许可证或者未按照建设工程规划许可证的规定进行建设的,由县级以上地方人民政府城乡规划主管部门责令停止建设;尚可采取改正措施消除对规划实施的影响的,限期改正,处建设工程造价百分之五以上百分之十以下的罚款;无法采取改正措施消除影响的,限期拆除,不能拆除的,没收实物或者违法收入,可以并处建设工程造价百分之十以下的罚款。"据此,建设工程没有规划审批手续,属于违法建筑,依法应当拆除或没收,承包人对该违法建筑不享有请求变价及优先受偿权利。

(4)承包人事前放弃优先受偿权。

《建设工程司法解释(一)》第 42 条规定:"发包人与承包人约定放弃或者限制建设工程价款优先受偿权,损害建筑工人利益,发包人根据该约定主张承包人不享有建设工程价款优先受偿权的,人民法院不予支持。"据此,在承包人事前放弃工程价款优先受偿权,且不能证明放弃优先受偿权已损害到建筑工人利益的情况下,承包人不再享有优先受偿权。

此外,装饰装修工程承包人对其装饰装修工程价款,有条件地享有优先受偿权,即,只能在建筑物整体折价、拍卖时对其装饰装修价款享有优先受偿权。[1]

184. 承包人行使建设工程价款优先受偿权的起算日期如何计算?

第一,承包人行使建设工程价款优先受偿权的起算时间,为发包人应付工程价款之日与工程价款确定之日二者之中的后者。

《民法典》第 807 条规定:"发包人未按照约定支付价款的,承包人可以催告发包人在合理期限内支付价款。发包人逾期不支付的,除根据建设工程的性质

---

[1] 参见本书"186. 装饰装修工程承包人是否享有建设工程价款优先受偿权?如何理解装饰装修工程承包人建设工程价款优先受偿权的新变化?"的内容。

不宜折价、拍卖外,承包人可以与发包人协议将该工程折价,也可以请求人民法院将该工程依法拍卖。建设工程的价款就该工程折价或者拍卖的价款优先受偿。"该规定赋予承包人就建设工程价款享有优先受偿的权利。但《民法典》并没有规定这一优先受偿权从何时行使以及行使的期限,使得优先受偿权的行使因缺少明确详细的法律规定而在司法实践中面临一定的障碍。①

为此,最高人民法院2002年6月20日公布的《关于建设工程价款优先受偿权问题的批复》(法释〔2002〕16号)②第4条规定:"建设工程承包人行使优先权的期限为六个月,自建设工程竣工之日或者建设工程合同约定的竣工之日起计算。"该条规定在实践中遇到以下问题:其一,在建设工程竣工之后的六个月内,如发承包双方尚未完成竣工结算,导致承包人事实上无法行使优先受偿权,则该立法目的落空;其二,在施工合同因发包人原因中途解除情形下,以约定竣工日期或者他人续建后的实际竣工日期起算承包人的优先受偿权,均对承包人保护不利;其三,在约定竣工日期尚未竣工并继续施工,且发承包双方并未重新约定竣工日期,之后又解除施工合同的情形下,实际竣工日期并不存在,如以原约定竣工日期起算优先受偿权,此时工程款尚未竣工、工程款债权尚未成立,也不能主张优先受偿权。

为解决上述问题,自2019年2月1日起施行的最高人民法院《关于审理建设工程施工合同纠纷案件适用法律问题的解释(二)》③第22条规定:"承包人行使建设工程价款优先受偿权的期限为六个月,自发包人应当给付建设工程价款之日起算。"该规定实际上废止了《关于建设工程价款优先受偿权问题的批复》(法释〔2002〕16号)第4条的规定。此后,自2021年1月1日施行的《建设工程司法解释(一)》第41条规定:"承包人应当在合理期限内行使建设工程价款优先受偿权,但最长不得超过十八个月,自发包人应当给付建设工程价款之日起算。"对此,"发包人应当给付建设工程价款之日"应如何确定?如果在合同约定的应付款日期或者依法确定的应付款日期,发承包双方尚未完成竣工结算

---

① 参见最高人民法院民事审判第一庭编著:《最高人民法院建设工程施工合同司法解释(二)理解与适用》,人民法院出版社2019年版,第444页。

② 该批复被最高人民法院《关于废止部分司法解释及相关规范性文件的决定》(法释〔2020〕16号)废止。

③ 参见最高人民法院《关于审理建设工程施工合同纠纷案件适用法律问题的解释(二)》,已被最高人民法院《关于废止部分司法解释及相关规范性文件的决定》(法释〔2020〕16号)废止。

的,应从何时起算承包人的优先受偿权?

笔者认为,《建设工程司法解释(一)》第 41 条规定的"发包人应当给付建设工程价款之日"应作扩张解释,应为同时满足工程价款已届履行期与工程价款数额确定两个条件之日,即以两者之中的在后日期作为计算承包人优先受偿权的起始日期。理由如下:

(1)区分优先受偿权的成立时间与行使时间。优先受偿权的成立时间与行使时间是两个不同的时间,优先受偿权成立是基于承包人资金物化于建设工程,对其工程款债权设定的物权担保,优先受偿权自承包人开始工程建设时产生,至竣工验收合格或施工合同终止履行时止,此时优先受偿权成立。优先受偿权的成立伴随着承包人的持续资金物化过程,表现为一个期间。而优先受偿权的行使时间,应为承包人的工程款债权未获满足之时,《民法典》第 807 条规定,承包人在发包人应当给付工程款而未给付时,可以催告发包人在合理期限内支付价款,逾期仍未支付的,可以行使优先受偿权。由此可见,优先受偿权的成立时间与行使时间并不相同。《关于建设工程价款优先受偿权问题的批复》(法释〔2002〕16 号)第 4 条规定的优先受偿权行使时间,实质是优先受偿权的成立时间。

(2)优先受偿权的行使时间,不完全等同于发包人应当给付工程价款的时间。根据《民法典》第 807 条规定,发包人未按照约定支付价款的,承包人可以催告发包人在合理期限内支付价款,发包人逾期不支付的,承包人可以行使优先受偿权。由此可见,发包人应当给付工程价款的时间与承包人行使优先受偿权的时间,并非同一时间,行使优先受偿权的时间在发包人应付工程价款日期之后。发包人不支付价款的,承包人不能立即将该工程折价、拍卖,而是应当催告发包人在合理期限内支付价款。如果在该期限内,发包人已经支付了价款,承包人只能要求发包人承担支付约定的违约金或者支付逾期的利息、赔偿其他损失等违约责任。如果在催告后的合理期限内,发包人仍不能支付价款的,承包人才能将该工程折价或者拍卖以优先受偿。因此,承包人行使优先受偿权的时间在发包人应付而未付工程价款时间之后。《建设工程司法解释(一)》第 41 条将承包人行使优先受偿权的起始日期确定为债务履行期即"发包人应当给付建设工程价款之日",亦存在一定的不准确性。

(3)根据《民法典》第 807 条规定,承包人行使优先受偿权的方式,是在建设工程折价或拍卖的价款中优先受偿工程价款,对此需要满足工程价款数额明确、确定这一前提,否则将无法确定在工程折价或拍卖价款中优先受偿的工程价款数额。在工程价款未经结算前，承包人行使优先受偿权存在事实上的障碍。换言之，承包人行使优先受偿权的时间，只能在工程价款经结算或通过司法鉴定确定工程造价之后，在此之前即使合同约定或依法确定的付款日期届至，承包人也无法行使优先受偿权。

举例说明：发承包双方约定，"建设工程竣工后3个月内承包人提报结算，发包人在60日内审计完成，发包人在竣工结算完成后30日内付至工程总造价的95%"。工程竣工交付后，承包人按约定报送结算资料，但双方在一年多的时间尚未完成结算，承包人诉请发包人支付工程款及利息并享有优先受偿权，涉案工程造价通过司法鉴定方式确定。本案中，应当如何确定发包人的应付款日期、起算利息日期和起算优先受偿权的日期？

此案中，双方约定的"发包人在竣工结算完成后30日内付至工程总造价的95%"，是指在60日内审计完成的正常情形下应当支付工程价款的日期。在竣工结算未能完成不可归责于一方，且双方并未约定在60日内不能完成竣工结算时怎样确定付款日期的情形下，该付款日期应视为约定不明，因此，发包人的应付款日期及起算利息日期，均应依据《建设工程司法解释（一）》第27条规定，利息从应付工程价款之日开始计付。该条第1项规定，当事人对付款时间没有约定或者约定不明的，建设工程已实际交付的，为交付之日。确定应付款日期为交付建设工程之日。但是，在承包人交付建设工程之日，因双方尚未竣工结算定案，尚未确定工程价款的具体数额，亦不能确定就工程折价或拍卖价款中优先受偿的具体数额，因此，承包人在交付工程之日行使优先受偿权存在障碍，优先受偿权应以通过司法鉴定确定工程价款之日起开始计算。

通过上例可以看出，计算利息和优先受偿权的起始日期依法均为"应当给付建设工程价款之日"，但在个案中可能出现两个不同的"应付款日期"的情形。原因在于，起算利息的应付款日期，是发包人应付工程款义务的发生时间，承担利息作为付款人的法定义务，在应付而未付款时产生，且无须满足工程造价数额确定这一条件。起算优先受偿权的应付款日期，则须同时满足工程造价数额确定这一条件，该日期实为应付工程款义务的发生时间与工程价款数额确定时间中的后者。

第二，不同情形下行使建设工程价款优先受偿权的起算时间。

（1）建设工程施工合同正常履行的情况。建设工程价款一般包括工程预付款、工程进度款、签证价款、竣工结算款和质量保证金五部分，有的建设工程施

213

工合同还约定了竣工款,即发包人在建设工程竣工验收合格后按照合同价款的一定比例支付一次工程款,此后在完成竣工结算后再支付竣工结算价款以及质量保证金。

上述工程价款中,承包人只能就竣工款、竣工结算价款和质量保证金主张优先受偿权。也就是说,承包人只得就约定在建设工程竣工验收合格后应付的工程价款,向发包人主张优先受偿权。原因在于,正如前所述,建设工程价款优先受偿权系基于承包人将资金物化于建设工程,法律对其工程款债权设定的物权担保,优先受偿权自承包人开始工程建设时产生,至竣工验收合格时止,此时建设工程价款优先受偿权成立。优先受偿权的成立伴随着承包人的持续资金物化过程,表现为一个期间,因此,当承包人主张工程预付款、工程进度款、签证款而施工合同仍在继续履行时,此时建设工程价款优先受偿权尚未产生或尚未成立,不能主张优先受偿权。对此,最高人民法院也认为,如果是分期施工、阶段付款的建设工程施工合同,承包人主张阶段性工程价款而合同仍在继续履行的,应以工程最终竣工结算后所确定的工程价款的应付款时间作为优先受偿权行使期限的起算点。就整体而言,承发包双方订立的施工合同尚处于履行期,双方当事人亦未明确主张解除合同、终止履行,承包人主张阶段性工程款的付款时间作为优先受偿权的起算时间,不应予以支持。[①]

因此,在建设工程施工合同正常履行、工程经竣工验收合格的情形下,承包人对竣工款(如有)、结算款、质保金行使建设工程价款优先受偿权的期限为自发包人应当给付建设工程价款之日起算的 18 个月。

(2)建设工程施工合同解除或终止履行的情况。实践中,发承包双方因发生争议,承包人撤场或者发包人将承包人清退出场的情况普遍存在。建设工程施工合同中途解除或者终止履行的,根据《民法典》第 806 条第 3 款关于合同解除后,已经完成的建设工程质量合格的,发包人应当按照约定支付相应的工程价款;已经完成的建设工程质量不合格的,参照本法第 793 条[②]的规定处理,《建

[①] 参见最高人民法院民事审判第一庭编著:《最高人民法院建设工程施工合同司法解释(二)理解与适用》,人民法院出版社 2019 年版,第 462 页。

[②] 《民法典》第 793 条:"建设工程施工合同无效,但是建设工程经验收合格的,可以参照合同关于工程价款的约定折价补偿承包人。建设工程施工合同无效,且建设工程经验收不合格的,按照以下情形处理:(一)修复后的建设工程经验收合格的,发包人可以请求承包人承担修复费用;(二)修复后的建设工程经验收不合格的,承包人无权请求参照合同关于工程价款的约定折价补偿。发包人对因建设工程不合格造成的损失有过错的,应当承担相应的责任。"

设工程司法解释(一)》第 39 条关于"未竣工的建设工程质量合格,承包人请求其承建工程的价款就其承建工程部分折价或者拍卖的价款优先受偿的,人民法院应予支持"的规定,承包人对"半截子"工程在已完工程质量合格的情形下,仍可就其已完工程的价款向发包人主张优先受偿权。在此情形下,承包人行使建设工程价款优先受偿权的期限为自发包人应当给付已完工程价款之日起算的十八个月。

第三,发包人应付建设工程价款之日的确定。

发包人应付建设工程价款之日,按以下情形确定:

(1)建设工程施工合同对发包人支付建设工程价款日期约定明确的,按照约定认定应付建设工程价款的日期。

(2)建设工程施工合同对发包人应支付工程价款日期未约定或者约定不明的,根据《建设工程司法解释(一)》第 27 条规定,下列日期视为发包人应付工程价款的日期:

①建设工程已实际交付的,为交付之日;

②建设工程没有交付的,为提交竣工结算文件之日;

③建设工程未交付,工程价款也未结算的,为当事人起诉之日。

(3)建设工程施工合同解除或终止履行的,为建设工程施工合同解除之日或终止履行之日。

第四,建设工程价款确定之日的认定。

建设工程价款确定之日,根据实践中的各种情形,按以下方式确定:

(1)发承包双方自行结算定案或者达成结算协议的,为双方结算定案之日或签订结算协议之日。

按照建设工程领域惯例,承包人在建设工程竣工验收合格后的约定期限内,向发包人报送完整的竣工结算资料,发包人经审核发现结算资料不全的,应通知承包人限期补充提交资料,发包人在收齐结算资料后,自行或者单方委托建设工程造价咨询机构对承包人提报的结算资料进行审核,此时承包人一般也会派员与发包人及/或造价咨询机构人员共同参与审核,当审核完毕,各方对建设工程造价达成合意时,由发承包双方在竣工结算书上签章或签署结算协议进行确认,或者由发包人、承包人、造价咨询机构在工程造价咨询机构出具的工程造价审核定案表上共同签章确认,然后由工程造价咨询机构再行出具工程造价审核报告。

不论是仅有发包人和承包人两方自行结算建设工程价款,还是由发包人和/或其委托的工程造价咨询机构、承包人审核建设工程造价,只要发包人和承包人在表明双方已就建设工程价款达成合意的文件上签章,则该日期为建设工程价款确定之日。

需要说明的是,工程造价审核定案表缺少工程造价咨询机构签章的,不影响对建设工程价款确定日期的认定。换言之,确定建设工程价款不以工程造价咨询机构签章为必备要件,即使工程造价咨询机构未在工程造价审核定案表上盖章,只要发包人和承包人已经签字或盖章认可了,就能够认为发承包双方已就建设工程价款达成合意,该日期即可认定为建设工程价款确定的日期。理由是,根据合同相对性原则,工程造价咨询机构不是建设工程施工合同的缔约人,其行为不能约束发包人或承包人,只要发包人与承包人共同认可结算价款即可,不以工程造价咨询机构认可为必备条件。

(2)发承包双方共同委托工程造价咨询机构审价且明确表示受咨询意见约束的,工程价款确定之日为工程造价咨询机构出具咨询意见之日。

发包人和承包人共同委托某一工程造价咨询机构对建设工程价款进行审价,并且在发承包双方共同与造价咨询机构签订的委托审价合同中,发承包双方均表明以工程造价咨询机构出具的审价结论,作为发包人与承包人之间的工程结算价款的,则工程造价咨询机构出具咨询意见时,发承包双方之间的工程价款已经确定,该出具咨询意见的日期即为工程价款确定之日。理由是,《建设工程司法解释(一)》第30条规定:"当事人在诉讼前共同委托有关机构、人员对建设工程造价出具咨询意见,诉讼中一方当事人不认可该咨询意见申请鉴定的,人民法院应予准许,但双方当事人明确表示受该咨询意见约束的除外。"该规定表明,发承包双方共同委托造价咨询机构审价且表明受咨询意见约束的,则工程造价咨询机构出具的咨询意见具有终局性,且当事人丧失申请鉴定的程序权利,因此,工程造价咨询机构出具咨询意见之日即为工程价款确定之日。

(3)固定总价建设工程施工合同,工程价款确定之日为施工合同签订之日。

发承包双方签订固定总价施工合同,在施工中如果没有设计变更、增加工程量等应当调整建设工程价款情形的,则发承包双方之间的工程价款数额在签订该固定总价施工合同时即已确定,即签订固定总价施工合同之日就是工程价款确定的日期。

(4)建设工程施工合同约定了结算默认条款的,工程价款确定之日为结算默认条款所附条件成就之日。

结算默认条款,是指发承包双方在建设工程施工合同中约定,发包人在收到承包人提报的竣工结算文件后的一定期限内未予答复的,则视为认可承包人的竣工结算文件的条款。结算默认条款所附条件,即发包人在收到承包人提报的竣工结算文件后的一定期限内未予答复的事实。当建设工程施工合同约定了结算默认条款,并且发包人在收到承包人递交的竣工结算文件后的约定期限内未予答复,亦即结算默认条款所附条件已经成就时,则可以径行认定承包人的单方结算值,即建设工程价款已经确定。因此,当施工合同约定了结算默认条款且该条款所附条件成就之日,即为工程价款确定之日。

(5)建设工程施工合同约定工程造价以审计机关的审计结论为准的,工程价款确定之日为承包人知道或者应当知道审计机关作出审计结论之日。

审计,是指审计机关依法独立检查被审计单位的会计凭证、会计账簿、财务会计报告以及其他与财政收支、财务收支有关的资料和资产,监督财政收支、财务收支真实、合法和效益的行为。

根据《审计法》《审计法实施条例》的相关规定,审计机关对政府投资和以政府投资为主的建设项目的预算执行情况和决算,进行审计监督。鉴于此,在政府投资和以政府投资为主的建设项目中,有的发包人与承包人在建设工程施工合同中约定,发承包双方之间的建设工程价款最终以审计机关作出的审计结论为准。鉴于审计是审计机关对被审计单位进行的一种行政监督,该行政法律关系的双方主体是审计机关和被审计单位即发包人,审计机关对建设工程作出的审计结论并不向审计关系之外的承包人送达,因此,在建设工程施工合同约定工程造价以审计机关的审计结论为准的情形下,发包人向承包人送达审计结论或者承包人知晓审计结论作出之日,为建设工程价款确定之日。

(6)通过司法鉴定确定工程价款数额的,工程价款确定之日为鉴定机构出具鉴定意见之日。

发承包双方对建设工程价款不能达成一致并因此成讼,人民法院或者仲裁机构依案件当事人的申请或者依职权委托工程造价鉴定机构,对涉案工程造价进行鉴定,据以确定涉案建设工程价款的,鉴定机构出具最终鉴定意见之日,为工程价款确定之日。

第五,结论。

(1)承包人行使建设工程价款优先受偿权的起算时间,为发包人应付工程价款之日与工程价款确定之日二者之中的后者。发包人应付工程价款日期、工程价款确定日期,按照上述方法分别确定即可。

(2)在建设工程尚未竣工验收合格或施工合同尚未终止履行的情况下,承包人对工程预付款、工程进度款、签证款等阶段性付款不享有优先受偿权利。

185. 对群体工程应如何确定建设工程价款优先受偿权的起算时间?

建设工程施工合同项下工程为群体工程,即由各个独立的单体工程组成,该群体工程的建设工程价款优先受偿权的起算时间应如何确定?换言之,应以各个独立的单体工程为单位起算优先受偿权,还是应当以合同项下的全部工程为单位起算优先受偿权?

《建设工程司法解释(一)》第41条规定:"承包人应当在合理期限内行使建设工程价款优先受偿权,但最长不得超过十八个月,自发包人应当给付建设工程价款之日起算。"据此,优先受偿权从发包人应付建设工程价款时起算。值得注意的是,该条中的"建设工程价款",是指竣工结算价款或者施工合同终止履行情形下的已完工程结算价款,不是指工程进度款。因为,建工优先权系基于承包人将资金物化于建设工程,法律对其工程款债权设定的物权担保,优先权自承包人开始工程建设时产生,至竣工验收合格或施工合同终止履行时止,此时优先权成立,优先权的成立伴随着承包人的持续资金物化过程,表现为一个期间,因此,当承包人主张工程进度款而施工合同仍在继续履行时,此时建工优先权尚未成立,不能主张优先受偿权。对此,最高人民法院也认为,如果是分期施工、阶段付款的建设工程施工合同,承包人主张阶段性工程价款而合同仍在继续履行的,应以工程最终竣工结算后所确定的工程价款的应付款时间作为优先受偿权行使期限的起算点。就整体而言,承发包双方订立的施工合同尚处于履行期,双方当事人亦未明确主张解除合同、终止履行,承包人主张阶段性工程款的付款时间作为优先受偿权的起算时间,不应予以支持。[①]

[①] 参见最高人民法院民事审判第一庭编著:《最高人民法院建设工程施工合同司法解释(二)理解与适用》,人民法院出版社2019年版,第462页。

基于以上分析,笔者认为对群体工程的优先受偿权起算时间,应当区分以下情形未确定:

(1)施工合同未就各个单体工程单独约定竣工结算条款与支付条款的,则以发包人应当支付全部工程结算价款(包括竣工结算价款和合同终止履行情形下的已完工程结算价款,下同)之日,作为承包人行使优先受偿权的起算时间点。换言之,承包人对合同项下全部工程享有优先受偿权。

(2)施工合同已就各个单体工程单独约定了竣工结算条款与支付条款的,则以发包人应当支付每个单体工程结算价款之日,分别作为承包人对每个单体工程行使优先受偿权的起算时间点。如果承包人对某个单体工程行使优先受偿权超过 18 个月的期限,则对该单体工程丧失优先受偿权。换言之,承包人对合同项下全部工程可能不能全部享有优先受偿权。

(3)施工合同已就各个单体工程分别约定了竣工结算条款与支付条款,但发包人实际并未按合同约定对各个单体工程独立付款,即发包人支付工程款仍系整体支付,不能区分某笔付款系针对哪一具体的单体工程。此种情形下不能认为各个单体工程相对独立而独立计算优先受偿权的起算时间,仍应以发包人应付全部工程结算价款之日作为承包人行使优先受偿权的起算时间点。亦即,承包人对合同项下全部工程享有优先受偿权。

186. 装饰装修工程承包人是否享有建设工程价款优先受偿权？如何理解装饰装修工程承包人建设工程价款优先受偿权的新变化？

《建设工程司法解释(一)》第 37 条规定:"装饰装修工程具备折价或者拍卖条件,装饰装修工程的承包人请求工程价款就该装饰装修工程折价或者拍卖的价款优先受偿的,人民法院应予支持。"(以下简称新第 37 条规定)该规定,系从已被废止的最高人民法院《关于审理建设工程施工合同纠纷案件适用法律问题的解释(二)》(法释〔2018〕20 号)第 18 条演变而来,该第 18 条规定:"装饰装修工程的承包人,请求装饰装修工程价款就该装饰装修工程折价或者拍卖的价款优先受偿的,人民法院应予支持,但装饰装修工程的发包人不是该建筑物的

所有权人的除外。"（以下简称旧第 18 条规定）

笔者认为,立法对于装饰承包人优先受偿权已发生重大变化,体现在:新第 37 条规定删除了旧第 18 条规定中的"但装饰装修工程的发包人不是该建筑物的所有权人的除外"这一但书内容,由此表明,装饰工程承包人对装饰工程价款享有优先受偿权,不再以装饰工程发包人是建筑物所有权人为条件。亦即,在装饰工程发包人不是建筑物所有权人的情形下,装饰工程承包人仍对装饰工程价款享有优先受偿的权利。例如,房屋承租人发包装饰工程,承租人欠付装饰工程价款,装饰工程承包人在"装饰装修工程具备折价或者拍卖条件"时,依法可对建筑物的拍卖价款中的因装饰增值的部分优先受偿。

笔者认同此种司法解释变化,理由如下:

(1)《民法典》第 807 条规定:"发包人未按照约定支付价款的,承包人可以催告发包人在合理期限内支付价款。发包人逾期不支付的,除根据建设工程的性质不宜折价、拍卖外,承包人可以与发包人协议将该工程折价,也可以请求人民法院将该工程依法拍卖。建设工程的价款就该工程折价或者拍卖的价款优先受偿。"该条确立的建设工程价款优先受偿权,其实质是对承包人物化到建设工程上的资金投入和劳动付出设定的担保物权。装饰作为原物的添附,具有物权属性,因此,装饰承包人就装饰工程价款具有优先受偿的法理基础。装饰工程承包人基于其资金投入和劳动付出物化到装饰工程中,其对装饰工程价款依法享有优先受偿的权利。

(2)有观点认为,只有在工程款债务人与建筑物所有权人为同一人的情况下,承包人才能适用上述规定,享有工程价款优先受偿权。此种理解属于对该条规定的片面理解。《民法典》从未排除债务人之外的第三人为债权人设定抵押、质权等担保物权。[1] 换言之,债务人与抵押人、出质人完全可以不为同一人。根据"债物二分"理论,债权与担保物权分属不同的权利种类,法律并无债务人与担保物权负担人须为同一人的要求。

(3)在工程款债务人与建筑物所有权人不是同一人的情况下,如何保护建

---

[1] 《民法典》第 394 条第 1 款规定,为担保债务的履行,债务人或者第三人不转移财产的占有,将该财产抵押给债权人的,债务人不履行到期债务或者发生当事人约定的实现抵押权的情形,债权人有权就该财产优先受偿。第 425 条第 1 款规定,为担保债务的履行,债务人或者第三人将其动产出质给债权人占有的,债务人不履行到期债务或者发生当事人约定的实现质权的情形,债权人有权就该动产优先受偿。

筑物所有权人的利益？以装修承租房屋为例，笔者认为，房屋所有权人同意房屋承租人进行装修，或者在收回房屋的同时接受因装饰形成的添附时，应当视为房屋所有权人对设定装饰工程价款优先受偿权的追认。在原房屋承租人欠付装饰工程承包人装修价款，且当"装饰装修工程具备折价或者拍卖条件"时，装饰工程承包人可在房屋因装修装饰而增加价值的范围内优先受偿，装饰工程承包人行使装修价款优先受偿权后，房屋所有权人可以向原房屋承租人进行追偿。

（4）如何理解司法解释中规定的"装饰装修工程具备折价或者拍卖条件"？笔者认为，装饰装修毕竟属于建筑物的添附，装饰工程承包人不得仅因装修价款主张拍卖建筑物以实现其优先受偿权，而只能在建筑物整体折价、拍卖时主张其装修价款优先受偿权。鉴于此，法院或仲裁机构在确认装饰工程承包人装修价款优先受偿权时，裁判主文可表述为：在案涉××工程整体折价、拍卖时，装饰工程承包人在工程价款××元范围内有权对案涉××工程折价、拍卖的价款优先受偿。

专题六　违约责任问题

187. 承包人停工报告未附有发包人拖延付款的证据，是否属于擅自停工？

承发包双方在建设工程施工合同中约定，发包人不按时付款超过一定期限时，承包人有权停工。承包人在施工过程中因为发包人拖延付款而停工退场并由此成讼。发包人认为，在工程款尚未结算情况下，承包人单方面停工退场没有证据支持，并且承包人停工时没有提供欠款的依据，构成擅自退场。对此，在承包人提交的停工报告中未附有发包人拖延付款的证据时，是否构成擅自停工？

对此，如果人民法院或仲裁机构经审理查明在停工时发包人确实欠付承包人工程款，承包人依约有权停工，无须在停工时提供欠款的依据，也不以工程款结算为前提条件，在工程尚未竣工的情况下要求工程款结算也不现实，发包人以此为由主张承包人构成擅自停工，不能成立。

下列情形可以认定为承包人擅自停工：

（1）承包人在发包人按时支付进度款的情况下停工。

（2）发包人虽未按时支付进度款，但是承包人在合同约定的延展施工期内停工的。

延展施工期，是双方在建设工程施工合同中约定当发包人未及时支付进度款时承包人再施工一段时间，届时仍不付款方可停工的期限。

188. 发包人的关联企业拖欠承包人的工程款,承包人能否据此对发包人的工程停止施工?

在施工实践中,存在承包人承接建设工程后,因发包人的关联企业(如发包人的母公司,或发包人与该企业受同一股东实际控制)拖欠其工程款,在索要未果的情况下对发包人的工程停止施工的情形。此种情形在工业项目建设领域较为多见。对此,发包人认为承包人擅自停工;承包人则主张发包人丧失商业信誉,承包人有权暂停施工。双方由此发生争议。

笔者认为,双方争议焦点实质上是承包人能否以发包人的关联企业违约为由对发包人行使不安抗辩权的问题。

不安抗辩权,是法律赋予合同当事人的权利。《民法典》第 527 条第 1 款规定:"应当先履行债务的当事人,有确切证据证明对方有下列情形之一的,可以中止履行:(一)经营状况严重恶化;(二)转移财产、抽逃资金,以逃避债务;(三)丧失商业信誉;(四)有丧失或者可能丧失履行债务能力的其他情形。"因此,承包人在发包人具备上述法定情形下有权行使不安抗辩权,停止工程施工。

但是,行使不安抗辩权应遵循合同相对性原则。发包人与其关联企业是两个不同的法人,以合同之外的第三人违约为由对合同相对方行使不安抗辩权,不符合合同相对性原则。因此,承包人以发包人的关联企业违约为由,主张对发包人行使不安抗辩权的,人民法院或仲裁机构应不予支持。承包人停止施工行为,属于擅自停工。

189. 二期工程施工时,发包人尚欠承包人一期工程款,承包人能否以此为由对二期工程停止施工?

承包人为建设单位建设完成一期工程后,一期工程款尚未结清,双方又签订二期工程施工合同,且承包人已进场施工。在履行二期工程施工合同期间,因发包人未支付一期工程欠款,承包人将二期工程停止施工。承包人停止施工是否合法?

承包人以一期工程款未获清偿为由对发包人的二期工程停工不合法,应当承担违约责任。理由是,债是按照合同的约定或者依照法律的规定,在当事人之间产生的特定的权利和义务关系。债具有特定性。债的特定性既表现为债的主体特定,即债具有相对性,债权人只能要求特定的债务人给付,债务人只能向特定的债权人履行给付义务;也表现为债的内容特定,即债权人只能要求债务人履行本合同之债,无权依据本合同主张其他合同之债。因此,承包人以发包人未履行一期工程合同之债为由对二期工程停工不合法。

《民法典》第 527 条规定:"应当先履行债务的当事人,有确切证据证明对方有下列情形之一的,可以中止履行:(一)经营状况严重恶化;(二)转移财产、抽逃资金,以逃避债务;(三)丧失商业信誉;(四)有丧失或者可能丧失履行债务能力的其他情形。当事人没有确切证据中止履行的,应当承担违约责任"。第 528 条规定:"当事人依据前条规定中止履行的,应当及时通知对方。对方提供适当担保的,应当恢复履行。中止履行后,对方在合理期限内未恢复履行能力且未提供适当担保的,视为以自己的行为表明不履行主要债务,中止履行的一方可以解除合同并可以请求对方承担违约责任。"由此可知,不安抗辩权是赋予先履行债务的当事人暂停履行合同的权利,以保障先履行当事人的合同权益为基本功能,行使范围限于保障本合同的权利实现。如果发包人在一期工程款已结算且已到期的情况下恶意拖欠付款,承包人可据此认为发包人丧失商业信誉,有丧失或者可能丧失履行债务能力的情形,有权暂停二期工程施工并通知发包人。但是,中止履行二期合同的目的仍在于保障二期工程款的实现,并非索要一期工程款,且在发包人提供担保后应当恢复施工。因此,在发包人履行二期工程合同没有违约,或者发包人为履行二期工程合同提供担保的情况下,承包人以停止二期工程施工为条件索要一期工程款,没有法律依据。

190. 如何认定合理停工与擅自停工?

在建设工程施工合同纠纷案件中,涉及停工合理性问题时,应如何认定承包人停工是属于合理停工还是擅自停工?

笔者认为,首先应审查承包人不予施工部分的工程,是否属于合同内工程,其次应审查该部分工程是否具备施工条件,最后应审查承包人停工或不予复工的理由是否成立,经逐次审查后作出判断和认定。

如经审查,承包人不予施工部分的工程,不属于合同内工程,则不存在讨论合理停工或擅自停工的必要。

如经审查,承包人不予施工部分的工程属于合同内工程,但不具备施工条件的,则承包人停工属于合理停工。

如经审查,承包人不予施工部分的工程属于合同内工程,且具备施工条件,其不予施工(或复工)的理由又不成立的,应当认定为擅自停工。

对于停工工程是否属于合同内工程、是否具备施工条件,应根据具体案情作个案判断。

对于判断承包人停工或不予复工的理由是否成立,亦应根据具体情况作具体判断。在此,仅讨论一种情形,即因发包原因工程停工,在具备复工条件后因双方未就前期停工损失达成一致,承包人不予复工。笔者认为,承包人以双方未就前期停工损失达成一致为由不予复工,其本质系主张不安抗辩权。对此,应依据《民法典》第527条"应当先履行债务的当事人,有确切证据证明对方有下列情形之一的,可以中止履行:(一)经营状况严重恶化;(二)转移财产、抽逃资金,以逃避债务;(三)丧失商业信誉;(四)有丧失或者可能丧失履行债务能力的其他情形。当事人没有确切证据中止履行的,应当承担违约责任"的规定,结合在案证据,判断是否存在上述情形之一,从而存在承包人不能获赔的确切风险。如有,则承包人不予复工理由成立;如无,则承包人属于擅自停工。

191. 履行包死价合同中途,承包人停工撤场,如何认定哪一方违约?

发承包双方签订造价包干施工合同,约定按照施工形象进度支付进度款,但双方在履行过程中发生争议导致工程中途停工,承包人撤场。诉讼或仲裁中,发包人认为承包人是擅自停工,承包人则主张是因发包人拖延付款而停工,并各自要求对方承担违约责任。由于施工合同仅约定工程形象进度与付款相适应,既没有明确的控制点,也没有报送进度结算,对认定违约方造成一定困难。在此情况下,人民法院或仲裁机构可以分析工程施工进度与付款进度之间

的差距,最终判断哪方当事人在履行合同中有违约行为。计算公式如下:

施工进度 = 已完工程造价 ÷ 工程总造价 × 100%

付款进度 = 已付款总额 ÷ 按合同约定应支付的进度款总额 × 100%

上述公式中各数据的确定及应注意的问题:(1)已完工程造价,由人民法院或仲裁机构委托工程造价鉴定机构,按照承包人实际完成工程量适用某一工程定额据实结算确定。该工程定额仅用于测定已完工程造价、工程总造价,并通过两者比值确定已完工程量的比例即施工进度,与确定承包人的已完工程价款无关。(2)工程总造价,是整体工程造价。整体工程量,包括合同项下全部工程量和因设计变更、签证增量等因素增加的工程量,由鉴定机构依据整体工程量按照同一工程定额计算工程总造价,与合同约定的包死价无关。(3)已付款总额,即发包人实际支付给承包人的全部进度款。(4)按合同约定应支付的进度款总额,即合同约定的包死价扣除质保金、竣工款后的进度款总额。竣工款,是合同约定发包人在建设工程竣工验收合格后按照合同价款的一定比例支付的工程款,如合同约定"项目竣工验收合格后再支付5%的工程款"。扣除理由是,质保金、竣工款不属于进度款。

按照上述方式计算得出各数据后计算施工进度与付款进度,然后将施工进度与付款进度相比较。如果付款进度大于施工进度,则表明发包人所付的工程款已经可以满足工程施工进度的需要,施工方无正当理由停工构成违约,其停工是擅自停工;反之,如果付款进度小于施工进度,表明发包人的付款数额没有与承包人施工的形象进度相适应,不能满足工程施工进度的需要,则发包人违约。

192. 发包方无合同依据对承包方的罚款,是否有效?

实践中,有些发包方利用其业主优势,没有合同依据对承包方进行罚款并在应付工程款中扣收罚款。此种行为系非法行为,即使承包方已交纳罚款或签字认可,人民法院或仲裁机构仍然应确认为无效。

《民法典》第464条第1款规定:"合同是民事主体之间设立、变更、终止民事法律关系的协议。"第4条规定:"民事主体在民事活动中的法律地位一律平等。"法律赋予合同当事人在法律上处于平等的地位,任何一方当事人在订立合同和履行合同中都要普遍地受法律约束,不得享有特权。发包方不具有行政执法部门的职能,无权对承包方进行罚款,其滥用业主优势扣收罚款违反了民事法律的平等原则,不受法律保护,故其罚款行为无效。

但应注意的是,如果建设工程施工合同中有约定,如对逾期竣工的罚款,此属违约责任,则应另当别论。如违约金过高,承包方可依法申请适当减少。

193. 违约方没有过错,是否还要承担违约责任?

合同纠纷案件中,有些案件当事人主张其对造成违约事实没有过错,不应承担违约责任。该理由能否成立?

违约方以其对造成违约没有过错主张免责的抗辩理由,不能成立。理由如下:

过错,是指违法行为人对自己行为及其后果的心理状态,包括故意和过失。故意,是行为人明知行为后果而希望或放任其发生的心理状态;过失,是行为人应当预见到行为后果而没有预见,或者已经预见但轻信能够避免的心理状态。

《民法典》第577条规定:"当事人一方不履行合同义务或者履行合同义务不符合约定的,应当承担继续履行、采取补救措施或者赔偿损失等违约责任。"第593条规定:"当事人一方因第三人的原因造成违约的,应当依法向对方承担违约责任。当事人一方和第三人之间的纠纷,依照法律规定或者按照约定处理。"上述规定表明,法律确定的违约责任归责原则是严格责任原则,一旦违约事实出现,就应当承担责任,除非有法定或者约定的免责事由。承担违约责任不以违约方存在主观过错为前提,履行合同义务不符合约定的,就应承担违约责任,故违约方以其对造成违约没有过错主张免责的抗辩理由,不能成立。

194. 委托代建合同延期交工，代建单位是否一定承担违约责任？

委托代建合同属于委托代理合同。《民法典》第 929 条规定："有偿的委托合同，因受托人的过错造成委托人损失的，委托人可以请求赔偿损失。无偿的委托合同，因受托人的故意或者重大过失造成委托人损失的，委托人可以请求赔偿损失。受托人超越权限造成委托人损失的，应当赔偿损失。"由此，受托人承担违约责任以其存在过错为前提，归责原则实行过错责任原则。这是委托合同与其他合同在违约责任承担这一点上最大的区别。其他合同违约责任的归责原则是严格责任原则，一旦违约事实出现，就应当承担责任，除非有法定或者约定的免责事由。因此，代建单位延期交工，不必然对建设单位承担违约责任，人民法院或仲裁机构还应考察代建单位是否存在挪用委托代建款项、在履行施工合同过程中是否存在未按时足额向施工单位拨付工程款等情形，判断其是否存在过错，进而对违约责任加以认定。否则，即使代建单位延期交工，也因无过错而不应承担违约责任。

195. 建设工程施工合同同时约定了总体工程和单体工程的逾期罚款，是否有效？

建设工程施工合同中对总体工程约定了竣工时间和逾期罚款，同时又对单体工程设定了交工时间及逾期罚款。诉讼或仲裁案件中，承包人主张该约定系重复设定罚款，违反公平原则而要求撤销的，该主张将不能得到法院或仲裁机构的支持。

首先，根据《民法典》第 5 条"民事主体从事民事活动，应当遵循自愿原则，按照自己的意思设立、变更、终止民事法律关系"、第 465 条第 1 款"依法成立的合同，受法律保护"，以及第 136 条第 2 款"行为人非依法律规定或者未经对方同意，不得擅自变更或者解除民事法律行为"的规定，当事人在意思自治基础上有自愿签订合同的权利和自由，双方经充分预判合同风险并有权自愿决定是否签订合同以及承担相关风险，合同经依法成立即具有法律约束力，不得擅自变更或解除合同。

其次，法律并不禁止分别约定总体工程和单体工程的违约责任。《民法典》第795条规定："施工合同的内容一般包括工程范围、建设工期、中间交工工程的开工和竣工时间、工程质量、工程造价、技术资料交付时间、材料和设备供应责任、拨款和结算、竣工验收、质量保修范围和质量保证期、相互协作等条款。"由此表明，合同双方可以就中间工程的竣工时间和总工程的竣工时间分别进行约定，该约定不为法律所禁止。

最后，所谓"罚款"究其实质不过是违约责任，与行政处罚法中的"罚款"这一行政处罚措施性质不同，并不违反公平原则。

综上所述，建设工程当事人就总工程和单体工程分别约定工期违约责任的，不违反法律禁止性规定及公平原则，人民法院或仲裁机构对承包人撤销该约定的主张，不予支持。

196. 建设工程施工合同约定的违约条款互相矛盾时，人民法院或仲裁机构应如何适用？

发承包双方在建设工程施工合同中有关违约责任的适用条件、违约金计算方法、损失赔偿标准等方面，如果存在着约定不统一、不一致、不协调、相互矛盾时，人民法院或仲裁机构应当探究合同当事人基本的、明确的意思表示，对于基本的、明确的、能够确定的部分予以支持；对于相互矛盾、不协调的合同条款，双方既未签订补充合同，也未以实际行为完善该条款的，则该条款不具备单独适用条件，不应给予支持和适用。

197. 违约条件未成就或者违约金标准约定不明的情况下，人民法院或仲裁机构如何适用违约责任？

合同是当事人之间设立、变更、终止民事关系的协议。违约责任属于合同责任，是合同当事人所设定的责任，承担违约责任以合同双方约定的违约条件成就为前提,即合同当事人约定的违约事由、情形出现,违约条件成就,违约责任产生;反之,违约条件不成就,违约责任不产生。例如,发承包双方在建设工程施工合同中约定"承包工程一次交验未达到优良工程标准,在承包人工程款中扣罚20万元违约金"。后因双方在施工过程中发生争议导致工程中途停建,虽然已完工程经交验未达到优良工程标准,但是合同约定的一次交验全部工程未达到优良标准的条件并没有成就,所以不能适用该违约责任。

合同当事人仅在合同中约定由违约方承担违约责任,而未明确约定承担违约责任的具体标准、计算方法的,属于设定权利义务关系不明确,因无法履行也不能适用约定的违约责任,只能赔偿因违约造成的损失。

198. 如何适用违约金条款?

违约金是合同双方对合同义务不履行时违约方应付损害赔偿额的约定,故违约金系针对特定的义务而存在。适用违约金时,须准确地认定违约金所针对的义务内容。在认定后,还要审查该义务是否实际发生,商事合同双方常常对合同义务附加前提条件,在条件未成就时合同义务实际上并不存在,也谈不上履行问题,此时,针对该义务约定的违约金条款就不能适用。

例如,发承包双方在履行建设工程施工合同期间达成补充协议,约定发包人在×××年××月××日前支付工程进度款500万元,承包人保证按合同约定日期完工,如未按期竣工的自愿承担违约金100万元。补充协议签订后,发包人仅支付工程进度款300万元,承包人也未按合同工期竣工。此例中,承包人承担工期违约金的前提是发包人依约支付进度款,但发包人并未按约定付清进度款,所以承包人按期竣工的附加条件未成就,该义务并未产生,针对该义务约定的承担100万元违约金的条款就不能适用。

199. 合同被确认无效,能否要求承担违约责任?

承担违约责任以合同有效为前提。违约责任是因违反有效合同导致的法律责任，以存在合法有效的合同关系为基础，合同无效，故不存在违约的问题，也不会引发违约责任的承担问题。

200. 发包、承包基于无效建设工程施工合同在后续协议中约定的违约金是否有效？

发承包双方签订的建设工程施工合同被人民法院或仲裁机构认定为无效合同，此前双方基于该施工合同的履行在后续协议中约定的一方应向另一方支付的违约金，比如发包人因拖欠支付进度款应支付的违约金、承包人因工程延期应支付的违约金等，是否有效？

发承包双方之间系建设工程施工合同法律关系，在施工合同履行过程中，一方因另一方履行施工合同"违约"，在单独签订的后续协议中约定的违约金，均因双方履行无效的施工合同所产生，核心内容都是发包人与承包人之间的施工合同关系，并非在当事人之间缔结了与施工合同并行的新的债权债务关系，其效力如何终究取决于最初的合同关系。既然施工合同已经被认定为无效，则意味着须在合同有效前提下存在的违约责任无法得到支持，因此，当事人在后续协议中约定的违约金条款亦无效。

201. 合同设定了单一、惩罚性违约金的，违约方能否要求按违约程度承担违约责任？

单一的、惩罚性的违约责任，即只要违约就承担一定数额的违约金，不区分违约过错的程度以及违约行为的轻重，违约程度与违约责任的大小没有直接关系。

建设工程施工合同约定了单一的、惩罚性的违约责任，违约方主张按违约程度的不同确定相应的违约责任，属于改变原合同约定的单一的惩罚性的违约责任，因无合同依据，人民法院或仲裁机构不予支持。

例如，发承包双方签订《施工补充合同》约定：发包方未按《施工补充合同》

执行,向承包方支付100万元违约金;承包方未按《施工补充合同》完成施工任务或工程质量不合格,向发包方支付100万元违约金。此后,发包方未依约付款构成违约,承包方未如期竣工也构成违约。诉讼或仲裁案件中,发包方提出按照未付款数额占应付款总额的比例承担违约金,或者承包方提出按照逾期天数占总工期天数的比例承担违约金,都属于改变原合同单一的惩罚性的违约责任约定,即按违约程度的不同确定相应的违约责任,因没有合同依据,都不能得到人民法院或仲裁机构的支持。

202. 当事人约定的违约金过高,应当如何调整?

《民法典》第585条第1款、第2款规定:"当事人可以约定一方违约时应当根据违约情况向对方支付一定数额的违约金,也可以约定因违约产生的损失赔偿额的计算方法。约定的违约金低于造成的损失的,人民法院或者仲裁机构可以根据当事人的请求予以增加;约定的违约金过分高于造成的损失的,人民法院或者仲裁机构可以根据当事人的请求予以适当减少。"由此可见,法律对于约定违约金低于和高于因违约造成的损失的态度是不同的:只要约定违约金低于损失,当事人就有权请求增加;而对于约定违约金高于损失时,只有在"过分高于"所造成的损失时,当事人才可以请求"适当减少"。该规定表明,法律确定违约金具有补偿和惩罚的双重性质。据此,人民法院或仲裁机构对于当事人在合同中约定的违约金只有在当事人请求调整,且数额低于或过分高于违约行为给当事人造成的损失时,才能进行调整。否则,人民法院或仲裁机构擅自调整当事人约定的违约金,既违背当事人双方的约定,也缺少法律依据。

关于违约金过分高于因违约造成的损失的认定。《民法典合同编通则司法解释》第65条规定:"当事人主张约定的违约金过分高于违约造成的损失,请求予以适当减少的,人民法院应当以民法典第五百八十四条规定的损失为基础,兼顾合同主体、交易类型、合同的履行情况、当事人的过错程度、履约背景等因素,遵循公平原则和诚信原则进行衡量,并作出裁判。约定的违约金超过造成损失的百分之三十的,人民法院一般可以认定为过分高于造成的损失。恶意违约的当事人一方请求减少违约金的,人民法院一般不予支持。"据此,人民法院以违约造成的损失为基础,综合考虑案件情况,遵循公平原则和诚信原则进行衡量,以违约造成损失的30%作为认定违约金过高的一般标准,但恶意违约者除外。

笔者认为,上述关于以违约造成损失的30%认定为违约金过高的规定,是人民法院衡量约定违约金是否过高的一般标准,不应在司法实践中"一刀切"。人民法院或仲裁机构对约定违约金进行调整属于行使自由裁量权的范畴,应在尊重当事人意思自治以及考察案件具体情况的基础上进行自由裁量。对于有些案件,在无法准确计算出因违约造成的损失的情况下,笔者认为适用该条规定的前提不具备,不能以该条规定对当事人约定违约金进行调整。当然,人民法院或仲裁机构对于明显过高的违约金仍可依据公平原则进行调整和裁量。

203. 当事人主张违约金过分高于实际损失,对"实际损失"应由谁证明?

《民法典》第585条第1款、第2款规定:"当事人可以约定一方违约时应当根据违约情况向对方支付一定数额的违约金,也可以约定因违约产生的损失赔偿额的计算方法。约定的违约金低于造成的损失的,人民法院或者仲裁机构可以根据当事人的请求予以增加;约定的违约金过分高于造成的损失的,人民法院或者仲裁机构可以根据当事人的请求予以适当减少。"据此,衡量约定违约金数额是否过高,以违约行为造成的实际损失数额为基础。

在案件审理中,违约方主张守约方提出的违约金过高并请求减少,应认为违约方对实际损失数额负有证明责任。理由如下:

(1)违约方主张约定违约金过分高于实际损失并请求减少,是对守约方违约金请求权受到限制提出的抗辩,属于针对守约方诉讼请求的抗辩主张,根据《民事诉讼法解释》第90条第1款中"当事人对自己提出的诉讼请求所依据的事实或者反驳对方诉讼请求所依据的事实,应当提供证据加以证明"、第91条第2项"主张法律关系变更、消灭或者权利受到妨害的当事人,应当对该法律关系变更、消灭或者权利受到妨害的基本事实承担举证证明责任"的规定,应由违约方就违约行为造成的实际损失数额进行举证证明。依据《民法典合同编通则司法解释》第 64 条第 2 款关于"违约方主张约定的违约金过分高于违约造成的损失,请求予以适当减少的,应当承担举证责任。非违约方主张约定的违约金合理的,也应当提供相应的证据"的规定,违约方对于违约金过高负有证明责任,违约方已举证的,守约方对违约金合理也应相应举证,但最终由违约方承担结果意义上举证不能的责任。

(2)尽管由违约方举证证明守约方因违约事实造成的损失有一定困难,但这并不成为举证责任转移的理由,且守约方仅依据合同约定的违约责任条款主张违约金,并未主张损失,法院或仲裁机构在其诉讼/仲裁请求之外分配其对违约造成的实际损失承担举证责任,亦无合法依据。因此,违约方主张合同约定的违约金过高并请求予以减少的,应由其承担举证责任。如果违约方仅提出违约金过高并请求减少,但未能提供相应证据的,法院或仲裁机构对该请求应不予支持。

204. 建设工程施工合同仅约定逾期付款应承担违约金但未约定违约金数额或计算方法的,承包方能否主张法定违约金?

发承包双方在建设工程施工合同中约定,发包人逾期支付工程价款应向承包人支付违约金,但未约定违约金的具体数额或者计算方法的,承包人能否主张法定违约金?

笔者认为,承包人可以参照《民法典》合同编中买卖合同章及相关司法解释的规定,向发包人主张法定逾期付款违约金。《民法典》第 646 条规定:"法律对其他有偿合同有规定的,依照其规定;没有规定的,参照适用买卖合同的有关规定。"在法律没有规定的情况下,买卖合同规则准用于其他有偿合同。鉴于发承包双方已就逾期付款应支付违约金达成合意,因此人民法院或仲裁机构可以参照最高人民法院《关于审理买卖合同纠纷案件适用法律问题的解释》(法释〔2020〕17 号)第 18 条第 4 款关于买卖合同没有约定逾期付款违约金或者该违约金的计算方法,出卖人以买受人违约为由主张赔偿逾期付款损失,违约行为发生在 2019 年 8 月 19 日之前的,人民法院可以中国人民银行同期同类人民币贷款基准利率为基础,参照逾期罚息利率标准[①]计算;违约行为发生在 2019 年 8 月 20 日之后的,人民法院可以违约行为发生时中国人民银行授权全国银行间同业拆借中心公布的一年期贷款市场报价利率(LPR)标准为基础,加计 30% ~ 50% 计算逾期付款损失的规定,以同期同类贷款利率或者同期贷款市场报价利率为基础,加计 30% ~ 50% 计算逾期付款损失,作为发包人逾期支付工程价款的法定违约金。

205. 当事人在违约金和约定损失赔偿之外,能否再行主张损失赔偿?

《民法典》第 585 条第 1 款规定,当事人可以约定一方违约时应当根据违约情况向对方支付一定数额的违约金,也可以约定因违约产生的损失赔偿额的计算方法。违约金和约定损失赔偿,一般均是当事人在订立合同时,预先约定的一方违约时应向对方支付一定金钱或支付金钱的计算方法,都属于预定损害赔偿。区别在于,前者兼具补偿性和惩罚性,预定的违约金可以适当高于实际损失但仍以填补损失为主要功能,具有担保合同履行之价值;后者仅是为方便计算损失赔偿数额,免除权利人的举证责任,但不具有担保合同履行之意义。

当合同约定的违约金和约定损失赔偿额低于守约方的实际损失时,应当允许当事人再行主张损失赔偿。理由是,《民法典》第 584 条规定:"当事人一方不履行合同义务或者履行合同义务不符合约定,造成对方损失的,损失赔偿额应当相当于因违约所造成的损失,包括合同履行后可以获得的利益;但是,不得超过违约一方订立合同时预见到或者应当预见到的因违约可能造成的损失。"第 585 条第 2 款规定:"约定的违约金低于造成的损失的,人民法院或者仲裁机构可以根据当事人的请求予以增加;约定的违约金过分高于造成的损失的,人民法院或者仲裁机构可以根据当事人的请求予以适当减少。"《民法典合同编通则司法解释》第 63 条第 2 款规定:"除合同履行后可以获得的利益外,非违约方主

---

① 逾期罚息利率标准,根据中国人民银行《关于人民币贷款利率有关问题的通知》(银发〔2003〕251 号)规定:"三、关于罚息利率问题。逾期贷款(借款人未按合同约定日期还款的借款)罚息利率由现行按日万分之二点一计收利息,改为在借款合同载明的贷款利率水平上加收 30% ~ 50%。"

张还有其向第三人承担违约责任应当支出的额外费用等其他因违约所造成的损失,并请求违约方赔偿,经审理认为该损失系违约一方订立合同时预见到或者应当预见到的,人民法院应予支持。"上述法律规定确立了违约损害赔偿的全部赔偿原则,即当事人应当对违约行为给对方造成的全部损失进行赔偿,只要在违约方订立合同时可预见范围内的损失,均应予以赔偿。在当事人有证据证明其实际损失大于违约金和约定损失赔偿额时,不应排除当事人该项权利的行使,仍应支持其约定(预定)损害赔偿之外的赔偿请求,只要其所受赔偿的总数不超过其实际损失即可。

206. 建设工程施工合同没有约定逾期付款支付利息的,承包人能否主张逾期付款利息?

建设工程施工合同没有对发包人逾期付款支付利息进行约定,承包人主张逾期付款利息的,人民法院或仲裁机构应予以支持。

《建设工程司法解释(一)》第 26 条规定:"当事人对欠付工程价款利息计付标准有约定的,按照约定处理。没有约定的,按照同期同类贷款利率或者同期贷款市场报价利率计息。"第 27 条规定,利息从应付工程价款之日开始计付。由此表明,逾期付款支付利息,属于付款责任的次给付义务,附随于期限届至应付而未付的工程款,在建设工程施工合同没有对工程款利息作出明确约定时,没有约定应当适用法律的规定,因此,即使施工合同没有约定发包人逾期付款应当支付利息,但依法仍然应当计付利息。

有观点认为,上述司法解释将利息作为工程款的法定孳息看待。笔者认为不妥。如若将利息视为工程款的法定孳息,则应按照存款利率计息,而非按照贷款利率计息。最高人民法院上述司法解释关于逾期付款利息的规定,实质上是规定了发包人逾期支付工程款应向承包人赔偿损失的责任,其法律性质属于违约责任。[①]

给付义务,可分为主给付义务和从给付义务,也可分为原给付义务和次给

[①] 《民法典》第 577 条规定:"当事人一方不履行合同义务或者履行合同义务不符合约定的,应当承担继续履行、采取补救措施或者赔偿损失等违约责任。"

付义务。主给付义务,简称主义务,是指合同关系所固有、必备、并用以决定合同类型的基本义务。从给付义务,简称从义务,是不具有独立的意义,仅具有补助主给付义务的功能的义务。其存在的目的,不在于决定合同的类型,而在于确保债权人的利益能够获得最大满足。原给付义务,又称第一次给付义务,是指合同上原有的义务。如名马之出卖人交付该马并移转其所有权(主给付义务),交付该马的血统证明书(从给付义务),均为原给付义务。次给付义务,又称第二次给付义务,是原给付义务在履行过程中,因特殊事由演变而生的义务。主要包括:(1)因原给付义务不能履行、逾期履行或不完全履行而产生的损害赔偿义务;(2)合同解除时产生的恢复原状义务。上述次给付义务系根基于合同关系,合同关系的内容虽因之而改变或扩张,但其同一性仍保持不变。上述司法解释规定的逾期付款利息,系施工合同约定的原给付义务即支付工程款未能履行而产生的损害赔偿义务,即支付利息,其性质属于对违约所造成损失的赔偿。因此,逾期付款利息属于违约责任,而非工程款的法定孳息。

207. 承包人没有请求支付逾期付款利息的,人民法院或仲裁机构能否认定发包人支付利息?

在承包人没有提起逾期付款利息请求的情况下,人民法院或仲裁机构不能裁判发包人支付逾期付款利息。

基于当事人能够在法律规定的范围内处分自己的民事权利和诉讼权利[1],因此,"不告不理"是民事诉讼的一项基本原则。人民法院或仲裁机构处理民商事纠纷,只能对已诉至法院或仲裁机构的民事权利义务关系作出审理和判断,除涉及国家和社会公共利益外,其审理和裁判应以当事人的请求、主张的范围为限。因此,即使施工合同有发包人逾期付款应支付利息的约定,但因承包人没有提起支付利息的诉讼或仲裁请求,人民法院或仲裁机构也不能超出其请求范围裁判发包人支付利息。

---

[1] 《民事诉讼法》第13条第2款规定:"当事人有权在法律规定的范围内处分自己的民事权利和诉讼权利。"

208. 建设工程施工合同约定逾期付款支付利息的同时承担违约金的,能否一并予以支持？

建设工程施工合同约定,发包人逾期支付工程款除应向承包人支付利息外,还应同时支付逾期付款违约金。承包人据此在向发包人提起的索要工程款的诉讼或仲裁案件中同时主张逾期付款利息和逾期付款违约金的,人民法院或仲裁机构应否一并予以支持？

实践中对此问题争议较大,主要有两种观点：

一种观点认为,工程款逾期付款利息系因发生基础的资金占用行为而产生的工程款的法定孳息；逾期付款违约金系一方违约时因其违约行为给对方造成损失的赔偿,具有赔偿和惩罚的双重性质。二者在法律性质上并不相同,故当事人对工程款逾期付款利息与逾期付款违约金一并主张的,不构成重复诉讼。对于合同同时约定了逾期付款利息与逾期付款违约金,承包人依据约定一并主张的,可一并予以支持。[1]

另一种观点认为,违约金的性质既具有补偿性,又具有赔偿性,在守约方不能举证证明其除利息损失外还存在其他损失,违约金能够足以涵盖其利息损失的情况下,另行主张赔偿其利息损失的,应不予支持。[2]

笔者认为,实践中产生两种不同的观点及争议的根源,在于对于利息的法律性质的认识不同所致,即如果认定利息是工程款的法定孳息,则第一种观点正确；如果认定支付利息是发包人逾期付款对承包人赔偿的损失,则第二种观点正确。笔者认同第二种观点,理由如下：

（1）认为利息是工程款的法定孳息者,其思维路径包括：①承包人在工程款债权届期日如果取得该工程款,经存放于金融机构而产生增值额即利息。但笔者认为,相对于发包人而言,支付该利息仍是赔偿因其未履行到期付款义务而给承包人造成的损失；而且,应按金融机构存款利率计付该损失。②发包人应付而未付工程款从而占用该资金,应向承包人支付占用期间产生

---

[1] 参见汪军、魏佳钦：《建设工程施工合同纠纷案件涉利息裁判规则研究》,载最高人民法院民事审判第一庭编：《民事审判指导与参考》总第78辑,人民法院出版社2019年版,第115页。

[2] 参见陈亚、王毓莹：《利息损失能否与违约金一并适用》,载杜万华主编,最高人民法院民事审判第一庭编：《民事审判指导与参考》总第70辑,人民法院出版社2017年版,第101页。

的工程款的法定孳息。笔者认为,其本质是发包人赔偿其占用资金期间产生的本属于承包人的利息,仍属于赔偿损失性质,且亦应按金融机构存款利率计算。综合以上申言之,发包人对承包人欠付工程款的债务行为,并不产生物权上的孳息问题。持第一种观点的人,实质上是对于债权行为与物权行为的认识混淆造成的。

（2）发包人支付逾期付款利息,属于因其逾期付款的违约行为而产生的次给付义务,法律性质属于赔偿损失责任。合同的给付义务,可以分为原给付义务与次给付义务。[①] 发包人因其逾期付款而应支付利息,属于原给付义务未能履行所产生的次给付义务,是对违约所造成损失的赔偿。因此,支付逾期付款利息属于违约责任,而非工程款的法定孳息。严格地说,发包人逾期支付工程款应向承包人支付的"利息",应称之为"利息损失"。

既然"逾期付款利息"性质已明,则本问题不难解决。《民法典》第585条第2款规定:"约定的违约金低于造成的损失的,人民法院或者仲裁机构可以根据当事人的请求予以增加；约定的违约金过分高于造成的损失的,人民法院或者仲裁机构可以根据当事人的请求予以适当减少。"由此可知,对于约定违约金与赔偿损失,守约方只能择一高者行使权利。因此,在约定违约金足以涵盖逾期付款利息损失的情况下,对于承包人一并主张逾期付款利息损失与违约金的请求,人民法院或仲裁机构应不予支持,只能择一高者予以支持。

此问题结论,同样适用其他合同中关于逾期付款违约金与逾期付款利息损失能否并用的问题,但借款合同除外。

209. 建设工程施工合同仅约定了逾期付款违约金,未约定工程款利息的,承包人能否在逾期付款违约金之外再行主张工程欠款的利息？

发包人同承包人仅就欠付工程款约定了违约金支付方式,承包人是否还可

[①] 给付义务的分类,详见本书"206. 建设工程施工合同没有约定逾期付款支付利息的,承包人能否主张逾期付款利息？"的内容。

以要求发包人在承担支付违约金之外支付欠付工程款的利息？

有观点认为，建设工程施工合同作为双务有偿合同，支付工程价款是发包人的主要义务；发包人违反合同约定欠付工程价款，则构成违约，而当事人之间对所欠付工程价款约定支付利息往往是承担违约责任的基本方式。2005年最高人民法院《关于审理建设工程施工合同适用法律问题的解释》（已废止）第17条规定："当事人对欠付工程款利息给付标准有约定的，按照约定处理；没有约定的，按照中国人民银行发布的同期同类贷款利率计息。"该规定是针对建设工程施工合同当事人之间关于利息问题争议的处理，应为当事人对欠付工程款并没有约定违约责任承担方式的适用；如果当事人在施工合同中已经约定逾期支付工程款所应承担的违约责任方式，则应优先适用该当事人之间的约定。因此，如果当事人在施工合同中明确约定了在承担利息之外还应赔偿损失或者承担其他违约责任的，则承包人在请求承担违约责任同时还请求支付相应约定的利息的，应当从其约定；相反，如果当事人仅仅约定承担违约责任的方式，而未约定支付欠付工程款利息的，则此时不应再按照最高人民法院《关于审理建设工程施工合同适用法律问题的解释》第17条规定承担支付利息的责任，即承包人无权在请求发包人承担违约责任之外，再请求发包人支付欠付工程款利息；对承包人的该请求，人民法院也不应支持。[①]

笔者基本认同上述观点。但认为，上述观点及对该问题的处理方式没有直达问题的本质，正如上一问题"建设工程施工合同约定逾期付款支付利息的同时承担违约金的，能否一并予以支持"所述，发包人因逾期支付工程款而向承包人支付利息，属于因其逾期付款的违约行为而产生的次给付义务，法律性质属于赔偿损失责任。而合同约定的逾期付款违约金，根据《民法典》第577条关于"当事人一方不履行合同义务或者履行合同义务不符合约定的，应当承担继续履行、采取补救措施或者赔偿损失等违约责任"、第585条第1款"当事人可以约定一方违约时应当根据违约情况向对方支付一定数额的违约金，也可以约定因违约产生的损失赔偿额的计算方法"的规定，其性质亦为赔偿损失责任。二者的区别是，逾期付款违约金是当事人在订立合同时对将来可能发生的违约情

[①] 《发包人同承包人仅就欠付工程款约定支付违约金，承包人是否还有权要求发包人在承担违约金责任之外支付欠付工程款的利息》，载最高人民法院民事审判第一庭编：《民事审判指导与参考》2012年第1辑，人民法院出版社2012年版，第265~266页。

况预先约定支付一定数额的金钱,而司法解释是对发包人欠付工程款规定的赔偿损失的标准。《民法典》第585条第2款规定:"约定的违约金低于造成的损失的,人民法院或者仲裁机构可以根据当事人的请求予以增加;约定的违约金过分高于造成的损失的,人民法院或者仲裁机构可以根据当事人的请求予以适当减少。"据此,当建设工程施工合同约定的逾期付款违约金数额低于依照司法解释规定计算的逾期付款利息时,承包人可以在合同约定的逾期付款违约金之外再行主张利息损失差额部分。当建设工程施工合同约定的逾期付款违约金数额等于或高于依照司法解释规定计算的逾期付款利息,足以弥补因逾期付款给承包人造成的损失时,承包人不能在合同约定的逾期付款违约金之外再行主张工程欠款的利息。

210. 承包方从何时起算工程款利息?

承担或者支付利息,作为付款责任的一项次给付义务[①],与当事人负有的付款责任同时产生,利息从发包人应付而未付工程款时起算。

建设工程施工合同对工程付款时间有明确约定的,从约定的付款时间届至起算未付工程款的利息。

建设工程施工合同对付款时间没有约定或者约定不明的,依据最高人民法院有关建设工程司法解释的规定起算工程款的利息,即《建设工程司法解释(一)》第27条规定:"利息从应付工程价款之日开始计付。当事人对付款时间没有约定或者约定不明的,下列时间视为应付款时间:(一)建设工程已实际交付的,为交付之日;(二)建设工程没有交付的,为提交竣工结算文件之日;(三)建设工程未交付,工程价款也未结算的,为当事人起诉之日。"

建设工程施工合同中途解除、终止或者停止施工的,如果施工合同未对该种情形下的工程余款支付作出约定的,应以交付建设工程之日计付工程余款的

[①] 给付义务,包括原给付义务和次给付义务。原给付义务,又称第一次给付义务,是指合同上原有的义务。次给付义务,又称第二次给付义务,是原给付义务在履行过程中,因特殊事由演变而生的义务。主要包括:(1)因原给付义务不能履行、逾期履行或不完全履行而产生的损害赔偿义务;(2)合同解除时产生的恢复原状义务。

利息;不能确定交付工程日的,应以施工合同解除、终止或者停工的次日计付工程余款的利息。应当注意,此种情形不能适用建设工程施工合同中关于发包人支付竣工结算价款违约责任的约定,因为,施工合同中途解除或终止不同于工程已竣工的情形,不具备合同约定的支付结算价款违约的适用条件。

在发承包双方对工程结算尚未达成一致意见的情况下,有观点认为,双方对工程造价存有争议,工程欠款的本金数额不能确定,谈不上支付利息问题。笔者认为,依据《建设工程司法解释(一)》第27条关于"利息从应付工程价款之日开始计付"的规定,利息作为合同原有义务未能履行所产生的次给付义务,附随于应付而未付的工程款,虽然工程造价尚未结算不能确定具体数额,但应付款额是客观存在的,即使工程造价是在案件审理中通过司法鉴定方式最终确定了具体数额,也应以最终确定的应付款额从应付款之日起算利息。

211. 在建设工程施工合同约定的支付工程款日期内尚未完成结算的,应从何时起算工程款的利息?

发承包双方在建设工程施工合同中约定:"本工程按月施工进度拨付工程款。承包人每月25日向发包人提交当月已完工程进度结算,发包人于次月5日前拨付上月已完工程应付工程款的70%;工程竣工拨付至总应付款的90%;余款10%为质保金,保修期满一次付清。"此处的"工程竣工拨付至总应付款的90%",系指发包人在工程竣工时拨付至竣工结算价款的90%。但如果建设工程竣工时尚未结算工程价款的,应如何起算工程款的利息?是按结算数额(或司法鉴定数额)从合同约定的工程竣工时起算利息,还是从结算定案时起算利息?

诉讼或仲裁实践中,发包人与承包人往往各持己见。发包人认为,虽然施工合同约定了在竣工时应付款至总价款的90%,但因工程造价尚未结算,无法确定具体的付款数额,未付款不属于故意拖欠工程款,不应从工程竣工时起算利息,而应从结算定案时按未付工程款的数额起算利息;承包人则认为,应按合同约定从工程竣工时计付利息。

笔者认为,《建设工程司法解释(一)》第27条关于"利息从应付工程价款之日开始计付"的规定,表明利息作为应付款义务未能履行时的次给付义务,附随于应付而未付的工程款。因此,不论因何方原因导致结算工作未能顺利进行及最终定案,也不论发包人是否故意拖欠工程款,均应按照最终结算数额(或司法鉴定数额)从合同约定的应付款日期起算利息。

212. 建设工程施工合同约定,发包人在双方结算定案后一定期限内支付工程款,但双方尚未完成结算的,应从何时起计算逾期付款违约金?

发承包双方在建设工程施工合同中约定,发包人在双方结算定案后的一定期限内向承包人支付工程价款,但直至一方当事人提起诉讼或者提起仲裁时,双方尚未完成结算,发包人亦未支付相应的工程价款。例如,施工合同约定:发包人在收到承包人提报的竣工结算资料后30日内审核完毕,在结算定案后的30日内付款至结算值的95%。但双方因结算产生分歧导致未能最终结算定案,此种情形下,应从何时起计算逾期付款违约金?

对此问题存在两种观点:第一种观点认为,应从合同约定的付款日期(即向发包人收到竣工结算资料的第61日)起算逾期付款违约金;第二种观点认为,应从结算定案、工程款数额确定之日的第31日起计算逾期付款违约金。

笔者认同第二种观点。理由如下:

工程款结算金额的确定是工程款给付的前提,在施工合同约定的付款时间尚未完成结算的情形下,发包人因工程款总额不明而无法给付从而客观上违反给付期限约定的行为,不构成违约。发包人承担逾期付款违约责任的前提是双方结算清楚或者存在可归责于发包人的原因致使工程结算无法进行的情况,在双方尚未完成结算且未能完成结算不可归责于发包人一方,应付剩余工程款数额不明的情形下,发包人有权以其应履行义务不明为由拒绝履行合同约定的付款义务,该拒绝履行行为不构成违约。

发包人因应付款额不明而未在约定期限给付的行为不属于违约,与《民法典》合同编确定的违约责任的严格责任归责原则并不矛盾。违约责任的严格责任,是指承担违约责任不以违约方存在主观过错为前提,一旦违约事实出现,就应当承担责任，除非有法定或者约定的免责事由。在双方尚未完成结算的情形下，应付款额不明正是发包人无法如期给付的免责事由。

213. 建设工程施工合同约定结算款经双方认可的审计部门审计后支付，但双方未就审计部门达成一致的，从何时起算结算款的利息？

发承包双方在建设工程施工合同中约定，工程结算报送双方认可的审计部门进行审计①，在审计结束后的一定期限内支付结算价款。但双方就审计部门的选定未能达成一致意见，应如何确定结算款利息的起算时间？

发承包双方约定结算价款在报双方认可的审计部门审计结束后的一定期限内支付，但双方未就审计部门的选定达成一致的，则该约定的付款时间实际上无法确定，对此应视为付款时间约定不明。结算款利息的起算应根据《建设工程司法解释（一）》第27条按以下方式确定：

（1）建设工程已实际交付的，从交付之日起算利息；

（2）建设工程没有交付的，从承包人提交竣工结算文件之日起算利息；

（3）建设工程未交付，工程价款也未结算的，从当事人起诉之日起算利息。

214. 对工程款之外的费用如何计算利息？

工程款之外的各种费用，如安全奖、优良奖、工期奖（或赶工奖、抢工费）、封顶奖等各类工程奖金，又如包干风险费、总包协调费、甩项工程配合费及补偿款、因发包人违约造成的直接损失（如停窝工损失）及其他可得利益损失等，均不属于工程款范畴。

对上述各种费用的利息计算与工程款不同。如果建设工程施工合同对上

---

① 在建设工程施工领域，发承包双方所称的结算审计，一般是指委托社会上的工程造价咨询机构审核工程造价，并不是指行政审计。——笔者注

述费用的支付有期限的约定,则从期限届满起算未付款项的利息;如果建设工程施工合同未对支付期限作出约定,则应当从当事人主张之日计付利息。当事人不能举证证明主张事实的,从起诉之日计息。

对于垫资款。如果建设工程施工合同对垫资及垫资利息均有约定,按照约定的且不高于垫资时的同类贷款利率或者同期贷款市场报价利率计算垫资款的利息;约定了垫资但未约定垫资利息的,不能计算垫资期间的利息,但可以计算返还垫资款逾期期间的利息;对垫资未作约定的,垫资款视为工程欠款,按工程款计算利息。

215. 承包人在施工中未就发包人逾期支付进度款提出索赔的,能否在诉讼或仲裁中主张进度款的利息?

建设工程施工合同如约定:"发包人未能按合同约定履行自己的各项义务或发生错误以及应由发包人承担责任的其他情况,造成工期延误和(或)承包人不能及时得到合同价款及承包人的其他经济损失,承包人可按下列程序以书面形式向发包人索赔:(1)索赔事件发生后28天内,向工程师发出索赔意向通知;(2)发出索赔意向通知后28天内,向工程师提出延长工期和(或)补偿经济损失的索赔报告及有关资料;(3)工程师在收到承包人送交的索赔报告和有关资料后,于28天内给予答复,或要求承包人进一步补充索赔理由和证据;(4)工程师在收到承包人送交的索赔报告和有关资料后28天内未予答复或未对承包人作进一步要求,视为该项索赔已经认可;(5)当该索赔事件持续进行时,承包人应当阶段性向工程师发出索赔意向,在索赔事件终了后28天内,向工程师送交索赔的有关资料和最终索赔报告。索赔答复程序与(3)(4)规定相同。"

发包人在施工过程中存在拖延支付工程进度款的事实,但承包人既未按合同约定向发包人发送催款通知,也未因发包人拖延付款而停止施工,还未按上述合同约定的程序,向发包人发出索赔意向通知并提供索赔报告及有关资料,而是继续施工至工程竣工,该行为表明承包人对发包人索赔权利的放弃,其在诉讼或仲裁中提出发包人未按约定支付工程进度款导致其利息损失,发包人应予赔偿的主张,缺乏合同依据。

216. 发包人使用远期承兑汇票支付工程款，贴现利息应由谁承担？

施工实践当中，发包人用远期承兑汇票支付工程款的现象普遍存在。在建设工程施工合同未对支付方式进行特别约定的情况下，因票据贴现所产生的贴现利息应由付款人承担。

根据《民法典》第509条第1款"当事人应当按照约定全面履行自己的义务"、第584条关于当事人一方不履行合同义务或者履行合同义务不符合约定，造成对方损失的，损失赔偿额应当相当于因违约所造成的损失的规定，发包人以远期承兑汇票履行到期付款义务的行为，其实质是迟延付款，属于不当履行合同义务的行为，贴现所发生的利息应由发包人承担。

值得注意的是，如果承包人在建设工程施工合同中允许发包人以承兑汇票方式付款，则应自行承担票据贴现利息。

217. 承包人提供的竣工结算资料中没有竣工图，发包人应否承担逾期审核结算及逾期付款责任？

建设工程竣工后，承包人提供的竣工结算资料中没有竣工图，虽经发包人催要但未能提供，发包人亦未在合同约定的期限内审核完毕工程造价。此种情形下，发包人应否承担逾期审核结算及逾期付款责任？

竣工图，是真实反映建设工程施工结果的图样[1]，既是对工程进行交工验收、维护、改建、扩建的重要技术档案[2]，也是编制、审核竣工结算的基本依据。

承包人提报完整的竣工结算资料，是发包人审核工程造价的基础和前提，

---

[1] 住建部《建设工程文件归档规范》第2.0.6项规定，竣工图，工程竣工验收后，真实反映建设工程施工结果的图样。

[2] 国家基本建设委员会《关于编制基本建设工程竣工图的几项暂行规定》第1条："基本建设竣工图是真实地记录各种地上地下建筑物、构筑物等情况的技术文件，是对工程进行交工验收、维护、改建、扩建的依据，是国家的重要技术档案。全国各建设、设计、施工单位和各主管部门，都要重视竣工图的编制工作，认真贯彻执行本规定。"

由于承包人未能提交全部结算资料导致工程造价未能及时结算，无法明确工程总价款，工程价款不明确不能归责于发包人一方。在工程总价值不明确的情况下，无法认定发包人应支付工程款的具体数额从而判断发包人是否及时足额支付，因此，承包人请求发包人承担逾期付款违约责任，没有事实依据。

如果建设工程施工合同约定，发包人审核竣工结算以承包人提报包括竣工图在内的完整结算资料，且自发包人结算审核后的一定期限内向承包人支付工程价款，在承包人未提供竣工图导致发包人未能完成竣工结算审核的情况下，不应认定发包人逾期审核结算及逾期付款。理由是，根据《民法典合同编通则司法解释》第31条第3款的规定，当事人一方起诉请求对方履行债务，被告依据《民法典》第526条①的规定主张原告应先履行的抗辩且抗辩成立的，人民法院应当驳回原告的诉讼请求，但是不影响原告履行债务后另行提起诉讼。据此，在承包人应当先履行提供竣工图义务但未提供的情况下，发包人提出的后履行审核结算及付款义务的抗辩成立。对此，人民法院或仲裁机构应予驳回承包人的诉讼或仲裁请求，但是不影响承包人在提供竣工图后另行提起诉讼或仲裁。

如果建设工程施工合同并未约定承包人提供的竣工结算资料包含竣工图，发包人以承包人未能提供竣工图导致无法审核结算为由进行抗辩，人民法院或仲裁机构应审查竣工图是否构成审核结算的必要条件并根据审查结果进行裁判：(1)如果依据施工图纸、设计变更单、工程签证单等资料能够审核工程造价，竣工图并非审核结算的必要条件，则发包人此项抗辩不成立。人民法院或仲裁机构应当依据《民法典合同编通则司法解释》第31条第1款关于"当事人互负债务，一方以对方没有履行非主要债务为由拒绝履行自己的主要债务的，人民法院不予支持"的规定，裁判发包人向承包人支付工程价款。但是，根据《建筑法》第61条第1款关于"交付竣工验收的建筑工程，必须符合规定的建筑工程质量标准，有完整的工程技术经济资料和经签署的工程保修书，并具备国家规定的其他竣工条件"，以及《民法典》第799条第1款"建设工程竣工后，发包人应当根据施工图纸及说明书、国家颁发的施工验收规范和质量检验标准及时进行验收。验收合格的，发包人应当按照约定支付价款，并接收该建设工程"的规

---

① 《民法典》第526条规定："当事人互负债务，有先后履行顺序，应当先履行债务一方未履行的，后履行一方有权拒绝其履行请求。先履行一方履行债务不符合约定的，后履行一方有权拒绝其相应的履行请求。"

定,承包人提供竣工图系其附随义务,提供竣工图虽未构成发包人审核结算的必要条件,但构成发包人支付工程价款的同时履行义务。在发包人未就提供竣工图提出反诉或反请求的情况下,人民法院或仲裁机构应根据《民法典合同编通则司法解释》第31条第2款关于"当事人一方起诉请求对方履行债务,被告依据民法典第五百二十五条的规定主张双方同时履行的抗辩且抗辩成立,被告未提起反诉的,人民法院应当判决被告在原告履行债务的同时履行自己的债务,并在判项中明确原告申请强制执行的,人民法院应当在原告履行自己的债务后对被告采取执行行为"的规定,作出对待给付裁判,即裁判发包人在承包人提供竣工图的同时向承包人支付工程价款。(2)如经审查,竣工图构成发包人审核结算的必要条件,已如前述,人民法院或仲裁机构应驳回承包人的诉讼或仲裁请求。

218. 承包人未完整报送当月工程量及进度结算书的,能否要求发包人承担逾期支付进度款的违约责任?

建设工程施工合同约定,承包人每月按完成进度向发包人报送工程量和进度结算,由发包人审核后按约定比例支付工程进度款。实际履行过程中,承包人有时报送当月工程量,有时报送当月进度结算书,未同时完整报送当月工程量和进度结算书。此种情形下,承包人能否要求发包人承担逾期支付进度款的违约责任?

承包人不能要求发包人承担逾期支付进度款的违约责任。理由:发包人支付承包人进度款的前提是,承包人须按月报送已完工程量和进度结算,发包人审核承包人完成工作量及相应价款并按约定比例支付进度款。承包人没有按照合同约定同时报送当月工程量和进度结算,发包人无法审核当月工程量及工程价款,不能确定应付进度款的数额,依约支付工程进度款的条件未成就,发包人未付款不构成付款违约,不应承担逾期支付进度款的违约责任。

219. 发包人拖延支付工程进度款,能否向承包人主张逾期竣工的违约责任?

发包人拖延支付工程进度款,承包人对延期竣工享有后履行抗辩权,可以依法不承担工程延期的违约责任。在讼争工程已经完工但发包人尚未支付全部工程进度款的情况下,发包人向承包人主张逾期竣工违约责任的,人民法院或仲裁机构应不予支持。

后履行抗辩权,是指在履行合同义务有先后顺序并且先履行一方未履行合同义务或者履行义务不符合约定时,后履行一方享有拒绝履行相应合同义务的权利。《民法典》第 526 条规定:"当事人互负债务,有先后履行顺序,应当先履行债务一方未履行的,后履行一方有权拒绝其履行请求。先履行一方履行债务不符合约定的,后履行一方有权拒绝其相应的履行请求。"后履行抗辩权本质上是对违约的抗辩,属于违约救济权。进度款既是已完工程的价款,也是工程如期完工的保证。在承包人已经施工完毕全部工程,但发包人尚未依约支付竣工前的应付工程进度款时,承包人对延期竣工依法享有后履行抗辩权。

《民法典》第 803 条规定:"发包人未按照约定的时间和要求提供原材料、设备、场地、资金、技术资料的,承包人可以顺延工程日期,并有权请求赔偿停工、窝工等损失。"因此,对发包人逾期付款造成的工期延误,承包人依法有权顺延工期。承包人以后履行抗辩权拒绝承担延期交工违约责任的,人民法院或仲裁机构应予以支持。

220. 发包方违约在先,能否向承包人主张因逾期竣工导致的逾期营业损失?

发包方违约在先,比如没有及时足额按施工合同约定拨付工程进度款,承包方也没有在合同期内竣工,发包方向承包方主张因逾期竣工导致逾期营业损失的,人民法院或仲裁机构应不予支持。

《民法典》第 584 条规定:"当事人一方不履行合同义务或者履行合同义务不符合约定,造成对方损失的,损失赔偿额应当相当于因违约所造成的损失,包括合同履行后可以获得的利益;但是,不得超过违约一方订立合同时预见到或者应当预见到的因违约可能造成的损失。"本条规定了违约方赔偿损失的范围包括实际损失、可得利益损失,不包括订立合同时不可预见的损失。发包方向承包方主张因建设工程逾期竣工导致其逾期营业产生损失,该损失属于可得利益损失。

可得利益,又称预期利益,是指在合同履行前不为当事人所拥有,而为当事人所期望在合同履行以后可以实现和取得的财产权利。

可得利益具有以下特点:(1)未来性,即在违约行为发生时尚未为合同当事人所实际享有,必须通过合同的实际履行才能实现;(2)可期待性,即在订立合同时能够预见到并且期待通过合同的履行而获得该利益;(3)现实性,即只要合同如约履行就会为当事人所获得。

发包方违约在先,必然导致施工合同不能如约履行,发包方期待的如期营业这一可得利益的现实性丧失,使得可得利益不具有可期待性。因此发包方违约在先的,不能向承包方主张因逾期竣工导致的逾期营业损失。

221. 发包方在建设工程施工合同约定的延期交工违约责任之外再按逾期交房的租金标准主张预期利益损失的,能否得到人民法院或仲裁机构的支持?

发承包双方在建设工程施工合同中已经约定了承包方延期交工的违约责任,发包方既要求承包方依约承担延期交工的违约责任,又提出按逾期交房期间当地房屋租金标准赔偿其预期利益损失的,人民法院或仲裁机构不应予以支持。

《民法典》第584条规定,当事人一方不履行合同义务或者履行合同义务不符合约定,造成对方损失的,损失赔偿额应当相当于因违约所造成的损失。第585条规定,当事人可以约定一方违约时应当根据违约情况向对方支付一定数额的违约金,也可以约定因违约产生的损失赔偿额的计算方法。约定的违约金低于造成的损失的,人民法院或者仲裁机构可以根据当事人的请求予以增加;约定的违约金过分高于造成的损失的,人民法院或者仲裁机构可以根据当事人的请求予以适当减少。可见,违约金和赔偿金,均以补偿守约方损失为基本功能。合同当事人在违约金和赔偿金(赔偿损失)之间可以自由选择,以高者为限，但不能重复主张违约金和赔偿金。约定违约金过分高于实际损失的，也要受到法律的正当干预。

承包人按建设工程施工合同约定承担延期交工违约责任后，即视为发包人已获得赔偿，除非发包人提供证据表明约定违约金不足以弥补其实际损失的，可按实际损失予以补足。发包人已按建设工程施工合同的约定向承包人主张延期交工违约责任，又在合同约定的违约责任之外，再按逾期交房期间当地租金标准计算预期利益损失，既无合同约定，又无法律依据，人民法院或仲裁机构不应予以支持。

222. 工程未完工情况下，如何计算发包人拖延付款的违约金？

施工实践中，由于发包人拖延付款导致工程长期停工或者中途解除施工合同的现象时有发生，承包人诉讼主张逾期付款违约金时，应注意以下两点：

（1）建设工程施工合同约定了发包人拖欠工程进度款和拖欠工程结算款两种不同的违约责任，如果讼争工程没有竣工，那么承包人计算发包人逾期付款违约金时，应以拖欠工程进度款的违约条款来计算。因为工程没有竣工，自然不存在竣工结算，也就不存在拖欠工程竣工结算款的问题，不能适用拖欠工程竣工结算款的违约条款。

（2）建设工程施工合同仅约定了发包人拖欠工程竣工结算款的违约责任，没有约定拖欠工程进度款的违约责任，由于讼争工程尚未竣工，承包人不能依据拖欠竣工结算款的违约条款向发包人主张逾期付款违约金，只能向发包人主张拖欠工程进度款的利息。

223. 合同中约定定金条款，但付款凭据上未标明"定金"的，能否主张定金权利？

当事人在合同中约定有定金条款，但付款凭据或者收款收据并未注明"定金",而是诸如货款、预付款等的,一方当事人能否主张定金权利?

《民法典》第586条第1款规定:"当事人可以约定一方向对方给付定金作为债权的担保。定金合同自实际交付定金时成立。"第587条规定:"债务人履行债务的,定金应当抵作价款或者收回。给付定金的一方不履行债务或者履行债务不符合约定,致使不能实现合同目的的,无权请求返还定金;收受定金的一方不履行债务或者履行债务不符合约定,致使不能实现合同目的的,应当双倍返还定金。"上述规定表明,定金系实践性合同,定金合同从实际交付定金之日起成立。虽然合同约定有定金条款,但因付款凭据或者收款收据仅写明是货款(预付款)、未写明定金,不能认定定金已经实际交付,定金条款由于缺乏定金实际交付证据而不能认定定金担保成立,当事人不能主张定金权利。

224. 实际施工人能否向发包人主张违约责任?

实际施工人以发包人为被告主张工程价款,同时向发包人主张违约责任的,人民法院对其违约责任请求权应不予支持。

《建设工程司法解释(一)》第43条规定:"实际施工人以转包人、违法分包人为被告起诉的,人民法院应当依法受理。实际施工人以发包人为被告主张权利的,人民法院应当追加转包人或者违法分包人为本案第三人,在查明发包人欠付转包人或者违法分包人建设工程价款的数额后,判决发包人在欠付建设工程价款范围内对实际施工人承担责任。"该规定表明:

第一,实际施工人是无效施工合同如转包合同、违法分包合同中的施工人,其合同相对方是转包人或者违法分包人。既然施工合同无效,那么施工合同中有关的违约条款也无效,实际施工人对转包人或违法分包人不享有违约金请求权。

第二,该条规定赋予实际施工人突破合同相对性原则直接向发包人主张工程价款的权利,但实际施工人向发包人请求权的范围仅限于工程价款。

第三,即使实际施工人对转包人或违法分包人享有赔偿损失请求权,该赔偿损失请求权是因合同无效导致的侵权责任,只能向侵权人即转包人或违法分包人主张,不能依据该条规定向发包人主张,且该损失也不属于工程价款的范畴。

违约责任是当事人约定的一种法律责任,承担违约责任以当事人之间有约定且约定有效为前提,以存在合法的合同关系为基础。实际施工人与发包人之间不存在合同关系,无权向发包人主张违约责任。上述司法解释仅规定实际施工人可以突破合同相对性直接向发包人主张工程价款的权利,并非主张除工程价款之外的诸如违约责任、赔偿损失的法律依据。因此,实际施工人以发包人为被告主张工程价款,同时向发包人主张违约责任的,人民法院对其违约责任请求权不应予以支持。

225. 承包人对发包人甩项工程未提异议的,能否要求发包人赔偿甩项工程的可得利益损失?

甩项,是发包人将承包人承包范围内的部分工程另行发包给其他单位或个人承建的行为。发包人甩项,是对承包人的违约行为。

如果承包人未对发包人甩项工程提出异议,并继续施工,也未按照施工合同约定的程序提出索赔请求,施工结束后还未在竣工结算过程中提及此问题的,根据《民法典》第135条关于"民事法律行为可以采用书面形式、口头形式或者其他形式",以及《民法典总则编司法解释》第18条"当事人未采用书面形式或者口头形式,但是实施的行为本身表明已经作出相应意思表示,并符合民事法律行为成立条件的,人民法院可以认定为民法典第一百三十五条规定的采用其他形式实施的民事法律行为"的规定,应当认定承包人对发包人的甩项行为已予认可,不得再行对甩项工程主张可得利益损失赔偿请求。

226. 在发承包双方已经结算工程造价的前提下,承包人主张因"营改增"导致税金损失并请求发包人赔偿的,应否予以支持?

承包人投标报价中采用营业税计税,施工过程中"营改增"并按增值税税率开具工程款发票,竣工后双方已结算工程造价。诉讼或仲裁中,承包人以"营改增"导致税金损失为由,请求发包人赔偿税金损失的,能否得到支持?

笔者认为,在这种情形下,不应支持承包人赔偿税金损失的请求。理由如下:

(1)根据《营业税暂行条例》(已失效)第4条第1款"纳税人提供应税劳务、转让无形资产或者销售不动产,按照营业额和规定的税率计算应纳税额。应纳税额计算公式:应纳税额=营业额×税率",第5条"纳税人的营业额为纳税人提供应税劳务、转让无形资产或者销售不动产收取的全部价款和价外费用"的规定,以及《增值税暂行条例》(2017年修订)第4条第1款"除本条例第十一条规定外,纳税人销售货物、劳务、服务、无形资产、不动产(以下统称应税销售行为),应纳税额为当期销项税额抵扣当期进项税额后的余额。应纳税额计算公式:应纳税额=当期销项税额-当期进项税额",第5条"纳税人发生应税销售行为,按照销售额和本条例第二条规定的税率计算收取的增值税额,为销项税额。销项税额计算公式:销项税额=销售额×税率",第8条"纳税人购进货物、劳务、服务、无形资产、不动产支付或者负担的增值税额,为进项税额"的规定,营业税是以全部营业额作为计税基数,而增值税应纳税额为当期销项税额与当期进项税额之间的差额,即增值税是以增值额作为计税基数。虽然增值税税率高于营业税税率,但鉴于两项税种计税基数不同,仅凭二者的税率差别,并不能认定承包人是否存在税金损失。

(2)鉴于发、承包双方已经结算工程造价,因此,不论在竣工结算书中采用何种税率计税,承包人在竣工结算书中加盖印章或签字确认的行为,均表明对该工程造价及所含税金的认可,系其处分自己的民事权利。

专题七　程序问题

227. 实际施工人同时起诉承包人和发包人索要工程款的，人民法院应否对双方的工程造价进行鉴定？

实际施工人，是指转包、违法分包等无效施工合同中实际施工的单位或个人。

诉讼实践中，实际施工人为了追索工程款，往往同时将承包人、发包人起诉到人民法院，要求二者连带向其支付工程价款。在发承包双方未就其工程造价完成结算的情况下，法院应否对发承包双方的工程造价委托鉴定？

《建设工程司法解释（一）》第43条规定："实际施工人以转包人、违法分包人为被告起诉的，人民法院应当依法受理。实际施工人以发包人为被告主张权利的，人民法院应当追加转包人或者违法分包人为本案第三人，在查明发包人欠付转包人或者违法分包人建设工程价款的数额后，判决发包人在欠付建设工程价款范围内对实际施工人承担责任。"该规定表明，实际施工人既可以依据合同相对性向其合同相对方即转包人或违法分包人主张权利，也可以突破合同相对性直接向发包人主张权利；如果直接向发包人主张权利，以发包人欠付转包人或违法分包人（以下统称承包人）工程价款为前提条件。

实际施工人可以直接向发包人主张权利，并非以自己的名义代位行使发承包双方之间施工合同中承包人的合同权利，而仍是依据其与承包人之间的合同主张权利，因此不同于代位权。上述司法解释，是针对建筑市场中大量存在的转包、违法分包情形，为保护实际施工人及农民工的利益，赋予实际施工人突破合同相对性原则直接向发包人主张工程款的权利。

但是，发包人对实际施工人承担责任，其前提是发包人欠付承包人的工程款，其本质是发包人在欠付承包人工程款范围内的代付责任，而非与承包人承担连带责任，更非共同责任。因此，在仅有承包人与实际施工人之间欠付工程

255

款事实、数额的条件下，尚不足以判定发包人应否对实际施工人承担付款责任，还应对发承包双方之间是否存在欠付工程款以及欠款的数额进行审理和查明。如果发承包双方尚未完成结算，无法认定发包人对承包人的欠款数额的，则人民法院应当委托鉴定机构对发承包双方之间的工程造价进行鉴定。

尽管发承包双方均未就其施工合同提起诉讼，但在上述司法解释已突破合同相对性的基础上，对发承包双方之间的施工合同进行审理，并不违反"一案一诉"原则和"不告不理"原则。

关于诉讼费用的分配。正如前述，发包人对实际施工人无合同责任，其对实际施工人所承担责任，系在欠付工程价款范围内的代付责任，并非连带责任。因此，诉讼费用不宜由发包人与承包人共同负担，应由承包人承担。

228. 对于"半截子"工程，人民法院或仲裁机构应否主动审查其工程质量？

施工过程中，发承包双方发生争议导致工程停工，继而解除了建设工程施工合同，形成"半截子"工程。承包人因追索已完工程价款形成诉讼或仲裁，人民法院或仲裁机构应否对已完工程质量主动进行审理？

笔者认为，法院或仲裁机构不应对已完工程的质量主动进行审理。虽然工程质量合格是发包人支付工程款的前置条件，发包人对质量不合格的建设工程有权拒绝付款，但该权利属于发包人对承包人支付工程款请求权的抗辩，法院或仲裁机构在当事人未行使其抗辩权时不应主动审查。

抗辩，是诉讼当事人针对对方的诉讼请求或主张，提出的对抗或异议，包括诉讼上的抗辩和实体法上的抗辩权。二者的区别在于，诉讼上抗辩的效力，足以使请求权归于消灭，当事人在诉讼中即使未提出，法院也应当审查事实，如认为有抗辩事由的存在，为当事人利益，也应当依职权作出有利的裁判。它包括权利障碍抗辩及权利毁灭抗辩，权利障碍抗辩在于主张请求权根本不发生，例如契约不成立、法律行为的当事人为无行为能力人、法律行为违反强制或禁止之规定等等；权利毁灭（或消灭）抗辩在于主张请求权虽一度发生，但其后因特定事由已归于消灭，例如债务已清偿、混同等。而实体法上的抗辩权的效力在于对已存在的请求权发生一种对抗的权利,是否主张是义务人的自由。义务人放弃抗辩的权利时,法院不得予以审查;只有义务人在诉讼中主张时,法院才有审查的义务。①

《民法典》第 799 条第 1 款规定:"建设工程竣工后,发包人应当根据施工图纸及说明书、国家颁发的施工验收规范和质量检验标准及时进行验收。验收合格的,发包人应当按照约定支付价款,并接收该建设工程。"该规定表明,发包人支付价款以工程质量合格为前提。承包人交付工程质量不合格,发包人对支付价款享有后履行抗辩权。② 发包人以工程质量不合格抗辩拒绝支付工程款的,系行使其后履行抗辩权的行为。在发包人对已完工程的质量未提出异议和抗辩的情况下,人民法院或仲裁机构不应主动进行审理。

229. 一方对已审定的工程造价又提出造价鉴定申请,人民法院或仲裁机构的处理原则是什么?

承发包双方诉前已审定工程造价,诉讼或仲裁中一方否认已经审定的工程造价,向人民法院或仲裁机构提出工程造价鉴定申请,对此法院或仲裁机构应不予准许。

承发包双方业已审定工程造价,表明双方已对工程造价达成了合意,这是双方处分自己权利的民事行为,具有法律效力,任何一方非依法律规定或者取得对方同意,不得擅自变更或解除。诉讼或仲裁中一方否认业已审定的工程造价并提出工程造价鉴定申请,如不能提供足以推翻已审定工程造价的充分证据,则该行为系对其已确认事实的反悔,其工程造价鉴定申请没有法律依据,根据《建设工程司法解释(一)》第 29 条关于"当事人在诉讼前已经对建设工程价款结算达成协议,诉讼中一方当事人申请对工程造价进行鉴定的,人民法院不

---

① 参见王泽鉴:《民法总则》,北京大学出版社 2009 年版,第 76~77 页。转引自姜强:《被告在前诉中主张抗辩权,又以同一事实另行起诉的情形下,本案诉讼应否就抗辩权是否成立进行审理》,载最高人民法院民事审判第一庭编:《民事审判指导与参考》2012 年第 2 辑,人民法院出版社 2012 年版,第 166 页。

② 后履行抗辩权,是指在履行合同义务有先后顺序并且先履行一方未履行合同义务或者履行义务不符合约定时,后履行一方享有拒绝履行相应合同义务的权利。

予准许"的规定,人民法院或仲裁机构对其工程造价鉴定申请不应予以支持。

230. 二审法院对重新鉴定工程造价申请的处理原则是什么?

建设工程施工合同纠纷案件的当事人对一审鉴定意见不服,在二审程序中提出重新鉴定工程造价申请。二审法院的处理原则是,如果一审法院委托鉴定的机构资质合格,鉴定程序合法,并有质证、辩论、答疑的过程,鉴定机构对当事人提出异议的合理部分予以采纳或修正,鉴定所采信的证据材料经双方质证且无明显违法之处,二审中对鉴定意见的异议没有提出新的理由和证据,那么一审鉴定意见可以作为认定案件事实的依据,二审法院不予支持重新鉴定。如经审查,一审的鉴定意见有缺陷,比如说,对某些项目或数额计算错误,则二审法院对该部分可以通过补正、补充鉴定或者补充质证、重新质证等方法予以解决,经补正的一审鉴定意见仍然能够作为二审法院定案的依据。

但是,二审法院如发现一审法院委托的鉴定机构不具有鉴定资格、超越资质等级、超出业务范围、鉴定人应回避而未回避的,则其鉴定意见不能作为人民法院审理案件的依据,应撤销原判发回重审或者支持重新鉴定工程造价的请求。

231. 建设工程施工合同中约定了结算的默认条款,发包人申请工程造价司法鉴定的,能否得到法院或仲裁机构的准许?

承发包双方在建设工程施工合同中约定了结算的默认条款,即约定发包人在收到承包人提报的竣工结算文件后的一定期限内未予答复的,视为认可承包人的竣工结算文件的条款。在承包人提起的追索工程款诉讼或仲裁中,承包人主张依照竣工结算文件确定工程造价,但发包人对该竣工结算文件不予认可,向法院或仲裁机构提出工程造价鉴定申请的,将不会得到法院或仲裁机构的准许。原因如下：

(1)《建设工程司法解释(一)》第21条规定："当事人约定,发包人收到竣工结算文件后,在约定期限内不予答复,视为认可竣工结算文件的,按照约定处理。承包人请求按照竣工结算文件结算工程价款的,人民法院应予支持。"由此表明,法律对合同当事人约定的结算默认条款,遵循从约原则。依据合同约定能够确定工程造价的,无须启动鉴定程序；只有在不能确定工程造价的情况下,才有鉴定的必要。

(2)合同是确立民事法律关系的依据。承发包双方在合同中约定了结算的默认条款,发包人收到承包人提报的竣工结算文件后,未在合同约定的期限内复核工程造价并给予答复,结算的默认条款已经生效。工程价款应依据该生效的默认条款加以确定,无鉴定的必要性。

(3)《民法典》第119条规定："依法成立的合同,对当事人具有法律约束力。"第136条第2款规定："行为人非依法律规定或者未经对方同意,不得擅自变更或者解除民事法律行为。"发包人在诉讼或仲裁中对承包人的竣工结算文件不予认可并提出鉴定的行为,其实质是对合同约定的结算默认条款的变更和反悔,其工程造价鉴定申请没有法律依据。因此,发包人的工程造价鉴定申请,将不会得到法院或仲裁机构的准许。

但是,在诉讼或仲裁实践中,有些法官或仲裁员认为依据鉴定意见判案更接近客观实际情况,准许造价鉴定。笔者认为该做法欠妥。法院或仲裁机构一方面认可合同的效力和约定的合法有效性,另一方面又违背当事人的有效约定进行司法鉴定,该行为既缺乏法律依据又自相矛盾,损害了法律的权威性和严肃性。相反,法院或仲裁机构尊重当事人的意思自治,依照当事人的约定认定案件事实,便于及时、公正地解决当事人之间的工程款纠纷,杜绝个别发包人以拖延结算为手段恶意拖欠工程款的行为,有助于推动我国建筑市场诚信体系的建立。

232. 人民法院启动重新鉴定的条件是什么？

建设工程施工合同纠纷案件中,当事人申请重新鉴定的情况较为普遍,有的审理机关对重新鉴定也表现出一定的随意性,致使当事人不能息诉服判,案件久拖不决。

笔者认为,《民事诉讼证据规定》第 40 条第 1 款规定:"当事人申请重新鉴定,存在下列情形之一的,人民法院应当准许:(一)鉴定人不具备相应资格的;(二)鉴定程序严重违法的;(三)鉴定意见明显依据不足的;(四)鉴定意见不能作为证据使用的其他情形。"第 3 款规定:"对鉴定意见的瑕疵,可以通过补正、补充鉴定或者补充质证、重新质证等方法解决的,人民法院不予准许重新鉴定的申请。"由此可见,只有符合上述第 1 款规定的四项条件之一的,人民法院才能启动重新鉴定,而对于符合第 3 款规定的可以通过补正方式弥补鉴定意见瑕疵的情形,不予准许重新鉴定申请。由此表明,最高人民法院对于重新鉴定申请采取谨慎的态度,尽量减少重新鉴定的范围。

但实践中,有的审理机关在未指出原鉴定结论不能采信的理由的情况下,又重新组织鉴定,违反了人民法院审理民事案件的法定程序,侵害了诉讼当事人的程序权利。《民事诉讼法》第 155 条第 1 款规定,判决书应当写明判决结果和作出该判决的理由。判决书内容包括:案由、诉讼请求、争议的事实和理由;判决认定的事实和理由、适用的法律和理由等。《民事诉讼证据规定》第 97 条第 1 款规定:"人民法院应当在裁判文书中阐明证据是否采纳的理由。"对证据的采信关系到案件事实的认定,应做到辨法析理、取舍皆明。因此,审理机关在未指出原鉴定意见为何不能采信的情况下,不具备重新鉴定的条件,不应准许当事人提出的重新鉴定申请。

233. "诉前鉴定意见"的性质及证明力如何?对方不认可该意见时的证明责任应如何承担?发包人对承包人提供的诉前单方审价报告不予认可的,应由谁对工程造价承担证明责任?

第一,关于"诉前鉴定意见"的性质及证明力,以及对方不认可时的证明责任承担问题。

《民事诉讼证据规定》第 41 条规定:"对于一方当事人就专门性问题自行委托有关机构或者人员出具的意见,另一方当事人有证据或者理由足以反驳并申请鉴定的,人民法院应予准许。"该条司法解释所称"一方当事人就专门性问题自行委托有关机构或者人员出具的意见",称之为"诉前鉴定意见"。

笔者认为,对于"诉前鉴定意见"需要明确以下问题:本条中所称"意见"属于何种证据种类？"诉前鉴定意见"的证明力怎样？如果对方当事人对该类"意见"仅提出抗辩并未申请鉴定,应由哪一方当事人继续承担举证责任并承担不利后果？

(1)关于上述"诉前鉴定意见"的证据种类,笔者认为应归属鉴定意见。理由是,《民事诉讼法》第66条第1款规定,证据包括当事人的陈述、书证、物证、视听资料、电子数据、证人证言、鉴定意见、勘验笔录8种法定形式。一方当事人单方委托有关机构或人员就专门性问题作出的意见,并非当事人自己、也非证人对案件事实所作的陈述,而是有关机构或人员运用科学技术或者专门知识对诉讼或仲裁涉及的专门性问题作出的鉴别和判断性意见,是具有独立性的鉴定意见。

(2)关于"诉前鉴定意见"的证明力,笔者认为该"诉前鉴定意见"没有证明力。理由是,《民事诉讼证据规定》第34条第1款规定,人民法院应当组织当事人对鉴定材料进行质证,未经质证的材料,不得作为鉴定的根据。上述"诉前鉴定意见"是由一方当事人单方委托、相关机构或人员依据未经质证的单方鉴材作出,而且选取鉴定人制度、鉴定人承诺制度、对鉴定意见书面质询及当庭质询等各项制度及鉴定过程均未纳入民事诉讼或仲裁程序保障,该鉴定意见的真实性及合法性均无法确定,不能作为认定案件事实的根据。

(3)关于对方当事人对该类"诉前鉴定意见"只是提出抗辩、并未就"诉前鉴定意见"所涉事实申请鉴定情形下的证明责任的承担问题。笔者认为,应由对待证事实负有证明责任的当事人承担举证责任。理由是,对上述《民事诉讼证据规定》第41条的规定,应作文义解释,即一方当事人出具单方"意见"后,对方当事人不予认可并主动提出鉴定申请的,法院应予准许。但不能扩张解释为在一方当事人提供单方"意见"后,对方当事人则对"意见"所涉事实负有举证责任,必须提供反驳性证据,否则应由其承担举证不能的不利后果。"举证义务存在于主张之人,不存在于否认之人。"[1]在一方当事人提供的单方证据不具有证明力的情形下,对待证事实的举证责任并不发生转移,仍应由该当事人继续

---

[1] 古罗马法谚。

承担举证责任。

第二,在发包人不予认可承包人提供的"诉前鉴定意见"的情况下,关于工程造价证明责任的承担问题。

承包人诉前单方委托工程造价咨询机构进行工程审价,工程造价咨询机构接受委托并出具工程造价审核报告书,承包人将审核报告作为主张工程价款的证据。该审核报告能否作为确定工程价款的证据? 如不能,谁应对此承担举证责任?

在诉讼或仲裁中,承包人依据上述《民事诉讼证据规定》第41条的规定提出,对于其单方委托作出的工程造价审核报告,如果发包人不认可,应由发包人提供证据反驳并申请鉴定,发包人没有证据足以反驳且未申请鉴定的,应当以其提供的单方审核报告作为确定工程造价的证据。对此,笔者认为,在发包人对承包人单方委托作出的工程造价审核报告书不予认可的情况下,单方审核报告不能作为确定工程价款的证据,承包人应就工程造价数额继续承担举证责任。理由如下:

(1) 全国人民代表大会常务委员会《关于司法鉴定管理问题的决定》第1条规定:"司法鉴定是指在诉讼活动中鉴定人运用科学技术或者专门知识对诉讼涉及的专门性问题进行鉴别和判断并提供鉴定意见的活动。"承包人在诉讼前委托作出审核报告,不属于司法鉴定,不属于《民事诉讼法》第66条规定的"鉴定意见",仍系一方当事人的单方证据。依据上述决定,司法鉴定仅限于在诉讼中由法院主导开展鉴定活动,实际上不存在所谓"诉前鉴定"的问题。

(2) 单方审核报告缺乏民事诉讼或仲裁程序保障,不具有证据效力。主要表现在:

①选取鉴定机构。《民事诉讼法》第79条第1款规定:"当事人可以就查明事实的专门性问题向人民法院申请鉴定。当事人申请鉴定的,由双方当事人协商确定具备资格的鉴定人;协商不成的,由人民法院指定。"实务中,委托鉴定一般采取当事人协商确定一家有资质的鉴定机构,协商不成时大多由审理机构采取摇号等随机抽取方式确定。承包人单方委托鉴定机构,并未赋予发包人选择鉴定机构、审查鉴定人资格的权利。

②鉴材质证。《建设工程司法解释(一)》第33条规定:"人民法院准许当事人的鉴定申请后,应当根据当事人申请及查明案件事实的需要,确定委托鉴定的事项、范围、鉴定期限等,并组织当事人对争议的鉴定材料进行质证。"《民事诉讼法解释》第103条第1款规定:"证据应当在法庭上出示,由当事人互相质证。未

经当事人质证的证据,不得作为认定案件事实的根据。"据此,承包人单方委托审价依据的基础性材料未经质证,依此作出的审核报告不能作为定案根据。

③鉴定程序不可控。承包人单方委托审价,未纳入民事诉讼或仲裁程序,审价程序是否合法无从查证。

(3)《民事诉讼证据规定》第41条关于诉前单方鉴定的规定与《建设工程司法解释(一)》第30条规定存在冲突,在建设工程施工合同纠纷案件中,应当优先适用《建设工程司法解释(一)》第30条规定。《建设工程司法解释(一)》第30条规定:"当事人在诉讼前共同委托有关机构、人员对建设工程造价出具咨询意见,诉讼中一方当事人不认可该咨询意见申请鉴定的,人民法院应予准许,但双方当事人明确表示受该咨询意见约束的除外。"依据该条规定,双方共同委托但未明示受咨询意见约束的,诉前咨询意见仍不能作为确定工程价款的依据。举重以明轻,承包人单方委托作出的审核报告,更不能作为认定工程价款的依据。因此,不能仅仅依据《民事诉讼证据规定》第41条规定作为认定承包人单方审核报告效力及确定申请鉴定义务人的法律依据。

承包人依据其诉前委托相关咨询机构作出的工程造价审核报告起诉发包人索要工程价款,诉讼或仲裁中发包人对该工程造价审核报告仅表示不予认可,但并未提出工程造价鉴定申请。鉴于承包人在案件中提出工程价款请求权,其对该请求权发生的要件事实即发包人欠付其工程价款的事实负有证明责任,因此,在发包人对其单方审核报告不予认可的情况下,应由承包人继续就工程造价数额承担举证责任,如需通过司法鉴定确定工程造价,亦应由承包人申请鉴定。在双方为应由哪一方申请鉴定发生争议时,审理者应向承包人释明,承包人作为提出工程价款请求权的权利主张人,对工程价款数额负有举证证明责任,并指定其提出鉴定申请的期间,如其未在指定期间内提出鉴定申请,则应承担不利后果。

234. 在鉴定书上署名的造价工程师未出庭接受质询的,该鉴定书能否作为证据使用?

当事人对工程造价鉴定意见有异议,在鉴定书上署名的注册造价工程师没有出庭接受质询的,该鉴定书不能作为证据使用。

根据《造价工程师职业资格制度规定》(建人〔2018〕67号)、《注册造价工程师管理办法》(住房和城乡建设部令第50号)的相关规定,国家在工程造价领域实施造价工程师执业资格制度。依据上述规定,造价工程师是指通过职业资格考试取得中华人民共和国造价工程师职业资格证书,并经注册后从事建设工程造价工作的专业技术人员。国家对造价工程师职业资格实行执业注册管理制度,取得造价工程师职业资格证书且从事工程造价相关工作的人员,经注册方可以造价工程师名义执业。造价工程师分为一级造价工程师和二级造价工程师,一级造价工程师的执业范围包括建设工程审计、仲裁、诉讼、保险中的造价鉴定工作内容,而二级造价工程师不能独立开展该工作。造价工程师不得超出执业范围、注册专业范围执业。《工程造价咨询企业管理办法》(住房和城乡建设部令第50号)第22条规定:"工程造价咨询企业从事工程造价咨询业务,应当按照有关规定的要求出具工程造价成果文件。工程造价成果文件应当由工程造价咨询企业加盖有企业名称、资质等级及证书编号的执业印章,并由执行咨询业务的注册造价工程师签字、加盖执业印章。"根据以上规定可知,造价工程师是具有工程造价执业资格、允许从事工程造价鉴定业务的法定人员。而且,只有经过注册的一级造价工程师才能从事工程造价鉴定业务,二级造价工程师以及其他辅助人员均不能独立开展工程造价鉴定业务,不属于规章规定的工程造价鉴定人员。

因此,出庭接受质询的鉴定人员,应当是在鉴定报告上署名的一级造价工程师。二级造价工程师、鉴定辅助人员,或者其他虽有一级造价工程师资格但并非作出鉴定意见的人员[①],均无资格出庭接受质询。鉴定人员出庭接受质询,是当事人质证的关键环节。鉴定意见未经合格人员出庭接受质询,即属未经质证,不能作为认定案件事实的依据。

235. 人民法院或仲裁机构违背合同有效约定启动鉴定程序作出的鉴定意见能否作为定案的根据?

在建设工程施工合同对工程价款已有有效约定的前提下,人民法院或仲裁

[①] 诉讼实践中出现过在鉴定报告上署名的造价工程师因故未能出庭,而由具有造价工程师执业资格的同事代为出庭接受质询的情况。——笔者注

机构违背合同有效约定启动司法鉴定程序作出的鉴定意见,不能作为认定案件事实的依据。

前述合同已有约定的情形包括:

(1)固定总价合同(合同约定的施工任务已全部完成)。

(2)合同约定了结算默认条款,即发包人应当在收到承包人竣工结算文件后的约定期限内予以答复,逾期未答复的,竣工结算文件视为已被认可。

(3)合同约定了失权条款,比如:"承包人在工程变更确定后14天内,提出变更工程价款的报告,经工程师确认后调整合同价款。承包人在双方确定变更后14天内不向工程师提出变更工程价款报告时,视为该项变更不涉及合同价款的变更。"

在司法实践中,有些法官或仲裁员认为依据鉴定意见判案更接近客观实际情况,往往准许一方当事人提出的工程造价鉴定申请,或者直接依职权启动鉴定程序,并以鉴定结果作为给付工程款的裁判依据。笔者认为该做法欠妥。

合同是确立民事法律关系的依据,也是人民法院或仲裁机构审理民事案件的依据。依法成立的合同应受法律保护,合同双方的权利义务应严格依照合同的约定履行,不得擅自变更或解除合同。人民法院或仲裁机构对当事人的有效约定,应尊重当事人的意思自治,遵循从约原则。在合同双方未对上述有效约定予以变更的前提下,人民法院或仲裁机构一方面认可合同的效力和约定的合法有效性,另一方面又违背当事人的有效约定进行司法鉴定,有悖当事人意思自治原则,该行为既缺乏法律依据又自相矛盾,损害了法律的权威性和严肃性。其鉴定结果违背了当事人的真实意思、合同约定以及法律规定,不能作为认定案件事实的根据。

236. 请求法院或仲裁机构确认建设工程施工合同无效,是否受诉讼时效限制?

诉讼时效制度适用于债权请求权,不适用于形成权。

请求权,是请求他人为一定行为或不为一定行为的权利。如请求债务人给付债务。

形成权,是权利人得以自己单方的行为而使法律关系发生变化的权利。如追认权(本人对无权代理行为的追认)、撤销权(撤销可撤销民事行为的权利)、解除权(解除合同权)等。

合同当事人不享有确认合同无效的法定权利,只有人民法院和仲裁机构有权确认合同是否有效。合同效力的认定,实质是国家公权力对民事行为进行的干预。合同无效系自始无效,单纯的时间经过不能改变无效合同的违法性。当事人请求确认合同无效,属于形成权之诉,不应受诉讼时效期间的限制;而合同经确认无效后,当事人基于无效合同产生的返还财产及赔偿损失的请求权,属于债权请求权范畴,应当适用法律关于诉讼时效的规定。

237. 建设工程未经结算,承包人追索工程款是否受诉讼时效限制?

诉讼时效是权利人不行使权利的状态,持续经过法定期间届满,丧失请求人民法院依诉讼程序强制义务人履行义务之权利的时效制度。

建设工程未经结算工程造价,承包人追索工程欠款不受诉讼时效限制。理由是,发承包双方对建设工程的造价存在争议,未能对工程造价进行有效结算,工程欠款数额尚未最终确定,此时承包人无法得知工程款债权受到侵害,承包人请求发包人给付工程款的请求权行使存在事实上的障碍,在发包人不能举出曾向承包人明确表示拒绝支付工程款的证据,承包人知道或者应当知道其取得工程款的权利受到侵害的情况下,根据《民法典》第 188 条第 2 款关于"诉讼时效期间自权利人知道或者应当知道权利受到损害以及义务人之日起计算"的规定,承包人向人民法院请求保护其民事权利的诉讼时效期间没有起算,因此,承包人追索工程款不受诉讼时效限制。

承包人需要注意两点:(1)如果发承包双方在建设工程施工合同中约定了结算的默认条款,即发包人在收到承包人递交的竣工结算文件后逾期不予答复,即视为认可承包人单方结算值的条款,当发包人收到承包人递交的竣工结算文件且未在合同约定的审核结算期限内给予答复时,则依约应认定承包人的单方结算值。此种情况下,工程价款和工程欠款数额在施工合同约定的审核结算期限届满时都是确定的,承包人必须在工程造价确定之日起三年内行使权利,否则会因超过诉讼时效而丧失胜诉权。(2)如果发承包双方在建设工程施工合同中约定了固定总价,则工程造价在双方订立合同时就已确定,承包人应在合同约定的付款期限届满后三年内行使权利,否则会因超过诉讼时效而丧失胜诉权。

238. 建设工程施工合同约定工程尾款待验收通过后支付,但建设工程验收客观上已无法进行的,应从何时起算诉讼时效?

建设工程施工合同约定,"工程余款5%留待验收通过后支付"。但是,建设工程因客观原因被迫停工,已完工程后经转让或改建已不复存在,对已完工程进行验收在客观上已经无法进行的,怎样起算承包人对5%工程尾款的诉讼时效期间?

施工合同双方当事人约定,工程尾款待工程验收通过后支付,施工人对工程尾款享有的权利属于附条件请求权。《民法典》第188条第2款规定,诉讼时效期间自权利人知道或者应当知道权利受到损害以及义务人之日起计算。施工人请求建设方支付工程尾款的诉讼时效期间,应从所附条件成就之日起计算。但如工程验收客观上已无法进行,即所附条件无法成就时,应当认定施工人追索工程尾款的这种未来的期待权利已经受到侵害,诉讼时效期间应从施工人知道或者应当知道所附条件无法成就时起计算。

239. 对账函记载"本函仅为复核账目之用,并非催款结账",能否中断诉讼时效?

原告庭审中出具的对账函记载有"本函仅为复核账目之用,并非催款结账"的内容,被告据此提出抗辩,认为该对账函不是原告向被告主张债权,不能产生中断诉讼时效的法律效力。该对账函能否中断诉讼时效?

笔者认为,记载有"本函仅为复核账目之用,并非催款结账"内容的对账函,不产生中断诉讼时效的法律效力,但诉讼时效自对账之日起算。

《民法典》第188条规定:"向人民法院请求保护民事权利的诉讼时效期间为三年。法律另有规定的,依照其规定。诉讼时效期间自权利人知道或者应当知道权利受到损害以及义务人之日起计算。法律另有规定的,依照其规定。但是,自权利受到损害之日起超过二十年的,人民法院不予保护,有特殊情况的,人民法院可以根据权利人的申请决定延长。"第192条第2款规定:"诉讼时效期间届满后,义务人同意履行的,不得以诉讼时效期间届满为由抗辩;义务人已经自愿履行的,不得请求返还。"第195条规定:"有下列情形之一的,诉讼时效中断,从中断、有关程序终结时起,诉讼时效期间重新计算:(一)权利人向义务人提出履行请求;(二)义务人同意履行义务;(三)权利人提起诉讼或者申请仲裁;(四)与提起诉讼或者申请仲裁具有同等效力的其他情形。"笔者认为,引发诉讼时效中断或起算诉讼时效的事件包括:

(1)主张债权。债权人在诉讼时效期间内向债务人主张债权,则诉讼时效中断。但如债权人在诉讼时效期间届满后主张债权,则不能产生中断诉讼时效的法律效力。

(2)同意履行债务。不论诉讼时效期间是否经过,债务人同意履行债务的,则诉讼时效重新起算。

(3)结算价款。债权数额须经结算价款才能确定,在债权人与债务人尚未结算价款、债权数额尚未最终确定前,此时债权人无法得知债权受到损害,债权人请求债务人履行债务存在事实上的障碍,因此,诉讼时效从结算价款之日起算。

(4)对账。对账是对原有债权经收付款后的再次确认,债务人对记载剩余债务数额的对账函签章认可,即"认账"。在债务人之前已有履行债务行为,且对账时非但没有表示拒绝履行债务,反而对剩余债务数额予以确认的情况下,不能认定债权人知道或应当知道权利受到损害,因此,经对账确认的债权从对账之日起算诉讼时效。

承前所述,由于对账函记载"本函仅为复核账目之用,并非催款结账",故不属于债权人向债务人主张债权的情形,不因此而中断诉讼时效,被告的抗辩主张成立;对账函也没有债务人同意履行债务的意思表示,故亦不因此而中断或重新起算诉讼时效。但是,如前所述,对账即"认账",债务人在记载应收账款余额的对账函中盖章予以确认,且并未作出拒绝履行债务的意思表示,债权人无从知晓债权受到损害,因此,该债权的诉讼时效自双方对账之日起计算。

240. 在确定案件级别管辖法院时,如何确定"当事人一方住所地不在受理法院所处省级行政辖区"?

最高人民法院《关于调整中级人民法院管辖第一审民事案件标准的通知》(法发〔2021〕27号),根据当事人住所地是否在受理法院所处省级行政辖区,规定了不同的级别管辖标准,该通知第2条中所称的"当事人一方住所地不在受理法院所处省级行政辖区"是指:

(1)原告、被告中仅有一方住所地不在受理法院所处省级行政辖区,不包括双方住所地均不在该辖区的情形。理由是,如果原告、被告双方住所地均不在该辖区的,则应当适用该通知第1条关于"当事人住所地均在或者均不在受理法院所处省级行政辖区的,中级人民法院管辖诉讼标的额5亿元以上的第一审民事案件"的规定。

(2)共同诉讼中,原告之一或被告之一住所地不在该辖区。理由是,根据该通知第1条规定,只有全部原告和被告均在或者均不在该辖区的,才能适用该第1条规定确定管辖。除第1条规定情形外,只要共同诉讼中的原告之一或被告之一住所地不在该辖区的,则符合该通知第2条规定的适用条件。

(3)无论是有独立请求权的第三人还是无独立请求权的第三人,因其系参加他人之间的诉讼,故其住所地是否在该辖区不影响案件管辖。

241. 诉讼标的金额超出了当事人协议选择的法院的级别管辖范围时,应如何确定管辖法院?

合同当事人协议选择了处理合同争议的管辖法院,但在纠纷发生时,诉讼标的金额超过了当事人协议选择的法院受理第一审民商事案件的级别管辖范围。此时,应如何确定案件的管辖法院?

一种观点认为,当事人双方对地域管辖的意思表示是一致的、明确的,当诉讼标的金额超出了协议管辖法院的级别管辖受案范围时,案件应由协议管辖法院的上一级人民法院受理。

另一种观点认为,诉讼标的额超出协议管辖法院的级别管辖范围的,选择管辖的协议无效,应按法定管辖确定管辖法院。

笔者认为第二种观点正确。《民事诉讼法》第35条规定:"合同或者其他财产权益纠纷的当事人可以书面协议选择被告住所地、合同履行地、合同签订地、原告住所地、标的物所在地等与争议有实际联系的地点的人民法院管辖,但不得违反本法对级别管辖和专属管辖的规定。"法律允许合同当事人协议选择管辖法院,是意思自治原则在处理合同争议方面的体现,但当事人的意思自治不能违反法律规定。违反法律对级别管辖规定的管辖协议无效。管辖协议无效后,应按法定管辖确定案件的管辖法院。例如,买卖双方在买卖合同中约定,如发生争议由卖方住所地的基层人民法院管辖,当诉讼标的额超过卖方住所地基层法院管辖标准,从而导致该约定管辖无效时,管辖法院并不是该基层法院的上一级法院,而应视该约定管辖条款自始不存在,继而依照《民事诉讼法》第24条"因合同纠纷提起的诉讼,由被告住所地或者合同履行地人民法院管辖"的规定,确定该案件的管辖法院。

242. 合同约定争议可向甲乙双方一方当事人所在地法院起诉的,是否有效?

当事人在合同中约定,如果发生争议可向一方当事人住所地人民法院起诉的,该约定管辖是否有效?

上述约定如果没有违反级别管辖和专属管辖的规定,该约定管辖有效。《民事诉讼法解释》第30条规定:"根据管辖协议,起诉时能够确定管辖法院的,从其约定;不能确定的,依照民事诉讼法的相关规定确定管辖。管辖协议约定两个以上与争议有实际联系的地点的人民法院管辖,原告可以向其中一个人民法院起诉。"由此表明,最高人民法院对于协议管辖采取从宽的态度,只要依当事人约定能够确定管辖法院的,则从其约定。只有依约定不能确定管辖法院的,才依据法定管辖的规定确定管辖法院。而且,对于当事人选择两个以上与争议有实际联系的地点的法院管辖的,亦予以肯定,并赋予原告选择管辖法院的权利。

需要说明的是,最高人民法院对于题述情形的司法态度,存在由从严发展到从宽的变化,最高人民法院在《关于当事人在合同中协议选择管辖法院问题的复函》(法函〔1995〕157号)[①]中答复,根据《民事诉讼法》第25条[②]的规定,合同的双方当事人可以在书面合同中协议选择被告住所地、合同履行地、合同签订地、原告住所地、标的物所在地人民法院管辖。如果当事人约定选择上述列举的两个以上人民法院管辖的,依据本院《关于适用〈中华人民共和国民事诉讼法〉若干问题的意见》第24条的规定,该选择管辖的协议无效;如果当事人约定选择上述列举以外的人民法院管辖的,因其超出法律规定的范围,也应认定该约定无效,不能以此作为确定管辖的依据。由此可见,最高人民法院原对于当事人选择两个以上管辖法院的协议,认定为无效。至2015年1月30日最高人民法院《关于适用〈中华人民共和国民事诉讼法〉的解释》发布,方对当事人选择两个以上管辖法院的管辖协议予以认可。

243. 建设工程施工合同约定的管辖法院,与工程所在地不是同一地的,约定管辖是否有效?

建设工程施工合同约定的管辖法院与工程所在地不是同一地的,该约定管辖无效。《民事诉讼法解释》第28条第2款规定:"农村土地承包经营合同纠纷、房屋租赁合同纠纷、建设工程施工合同纠纷、政策性房屋买卖合同纠纷,按照不动产纠纷确定管辖。"由此表明,最高人民法院将建设工程施工合同纠纷作为特种债权纠纷看待,按照不动产纠纷适用专属管辖。因此,当建设工程施工合同约定的管辖法院并非工程所在地的,《民事诉讼法》第35条规定:"合同或

---

① 该复函已被最高人民法院《最高人民法院关于废止部分司法解释(第十三批)的决定》废止(2019年7月8日)。

② 指1991年4月9日全国人大常委会通过的《中华人民共和国民事诉讼法》第25条。——笔者注

者其他财产权益纠纷的当事人可以书面协议选择被告住所地、合同履行地、合同签订地、原告住所地、标的物所在地等与争议有实际联系的地点的人民法院管辖,但不得违反本法对级别管辖和专属管辖的规定。"该约定管辖因违反专属管辖的强制性规定而无效。

244. 双方约定合同争议由守约方所在地法院管辖的,是否有效?

当事人在合同中约定发生争议由守约方所在地人民法院管辖的,该约定管辖无效。

最高人民法院《关于金利公司与金海公司经济纠纷案件管辖问题的复函》(法函〔1995〕89号)中答复,金利公司与金海公司在再次补充协议中约定,"如甲、乙双方发生争议,由守约方所在地人民法院管辖",该约定不符合《民事诉讼法》第25条[①]的规定,应认定协议管辖的条款无效。由于该约定涉及实体问题,到底谁是守约方,谁是违约方,应当经过实体审理来确定,而非案件立案阶段能够审查出来。因此,该约定管辖不明确,应认定为无效。

245. 合同约定双方各自可向所在地法院起诉的,是否有效?

当事人在合同中约定发生争议,双方各自可向所在地人民法院起诉,该约定管辖有效。

上述协议管辖的本质,是约定由原告所在地法院管辖。《民事诉讼法》第35条规定:"合同或者其他财产权益纠纷的当事人可以书面协议选择被告住所

[①] 1991年《民事诉讼法》第25条:"合同的双方当事人可以在书面合同中协议选择被告住所地、合同履行地、合同签订地、原告住所地、标的物所在地人民法院管辖,但不得违反本法对级别管辖和专属管辖的规定。"

地、合同履行地、合同签订地、原告住所地、标的物所在地等与争议有实际联系的地点的人民法院管辖,但不得违反本法对级别管辖和专属管辖的规定。"如果上述约定管辖没有违反级别管辖和专属管辖的规定,该约定有效。

如果双方当事人基于同一合同,分别提出不同诉讼请求的纠纷案件,则应各自向其所在地的人民法院提起诉讼。例如,买卖合同的卖方可在其住所地法院向买方提起索要货款的诉讼,而买方也可在其住所地法院向卖方提起货物质量瑕疵赔偿纠纷的诉讼,两个案件应由各自受诉法院分别审理。如果一个案件须以另一案件的审理结果为依据,则该案件的受诉法院应当依法中止审理。

246. 建设工程施工合同约定了仲裁管辖,而双方就偿还工程款达成的还款协议中约定了司法管辖的,应如何确定管辖权?

承发包双方在建设工程施工合同中约定,因履行合同发生争议向仲裁委员会提请仲裁,但在工程结算后双方订立的还款协议中约定了,因履行本协议发生争议向人民法院提起诉讼。双方因案件主管发生争议。发包方认为,尽管承包人的诉讼请求是以偿还欠债的方式出现,但案件基础法律关系仍然是建设工程施工合同关系,其实质仍然是建设工程施工合同欠款纠纷,应依据施工合同约定提请仲裁;而承包人则认为,应依据还款协议的约定由人民法院管辖。此时,应如何确定案件的管辖权?

合同是当事人为确立民事权利义务关系达成的协议。虽然发承包双方为清偿工程价款达成还款协议,该协议所确立的权利义务产生于建设工程施工合同,但双方为确认工程价款及欠款数额、安排还款,清理双方之间既存的债权债务关系所达成的还款协议,其确立的权利义务内容有别于建设工程施工合同,具有独立性,两者并不构成主从合同关系。因此,案由应确定为合同纠纷,而非建设工程施工合同纠纷。合同一方依据还款协议主张权利,应以此确定管辖权。双方在还款协议中约定,因履行本协议发生争议向人民法院提起诉讼。依据该约定,双方当事人明确排除了通过仲裁方式解决因履行还款协议而发生的纠纷。因此,在承包人依据还款协议提起诉讼的情况下,人民法院具有管辖权。

247. 发包、承包双方在建设工程施工合同中约定了仲裁条款，第三人就偿付工程款与承包人签订的偿还工程款的协议中约定了司法管辖，承包人将发包人与第三人列为共同被告起诉，人民法院对发包人是否具有管辖权？

发包人与承包人在建设工程施工合同中约定了仲裁管辖条款，而第三人（多为发包人的母公司或子公司）与承包人就该工程签订的偿还工程款的协议中约定了司法管辖条款。承包人起诉第三人索要工程款时，一并将发包人列为共同被告。法院对发包人是否具有管辖权？

笔者认为，法院对发包人不具有管辖权。理由是，无论第三人是代为履行债务，还是加入发包人对承包人的债务当中，其与承包人签署的还款协议在未被发包人追认或接受的情况下，该还款协议不能约束发包人，其中的司法管辖条款不能视为发包人对施工合同中约定的仲裁管辖的变更。

仲裁协议或仲裁条款，是当事人意思自治原则在处理合同争议方面的体现。当事人选择了仲裁方式解决争议，即当然地排除了司法管辖权，尽管第三人和承包人签署的还款协议与发承包双方的施工合同之间存在密切的联系，但不能因此否认各自的独立性，人民法院无权依据合同目的越权对其他合同作出裁判。

《仲裁法》第5条规定："当事人达成仲裁协议，一方向人民法院起诉的，人民法院不予受理，但仲裁协议无效的除外。"第26条规定："当事人达成仲裁协议，一方向人民法院起诉未声明有仲裁协议，人民法院受理后，另一方在首次开庭前提交仲裁协议的，人民法院应当驳回起诉，但仲裁协议无效的除外；另一方在首次开庭前未对人民法院受理该案提出异议的，视为放弃仲裁协议，人民法院应当继续审理。"最高人民法院《关于适用〈中华人民共和国仲裁法〉若干问题的解释》第14条规定："仲裁法第二十六条规定的'首次开庭'是指答辩期满后人民法院组织的第一次开庭审理，不包括审前程序中的各项活动。"据此，如果发包人在首次开庭前提交仲裁协议的，人民法院将会驳回承包人对发包人的起诉，并解除已对发包人采取的财产保全措施。

248. 发包、承包双方及/或承包人与实际施工人之间的建设工程施工合同约定有仲裁条款的,实际施工人向发包人主张权利是否受该仲裁条款制约?

《建设工程司法解释(一)》第43条第2款规定:"实际施工人以发包人为被告主张权利的,人民法院应当追加转包人或者违法分包人为本案第三人,在查明发包人欠付转包人或者违法分包人建设工程价款的数额后,判决发包人在欠付建设工程价款范围内对实际施工人承担责任。"该规定表明,法律赋予实际施工人突破合同相对性直接向发包人主张工程价款的权利。

在实际施工人对发包人提起的诉讼中,发包人依据其与承包人之间施工合同中订有仲裁条款,或者承包人作为转包人、违法分包人与实际施工人之间施工合同中订有仲裁条款,或者发承包双方施工合同与转包合同、违法分包合同中均订有仲裁条款,主张人民法院对该案件无司法管辖权的,人民法院不予支持。

其一,虽然发包人与承包人之间的建设工程施工合同约定有仲裁条款,但根据合同相对性原则,此仲裁条款只能约束合同当事人,即只能约束本合同中的发包人和承包人,不能约束作为非合同当事人的实际施工人。最高人民法院在其发布的指导性案例198号中国工商银行股份有限公司岳阳分行与刘友良申请撤销仲裁裁决案[①]中也指出,实际施工人并非发包人与承包人签订的施工合同的当事人,亦未与发包人、承包人订立有效仲裁协议,不应受发包人与承包人的仲裁协议约束。

其二,承包人作为转包人或违法分包人与实际施工人签订的施工合同中约定有仲裁条款。在此情形下,如果实际施工人向承包人(转包人、违法分包人)主张权利,则应依约提起仲裁;但在实际施工人直接起诉发包人案件中,依据合同相对性原则,发包人作为转包合同及违法分包合同的非合同当事人,不享有该合同项下权利,无权依据该合同约定的仲裁条款提出管辖权抗辩。

综上所述,实际施工人依据上述司法解释第43条第2款规定向发包人提起诉讼主张权利的,不受发承包双方之间及/或承包人与实际施工人之间的施工合同约定的仲裁条款的制约。

---

① 参见最高人民法院研究室编:《司法文件选》(总第470辑),人民法院出版社2023年版,第52页。

249. 发包、承包双方约定了仲裁管辖，且双方尚未明确欠款数额的，实际施工人能否起诉发包人索要工程款？

《建设工程司法解释（一）》第 43 条第 2 款规定："实际施工人以发包人为被告主张权利的，人民法院应当追加转包人或者违法分包人为本案第三人，在查明发包人欠付转包人或者违法分包人建设工程价款的数额后，判决发包人在欠付建设工程价款范围内对实际施工人承担责任。"该规定赋予实际施工人可以突破合同相对性直接向发包人主张工程价款的权利。但适用该规定的前提是已经确定或者能够确定发包人欠付承包人工程款的数额。

在发承包双方签订的建设工程施工合同约定了仲裁管辖，且双方尚未以签订还款协议、对账单等形式明确欠款数额的情形下，实际施工人依据上述司法解释向发包人提起诉讼主张工程价款，由于该案涉及实际施工人与承包人之间、承包人与发包人之间的工程款结算及支付问题，须以查明发包人欠付承包人建设工程价款的数额为前提，但鉴于发承包双方签订的施工合同已经明确约定了仲裁条款，故双方之间的工程款结算和支付等争议，应提交由双方约定的仲裁委员会仲裁解决，不属于人民法院主管范围，人民法院无权审理发包人欠付承包人工程款及数额的事实。因此，根据《民事诉讼法》第 122 条关于起诉必须"属于人民法院受理民事诉讼的范围和受诉人民法院管辖"的规定，人民法院应驳回实际施工人对发包人的起诉。

综上所述，在发承包双方之间约定了仲裁管辖，且双方尚未明确欠款数额的情形下，实际施工人起诉发包人主张工程价款的，人民法院应驳回实际施工人的起诉。

250. 原告仅与被告之一达成协议管辖条款的，应如何确定案件的管辖法院？

原告与数个被告中的一个被告签订了协议管辖条款，但未与其他被告约定管辖条款，应如何确定案件的管辖法院？

首先，根据合同相对性原则，原告与被告之一签订的协议管辖条款，不能约束未约定管辖的其他被告，故该约定的管辖法院对其他被告没有管辖权（约定的管辖法院是某一被告住所地法院的除外)。

其次,原告可以选择向某一被告住所地法院起诉,该法院对全部被告具有管辖权。根据《民事诉讼法》第22条第3款关于"同一诉讼的几个被告住所地、经常居住地在两个以上人民法院辖区的,各该人民法院都有管辖权"、第36条关于"两个以上人民法院都有管辖权的诉讼,原告可以向其中一个人民法院起诉"的规定,原告有权向任一被告住所地的人民法院提起诉讼。而且,与原告订有协议管辖条款的被告,不得依该协议管辖条款提出管辖异议,原因是原告并未依据协议管辖条款提起诉讼,而是依据上述法定管辖规定提起诉讼,该协议管辖条款在本案中并不适用。

举例说明,甲、乙、丙三方签订合同,后发生纠纷,甲仅与乙签订还款协议并约定由协议签订地(非乙、丙任何一方的住所地)的A法院管辖。在此情况下,甲欲同时起诉乙、丙,不能向A法院起诉,因为A法院对丙无管辖权,但甲可向乙、丙任何一方的住所地法院起诉,该法院对乙、丙均有管辖权。

251. 在实际施工人起诉发包人的诉讼中,是否必须追加被挂靠单位参与诉讼?

没有资质的实际施工人借用有资质的建筑施工企业名义与发包人签订建设工程施工合同。在实际施工人直接起诉发包人主张工程欠款的诉讼中,是否必须追加被借用资质单位(被挂靠单位)作为本案当事人参与诉讼?

对于该问题,应当区分以下几种具体情形加以分析讨论。

(1)发包人对挂靠事实不知情的情况。被挂靠单位虽然与发包人签订建设工程施工合同,但其在签订合同时即明知其并不实际施工,而是由借用资质的实际施工人实际进行施工,该情形属于真意保留。所谓真意保留,是指在双方作出意思表示时,一方对自己真实的意思表示有所保留,但对方当事人对此并不知晓,即相对人并不知晓行为人表示的是虚假意思。[①] 即表意人故意隐瞒其真意,将其意欲发生法律效果的真意保留于内心,没有表示出来,而其外在表示

[①] 参见最高人民法院民法典贯彻实施工作领导小组主编:《中华人民共和国民法典总则编理解与适用》(下),人民法院出版社2020年版,第730页。

的意思又非其真实的意思。

在发包人善意、不知道缺乏建筑工程施工资质的单位或个人借用有资质的企业的名义与之签订施工合同的情况下,发包人签订合同属于其真实意思,被挂靠单位与发包人签订合同属于真意保留,应按其表示行为解释其意思表示,即被挂靠单位与发包人之间建立了建设工程施工合同关系。

而挂靠双方之间的关系,应认定为转包关系。在发包人善意、被挂靠单位真意保留情形下,出于保护善意发包人利益的考虑,无论被挂靠单位还是挂靠人,均不得以隐瞒于内心的挂靠事实对抗发包人。《建设工程质量管理条例》第78条第3款规定:"本条例所称转包,是指承包单位承包建设工程后,不履行合同约定的责任和义务,将其承包的全部建设工程转给他人或者将其承包的全部建设工程肢解以后以分包的名义分别转给其他单位承包的行为。"据此,出借资质的企业将工程交由缺乏建筑工程施工资质的企业或者个人施工的行为,属于转包行为,挂靠双方之间的关系应认定为转包关系。申言之,当发包人对挂靠事实并不知情时,挂靠双方之间的内部关系,不具有对外效力,双方之间应认定为转包工程关系,不存在所谓"挂靠"的问题。

此种情况下,实际施工人直接起诉发包人主张工程欠款,《建设工程司法解释(一)》第43条第2款规定:"实际施工人以发包人为被告主张权利的,人民法院应当追加转包人或者违法分包人为本案第三人,在查明发包人欠付转包人或者违法分包人建设工程价款的数额后,判决发包人在欠付建设工程价款范围内对实际施工人承担责任。"人民法院应当追加被挂靠单位以第三人身份参与诉讼。

(2)发包人在与被挂靠单位订立施工合同时即明知挂靠事实的情况。在发包人与被挂靠单位订立施工合同时就知道挂靠事实,即明知被挂靠单位并不实际施工,而由挂靠人实际施工的事实。在此情形下,发包人与被挂靠单位之间签订的合同欠缺效果意思,属于通谋的虚假表示,不能认定双方之间建立了建设工程施工合同法律关系,而应认定该伪装行为下隐藏的发包人与挂靠人之间的建设工程施工合同关系成立,即发包人与挂靠人之间直接建立了施工合同法律关系。

此种情况下,实际施工人直接起诉发包人主张工程欠款,不必依据《建设工程司法解释(一)》第43条第2款规定追加被挂靠单位参与诉讼。

(3)发包人在与被挂靠单位订立施工合同后知悉挂靠事实的情况。发包人在与被挂靠单位订立施工合同时不知道挂靠事实,事后知悉挂靠事实,如果发包人并未提出异议,而是允许挂靠人继续施工的,对此应当视为对挂靠人借用被挂靠单位资质与其签订施工合同的追认,视同发包人在与被挂靠单位订立合同时即明知挂靠事实。此种情况下,实际施工人直接起诉发包人主张工程欠款的,处理方式同上述第(2)项,即不必依据《建设工程司法解释(一)》第43条第2款规定追加被挂靠单位参与诉讼。

需要说明的是,对于上述第(2)项、第(3)项情形,人民法院是否需要追加被挂靠单位,还应根据案件的具体情况,从有利于查清案件事实及保护当事人诉讼权利的角度进行综合判断。如果被挂靠单位不参与诉讼不能查明案件事实,或者不利于保护当事人的诉讼权利,或者可能侵害被挂靠单位权益的,人民法院则应予追加;而一旦能够切实保护实际施工人的诉讼权利,并且案件事实在被挂靠单位不参与诉讼并不影响事实的查清,亦不会影响被挂靠单位权益的情况下,人民法院则可不予追加。

252. 承包人被强制清场后,在索要工程款诉讼或仲裁中一并主张发包人返还施工机具等遗留物品的,能否一并审理?

发承包双方施工中发生争议,发包人将承包人强制清场。此后,承包人在对发包人提起的索要工程款诉讼或仲裁中,一并主张发包人返还承包人遗留在现场的施工机械、周转材料等物品(如不能返还则赔偿损失)。发包人抗辩称,该返还请求与施工合同纠纷不属同一法律关系,不应合并审理。对此,人民法院或仲裁机构能否一并审理该请求?

《民法典》第558条规定:"债权债务终止后,当事人应当遵循诚信等原则,根据交易习惯履行通知、协助、保密、旧物回收等义务。"可见,合同附随义务并非合同义务,而是由法律规定的义务,是一项法定义务。双方在合同中虽然对机械设备、办公用品、建筑材料的使用和处理问题未作约定,但使用机械设备、办公用品、建筑材料是承包人完成建设工程的必要条件,而保护和返还上述物品也应当是发包人的附随义务。因此承包人请求返还机械设备、办公用品和建筑材料属于建设工程施工合同纠纷的范畴,人民法院或仲裁机构可以在建设工程施工合同纠纷案件中一并审理该请求。

253. 承包人以缴纳诉讼费困难为由,撤回了部分工程款的追索请求,此后能否针对撤回的工程款另案提起诉讼?

承包人追索工程款诉讼中,鉴于人民法院委托作出的工程造价司法鉴定报告确定的工程造价高于承包人提起诉讼所依据的数额,遂增加了工程款诉讼请求,但因不能缴纳诉讼费,又撤回了增加的诉讼请求。人民法院作出生效判决后,承包人针对撤回部分的工程款另案提起诉讼的,人民法院应否受理?

发包人主张,承包人在诉讼中撤回部分诉讼请求,法院对涉案建设工程施工合同法律关系进行审理,并对涉案工程款全案作出生效判决。此后,承包人再次对涉案工程款另案提起诉讼,属于对同一争议事实再次起诉,违反了一事不再理原则,人民法院不应受理或驳回起诉。承包人主张,其仅仅是针对前诉撤回部分的工程款另行起诉,并不构成重复起诉,人民法院应予受理。

笔者认为,承包人针对前诉撤回部分的工程款另行起诉,不构成重复起诉,人民法院应予受理及审理。"一事不再理"原则,是指同一当事人就同一案件事实、同一诉讼标的不得重复提起诉讼。《民事诉讼法解释》第247条规定:"当事人就已经提起诉讼的事项在诉讼过程中或者裁判生效后再次起诉,同时符合下列条件的,构成重复起诉:(一)后诉与前诉的当事人相同;(二)后诉与前诉的诉讼标的相同;(三)后诉与前诉的诉讼请求相同,或者后诉的诉讼请求实质上否定前诉裁判结果。当事人重复起诉的,裁定不予受理;已经受理的,裁定驳回起诉,但法律、司法解释另有规定的除外。"根据该规定,前后两诉的诉讼请求相同或后诉的诉讼请求实质上否定前诉裁判结果,是构成重复诉讼的本质要件。

为维护生效裁判的既判力,避免形成相互冲突的生效裁判,《民事诉讼法》第127条第5项规定,人民法院"对判决、裁定、调解书已经发生法律效力的案件,当事人又起诉的,告知原告申请再审,但人民法院准许撤诉的裁定除外",即对于生效裁判,当事人应通过民事诉讼审判监督程序寻求救济,而不能以另案起诉的方式主张权利。但题述情形并不符合上述司法解释规定的重复起诉的构成要件,后诉诉讼请求与前诉诉讼请求并没有重合之处,亦不是否定前诉生效裁判的结果,因此,承包人针对前诉撤回部分的工程款另行起诉,并不构成重复起诉,人民法院应予受理和审理。

254. 民事案件再审应注意哪些事项?

鉴于法律关于再审程序的规定比较繁杂、新规定取代原有规定,以及启动再审途径众多、再审处理方式多样等因素,导致有些当事人对民事案件再审程序存在错误认识。现依据《民事诉讼法》、《民事诉讼法解释》、最高人民法院《关于民事审判监督程序严格依法适用指令再审和发回重审若干问题的规定》(法释〔2015〕7号)、最高人民法院《关于正确适用〈关于人民法院对民事案件发回重审和指令再审有关问题的规定〉的通知》(法〔2003〕169号)、最高人民法院《全国法院民事再审审查工作座谈会纪要》(法办〔2013〕36号)的有关规定,将民事案件再审程序整理如表1所示。

表1 民事再审程序一览表

启动再审主体	再审对象	再审法院	处理方式	法律依据
本院院长	本院判决、裁定、调解书	本院	本院只能再审1次	最高院(法〔2003〕169号)第1条
上级法院(含最高人民法院对地方各级法院)	下级法院判决、裁定、调解书	上级法院	上级法院提审1次	最高院(法释〔2015〕7号)第2条第3款
上级法院	下级法院再审过的民事案件	上一级法院	上一级法院提审1次	最高院(法〔2003〕169号)第2条
上级检察院	下级法院的判决、裁定、调解书	①接受抗诉的法院;②原审法院	①一般应由接受抗诉的法院提审;②具有《民事诉讼法》第207条第1~5项情形之一的,可以指令原审法院再审	《民事诉讼法》第219条;最高院(法释〔2015〕7号)第2条第2款;最高院(法办〔2013〕36号)第9条

281

续表

启动再审主体	再审对象	再审法院	处理方式	法律依据
再审法院院长	本院的再审裁判	①上一级法院；②再审法院的其他同级法院	①上一级法院提审；②上一级法院指令再审法院的其他同级法院再审	最高院（法〔2003〕169号）第4条
当事人	一审判决、裁定	上一级法院或原审法院	按一审程序审理；当事人对再审判决、裁定可以上诉。再审法院只能再审1次	《民事诉讼法》第210条、第218条第1款；最高院（法〔2003〕169号）第1条
当事人	二审判决、裁定	上一级法院或原审法院	按二审程序审理；当事人对再审判决、裁定不能上诉。再审法院只能再审1次	《民事诉讼法》第210条、第218条第1款；最高院（法〔2003〕169号）第1条
当事人	再审裁判	再审法院的上一级法院	提审1次	《民事诉讼法》第216条第1款第3项；最高院（法〔2003〕169号）第2条

注："再审法院"与"处理方式"栏内序号相互对应。

值得注意的是：

（1）《民事诉讼法》第220条、《民事诉讼法解释》第381条，民事案件诉讼程序为"3+1"模式，即民事案件经过法院一审、二审、当事人申请再审和检察院抗诉后，所有诉讼程序即告终结，除非上级法院依据《民事诉讼法》第209条第2款依职权提审，或者上级检察院依据《民事诉讼法》第219条第1款的规定依职权提出抗诉。

（2）对于上级法院指令再审后，在重审过程中形成的一审、二审裁判，其性质属于再审裁判，依据《民事诉讼法解释》第381条第1款第2项的规定，当事人不得申请再审。

（3）限制指令再审。依据最高人民法院《关于民事审判监督程序严格依法适用指令再审和发回重审若干问题的规定》（法释〔2015〕7号）第2条,对当事人申诉再审的案件,只有最高人民法院和高级人民法院可以指令再审,中级人民法院无权指令再审,只能自行再审;上级法院依据《民事诉讼法》第209条第2款裁定再审的案件,应当提审,也不能指令再审。

（4）可以申请再审的裁定的范围。依据《民事诉讼法解释》第379条的规定,只有对不予受理、驳回起诉的裁定可以申请再审。除此之外的其他裁定,不能申请再审。

（5）无论以何种方式（当事人申请、法院依职权、检察院监督）启动再审程序,依据《全国法院民事再审审查工作座谈会纪要》第9条的规定,凡由上一级人民法院审查并裁定再审的案件,一般应当提审。而且,根据最高人民法院《关于正确适用〈关于人民法院对民事案件发回重审和指令再审有关问题的规定〉的通知》（法〔2003〕169号）第1条规定:"各级人民法院对本院已经发生法律效力的民事判决、裁定,不论以何种方式启动审判监督程序的,一般只能再审一次。"第2条规定:"对于下级人民法院已经再审过的民事案件,上一级人民法院认为需要再审的,应当依法提审。提审的人民法院对该案件只能再审一次。"即无论是原审法院再审,还是上级法院提审,均只能再审一次。

以当事人对中级人民法院一审生效判决向高级人民法院申请再审为例,说明再审程序常见的几种可能情形:

第一种情形,高级人民法院驳回再审申请。当事人可依据《民事诉讼法》第220条第1款第1项的规定向最高人民检察院申请抗诉,最高人民检察院不予抗诉或者最高人民法院提审作出裁判后,所有诉讼程序终结。

第二种情形,高级人民法院提审。高级人民法院按照第二审程序审理,所作再审裁判,不得上诉;当事人不服再审裁判,可依据《民事诉讼法》第220条第1款第3项的规定向最高人民检察院申请抗诉,最高人民检察院不予抗诉或者最高人民法院提审作出裁判后,所有诉讼程序终结。

第三种情形,高级人民法院指令再审。由中级人民法院按照第一审程序重新审理此案,当事人对中级人民法院的再审裁判可以上诉。当事人不服高级人民法院二审裁判的,可依据《民事诉讼法》第220条第1款第3项的规定向最高人民检察院申请抗诉,最高人民检察院不予抗诉或者最高人民法院提审作出裁判后,所有诉讼程序终结。

第四种情形,高级人民法院提审后,裁定撤销原判决,发回重审。由中级人民法院按照第一审程序重新审理此案,当事人对中级人民法院的重审裁判可以上诉。当事人不服高级人民法院二审裁判的,可依据《民事诉讼法》第220条第1款第3项的规定向最高人民检察院申请抗诉,最高人民检察院不予抗诉或者最高人民法院提审作出裁判后,所有诉讼程序终结。

255. 仲裁案件审理中,应如何处理涉案合同的效力问题?

无论是诉讼案件还是仲裁案件,审理者都应对涉案合同的效力进行主动审查。因为,确定合同效力是处理合同纠纷的基础和前提,决定着案件审理的方向与裁判的结果。

但是,仲裁有别于诉讼。人民法院对合同效力进行审查,其实质是代表国家对当事人订立合同的过程进行干预,其权力来源是国家公权力;而仲裁是基于当事人之间的意思自治解决商事争议,仲裁权来源是当事人的授权。因此,仲裁裁决对涉案合同效力问题的处理应与人民法院的判决有所区别,表现在:

(1)当事人双方均未就合同效力提出主张或者抗辩,且仲裁庭经审理认为合同有效的,则无需在仲裁裁决书的"仲裁庭意见"中就合同效力问题进行表述。

(2)任何一方提及合同效力问题的,仲裁庭都需要在"仲裁庭意见"中作出回应。

(3)双方均未提出合同效力问题,但经仲裁庭审查认为合同无效且可能影响裁决结果的,仲裁庭应向双方释明:如果仲裁庭不支持合同有效,双方是否提出新的主张或抗辩。由双方补充请求或抗辩,以免遗漏审理。如承包人依据无效合同请求发包人支付工程款及逾期付款违约金,因当事人不能依据无效合同主张违约责任,合同效力问题将影响裁决结果,故仲裁庭需要向当事人释明合同效力。

仲裁庭需要在"仲裁庭意见"中就合同效力问题进行表述的情形,如承包人提起仲裁,请求发包人支付工程款,虽然合同无效,但工程质量合格,根据《民法典》第793条第1款关于"建设工程施工合同无效,但是建设工程经验收合格的,可以参照合同关于工程价款的约定折价补偿承包人"的规定,仲裁庭可以参照合同约定认定承包人的工程价款数额。再如,鉴于合同无效,合同关于支付工程价款时间的约定亦无效,应视为双方对付款时间没有约定,仲裁庭依据《建设工程司法解释(一)》第 27 条①的规定确定发包人应付工程价款的时间,等等。

256. 民事案件中应怎样确定举证责任人?

古罗马法谚有云:"举证之所在,败诉之所在。"由此表明举证及其责任的重要性,但在民事诉讼或仲裁案件中,当事人、代理人甚至审理者对举证责任有时存在误判,从而导致当事人应举证但未举证而败诉、审理者错误分配证明责任致使错误裁判的情形。民事案件中,举证责任应如何承担?

(1)举证责任的含义。

举证责任具有双重含义,即行为意义的举证责任和结果意义的举证责任。

行为意义的举证责任,是指当事人在具体民事案件中,为避免败诉的风险而向审理机构提出证据证明其主张的一种行为责任,即提供证据的责任。《民事诉讼法解释》第 90 条第 1 款"当事人对自己提出的诉讼请求所依据的事实或者反驳对方诉讼请求所依据的事实,应当提供证据加以证明,但法律另有规定的除外"即属于行为意义的举证责任的规定。

结果意义的举证责任,是指待证事实的存在与否不能确定、真伪不明时,由哪一方当事人对不利后果进行负担的责任和风险,即承担不利后果的责任。《民事诉讼法解释》第 90 条第 2 款"在作出判决前,当事人未能提供证据或者证据不足以证明其事实主张的,由负有举证证明责任的当事人承担不利的后果"即属于结果意义的举证责任的规定。

笔者建议将行为意义的举证责任称为举证责任,将结果意义的举证责任称为证明责任,以示明确区分两种不同意义的举证责任及法律后果之不同。本书中,除引用文字外,证明责任与结果意义的举证责任同义。

---

① 《建设工程司法解释(一)》第 27 条规定:"利息从应付工程价款之日开始计付。当事人对付款时间没有约定或者约定不明的,下列时间视为应付款时间:(一)建设工程已实际交付的,为交付之日;(二)建设工程没有交付的,为提交竣工结算文件之日;(三)建设工程未交付,工程价款也未结算的,为当事人起诉之日。"

（2）谁应承担行为意义的举证责任。

①一般原则："谁主张，谁举证。"除法律另有规定外，谁提出主张，谁提供证据。行为意义的举证责任是诉讼过程中无条件出现的一种举证责任，其在外在形式上受到当事人主张的影响。凡有诉讼必有请求，而请求又须以主张为依托，只要当事人提出主张，即会发生提供证据的责任问题。[①] 例如，承包人主张工程价款，则应举证证明工程款数额；发包人提出工程质量异议，则应举证证明质量不合格或存在瑕疵。

②法律另有规定的，优先适用法律特别规定。例如，法律有关劳动争议案件举证责任的规定[②]，该种举证责任规定，既是行为意义的举证责任的规定，也是结果意义的举证责任的规定，即法律及司法解释规定的举证责任人应当提供证据，如其不能举证，则应承担举证不能的不利后果。

（3）谁应承担结果意义的举证责任。

结果意义的举证责任，是指待证事实的存在与否不能确定、真伪不明时，由哪一方当事人对不利后果进行负担的责任和风险。尽管案件事实真伪不明，法官仍不得拒绝裁判。法官在作出裁判前，必须确定由哪一方当事人负担因事实真伪不明而产生的不利后果，这才是举证责任的本质。当诉讼终结，一旦案件事实陷入真伪不明，法律预先设置的潜在的结果责任，则可能转化为现实。[③] 因此，结果意义的举证责任，才是确定举证责任的核心，当负有证明责任的一方当事人未能提供证据证明待证事实时，将由其承担案件败诉的不利后果。

确定结果意义的举证责任承担的标准是《民事诉讼法解释》第91条的规定："人民法院应当依照下列原则确定举证证明责任的承担，但法律另有规定的除外：（一）主张法律关系存在的当事人，应当对产生该法律关系的基本事实承担举证证明责任；（二）主张法律关系变更、消灭或者权利受到妨害的当事人，应当对该法律关系变更、消灭或者权利受到妨害的基本事实承担举证证明责任。"法律关系，即法律上的权利义务关系，包括当事人之间达成的合意、合意的内容、实际履行行

---

① 最高人民法院修改后民事诉讼法贯彻实施工作领导小组编著：《最高人民法院民事诉讼法司法解释理解与适用》（上），人民法院出版社2015年版，第310页。

② 最高人民法院《关于审理劳动争议案件适用法律问题的解释（一）》第44条规定："因用人单位作出的开除、除名、辞退、解除劳动合同、减少劳动报酬、计算劳动者工作年限等决定而发生的劳动争议，用人单位负举证责任。"

③ 刘德权主编：《最高人民法院裁判意见精选》（下），人民法院出版社2011年版，第1439页。

为。法律关系变更、消灭或者权利受到妨害,是指请求权人的权利存在障碍、权利已经消灭或者权利受到限制(妨害)。依据上述司法解释规定,原告或仲裁申请人提出权利主张的,应对该权利发生的要件事实负有结果意义的举证责任;被告或仲裁被申请人提出该权利存在障碍、权利已经消灭、权利受到妨碍(限制)的抗辩主张的,则应对该主张所依据的事实承担结果意义的举证责任。总之,确定结果意义举证责任承担的标准为当事人提出的权利主张或针对该权利的抗辩主张。

例如,原告起诉被告主张返还借款,需对其返还借款请求权发生的要件事实,即借款法律关系存在的事实,包括双方之间存在借款的合意、合意的内容(借款金额、借期、利率、还款日期等)、已向被告交付借款的事实承担证明责任。如果原告仅提供了借款合同,但没有实际交付借款的证据,则原告的借款请求权不能成立,应由原告承担结果意义的举证责任的不利后果。被告如果辩称借款已清偿,系提出借款请求权已经消灭的抗辩;如辩称双方之间不存在借款关系,原告所付款项是偿付其所欠货款的,则系提出借款请求权存在障碍的抗辩;如辩称原告起诉已经超出诉讼时效,系提出借款请求权受到限制的抗辩。被告的上述抗辩,均系针对原告借款请求权提出的权利抗辩,应对上述主张所依据的事实承担证明责任,如其不能举证证明,则应承担结果意义的举证责任的不利后果。

再如,承包人起诉发包人索要工程价款,该权利发生的要件事实包括发承包双方之间成立施工合同关系、承包人已经实际进行了施工两个方面,承包人对此负有证明责任。如果承包人仅举证证明双方签订了施工合同,但没有已经实际施工的证据,则承包人的工程价款请求权不能成立,应由承包人承担结果意义举证责任的不利后果。发包人抗辩已经付清甚至超付工程价款的,该抗辩实质是主张承包人的工程价款请求权已经消灭,则应对付清或超付工程款的事实承担证明责任,如果不能证明已经付清或超付工程款的事实,则其抗辩主张不能成立,应由其承担结果意义举证责任的不利后果。如果发包人抗辩合同约定的支付工程款的前置条件未成就,比如合同约定"发包人在收到承包人提交的等额发票后10日内支付工程款",因承包人尚未提供发票而享有拒付工程款的权利,则属于对承包人权利受到限制的抗辩主张(后履行抗辩权),举示前述合同内容即可。

257. 实体法律规范是否是确定证明责任的依据？

在诉讼或仲裁实践中，时常有一方当事人依据实体法律规范的规定，主张应由对方当事人承担某项举证责任。例如，发承包双方解除了建设工程施工合同，但已完工程质量未经验收，在承包人起诉发包人索要已完工程价款的案件中，发包人根据《民法典》第806条第3款中"合同解除后，已经完成的建设工程质量合格的，发包人应当按照约定支付相应的工程价款"的规定，主张工程质量合格是承包人索要工程价款的前提条件，故应由承包人对已完工程质量合格进行举证证明。而承包人则主张，发包人提出质量异议，应由发包人对已完工程质量不合格进行举证证明。此种情况下，应由承包人证明已完工程质量合格，还是应由发包人证明已完工程质量不合格？申言之，实体法律规范，能否作为确定诉讼当事人举证责任承担的依据？

对此，笔者认为，实体法律规范是审理者作出裁判的大前提，具体的案件事实是小前提，审理者通过三段论推理得出裁判结论。实体法律规范与举证规则无涉，不是确定举证责任承担的法律依据，确定举证责任的承担者应当以程序法即民事诉讼法及相关司法解释等为依据。分析如下：

（1）实体法律规范是由"行为模式"和"法律后果"两因素构成，其逻辑结构为"如果……则……"。仍以上例进行说明，依据《民法典》第806条第3款的规定，在施工合同解除情形下，如果已完工程质量合格，则发包人应当支付相应工程价款；如果经修复验收合格，发包人仍应支付相应工程价款，但有权请求承包人承担修复费用；如果经修复仍不合格，则发包人有权拒付工程价款。[①] 在个案审理中，审理者依据实体法律规定，结合经审理查明的案件事实，通过三段论推理进行裁判。即如果经审理查明已完工程质量合格的，则依据该条规定，判决发包人支付相应的工程价款；如果经审理查明已完工程质量不合格，则依据该条规定，判决驳回承包人主张工程价款的诉讼请求。由此可见，该条款是认定当事人应否承担实体责任的法律依据，并非针对当事人的举证责任作出的规

---

① 《民法典》第806条第3款规定："合同解除后，已经完成的建设工程质量合格的，发包人应当按照约定支付相应的工程价款；已经完成的建设工程质量不合格的，参照本法第七百九十三条的规定处理。"第793条第2款规定："建设工程施工合同无效，且建设工程经验收不合格的，按以下情形处理：（一）修复后的建设工程经验收合格的，发包人可以请求承包人承担修复费用；（二）修复后的建设工程经验收不合格的，承包人无权请求参照合同关于工程价款的约定折价补偿。"

定,并不是确定举证责任承担的法律依据。

(2)据以确定举证责任承担的法律规定,是程序法而非实体法。《民事诉讼法解释》第91条规定:"人民法院应当依照下列原则确定举证证明责任的承担,但法律另有规定的除外:(一)主张法律关系存在的当事人,应当对产生该法律关系的基本事实承担举证证明责任;(二)主张法律关系变更、消灭或者权利受到妨害的当事人,应当对该法律关系变更、消灭或者权利受到妨害的基本事实承担举证证明责任。"承包人在案件中的权利主张是发包人欠付工程价款,则承包人仅就该待证事实负有举证证明责任;发包人主张工程质量不合格,从而对支付工程价款享有后履行抗辩权,其实质是主张承包人的工程价款请求权受到限制,故应就其权利抗辩主张所依据的事实即工程质量不合格承担举证证明责任。因此,应由发包人对已完工程质量不合格承担证明责任,而非由承包人对已完工程质量合格承担证明责任。

258. 确定证明责任,是否应当区分对权利的抗辩和对证据的抗辩?

对权利的抗辩,是指被告或仲裁被申请人针对原告或仲裁申请人提出的请求权,主张该权利存在障碍、权利已经消灭、权利受到限制(妨碍)的抗辩。

对证据的抗辩,是指一方当事人针对另一方当事人提供的证据,提出该证据不真实、不合法、与案件不具有关联性、没有证明力或证明力小于己方证据的抗辩。

被告或仲裁被申请人,对其权利抗辩主张所依据的事实承担结果意义的举证责任。而一方当事人对证据的抗辩或反驳,无须举证,并不产生证明责任承担的问题,亦不导致举证责任的转移。一方针对另一方证据提出抗辩或反驳,既可以不举证仅抗辩,也可以举出反驳性证据用以证明对方证据不具有合法性、真实性和关联性,但无论是否举证,证明责任仍由权利主张人或者权利抗辩人承担。

举例说明,原告起诉被告请求偿还借款10万元。被告主张已经偿还,予以抗辩。已经偿还借款属于权利消灭的事实,被告对此事实主张要承担证明责任,如果该事实真伪不明时,被告就要承担由此产生的不利后果。如果被告主张双方之间有偿还期限的约定,而偿还期限尚未届满,则该抗辩事实属于权利妨碍事实,如果被告不能证明该事实的存在,就要承担由此产生的不利后果。如果该事实存在,则原告偿还请求权不能实现。[①] 以上属于被告对权利的抗辩。对证据的抗辩,例如被告主张原告出具的借据不是被告本人书写的,则属于对原告证据提出抗辩,被告对此无须举证,根据《民事诉讼证据规定》第92条第1款关于"私文书证的真实性,由主张以私文书证证明案件事实的当事人承担举证责任"的规定,仍应由原告继续举证证明借据的真实性,如果需要借助技术手段鉴别真假、需要鉴定的,也应由原告申请司法笔迹鉴定。如果借据由被告本人书写这一事实真伪不明时,原告就要承担由此产生的不利后果。

259. 确定证明责任,应如何区分本证与反证?

《民事诉讼法解释》第108条规定:"对负有举证证明责任的当事人提供的证据,人民法院经审查并结合相关事实,确信待证事实的存在具有高度可能性的,应当认定该事实存在。对一方当事人为反驳负有举证证明责任的当事人所主张事实而提供的证据,人民法院经审查并结合相关事实,认为待证事实真伪不明的,应当认定该事实不存在。法律对于待证事实所应达到的证明标准另有规定的,从其规定。"该规定确立了本证与反证相区分的证明标准,即对待证事实负有举证责任的当事人所进行的本证,需要达到高度盖然性的程度才能认定待证事实存在;而对待证事实不负有举证责任的当事人所进行的反证,只要达到使待证事实真伪不明的状态,即可否定待证事实的存在。

所谓本证,是指在民事诉讼中负有证明责任的一方当事人提出的用于证明自己主张事实的证据。

所谓反证,是指没有证明责任的一方当事人提出的为证明对方主张事实不真实的证据。

(1)区分本证与反证,与当事人的诉讼地位无关。本证和反证与当事人在诉讼中是原告还是被告没有关系,而与证据是否由承担证明责任的人提出有直接关系。例如,在原告诉被告要求返还借款的诉讼中,原告应当对存在借款关

[①] 参见张卫平:《民事证据法》,法律出版社2017年版,第298页。

系负证明责任,因此,如果原告提出能够证明该借款关系成立的证据,如借据,则该证据就是本证。而如果被告提出试图证明该借款关系不能成立的证据,则该证据是反证。如果被告主张已经还款,对方的权利已经消灭,则被告对这一事实主张应当负有证明责任,而被告为证明这一主张所提出的证据依然属于本证,原告提出的否认该事实主张的证据则是反证。[1] 再如,承包人起诉发包人索要工程款,其待证事实是双方存在施工合同关系以及工程价款的数额,承包人证明该待证事实,属于本证;发包人以工程质量不合格抗辩支付工程价款,其待证事实是承包人施工的工程质量不合格,发包人证明该待证事实,仍属本证。由此可见,本证与反证均由待证事实决定,而非由当事人的诉讼地位决定。

(2)双方当事人对同一待证事实的举证,才区分本证与反证。例如,承包人起诉发包人索要工程价款,双方就工程价款数额都进行了举证,则因承包人对工程价款数额负有证明责任,其举证属于本证,发包人的举证属于反证。如无有效证据证明工程价款数额,则应由承包人申请工程造价鉴定,如承包人拒绝申请鉴定或者无法鉴定,则应由其承担由此产生的不利后果。再如,发包人主张承包人承担工期违约责任,则发包人对承包人延误工期及天数这一待证事实负有证明责任,其举证属于本证,承包人的举证属于反证。如无有效证据证明承包人延误工期及天数,则应由发包人申请工期鉴定,如发包人拒绝申请鉴定或者无法鉴定,则应由其承担由此产生的不利后果。

(3)区分本证与反证,关键在于确定当事人对待证事实所负有的证明责任。对待证事实负有证明责任的一方所举证据,属于本证。对待证事实不负有证明责任的一方所举证据,则属反证。例如,当承包人向发包人提起索要工程价款的案件时,案件待证事实是发包人欠付工程价款,而只有在工程造价数额明确的情况下,再结合发包人已付工程款的数额,才能确定承包人的偿还请求权能否发生,因此,承包人对工程造价数额负有本证责任,而发包人对该待证事实不负有证明责任,即使发包人也提供了工程造价数额的证据,也是反证。反之,如果发包人以其超付工程款为由向承包人提起请求返还工程价款的案件时,案件待证事实是发包人超付了工程价款,也只有在工程造价数额明确的情况下,再结合发包人已付工程款数额,才能确定发包人的返还请求权能否发生,因此,发包人对工程造价数额负有本证责任,而承包人对该待证事实不负有证明责任,

---

[1] 参见张卫平:《民事证据法》,法律出版社2017年版,第21页。

即使承包人也提供了工程造价数额的证据,也是反证。

(4)区分本证与反证,是判断举证责任在何时发生转移的标准。例如,发包人向承包人提起工期违约责任之诉,其权利发生的要件事实之一,是承包人的实际工期超出施工合同约定工期,发包人对这一待证事实,承担本证责任。为此,发包人提供了施工合同约定的开工和竣工日期、工程竣工验收证明书记载的实际开工和竣工日期,两者相比较,实际工期确已超出了施工合同约定的工期天数,能够基本认定发包人主张的工程逾期竣工的事实存在,此时,承包人面临不利诉讼后果,举证责任转移至承包人。承包人抗辩称,工程拖期并非自己原因造成,而是发包人原因所导致,并提供了设计变更单、工程签证单、深化设计施工图纸、甲供材料及设备到货迟延等证据。上述证据仅反映了相关事实的发生,而没有工期应予顺延的具体天数的记载,但因承包人仅承担反证责任,且上述证据足以证明对施工工期会造成影响,此时,因承包人原因导致工期拖延这一待证事实,即处于真伪不明的状态。此时,发包人面临不利诉讼后果,举证责任再次转移至发包人,发包人应进一步举证证明因承包人原因导致工期拖延,比如发包人申请工期鉴定,在排除上述因素引起的工期顺延天数后,单纯因承包人原因仍造成了工期拖延的事实。由此可见,当本证达到使待证事实的存在具有高度可能性时,或者当反证达到使待证事实处于真伪不明状态时,均发生举证责任的转换。需要说明的是,所谓的举证责任转移仅指行为意义的举证责任,它是指随着双方当事人证据证明力的强弱变化、证明程度的延伸或证明内容的变化,围绕着法官对待证事实的心证程度的变化,提出证据的责任在当事人之间相互转移。结果意义的举证责任(证明责任),系根据原告的权利主张或被告的权利抗辩主张而确定,该证明责任在具体案件中是恒定的,并不发生转移。

260. 确定证明责任,应如何区分反证与反驳性证据?

所谓反证,是指对待证事实没有证明责任的一方当事人提出的为证明对方主张事实不真实的证据。

所谓反驳性证据,是一方当事人提出的针对对方所提证据,以证明该证据不具有合法性、真实性和关联性的证据,是对证据反驳的依据。[1]

案件中,本证的作用在于使法院对待证事实的存在与否予以确信,并加以认定,而反证的作用则是使法院对本证证明的事实的确信发生动摇,以致不能加以认定。[2] 反证的目的是证明对方当事人主张的事实不真实,而反驳性证据是证明对方当事人的证据虚假。质言之,反证是针对待证事实的反驳证据,反驳性证据是针对对方证据的反驳证据。

在我国的证明责任实践中,不少人将双方之间的证据抗辩与实体抗辩混淆起来,这样一来就无法理解关于证明责任的分配原则。一方对另一方证明的反驳不存在证明责任分配的问题。只有关于主要事实或要件事实的证明存在证明责任。[3] 例如,被告一方提出收据,证明已经偿还借款,属于对原告返还借款请求权的权利已经消灭的抗辩。原告主张该收据是假的,属于对该收据的证据抗辩,原告可以提供反驳性证据,证明该收据不真实,也可以不提供反驳性证据,仍由被告对权利消灭事实承担结果意义的举证责任。如果被告未继续举证,则应当依照《民事诉讼证据规定》第92条第1款关于"私文书证的真实性,由主张以私文书证证明案件事实的当事人承担举证责任"的规定,认定被告主张的已经偿还借款的事实不存在。[4]

基于反证是由没有证明责任的一方当事人提出,该当事人既可以提出反证用以证明对方主张的事实不真实,也可以不提出反证,仅对对方主张的事实予以否认,因此,反证不产生证明责任承担的问题。反驳性证据,是一方当事人针对另一方证据提出的抗辩或反驳,该当事人既可以不举证仅抗辩,也可以举出反驳性证据,因此,也不产生证明责任承担的问题。

261. 举证责任如何动态转移?

举证责任包括行为意义的举证责任和结果意义的举证责任。行为意义的

---

[1] 参见张卫平:《民事证据法》,法律出版社2017年版,第22页。
[2] 参见张卫平:《民事证据法》,法律出版社2017年版,第22页。
[3] 参见张卫平:《民事证据法》,法律出版社2017年版,第298页。
[4] 参见张卫平:《民事证据法》,法律出版社2017年版,第298~299页。张卫平教授认为,应由原告承担举证责任,而笔者认为,原告抗辩属于对证据的抗辩,仍应由主张权利消灭的被告承担证明责任。

举证责任是在诉讼过程中无条件出现的一种举证责任,其在外在形式上受到当事人主张的影响。凡有诉讼必有请求,而请求又须以主张为依托,只要当事人提出主张,即会发生提供证据的责任问题。① 结果意义的举证责任,是指待证事实的存在与否不能确定、真伪不明时,由哪一方当事人对不利后果进行负担的责任和风险。② 尽管案件事实真伪不明,法官仍不得拒绝裁判。法官在作出裁判前,必须确定由哪一方当事人负担因事实真伪不明而产生的不利后果,这才是举证责任的本质。当诉讼终结,一旦案件事实陷入真伪不明,法律预先设置的潜在的结果责任,则可能转化为现实。③

然而,在个案中,对某一事实应由哪一方当事人承担证明责任,却往往成为争点,双方当事人各执一词、争论不休。毋庸讳言,在某些案件中,"将举证责任分配给谁,谁可能败诉"的情形是存在的,实践中确亦存在因审理者错误分配证明责任致使错误裁判的情况。那么,如何确定当事人承担证明责任,以及举证责任在达到何种证明程度时发生转移?

笔者认为:(1)凡是提出事实主张的当事人,应就该事实承担行为意义的举证责任;(2)当本证达到使待证事实的存在具有高度可能性时,或者当反证达到使待证事实处于真伪不明状态时,均发生行为意义举证责任的转换,举证责任转移至对方;(3)结果意义的举证责任(证明责任),系根据原告的权利主张或被告的权利抗辩主张而确定,该证明责任在具体案件中是恒定的,并不发生转移。

笔者提供以下案例,结合对案例的分析阐述笔者观点。

案例:发包人起诉承包人请求承担逾期竣工违约责任,发包人提供的证据有建设工程施工合同约定的开工和竣工日期、工程竣工验收证明书记载的实际开工和竣工日期,两者进行比较,证明承包人实际建设工期超出了合同约定的建设工期,应当承担逾期竣工违约责任。承包人为证明工期拖延非因自己原因造成或需要增加工期,提供的证据有工程存在设计变更、增加工程量的签证、施工图纸需要深化设计、甲供材料及设备到货迟延等,但是,这些证据仅能证明上

---

① 参见最高人民法院修改后民事诉讼法贯彻实施工作领导小组编著:《最高人民法院民事诉讼法司法解释理解与适用》(上),人民法院出版社2015年版,第310页。
② 参见最高人民法院修改后民事诉讼法贯彻实施工作领导小组编著:《最高人民法院民事诉讼法司法解释理解与适用》(上),人民法院出版社2015年版,第310页。
③ 参见景义波:《浅谈举证责任》,载法律快车网2010年4月21日。转引自刘德权主编:《最高人民法院裁判意见精选》(下),人民法院出版社2011年版,第1439页。

述情形客观上影响工期,却没有应予顺延工期具体天数的相关内容,即没有顺延工期的量化证据。在此情形下,需要通过司法鉴定确定涉案工期是否存在延误以及延误的具体天数。此时,谁应负有申请工期鉴定的义务?[①]

笔者认为,前述情形下的申请工期鉴定的义务应由发包人承担。分析如下:

举证第一阶段,发包人提供了施工合同约定的开工和竣工日期、工程竣工验收证明书记载的实际开工和竣工日期,两者相比较,实际工期确已超出了施工合同约定的工期天数,能够基本认定发包人主张的工程逾期竣工的事实存在。此时,承包人面临不利诉讼后果,行为意义的举证责任转移至承包人。

举证第二阶段,承包人提供了设计变更单、工程签证单、深化设计施工图纸、甲供材料及设备到货迟延等证据,可以证明实际工程内容相较于施工合同约定的施工内容发生了变化,以及发包人履行合同存在违约等情形。而施工合同约定的建设工期,是在施工合同原定工程内容不变且发包人依约全面履行自己合同义务的前提下完成工程建设的期限,在承包人已经举证证明合同原定工程内容发生变化、发包人存在违约事实从而影响工期的情形下,发包人仍依据合同原定工期主张承包人延误工期并承担违约责任,依据不足。换言之,施工合同约定的工期,是在合同项下工程内容不变、双方正常履行合同情形下完成工程建设的期限,当工程内容发生变化或发包人存在违约时,施工合同的原定工期对评判承包人是否存在工期延误,已经不再具有证明力。[②] 而且,虽然上述证据仅反映了相关事实的发生,没有工期应予顺延的具体天数的记载,但因承包人对本案的待证事实即主张因承包人原因导致工期拖延,仅承担反证责任,且上述证据足以证明对施工工期会造成影响。此时,因承包人原因导致工期拖延这一待证事实,即处于真伪不明的状态,发包人面临不利诉讼后果,举证责任再次转移至发包人。

举证第三阶段,发包人应进一步举证证明因承包人原因导致工期拖延,比

[①] 此案例,不考虑发包双方约定推定工期不顺延的情形。推定工期不顺延条款,即双方约定因发包人原因导致工期延误,承包人未在一定期限内提出工期顺延申请,视为工期不顺延的条款。如果约定了该条款的,应由承包人就工期是否顺延以及顺延的天数负有举证责任(详见本书"265. 工期违约责任应由谁举证证明?"的内容)。

[②] 在国际工程中,此种情形称为"工期处于自由状态"即若承包商由于业主的原因无法按原工期完成,但业主(工程师)却不给与承包商合理的延期,此时原工期就不再对承包商有约束力,承包商只要在合理的工期内完成,业主就不得收取承包商的拖期赔偿费。参见张水波、何伯森编著:《FIDIC 新版合同条件导读与解析》,中国建筑工业出版社 2019 年版,第 140 页。

如发包人申请工期鉴定,在排除上述因素引起的工期顺延天数后,单纯因承包人原因仍造成了工期拖延的事实。

通过上述分析可见,在举证第一阶段,发包人所举本证能够证明案件待证事实,即因承包人原因导致工期拖延,具有高度可能性时,行为意义的举证责任转移至承包人。在举证第二阶段,承包人所举反证使得待证事实处于真伪不明状态时,行为意义的举证责任再次转移至发包人。由此可见,举证责任受主张责任的牵引,谁提出主张,就必然发生其应提供证据证明的责任。举证责任的分担既非固定不变,举证责任方的证明行为又非总是一蹴而就,而是随证明程度的延伸或证明内容的变化,在当事人之间相互转移。[①] 当本证达到使待证事实的存在具有高度可能性时,或者当反证达到使待证事实处于真伪不明状态时,均发生举证责任的转换。

需要说明的是,所谓的举证责任转移仅指行为意义的举证责任,它是指随着双方当事人证据证明力的强弱变化、证明程度的延伸或证明内容的变化,围绕着法官对待证事实的心证程度的变化,提出证据的责任在当事人之间相互转移。而结果意义的举证责任(证明责任),是根据原告的权利主张或被告的权利抗辩主张而确定,该证明责任在具体案件中是恒定的,并不发生转移。仍以上例说明,发包人向承包人提出逾期竣工违约责任请求权,其权利发生的要件事实是因承包人的原因导致工程逾期竣工,发包人能够举证证明该事实,则发包人赔偿请求权能够实现;如果发包人不能举证证明该事实,或者该事实真伪不明,则发包人赔偿请求权不能实现。

此外,结合《民事诉讼证据规定》的相关规定,笔者认为下列证据不具有证明力,不引发举证责任的转移:

(1)下列孤证:

①当事人的陈述;

②无民事行为能力人或者限制民事行为能力人所作的与其年龄、智力状况或者精神健康状况不相当的证言;

③与一方当事人或者其代理人有利害关系的证人陈述的证言;

[①] 参见姜华:《持形式上有瑕疵的证据主张权益的当事人应承担继续举证责任》,载江必新主编、最高人民法院审判监督庭编:《审判监督指导》2008年第4辑,人民法院出版社2008年版,第192页。转引自刘德权主编:《最高人民法院裁判意见精选》(下),人民法院出版社2011年版,第1440页。

④存有疑点的视听资料、电子数据；

⑤无法与原件、原物核对的复制件、复制品。

（2）鉴定人依据未经质证的鉴材作出的鉴定意见。

（3）鉴定人拒不出庭作证，其作出的鉴定意见。

（4）无正当理由未出庭的证人以书面等方式提供的证言。

（5）证人作证前旁听法庭审理，或者以宣读事先准备的书面材料的方式陈述证言。

262. 证明责任应如何承担？

第一，问题的引出。司法实践中对举证责任认识混乱主要是因为法律规定不明确。2023年《民事诉讼法》第67条第1款规定："当事人对自己提出的主张，有责任提供证据。"即"谁主张，谁举证"原则。该规定中的"有责任提供证据"，是"必须"提供证据，还是"也可以"不提供证据？如果不提供证据，一定导致承担不利后果吗？如果让一方当事人承担举证不能的不利后果，分配给该方当事人的举证责任规则应如何确定？

对上述条款中的"责任"，张卫平教授认为，这里的责任与证明责任中的责任不是一个性质。2021年《民事诉讼法》第64条①的责任是一种要求。如果没有满足法律规定的要求，当事人提出的主张就可能不成立或不为法院所采纳。证明责任中所说的责任是一种可能承担不利后果的风险，并且与相应的法律要件相联系。如关于权利产生的要件事实处于真伪不明时，当事人的权利请求就不能成立，这就是证明责任。证明责任与当事人的某一事实主张是否成立或被法院采纳不同。也许2021年《民事诉讼法》第64条规定也实际隐含作为结果责任的证明责任的含义。如果说可以理解为2021年《民事诉讼法》第64条隐含证明责任的含义，也就是说，2021年《民事诉讼法》第64条包括了两种含义的证明责任——行为上的证明责任与结果上的证明责任。但由于没有关于结果意义证明责任的分配规定，因此只能理解为是一种关于提出证据对其事实主

---

① 2021年《民事诉讼法》第64条即2023年《民事诉讼法》第67条。

张进行证明的要求,而非结果意义上的证明责任。[①] 举证责任具有双重含义,即行为意义的举证责任和结果意义的举证责任。行为意义的举证责任也称为主观上的举证责任,是指当事人在具体的民事诉讼中,为避免败诉的风险而向法院提出证据证明其主张的一种行为责任。结果意义的举证责任又称客观上的证明责任,是指待证事实的存在与否不能确定、真伪不明时,由哪一方当事人对不利后果进行负担的责任和风险。[②] 2021年《民事诉讼法》第64条第1款规定,当事人对自己提出的主张,有责任提供证据。这是我国民事诉讼立法上关于举证责任的法律渊源。从内容上看,这一规定只体现了当事人对其事实主张的证明义务,具有明显的行为意义的举证责任的特征。其并未涉及待证事实真伪不明时的裁判规则和依据,结果意义的举证责任内容无从体现。[③]

因此,2023年《民事诉讼法》第67条,仅规定行为意义的举证责任,未规定结果意义的举证责任及分配规则,笼统地规定"谁主张,谁举证",导致了司法实践中对举证责任承担的认识混乱。因为,各方当事人在庭审中的每一句话,几乎都可称为"主张",而认定证明责任的关键是确定结果意义举证责任的承担者。

第二,确定结果意义举证责任承担的标准。

(1)确定结果意义举证责任承担的标准,应为当事人提出的权利主张或针对该权利的抗辩主张。详言之,原告提出权利主张,则对该权利发生的要件事实负有结果意义的举证责任;被告提出的该权利存在障碍、权利已经消灭、权利受到限制(妨碍)的抗辩主张,则应对该主张所依据的事实承担结果意义的举证责任。

例如,承包人起诉发包人索要工程价款,该权利发生的要件事实包括发承包双方之间成立施工合同关系、承包人已经实际进行了施工两个方面,承包人对此负有证明责任。如果承包人仅举证证明双方签订了施工合同,但没有已经实际施工的证据,则承包人的工程价款请求权不能成立,应由承包人承担结果意义举证责任的不利后果。发包人抗辩已经付清甚至超付工程价款的,该抗辩实质是主张承包人的工程价款请求权已经消灭,则应对付清或超付工程款的事

[①] 参见张卫平:《民事证据法》,法律出版社2017年版,第283页。
[②] 参见最高人民法院修改后民事诉讼法贯彻实施工作领导小组编著:《最高人民法院民事诉讼法司法解释理解与适用》(上),人民法院出版社2015年版,第310页。
[③] 参见最高人民法院修改后民事诉讼法贯彻实施工作领导小组编著:《最高人民法院民事诉讼法司法解释理解与适用》(上),人民法院出版社2015年版,第311页。

实承担举证责任,如果不能证明已经付清或超付工程款的事实,则其抗辩主张不能成立,应由其承担结果意义举证责任的不利后果。如果发包人抗辩合同约定的支付工程款的前置条件未成就,比如合同约定"发包人在收到承包人提交的等额发票后 10 日内支付工程款",因承包人尚未提供发票而享有拒付工程款的权利,则属于对承包人权利受到限制的抗辩主张(后履行抗辩权),举示前述合同内容即可。

承包人主张工程价款权利发生的要件事实,是否包含建设工程质量合格?实践中,常有发包人主张建设工程质量经验收合格是支付工程价款的前提条件,因建设工程尚未验收,故以此为由对承包人的工程价款请求权进行抗辩,尤其是在施工合同解除或终止履行的情形中。笔者认为,工程质量经验收合格并非承包人主张工程价款权利发生的要件事实,而是发包人主张权利存在障碍的要件事实。《民法典》第 799 条第 1 款规定:"建设工程竣工后,发包人应当根据施工图纸及说明书、国家颁发的施工验收规范和质量检验标准及时进行验收。验收合格的,发包人应当按照约定支付价款,并接收该建设工程。"第 793 条规定:"建设工程施工合同无效,但是建设工程经验收合格的,可以参照合同关于工程价款的约定折价补偿承包人。建设工程施工合同无效,且建设工程经验收不合格的,按照以下情形处理:(一)修复后的建设工程经验收合格的,发包人可以请求承包人承担修复费用;(二)修复后的建设工程经验收不合格的,承包人无权请求参照合同关于工程价款的约定折价补偿。发包人对因建设工程不合格造成的损失有过错的,应当承担相应的责任。"第 806 条第 3 款规定:"合同解除后,已经完成的建设工程质量合格的,发包人应当按照约定支付相应的工程价款;已经完成的建设工程质量不合格的,参照本法第七百九十三条的规定处理。"上述规定表明,发包人对承包人施工完毕的建设工程,负有及时进行验收的法定义务,对于验收合格的工程,应支付价款并接收工程;对于经修复验收合格的工程,有权向承包人主张修复费用;对于经修复仍不合格的工程,有拒绝支付工程价款的权利。据此,对于经修复仍不合格的建设工程,对承包人的工程价款请求权,发包人有权以该权利存在障碍为由予以拒绝。因此,工程质量经修复仍不合格是发包人对承包人工程价款请求权主张权利障碍的要件事实,应由发包人承担证明责任,而非由承包人承担证明责任。

(2)证明责任分配原则,需要充分了解权利或法律关系的基本要件。实践中,人们之所以不能很好地运用证明责任,其中一个重要原因是对每一个案件中实体权利或法律关系的要件并不清楚。证明责任分配运用是与实体法的法律依据密切联系在一起的,是以特定的法律要件事实为前提。对于某一特定权利或法律关系,如果不清楚权利发生、权利消灭、权利妨害的要件事实是什么,也就无法分配证明责任。

例如,一般侵权损害赔偿请求权发生的要件是行为违法、行为与损害结果之间存在因果关系、行为人存在主观过错、存在损害事实,四个要件缺一不可。作为主张损害赔偿请求权的一方就必须对四个要件事实承担证明责任。如果四个要件事实处于真伪不明时,请求权不能成立。再如,关于借贷返还纠纷的案件,主张返还请求权的一方当事人应当对返还请求权发生的要件事实承担证明责任。返还请求权的要件包括两个——借贷关系成立和借贷款项已经交给对方。如果这两个要件事实不能证明,则借贷返还请求权不能成立。已经返还的事实属于借贷请求权消灭的事实,被告应当对该事实承担证明责任。

这就需要对实体法中相应规定的各种法律要件有正确的了解,即要明确什么是权利产生的事实,什么是权利妨碍(妨害)的事实,什么是权利变更或消灭的事实。但在实践中,有的当事人甚至有些律师、法官尽管知道法律的相关规定,也并不了解具体的法律要件构成。例如,不清楚关于借贷返还请求权成立的两个要件是什么以及什么是相应的权利消灭的事实,当然也就不会清楚相应证明责任的分配。因此,也就导致了证明责任规范难以在实践中实施。①

(3)在适用证明责任原则时,需要注意区分对证据的抗辩与请求原因事实的实体抗辩。只有实体抗辩才存在证明责任的分配问题。针对原告证据的反驳不存在客观证明责任的问题。权利妨害事实、权利消灭事实都属于针对权利主张的实体抗辩事实。被告主张相应事实的,就要对该事实承担证明责任。例如,原告主张偿还请求权,要求偿还借款10万元。被告主张已经偿还,予以抗辩。已经偿还借款事实就属于权利消灭的事实,被告对此事实主张要承担证明责任,如果该事实真伪不明时,被告就要承担由此产生的不利后果。如果被告主张双方之间有偿还期限的约定,而偿还期限尚未届满,则该抗辩事实属于权利妨碍事实,如果被告不能证明该事实的存在,就要承担由此产生的不利后果。如果该事实存在,则原告偿还请求权不能实现。②

---

① 参见张卫平:《民事证据法》,法律出版社2017年版,第298页。
② 参见张卫平:《民事证据法》,法律出版社2017年版,第298页。

第三,本证与反证。《民事诉讼法解释》第 108 条规定:"对负有举证证明责任的当事人提供的证据,人民法院经审查并结合相关事实,确信待证事实的存在具有高度可能性的,应当认定该事实存在。对一方当事人为反驳负有举证证明责任的当事人所主张事实而提供的证据,人民法院经审查并结合相关事实,认为待证事实真伪不明的,应当认定该事实不存在。法律对于待证事实所应达到的证明标准另有规定的,从其规定。"该规定确立了本证与反证相区分的证明标准,即对待证事实负有举证责任的当事人所进行的本证,需要达到高度盖然性的程度才能认定待证事实存在,而对待证事实不负有举证责任的当事人所进行的反证,只要达到使待证事实真伪不明的状态,即可否定待证事实的存在。

所谓本证,是指在民事诉讼中负有证明责任的一方当事人提出的用于证明自己主张事实的证据。所谓反证,是指没有证明责任的一方当事人提出的为证明对方主张事实不真实的证据。本证和反证与当事人在诉讼中是原告还是被告没有关系,而与证据是否由承担证明责任的人提出有直接关系。我们可以通过一个具体的诉讼来加以说明。在原告诉被告要求返还借款的诉讼中,原告应当对存在借款关系负证明责任,因此,如果原告提出能够证明该借款关系成立的证据,如借据,则该证据就是本证。而如果被告提出试图证明该借款关系不能成立的证据,则该证据是反证。如果被告主张已经还款,对方的权利已经消灭,则被告对这一事实主张应当负有证明责任,而被告为证明这一主张所提出的证据依然属于本证,原告提出的否认该事实主张的证据则是反证。①

(1)区分本证与反证,关键在于确定当事人对待证事实所负有的证明责任,即前述结果意义举证责任承担的认定标准。例如,在建设工程委托代建情形,存在承包人甲、建设单位乙(委托代建关系中的委托人)、代建人丙三方当事人,甲依据其与乙签订的建设工程施工合同申请仲裁,向乙主张工程价款。如前所述,甲应对其工程价款权利发生的要件事实承担证明责任,包括甲与乙成立施工合同关系、已实际履行该合同的事实及证据。但乙抗辩称,甲乙双方签订的施工合同仅为备案目的所用,双方并未真正履行该合同,并提供甲与丙之间就该同一工程另行签订的施工合同,主张甲实际履行的是与丙所签合同。乙的抗辩,是对甲承担的要件事实——"甲与乙成立施工合同关系"的反驳,对此乙仅负反证责任。在甲就同一工程分别与乙、丙各自签订一份施工合同的情况下,

---

① 参见张卫平:《民事证据法》,法律出版社 2017 年版,第 21 页。

甲与乙之间是否成立并履行施工合同这一事实,就处于真伪不明的状态,此时应由甲进一步举证证明其实际履行的是与乙的合同,如果不能证明该事实,则应由甲承担由此产生的不利后果。

(2)区分本证与反证,是判断举证责任在何时发生转移的标准。例如,发包人向承包人提起工期违约责任之诉,其权利发生的要件事实之一,是承包人的实际工期超出施工合同约定工期,发包人对这一待证事实,承担本证责任。为此,发包人提供了施工合同约定的开工和竣工日期、工程竣工验收证明书记载的实际开工和竣工日期,二者相比较,实际工期确已超出了施工合同约定的工期天数,能够基本认定发包人主张的工程逾期竣工的事实存在,此时,举证责任转移至承包人。承包人抗辩称,工程拖期并非自己原因造成,而是发包人原因所导致,并提供了设计变更单、工程签证单、深化设计施工图纸、甲供材料及设备到货迟延等证据。上述证据仅反映了相关事实的发生,而没有工期应予顺延的具体天数的记载,但因承包人仅承担反证责任,且该类证据足以证明对施工工期会造成影响,此时,因承包人原因导致工期拖延这一待证事实,即处于真伪不明的状态。此时,举证责任再次转移至发包人,应由发包人进一步举证证明因承包人原因导致工期拖延,比如发包人申请工期鉴定,在排除上述因素引起的工期顺延天数后,单纯因承包人原因仍造成了工期拖延的事实。由此可见,当反证达到使待证事实处于真伪不明状态时,即发生举证责任的转换。需要说明的是,所谓的举证责任转移仅指行为意义的举证责任,它是指随着双方当事人证据证明力的强弱变化、证明程度的延伸或证明内容的变化,围绕着法官对待证事实的心证程度的变化,提出证据的责任在当事人之间相互转移。结果意义的举证责任(证明责任),系根据原告的权利主张或被告的抗辩主张而确定,并不发生转移。

(3)反证不是对对方证据的反驳性证据,人们有时容易将反证误认为是反驳性证据。反驳性证据是一方当事人提出的针对对方所提证据,以证明该证据不具有合法性、真实性和关联性的证据,是对证据反驳的依据。反证的目的是证明对方当事人主张的事实不真实。[①] 本证的作用在于使法院对待证事实的存在与否予以确信,并加以认定,而反证的作用则是使法院对本证证明的事实的

---

① 参见张卫平:《民事证据法》,法律出版社2017年版,第22页。

确信发生动摇,以致不能加以认定。① 即反证是针对待证事实的反驳证据,反驳性证据是针对对方证据的反驳证据。

在我国的证明责任实践中,不少人将双方之间的证据抗辩与实体抗辩混淆起来,这样一来就无法理解关于证明责任的分配原则。一方对另一方证明的反驳不存在证明责任分配的问题。只有关于主要事实或要件事实的证明存在证明责任。② 被告一方提出收据,证明已经偿还借款,属于对原告返还借款请求权的权利已经消灭的抗辩。原告主张该收据是假的,属于对该收据的证据抗辩,原告可以提供反驳性证据,证明该收据不真实,也可以不提供反驳性证据,仍由被告对权利消灭事实承担结果意义的举证责任。如果被告未继续举证的,则应当依照最高人民法院《民事诉讼证据规定》第92条第1款关于"私文书证的真实性,由主张以私文书证证明案件事实的当事人承担举证责任"的规定,认定被告主张的已经偿还借款的事实不存在。③

263. 工程质量问题应由谁举证证明?

在建设工程施工合同纠纷案件中,提出工程质量异议的往往是发包人,应由发包人就其主张提供证据,当无疑义。但在建设工程未经验收,或者施工合同已经解除或终止履行,已完工程尚未验收的情形下,常有发包人主张建设工程质量经验收合格是支付工程价款的前提条件,因建设工程尚未验收,故以此为由对承包人的工程价款请求权进行抗辩,由此产生了工程质量是否合格,应由谁举证证明的问题。

笔者认为,确定证明责任承担的标准,应为当事人提出的权利主张或针对该权利的抗辩主张。详言之,原告或仲裁申请人提出权利主张,则对该权利发生的要件事实负有结果意义的举证责任;被告或仲裁被申请人提出的该权利存在障碍、权利已经消灭、权利受到(妨碍)(限制)的抗辩主张,则应对该主张所

---

① 参见张卫平:《民事证据法》,法律出版社2017年版,第22页。
② 参见张卫平:《民事证据法》,法律出版社2017年版,第298页。
③ 参见张卫平:《民事证据法》,法律出版社2017年版,第298~299页。张卫平教授认为,应由原告承担举证责任。笔者认为,原告抗辩属于对证据的抗辩,仍应由主张权利消灭的被告承担证明责任。

依据的事实承担结果意义的举证责任。承包人起诉发包人索要工程价款,该权利发生的要件事实包括发承包双方之间成立了施工合同关系、承包人已经实际进行了施工两个方面,承包人仅对此负有证明责任。工程质量经验收合格并非承包人主张工程价款权利发生的要件事实,而是发包人主张权利障碍的要件事实。理由是,《民法典》第799条第1款规定:"建设工程竣工后,发包人应当根据施工图纸及说明书、国家颁发的施工验收规范和质量检验标准及时进行验收。验收合格的,发包人应当按照约定支付价款,并接收该建设工程。"第793条规定:"建设工程施工合同无效,但是建设工程经验收合格的,可以参照合同关于工程价款的约定折价补偿承包人。建设工程施工合同无效,且建设工程经验收不合格的,按照以下情形处理:(一)修复后的建设工程经验收合格的,发包人可以请求承包人承担修复费用;(二)修复后的建设工程经验收不合格的,承包人无权请求参照合同关于工程价款的约定折价补偿。发包人对因建设工程不合格造成的损失有过错的,应当承担相应的责任。"第806条第3款规定:"合同解除后,已经完成的建设工程质量合格的,发包人应当按照约定支付相应的工程价款;已经完成的建设工程质量不合格的,参照本法第七百九十三条的规定处理。"上述规定表明,发包人对承包人施工完毕的建设工程,负有及时进行验收的法定义务,对于验收合格的工程,应支付价款并接收工程;对于经修复验收合格的工程,有权向承包人主张修复费用;对于经修复仍不合格的工程,有拒绝支付工程价款的权利。据此,对于经修复仍不合格的建设工程,对承包人的工程价款请求权,发包人有权以该权利存在障碍为由予以拒绝。因此,工程质量经修复仍不合格是发包人对承包人工程价款请求权主张权利障碍的要件事实,应由发包人承担证明责任,而非由承包人承担证明责任。

264. 工程价款问题应由谁举证证明?

在建设工程施工合同纠纷案件中,对于建设工程造价数额的证明责任,应当区分承包人主张权利和发包人主张权利两种具体情形,根据证明责任承担规则确定举证责任人,而不能机械地认为,凡是涉及工程造价的证明责任,一味地应由承包人举证证明。

（1）证明责任承担规则。当事人承担举证证明责任，以当事人提出的权利主张或针对该权利的抗辩主张为依据。详言之，原告或仲裁申请人提出权利主张，则对该权利发生的要件事实负有举证证明责任；被告或仲裁被申请人提出的该权利存在障碍、权利已经消灭、权利受到限制（妨碍）的抗辩主张，则应对该主张所依据的事实负有举证证明责任。

（2）承包人向发包人提起的索要工程价款的案件。当承包人向发包人提起索要工程价款的案件时，其工程价款请求权发生的要件事实是发包人欠付其工程价款，而只有在工程造价数额明确的情况下，再结合发包人已付工程款的数额，才能确定承包人主张的工程欠款请求权能否发生，故承包人应对工程造价数额负有举证证明责任。如果工程造价数额应通过司法鉴定方式确定的，应当由承包人提出工程造价鉴定申请。

（3）发包人以其超付工程款为由，向承包人提起请求返还工程价款的案件。当发包人以其超付工程款为由向承包人提起请求返还工程价款的案件时，其返还工程价款请求权发生的要件事实是发包人超付了工程价款，只有在工程造价数额明确的情况下，再结合发包人已付工程款的数额，才能确定发包人主张的返还工程价款请求权能否发生，故发包人应对工程造价数额负有举证证明责任。如果工程造价数额应通过司法鉴定方式确定的，应当由发包人提出工程造价鉴定申请。

265. 工期违约责任应由谁举证证明？

工期违约责任案件，一般是发包人请求承包人承担逾期竣工违约责任提起的诉讼或仲裁案件，或者是在承包人向发包人主张工程价款的案件中，由发包人就逾期竣工违约责任向承包人提出反诉或仲裁反请求。实践中，双方当事人一般的举证形态是：

首先，发包人举证证明建设工程的实际开工日期、实际竣工日期以及实际建设工期（比如竣工验收证明书中记载的日期），再与建设工程施工合同约定的建设工期进行比较，证明实际建设工期超出了合同约定的建设工期。

其次，在此基础上，承包人就建设工程非因自己原因造成拖期或者需要增加工期的情形进行举证,例如工程存在设计变更、增加工程量的签证、施工图纸需要深化设计、甲供材料及设备到货迟延等证据,但该证据仅能证明上述情形客观上影响工期,却没有应予顺延工期具体天数的内容,即没有顺延工期的量化证据。此时,应由谁对工期延误事实及责任进一步举证(或申请工期鉴定)并承担不利后果?

笔者认为,应当区分两种情形确定当事人的举证证明责任:

第一种情形,如果建设工程施工合同约定了推定工期不顺延条款①的,应由承包人就上述情形应当延长的工期天数进行举证。

《建设工程司法解释(一)》第 10 条第 2 款规定:"当事人约定承包人未在约定期限内提出工期顺延申请视为工期不顺延的,按照约定处理,但发包人在约定期限后同意工期顺延或者承包人提出合理抗辩的除外。"据此,在施工合同中约定了推定工期不顺延条款的情形下,承包人仅提供上述证据,不能证明该证据反映的情形影响工期并应予顺延工期,还应提供经发包人或监理人签章的工期顺延签证,或者承包人施工中已经提出工期顺延申请但发包人无正当理由不予签证的证据,或者发包人在约定期限后又同意顺延工期的证据。如果不能提供该等证据,则视为工期不顺延,不应顺延工期。此外,鉴于施工合同明确约定了推定工期不顺延条款,承包人未提出工期顺延申请则视为工期不顺延,人民法院或仲裁机构也不应准许承包人就上述影响工期的事实提出的顺延工期鉴定申请。

第二种情形,如果建设工程施工合同中未约定推定工期不顺延条款,则应由发包人就上述证据影响的工期天数进行举证或申请工期鉴定。理由如下:

(1)施工合同约定的建设工期,是在施工合同原定工程量不变且发包人依约全面履行自己合同义务的前提下完成工程建设的期限,在承包人已经举证证明合同原定工程量发生变化、发包人履行合同存在违约事实从而影响工期的情形下,发包人仍依据合同原定工期主张承包人延误工期并应承担违约责任,依据不足,不能完成其举证义务。

(2)在工期违约责任纠纷案件中,发包人作为主张权利人,应当承担证明工期延误系由承包人原因造成的举证责任。在承包人已经举示上述证据,证明因

---

① 推定工期不顺延条款:发承包双方在建设工程施工合同中约定,因发包人原因导致工期延误,承包人未在一定期限内提出工期顺延申请,视为工期不顺延的条款。

工程量增加、发包人违约等事实导致客观上影响工期的情形下,举证义务再次转移至发包人,应由发包人继续举证证明在扣除上述非因承包人原因影响的工期天数后,承包人因其自身原因仍存在延误工期的事实。

《民事诉讼法解释》第 108 条规定:"对负有举证证明责任的当事人提供的证据,人民法院经审查并结合相关事实,确信待证事实的存在具有高度可能性的,应当认定该事实存在。对一方当事人为反驳负有举证证明责任的当事人所主张事实而提供的证据,人民法院经审查并结合相关事实,认为待证事实真伪不明的,应当认定该事实不存在。法律对于待证事实所应达到的证明标准另有规定,从其规定。"该条确立了本证与反证相区分的证明标准,即对待证事实负有举证责任的当事人所进行的本证,需要达到高度盖然性的程度才能认定待证事实存在;而对待证事实不负有举证责任的当事人所进行的反证,只要达到使待证事实处于真伪不明的状态,即可否定待证事实的存在。发包人向承包人提起工期违约责任之诉,其权利发生的要件事实之一是承包人的实际工期超出施工合同约定工期,发包人对这一待证事实承担本证责任。承包人提供的上述设计变更、签证单等证据,虽然没有工期应予顺延的具体天数的记载,但因承包人仅承担反证责任,且该类证据足以证明对施工工期造成影响,此时,因承包人原因导致工期拖延这一待证事实,即处于真伪不明的状态。此时,举证责任再次转移至发包人。

(3)提出设计变更、增加工程量、深化设计施工图纸、甲供材料及设备到货迟延等情形,均由发包人一方原因造成,发包人有义务就该等情形与承包人补签协议或办理工期顺延签证,以明确双方的合同权利义务,发包人未提供补充协议或工期签证,应就其单方原因造成的工期顺延天数申请鉴定。

266. 合同之诉与股东损害公司债权人利益之诉能否合并审理?

原告提起合同纠纷之诉,鉴于被告公司的股东存在损害公司债权人利益的情形(如股东虚假出资、抽逃出资、未向公司全面出资,股东与公司人格混同等),原告请求被告公司的股东对案涉合同债权承担责任。该两诉能否合并审理?

307

原告提起的合同之诉与股东损害公司债权人利益责任之诉,不能合并审理。理由如下:

(1)前者系基于双方签订合同、履行合同等法律事实产生的纠纷,双方之间建立的是合同法律关系,原告对被告所提诉讼为合同之诉。后者系基于被告公司的股东存在虚假出资、抽逃出资、未向公司全面出资,以及股东与公司人格混同等事实,从而侵害了公司债权人的利益,对原告构成侵权法律关系,原告对被告公司的股东所提诉讼为侵权之诉。二者的当事人不同、法律事实不同、法律关系不同,因此,不能合并审理。

(2)最高人民法院《关于印发修改后的〈民事案件案由规定〉的通知》(法〔2020〕347号)第5条第3款规定,同一诉讼中涉及两个以上的法律关系的,应当根据当事人诉争的法律关系的性质确定个案案由;均为诉争的法律关系的,则按诉争的两个以上法律关系并列确定相应的案由。该条是指当事人基于同一法律事实向法院起诉时,其诉争的法律关系可能涉及两个以上,可以确定并列的两个案由进行立案,并不意味着当事人不同、法律事实不同、法律关系不同的案件可以合并审理。

267. 诉的合并有几种情形?

诉的合并,是指法院将两个或两个以上彼此之间有牵连的诉合并到一个诉讼程序中审理和裁判的制度。诉的合并,有助于简化诉讼程序,实现诉讼经济,也可以防止不同裁判之间的矛盾。诉的合并,包括诉的主体合并、诉的客体合并、混合合并三种情形。

诉讼实务中,当事人之间对各个独立的诉讼能否合并审理,经常会发生争议。对此,应怎样判断诉的合并条件?

笔者认为,应当结合"三个同一"判断各诉能否合并。"三个同一",即同一事实、同一种类法律关系、主体同一(两诉的双方当事人相同)。下面结合诉的合并的三种情形分述如下:

(1)诉的主体合并。诉的主体的合并,是指将数个当事人之诉合并到同一诉讼程序中审理和裁判。在一个原告对数个被告或数个原告对一个或数个被告提起诉讼时,均可能产生诉的主体的合并。

诉的主体合并条件:两诉为同一种类法律关系。

《民事诉讼法》第 55 条第 1 款规定:"当事人一方或者双方为二人以上,其诉讼标的是共同的,或者诉讼标的是同一种类、人民法院认为可以合并审理并经当事人同意的,为共同诉讼。"诉的主体合并,又分为必要共同诉讼的主体合并和普通共同诉讼的主体合并。

①必要共同诉讼的主体合并,法院可以直接合并审理,无须经当事人同意。如果必须共同进行诉讼的当事人没有参加诉讼的,法院应当通知其参加诉讼。理由:诉讼标的共同,即共同诉讼人对争议的实体法律关系有共同的权利义务,这种权利义务具有共同性和不可分性,决定了所有权利人、义务人必须一同起诉、应诉,共同参加诉讼,由此,导致诉讼主体必须合并。例如,遗产继承诉讼中,法院应当通知其他继承人参加诉讼。

②普通共同诉讼的主体合并,应当征得当事人同意方能合并审理。诉讼标的同一种类,是指共同诉讼人与对方当事人之间争议的法律关系属于同一种类型,即法律关系性质相同,法院既可以按照诉讼标的作为独立之诉审理,也可以经审查在符合法定条件且经当事人同意后合并审理。如果当事人不同意合并审理,则不符合可以合并审理的条件,法院不得合并审理,应由有管辖权的法院分别审理。例如,多个股东分别对公司提起股东资格确认之诉,同一交通事故中的多个受害人针对同一肇事车主各自提起侵权赔偿之诉,均可在征得当事人同意后合并审理。

(2)诉的客体合并。诉的客体的合并,是指将同一原告对同一被告提起的两个以上的诉合并到同一诉讼程序中审理和裁判。

诉的客体合并条件:两诉主体同一且为同一种类法律关系。

符合诉的客体合并条件的,原告可以合并起诉、法院可以直接合并审理,无须征得当事人同意。理由是,《民事诉讼法》第 55 条第 1 款是就当事人一方或双方为二人以上的主体合并审理须经当事人同意作出的规定,我国法律并无客体合并审理必须经当事人同意的强制性规定,只要两个及以上独立之诉的诉讼标的是同一种类,且符合法院受诉条件的,原告就可以一并起诉,法院可以在不经当事人同意的情况下合并审理。例如,原告可以就多笔买卖合同债权一并起诉同一被告,但不能就买卖合同债权与建设工程施工合同债权一并起诉同一被告。

(3)诉的混合合并。诉的混合合并,是指将数个当事人基于同一事实之诉或者彼此之间有牵连的诉合并到同一诉讼程序中审理和裁判。

混合合并的条件:两诉基于同一事实,或者两诉有牵连。

诉的混合合并,不要求诉的主体相同,也不要求法律关系种类相同,只要两诉基于同一事实或者两诉有牵连即可。例如,同一交通事故中存在多个受害人和责任人,因系基于同一事实发生的诉讼,可以合并审理;又如,出借人依据与借款人、担保人分别签订的借款合同、担保合同,同时提起借款合同之诉、担保合同之诉,因该两诉系基于同一事实且有牵连,可以合并审理;再如,有独立请求权的第三人提出的参加之诉与原告对被告提出的本诉进行合并审理。

此外,值得注意的是,诉的合并是将两个诉合并为一个案件进行审理和裁判,即合并审理、合并裁判;而两个案件的合并审理是将两个独立的案件由同一审判组织审理,分别作出裁判,即合并审理、分别裁判。

268. 在缺席审理的情况下,仲裁庭能否主动以约定违约金过高为由对违约金进行调整?

守约方对违约方提起仲裁请求支付违约金等事项,违约方经合法通知未出庭参加仲裁,亦未提出书面答辩意见,仲裁庭能否主动以约定违约金过高为由对违约金进行调整?

笔者认为,在被申请人未就约定违约金过高提出抗辩的情况下,仲裁庭认为约定违约金明显过高并导致双方利益失衡时,可以主动调整违约金数额。理由是,《民法典》第 585 条第 2 款规定:"约定的违约金低于造成的损失的,人民法院或者仲裁机构可以根据当事人的请求予以增加;约定的违约金过分高于造成的损失的,人民法院或者仲裁机构可以根据当事人的请求予以适当减少。"由此可见,违约金具有补偿和惩罚的双重性质,且以补偿为主、以惩罚为辅。当约定的违约金低于造成的损失的情况下,违约金体现赔偿性;当违约金高于造成损失的情况下,违约金兼有赔偿与惩罚的双重功能,违约金与损失相等部分,违约金体现为赔偿性,超过损失的部分,违约金体现为惩罚性。违约金制度系以赔偿非违约方的损失为主要功能,而不是旨在严厉惩罚违约方。合同自由并非绝对,需以合同正义予以规制,以防止违约金条款成为一方压榨另一方和获取暴利的工具。[①] 因此，当约定违约金明显过高时，仲裁庭可以依据《民法典》第6条"民事主体从事民事活动，应当遵循公平原则，合理确定各方的权利和义务"、第7条"民事主体从事民事活动，应当遵循诚信原则，秉持诚实，恪守承诺"、第8条"民事主体从事民事活动，不得违反法律，不得违背公序良俗"确立的公平原则、诚信原则、不得违反公序良俗原则，主动对违约金进行调整。

269. 变更后的诉讼请求数额不再符合受诉法院级别管辖标准时，应否移送管辖？

原告在诉讼中增加或减少诉讼请求，导致诉讼标的额超过或达不到受诉法院管辖标准时，受诉法院应当将案件移送有管辖权的人民法院审理。分析如下：

（1）当事人未提出管辖权异议的情形。根据《民事诉讼法》第130条第2款"当事人未提出管辖异议，并应诉答辩或者提出反诉的，视为受诉人民法院有管辖权，但违反级别管辖和专属管辖规定的除外"，以及最高人民法院《关于审理民事级别管辖异议案件若干问题的规定》（法释〔2020〕20号）第6条"当事人未依法提出管辖权异议，但受诉人民法院发现其没有级别管辖权的，应当将案件移送有管辖权的人民法院审理"的规定，应诉管辖不得违反法律和司法解释关于级别管辖的规定，级别管辖应当由人民法院依职权审查确定。即使当事人未提出管辖权异议的，受诉法院发现没有级别管辖权的，也应当将案件移送有管辖权的人民法院审理。

（2）当事人提出管辖权异议的情形。根据最高人民法院《关于审理民事级别管辖异议案件若干问题的规定》第3条的规定，提交答辩状期间届满后，原告增加诉讼请求金额致使案件标的额超过受诉人民法院级别管辖标准，被告提出管辖权异议，请求由上级人民法院管辖的，人民法院应当按照本规定第一条[②]审

[①] 参见最高人民法院民事审判第二庭编著：《〈全国民商事审判工作会议纪要〉理解与适用》，人民法院出版社2019年版，第326页。

[②] 最高人民法院《关于审理民事级别管辖异议案件若干问题的规定》第1条："被告在提交答辩状期间提出管辖权异议，认为受诉人民法院违反级别管辖规定，案件应当由上级人民法院或者下级人民法院管辖的，受诉人民法院应当审查，并在受理异议之日起十五日内作出裁定：（一）异议不成立的，裁定驳回；（二）异议成立的，裁定移送有管辖权的人民法院。"

查并作出裁定。如经审查,变更后的诉讼请求金额确已不再符合受诉法院管辖标准的,受诉法院应当移送管辖。

(3)当事人提出管辖权异议且经法院审查后确定管辖权,此后原告变更诉讼请求的情形。《民事诉讼法解释》第39条第1款规定:"人民法院对管辖异议审查后确定有管辖权的,不因当事人提起反诉、增加或者变更诉讼请求等改变管辖,但违反级别管辖、专属管辖规定的除外。"据此,级别管辖不受管辖恒定原则制约,原告增加或减少诉讼请求,导致诉讼标的额超过或达不到受诉法院管辖标准时,应当调整案件的级别管辖法院。值得注意的是,对于被告提起的反诉,不论反诉标的额有多大,鉴于其已表明愿意接受受诉法院级别管辖,故应将本诉与反诉合并审理,以利及时解决纠纷,防止裁判冲突。

综上所述,原告在诉讼中增加或减少诉讼请求,导致诉讼标的额超过或达不到受诉法院级别管辖标准时,无论当事人是否提出管辖权异议,受诉法院都应当将案件移送有管辖权的人民法院审理。

270. 当事人在哪些情形下可以提出管辖权异议?

诉讼当事人在哪些情形下可以提出管辖权异议?下面区分正反两方面归纳如下:

第一,当事人可以提出管辖权异议的情形。

(1)被告在答辩期内提出管辖权异议。

(2)原告变更诉讼请求,致使案件案由发生改变的,被告可以针对变更后的案由在答辩期内提出管辖权异议。根据最高人民法院《关于印发修改后的〈民事案件案由规定〉的通知》(法〔2020〕347号)第3条的规定,民事案件案由应当依据当事人诉争的民事法律关系的性质来确定。该通知第5条第2款中规定,当事人在诉讼过程中增加或者变更诉讼请求导致当事人诉争的法律关系发生变更的,人民法院应当相应变更个案案由。案由即当事人诉争的法律关系性质,是人民法院确定地域管辖的依据,因此,在原告变更诉讼请求导致案件案由发生改变的,被告有权在原告变更诉讼请求后的答辩期内提出管辖权异议。

相关案例:最高人民法院在(2000)经终字第250号中国长江动力公司(集

团)与香港耀荣明泰国际控股有限公司债务纠纷管辖权异议案中认为:耀荣公司变更以后的诉讼请求是"判令长动公司向其偿付欠款500万美元和880万港币及其利息损失"。可见耀荣公司要求长动公司履行的是还款义务,而不是要求其在福建长平峡阳电力发展有限公司的股权。因此,本案案由应为"债务纠纷",而不再是"股权转让纠纷"。长动公司上诉认为本案作为债务纠纷,"被告住所地和合同履行地均不在福建,故福建省高级人民法院对此案不再享有管辖权"这一主张有其事实和法律依据,本院予以支持。

值得注意的是,被告应在原告变更诉讼请求后的答辩期内提出管辖权异议。如果未在答辩期内提出管辖权异议,则应根据《民事诉讼法》第130条第2款"当事人未提出管辖异议,并应诉答辩的,视为受诉人民法院有管辖权,但违反级别管辖和专属管辖规定的除外"(应诉管辖)的规定,认定受诉法院具有管辖权。

(3)原告在诉讼中增加或减少诉讼请求数额,导致诉讼标的额超过或达不到受诉法院管辖标准时,当事人可以提出级别管辖权异议(分析详见"269.变更后的诉讼请求数额不再符合受诉法院级别管辖标准时,应否移送管辖?"相关内容)。

(4)级别管辖、专属管辖应由人民法院依职权审查确定,当事人认为受诉法院没有级别管辖权、专属管辖权的,可在法院作出生效判决前的任何阶段提出管辖权异议。受诉法院经审查确无管辖权的,应当将案件移送有管辖权的人民法院审理。理由是,《民事诉讼法》第35条规定:"合同或者其他财产权益纠纷的当事人可以书面协议选择被告住所地、合同履行地、合同签订地、原告住所地、标的物所在地等与争议有实际联系的地点的人民法院管辖,但不得违反本法对级别管辖和专属管辖的规定。"第130条第2款规定:"当事人未提出管辖异议,并应诉答辩或者提出反诉的,视为受诉人民法院有管辖权,但违反级别管辖和专属管辖规定的除外。"《民事诉讼法解释》第39条第1款规定:"人民法院对管辖异议审查后确定有管辖权的,不因当事人提起反诉、增加或者变更诉讼请求等改变管辖,但违反级别管辖、专属管辖规定的除外。"由此可见,无论协议管辖、应诉管辖,还是管辖恒定原则,均不得违反法律关于级别管辖、专属管辖的规定,受诉法院发现其没有级别管辖权、专属管辖权的,应当将案件移送有管辖权的法院审理。

问题是,如果当事人在法庭辩论终结后才发现受诉法院没有级别管辖权、专属管辖权,还能否提出管辖权异议?笔者认为,当事人仍然可以提出管辖权异议。理由是,参照最高人民法院2003年5月30日对四川高院作出的《关于原审法院驳回当事人管辖异议裁定已发生法律效力但尚未作出生效判决前发现原审法院确无地域管辖权应如何处理问题的复函》（〔2003〕民他字第19号）的答复内容，经研究认为，根据《民事诉讼法》[①]第177条第2款的规定，并参照本院法（经）复〔1990〕10号《关于经济纠纷案件当事人向受诉法院提出管辖权异议的期限问题的批复》和法（经）〔1993〕14号《关于上级法院对下级法院就当事人管辖权异议的终审裁定确有错误时能否纠正问题的复函》的精神，上级人民法院在原审法院驳回当事人管辖异议裁定已发生法律效力但未作出生效判决前，发现原审法院确无地域管辖权，可以依职权裁定撤销该错误裁定并将案件移送有管辖权的人民法院审理。即上级法院在下级法院作出生效判决前发现其没有管辖权的，可以依职权撤销下级法院错误的驳回管辖异议裁定并将案件移送管辖。因此，当事人发现法院受理案件违反级别管辖权、专属管辖权规定的，只要在受诉法院作出生效判决前，即使法庭辩论已经终结，仍然可以提出管辖权异议。

第二，当事人不可以[②]提出管辖权异议的情形。

（1）已经超出答辩期的。《民事诉讼法》第130条第1款规定："人民法院受理案件后，当事人对管辖权有异议的，应当在提交答辩状期间提出。人民法院对当事人提出的异议，应当审查。异议成立的，裁定将案件移送有管辖权的人民法院；异议不成立的，裁定驳回。"被告应在答辩期内提出管辖异议，超出答辩期提出管辖异议的，法院可以不予审查。但是，被告在超出答辩期后提出级别管辖异议或专属管辖异议的，法院仍应审查，如经审查发现确无级别管辖权或专属管辖权的，受诉法院依法应当移送管辖。亦即，当事人提出地域管辖异议受答辩期限制，提出级别管辖异议或专属管辖异议不受答辩期限制。

（2）发回重审和按第一审程序再审的案件。理由是，根据《民事诉讼法解释》第39条第2款的规定，人民法院发回重审或者按第一审程序再审的案件，当事人提出管辖异议的，人民法院不予审查。

（3）第三人不得提出管辖权异议。理由是，首先，参照最高人民法院《关于第三人能否对管辖权提出异议问题的批复》[法（经）复〔1990〕9号]的规定，有

---

① 此处是指1991年《民事诉讼法》。——笔者注
② 此处的不可以提出管辖权异议，并非从程序上不能提出管辖权异议，而是对法院对列举情形可能不予接受、不予审查或者裁定驳回管辖权异议。

独立请求权的第三人主动参加他人已开始的诉讼,应视为承认和接受了受诉法院的管辖,因而不发生对管辖权提出异议的问题;如果是受诉法院依职权通知他参加诉讼,则他有权选择是以有独立请求权的第三人的身份参加诉讼,还是以原告身份向其他有管辖权的法院另行起诉。其次,根据《民事诉讼法解释》第82条的规定,在一审诉讼中,无独立请求权的第三人无权提出管辖异议。因此,无论是有独立请求权的第三人,还是无独立请求权的第三人,均不得提出管辖权异议。

案例索引:最高人民法院(2010)民一终字第17号民事裁定书(赵子文与潘日阳财产侵权纠纷案),载《最高人民法院公报》2010年第7期(总第165期),第29~30页。

(4)当事人对反诉不得提出管辖异议。法院确定案件管辖权(包括地域管辖和级别管辖)的依据是原告提起的本诉,反诉是在本诉管辖权确定后针对本诉提起的牵连诉讼,不对案件管辖权产生影响。具体理由如下:

①反诉,是在已经开始的民事诉讼程序中,被告针对原告提出的与本诉有牵连的反请求。被告反诉的目的,旨在通过反诉,抵消或者吞并本诉的诉讼请求,或者使本诉的诉讼请求失去意义。① 反诉是在本诉进行中提起的,并且要利用本诉的诉讼程序一并进行审理,因此反诉只能向受理本诉的法院提出②。

②在反诉标的额超过受理本诉法院的级别管辖标准的情况下,被告既可以选择向有管辖权的法院另行起诉,也可以提起反诉。如果被告选择提起反诉,则不管其标的有多大,都认为其已表明愿意接受受诉法院管辖③,不得就此提出级别管辖异议。基于反诉与本诉的牵连关系,原告亦不能就反诉提出级别管辖异议。

③《民事诉讼法解释》第39条第1款规定:"人民法院对管辖异议审查后确定有管辖权的,不因当事人提起反诉、增加或者变更诉讼请求等改变管辖,但违反级别管辖、专属管辖规定的除外。"据此,案件管辖权不因当事人提起反诉而

---

① 参见全国人大常委会法制工作委员会民法室编:《中华人民共和国民事诉讼法条文说明、立法理由及相关规定》,北京大学出版社2007年版,第239页。
② 参见最高人民法院修改后民事诉讼法贯彻实施工作领导小组编著:《最高人民法院民事诉讼法司法解释理解与适用》(上),人民法院出版社2015年版,第611页。
③ 参见最高人民法院修改后民事诉讼法贯彻实施工作领导小组编著:《最高人民法院民事诉讼法司法解释理解与适用》(上),人民法院出版社2015年版,第197页。

改变,反诉遵循管辖恒定原则。但本条款仅适用于原告增加或者变更诉讼请求导致与受诉法院级别管辖标准不符或者应由其他法院专属管辖的情况,并不包括因被告提起反诉的标的额与受诉法院级别管辖标准不符而将已经确定管辖权的案件再行移送管辖的情形。

但是,如果原告认为反诉应由其他法院专属管辖的,可对受诉法院没有专属管辖权提出异议。理由是,根据《民事诉讼法解释》第233条第3款的规定,反诉应由其他人民法院专属管辖,或者与本诉的诉讼标的及诉讼请求所依据的事实、理由无关联的,裁定不予受理,告知另行起诉。也就是说,反诉仍应遵守专属管辖的法律强制性规定,法院对没有专属管辖权的反诉不予受理。因此,原告可以针对反诉的专属管辖权提出异议。

(5)执行程序中被追加进来的当事人,无权提出管辖权异议。理由是执行法院依据《民事诉讼法》第235条第1款关于"发生法律效力的民事判决、裁定,以及刑事判决、裁定中的财产部分,由第一审人民法院或者与第一审人民法院同级的被执行的财产所在地人民法院执行。法律规定由人民法院执行的其他法律文书,由被执行人住所地或者被执行的财产所在地人民法院执行"的规定,确定执行管辖权时,该当事人尚不是本案的当事人,其是在执行程序中基于一方当事人申请追加的当事人,无权就案件管辖权的确定提出异议。

案例索引:最高人民法院(2015)执申字第42号执行裁定书(大庆筑安建工集团有限公司、大庆筑安建工集团有限公司曲阜分公司与中煤第六十八工程有限公司施工合同纠纷案),载《最高人民法院公报》2016年第9期(总第239期),第40~43页。

此外,需要说明的是,实践中有些当事人、代理人为争取调查取证时间甚至为了拖延诉讼,恶意提出管辖权异议。该行为违背诉讼诚信原则,浪费司法资源,并非诉讼技巧,而是一种极不明智的做法,切勿弄巧成拙。例如,原告依据《民事诉讼法解释》第28条第2款关于"农村土地承包经营合同纠纷、房屋租赁合同纠纷、建设工程施工合同纠纷、政策性房屋买卖合同纠纷,按照不动产纠纷确定管辖"的规定,在建设工程所在地提起建设工程施工合同纠纷诉讼,完全符合司法解释的规定,但被告明知管辖无误却仍然提出地域管辖异议,以此争取调查取证时间或拖延诉讼。此种行为会招致审理法官的反感,在以后的诉讼程序中于己不利。

271. 超过上诉期后,还能增加上诉请求吗?

上诉人在超过上诉期之后,对未提起上诉的原一审请求事项,能否增加上诉请求?该增加的上诉请求是否属于二审的审理范围?

从一个案例说起。最高人民法院(2018)最高法民终753号民事判决(泸州市第七建筑工程公司与云南乾泰投资有限公司建设工程施工合同纠纷上诉案),对该问题的判理部分摘录如下:

"泸州七建当庭增加的上诉请求是否属于本案二审审理范围。泸州七建二审庭审中当庭增加的上诉请求涉及两方面内容,一是欠付工程款金额从75,965,284.64元增加为83,773,527.64元,二是请求判令乾泰公司支付违约金9041.97元。本院认为,首先,原告根据《中华人民共和国民事诉讼法》(以下简称《民诉法》)第一百一十九条第三项之规定,于起诉时提出具体的诉讼请求和事实、理由后,仍有权依据《民诉法》第一百四十条、最高人民法院《关于适用〈中华人民共和国民事诉讼法〉的解释》(以下简称《民诉法司法解释》)第二百三十二条之规定,在法庭辩论结束前增加诉讼请求。虽然《民诉法》第一百六十五条规定,上诉人所递交上诉状的内容应包括上诉的请求和理由,但依照《民诉法》第一百七十四条关于二审法院审理上诉案件除依照二审程序的相关规定外,适用第一审普通程序的规定,不应将《民诉法》第一百六十五条关于上诉请求的规定理解为上诉状递交之时上诉请求即应固定而不得增加。其次,《诉讼费用交纳办法》第二十条规定上诉人应预交案件受理费,而依据最高人民法院《关于适用〈诉讼费用交纳办法〉的通知》第二条,当事人逾期不按照《诉讼费用交纳办法》第二十条规定交纳案件受理费或申请费并且没有提出司法救助申请,或者申请司法救助未获批准,在人民法院指定期限内仍未交纳案件受理费或者申请费的,由人民法院依法按照当事人自动撤诉或者撤回申请处理。因上诉请求的具体内容与案件受理费的数额直接相关,上诉人在上诉期满后所应缴纳的案件受理费仍应依其具体的诉讼请求最终确定,在不超出原诉请范围的前提下,如上诉人此时增加上诉请求并依此交纳案件受理费,并不存在不予准许的明确依据。因此,《民诉法》第一百六十四条第一款关于十五日的上诉期限系规制当事人上诉权行使的期限,而非规制上诉人上诉请求具体内容的期限。如果将十五日上诉期限理解为规制上诉人上诉请求具体内容的期限,在案情较为复杂的情况下,可能迫使上诉人为规避诉讼风险而对一审裁判内容一律全部提出上诉,这既可能平添当事人的诉累,亦不利于节约司法资源。再次,比较泸州七建上诉状中载明的上诉请求及其当庭所增加诉请的内容,本院认为泸州七建并不存在诉讼偷袭的不当诉讼目的。而且,泸州七建作为本案原审原告提起本案诉讼时,其当庭所增加诉请的内容并未超出其原审所提诉请的范围。针对该当庭增加的诉请内容,乾泰公司一审进行过答辩,一审法院对此进行了审理。二审对于该当庭增加的诉请内容予以审理,并不必然导致乾泰公司诉讼防御的不便。最后,当事人提起上诉后,一审判决并未发生法律效力,允许泸州七建在不超出原诉请的范围内于二审庭审辩论结束前增加上诉请求,并不会当然损害乾泰公司的实体权利,且有利于实质性解决全案纠纷。被上诉人因泸州七建增加上诉请求导致的不利主要系程序上的不利,在保障乾泰公司的答辩权利,且在由此增加的诉讼成本对乾泰公司予以完全补偿的前提下,该程序上的不利亦可最大程度予以化解。"①

对上述判决观点,笔者难以认同。该判决的不当之处在于,依照《民事诉讼法》第181条关于"第二审人民法院审理上诉案件,除依照本章规定外,适用第一审普通程序"的规定,将二审程序等同于一审程序,认定当事人可以变更、增加诉讼请求。但是,该条本意为优先适用"本章规定",在"本章"没有规定时才能"适用第一审普通程序",在《民事诉讼法》第175条已有"第二审人民法院应当对上诉请求的有关事实和适用法律进行审查"明确规定的情形下,该判决适用法律存在错误。

笔者认为,上诉期属于除斥期间,超过上诉期后,当事人的上诉权已经消灭,无权再对未提起上诉的原一审请求事项增加上诉请求,超过上诉期后增加的上诉请求不应纳入二审的审理范围。具体理由如下:

(1)上诉期属于除斥期间。《民事诉讼法》第171条第1款规定:"当事人不服地方人民法院第一审判决的,有权在判决书送达之日起十五日内向上一级人民法院提起上诉。"第158条规定:"最高人民法院的判决、裁定,以及依法不准上诉或者超过上诉期没有上诉的判决、裁定,是发生法律效力的判决、裁定。"由

---

① 判决书中《民诉法》是指2012年《民事诉讼法》,该法第119条、第140条、第164条、第165条、第174条,分别对应2023年《民事诉讼法》第122条、第143条、第171条、第172条、第181条规定。——笔者注

此，当事人只能在一审判决送达之日起十五日提出上诉，否则一审判决生效，上诉权消灭。而且，《民事诉讼法》及相关司法解释，均未就上诉期间规定可以中止、中断或延长的情形，该期限为不变期间，属于除斥期间。

除斥期间，是指法律预定或者当事人约定，期限届满形成权消灭的期间。除斥期间主要适用于形成权，即权利人得以自己一方的意思表示而使法律关系发生变化的权利。上诉权属于形成权，即只要当事人在上诉期内提起上诉，则阻断一审判决的生效，而无论上诉是否有理，能否得到二审法院支持。最高人民法院亦有形成权包括程序权利的论述，例如，对《农村土地承包经营纠纷调解仲裁法》第48条"当事人不服仲裁裁决的，可以自收到裁决书之日起三十日内向人民法院起诉。逾期不起诉的，裁决书即发生法律效力"中的30日期间的性质：我们认为，该期间为法定的除斥期间，而不是诉讼时效。

根据民事诉讼法的基本理论，诉讼时效是指权利人在法定期间内不行使权利，即丧失请求人民法院保护其民事权利的权利的法律制度；除斥期间是指法律预定或者当事人约定，期限届满形成权消灭的期间。除斥期间与诉讼时效的差别主要表现在：①除斥期间主要适用于形成权，而诉讼时效主要适用于请求权；②除斥期间是不变期间，不因任何事由而中止、中断或延长，而诉讼时效可以因法定事由而中止、中断和延长；③诉讼时效期间届满，权利人丧失胜诉权，但不因此丧失实体权利，而除斥期间届满，当事人的实体权利即消灭。从上述分析看，调解仲裁法第48条规定的30日应为除斥期间。首先，根据调解仲裁法第48的规定，申请人向被申请人主张权利或者被申请人同意履行债务均不能导致该期间的中断，阻断仲裁裁决书生效的方式只能是向人民法院起诉，而《民法典》对诉讼时效的界定是"向人民法院请求保护民事权利"，而不是"向人民法院提起诉讼"；其次，在法定的30日内，当事人任何一方的单方意思表示即向人民法院起诉，就可以使裁决书不生效，该权利符合形成权的特点；最后，30日期间届满，当事人即丧失向人民法院起诉的权利本身，而不是丧失胜诉权。[①]除斥期间是对具体权利存续期间的限定，根据权利性质或规定有不同的期间长短；除斥期间经过，权利本身消灭，法律关系终局确定。[②] 因此，当事人对一审判

[①] 参见张勇健等：《〈最高人民法院关于审理涉及农村土地承包经营纠纷调解仲裁案件适用法律若干问题的解释〉理解与适用》，载最高人民法院民事审判第一庭编：《民事审判指导与参考》总第57辑，人民法院出版社2014年版，第65页。

[②] 《〈中华人民共和国民法总则〉条文理解与适用》（下），人民法院出版社2017年版，第1315页。

决的有关内容未在上诉期内提起上诉的，该部分内容在超过上诉期之后已经终局确定，针对该部分内容的上诉权已经消灭，不得在超过上诉期后再行增加上诉请求。

（2）上诉审的范围，仅限于当事人在上诉期内递交上诉状中的上诉请求。《民事诉讼法》第 172 条规定："上诉应当递交上诉状。上诉状的内容，应当包括当事人的姓名，法人的名称及其法定代表人的姓名或者其他组织的名称及其主要负责人的姓名；原审人民法院名称、案件的编号和案由；上诉的请求和理由。"《民事诉讼法解释》第 318 条规定："一审宣判时或者判决书、裁定书送达时，当事人口头表示上诉的，人民法院应告知其必须在法定上诉期间内递交上诉状。未在法定上诉期间内递交上诉状的，视为未提起上诉。虽递交上诉状，但未在指定的期限内交纳上诉费的，按自动撤回上诉处理。"《民事诉讼法》第 175 条规定："第二审人民法院应当对上诉请求的有关事实和适用法律进行审查。"根据上述规定，当事人提出上诉必须以递交上诉状的方式，不得以口头方式提出上诉，而上诉审的范围为当事人在上诉期内递交上诉状中的请求事项，二审法院仅对上诉请求的有关事实和适用法律进行审查。唯一例外情况是，根据《民事诉讼法解释》第 321 条规定："第二审人民法院应当围绕当事人的上诉请求进行审理。当事人没有提出请求的，不予审理，但一审判决违反法律禁止性规定，或者损害国家利益、社会公共利益、他人合法权益的除外。"即如果一审判决违反法律禁止性规定，或者损害国家利益、社会公共利益、他人合法权益的，第二审人民法院应当依职权予以纠正，以确保法律的贯彻执行，实现二审程序的纠错功能。[1]

综上所述，鉴于在超过上诉期之后，当事人的上诉权已经消灭，对于未在上诉期内提出上诉的一审判决有关内容，该部分内容已经终局确定，当事人无权在超过上诉期之后再行增加上诉请求，二审法院对于超过上诉期增加的上诉请求，不应纳入二审审理范围。但是，二审法院应审核是否存在《民事诉讼法解释》第 321 条中但书条款规定的情形，如存在该类情形，则二审法院依职权予以审理和纠正，但该审理和纠正是基于法律规定，并非基于当事人提出的增加上诉请求的申请。

---

[1] 最高人民法院修改后民事诉讼法贯彻实施工作领导小组编著：《最高人民法院民事诉讼法司法解释理解与适用》（下），人民法院出版社 2015 年版，第 860 页。

值得注意的是,当事人在超过上诉期之后,不得增加上诉请求,但可以补充上诉理由,因为补充上诉理由仅仅是对原上诉请求的补强,并未增加新的请求。因此,对于当事人在上诉期过后补充的上诉意见,二审法院应当区分该补充上诉意见是属于补充上诉请求,还是补充上诉理由。如属于补充上诉请求,则不应纳入二审审理范围;如属于补充上诉理由,则应纳入审查范围。

272. 在建设工程已不具备质量鉴定条件的情况下,应否准许当事人径直提出的损失鉴定申请?

在发包人向承包人提出的因建设工程质量不符合约定主张赔偿损失的案件中,由于发包人已使用建设工程多年或者工程存在后续维修、改造、更换设备等情况,对建设工程质量进行司法鉴定已经不具备相应条件,发包人径行提出损失鉴定申请的,人民法院或者仲裁机构应否予以准许?

笔者认为,人民法院或者仲裁机构不应准许发包人提出的损失鉴定申请。理由是,赔偿损失请求权以建设工程质量存在瑕疵为构成要件,即因承包人施工的工程质量存在瑕疵,从而导致发包人遭受损失,进而引发赔偿损失请求权,亦即发包人提出的赔偿损失请求权以工程质量存在瑕疵为要件事实。在不能证明工程质量是否存在瑕疵的情况下,即使对损失进行鉴定并作出鉴定意见,但因无法证明该损失与工程质量是否存在法律上的因果关系,从而导致损失鉴定意见与案件待证事实缺乏关联性。关联性是证据必备的自然属性,是证据能够被采纳的首要条件,在证据规则中发挥着基础性和根本性的作用。所谓关联性,是指"证据必须同案件事实存在某种联系,并因此对证明案情具有实际意义"。[1] 关联性实际上就是证据对案件事实所具有的证明性[2],不具备关联性的证据因不具有证据能力应当被排除,亦无鉴定的必要。因此,根据《民事诉讼法解释》第121条第1款关于"当事人申请鉴定,可以在举证期限届满前提出。申请鉴定的事项与待证事实无关联,或者对证明待证事实无意义的,人民法院不予准许"的规定,在

---

[1] 最高人民法院修改后民事诉讼法贯彻实施工作领导小组编著:《最高人民法院民事诉讼法司法解释理解与适用》(上),人民法院出版社2015年版,第348页。

[2] 参见毕玉谦:《证据法要义》,法律出版社2003年版,第539页。

建设工程已不具备进行质量鉴定的条件、无从判断工程质量是否存在瑕疵的情况下，人民法院或仲裁机构不应准许发包人径行提出的损失鉴定申请。

273. 鉴定机构拒不提供鉴定的基础数据与计算过程等材料的，其鉴定意见能否作为认定案件事实的根据？

人民法院或仲裁机构为查明案件事实，委托鉴定机构就案件中的专门性问题进行鉴定，鉴定机构出具的鉴定意见书并未附具其据以计算的数据、计算过程以及计算说明等材料或内容，当事人提出异议并经法院或仲裁机构通知鉴定机构提供，但鉴定机构以"鉴定人员所进行的市场调查、评定估算等均属于鉴定工作过程及内部的底稿资料，仅供鉴定人员进行价格测算、价格确定以及鉴定机构上级相关主管部门审核使用，并不体现在鉴定报告中"为理由，拒绝提供其据以计算的数据、计算过程以及计算说明等材料或内容的，该鉴定意见能否作为人民法院或仲裁机构定案的根据？

鉴定机构拒不提供其据以计算的数据、计算过程以及计算说明等材料或内容的，属于鉴定意见明显依据不足的情形，鉴定意见不能作为认定案件事实的根据，法院或仲裁机构应依法重新进行鉴定。《民事诉讼证据规定》第36条第1款规定："人民法院对鉴定人出具的鉴定书，应当审查是否具有下列内容：（一）委托法院的名称；（二）委托鉴定的内容、要求；（三）鉴定材料；（四）鉴定所依据的原理、方法；（五）对鉴定过程的说明；（六）鉴定意见；（七）承诺书。"第40条第1款规定："当事人申请重新鉴定，存在下列情形之一的，人民法院应当准许：（一）鉴定人不具备相应资格的；（二）鉴定程序严重违法的；（三）鉴定意见明显依据不足的；（四）鉴定意见不能作为证据使用的其他情形。"据此，笔者认为，鉴定意见属于主观性证据，鉴定机构有义务提供其据以鉴定的基础数据与计算过程、计算说明等材料或内容，用以支撑其鉴定结论，这同时也是当事人对鉴定意见发表质证意见的基础和前提。鉴定报告未提供据以计算的数据、计算过程以及计算说明等材料或内容，当事人就此提出异议后，经法院通知鉴定机构仍拒不提供上述材料，该情形属于鉴定意见明显依据不足的情形，鉴定意见不具有证明力，不能作为定案的根据，人民法院或仲裁机构应依法重新进行鉴定。

274. 如何适用裁驳或判驳？

裁驳，即裁定驳回起诉的简称，依据《民事诉讼法》第157条[①]的规定，驳回起诉应使用裁定，故称为裁驳。判驳，即判决驳回诉讼请求的简称，驳回当事人的实体权利请求，应当使用判决，故称为判驳。

裁驳适用于起诉不符合程序要求的情形。《民诉法解释》第208条第3款规定："立案后发现不符合起诉条件或者属于民事诉讼法第一百二十七条规定情形的，裁定驳回起诉。"不符合起诉条件，即不符合《民事诉讼法》第122条规定的起诉条件："起诉必须符合下列条件：（一）原告是与本案有直接利害关系的公民、法人和其他组织；（二）有明确的被告；（三）有具体的诉讼请求和事实、理由；（四）属于人民法院受理民事诉讼的范围和受诉人民法院管辖。"

判驳适用于不支持原告实体请求权的情形，包括：（1）权利已经消灭，即原告请求权虽一度发生，但其后因特定事由已归于消灭，如债务已清偿、混同等；（2）权利存在障碍，即原告请求权根本不发生，如契约不成立、法律行为的当事人为无行为能力人、法律行为违反强制或禁止之规定等；（3）权利受到限制，即原告请求权虽然存在，但行使权力受到限制，如原告主张权利已超过诉讼时效、被告行使同时履行抗辩权、先履行抗辩权、不安抗辩权等。

适用裁驳或判驳，在实务中需要斟酌的情形是，经审理发现原告不符合《民事诉讼法》第122条第1项规定的"原告是与本案有直接利害关系的公民、法人和其他组织"的情形，即原告主体不适格。原告与本案具有直接的利害关系，要求原告享有诉的利益，如果原告对案件不享有诉的利益，则应驳回起诉。例如，乙向甲借款并向甲出具借据，甲委托其妻支付借款给乙，由于甲妻并非出借人，不是适格的原告，故应裁定驳回甲妻对乙的起诉，应由甲对乙提起诉讼。再如，原告提供与被告签订的合同，据此向被告主张合同项下的款项，被告抗辩该合同并未实际履行，并举证证明了合同项下的权利义务由案外人履行的事实。该

[①] 《民事诉讼法》第157条规定："裁定适用于下列范围：（一）不予受理；（二）对管辖权有异议的；（三）驳回起诉；（四）保全和先予执行；（五）准许或者不准许撤诉；（六）中止或者终结诉讼；（七）补正判决书中的笔误；（八）中止或者终结执行；（九）撤销或者不予执行仲裁裁决；（十）不予执行公证机关赋予强制执行效力的债权文书；（十一）其他需要裁定解决的事项。对前款第一项至第三项裁定，可以上诉。裁定书应当写明裁定结果和作出该裁定的理由。裁定书由审判人员、书记员署名，加盖人民法院印章。口头裁定的，记入笔录。"

例中,由于原告已提供与被告签订的合同,应当认定原告对案件享有诉的利益,此时不应裁定驳回起诉,而应判决驳回诉讼请求。概言之,案件双方没有合同关系,则原告主体不适格,应裁定驳回起诉(如前例);案件双方具有合同关系,则原告主体适格,如经审理发现原告不享有实体权利,则应判决驳回诉讼请求(如后例)。质言之,适用裁驳或判驳,以案件双方是否具有合同关系为判断标准。

以笔者审理的一起施工分包合同纠纷仲裁案件为例,对适用裁驳或判驳的问题进行说明。仲裁申请人(分承包人)向被申请人(承包人)主张分包工程价款,申请人仅举证双方签订的施工分包合同、申请人为被申请人开具的工程款发票,再无其他实际履行合同的证据。被申请人抗辩案涉合同并未实际履行,案涉工程系由双方的法定代表人共同使用被申请人的施工资质承接并施工,双方签订合同和开具发票仅是为了双方法定代表人分配利润的平账需要,并提供了双方法定代表人多次签订的对账单、欠款明细表等证据,证明双方法定代表人多次对包括案涉工程在内的施工项目进行对账,确认双方各自的出资额、工程款收入、开具发票、应分数额及欠款金额等事项。上述事实,尤其是双方法定代表人就涉案工程确认各自出资及对账的事实,使得申请人主张的本案双方之间存在施工分包合同法律关系这一待证事实真伪不明。参照《刑事诉讼法解释》第108条第2款关于"对一方当事人为反驳负有举证证明责任的当事人所主张事实而提供的证据,人民法院经审查并结合相关事实,认为待证事实真伪不明的,应当认定该事实不存在"的规定,仲裁庭认定,本案双方之间不存在施工分包合同法律关系。申请人以双方签订的施工分包合同主张权利,申请人主体是适格的,故不应驳回仲裁申请。本案情形属于申请人权利存在障碍,即申请人请求权根本不发生的情形,故应驳回仲裁请求。

专题八 其他问题

275. 如何确定诉讼（债务）主体？

现实中，一家企业签订合同，另一企业实际履行合同，或者前企业实际上转换为后企业，但从工商登记信息上看仍是两家独立的企业的现象大量存在。在认定责任（诉讼）主体的可考虑以下因素：

（1）从合同签订后有关往来函件中有无合同主体转换或增加的内容，非合同当事人有无介入合同履行当中以及对方有无提出异议，实际履行主体是否对合同标的物行使权利（如使用），对方向实际履行主体主张权利时有无提出异议等综合确定共同或单一诉讼主体。

（2）债的加入，即原债务人没有脱离债的关系，第三人加入债的关系，与原债务人共同向债权人承担债务。存在债的加入情况，那么加入人与原债务人成为共同诉讼主体。

例如，甲公司欠乙公司债务，丙公司承诺"与甲公司共同对乙公司债权负责"，即属于丙公司加入甲公司与乙公司的债务关系，起诉时应将甲、丙公司列为共同被告。

（3）债的转移，即债务人不再承担原合同责任，由第三人取代债务人承担原合同债务。如果存在债务转移情况，那么应以新债务人作为单一诉讼主体。

例如，乙公司承建甲公司十万吨电解铝工程，对甲公司享有债权，后丙公司对乙公司作出承诺"如十万吨电解铝工程竣工后资产需进入丙公司，乙公司债权随同该资产同步转移"。即以十万吨电解铝的资产进入丙公司为条件，当该条件成就时，甲公司脱离原来的债务关系，丙公司直接向乙公司承担还款责任。

（4）债的保证，即第三人表示如债务人不能偿还债务时，第三人愿对该债务负责，则属于债的保证，第三人是保证人。

接上例,丙公司承诺"如果甲公司无力偿还乙公司债务,该债务由丙公司归还"。在此,丙公司对乙公司承担保证责任,与甲公司成为共同债务主体。

(5)从合同签订、合同标的物的所有权人、收付款行为、交付标的物等签订及履行合同一系列过程分析判断,如果合同主体与非合同主体(多为母子公司)在签订与履行合同中存在互有交叉、混同的情形,可以认定为该母子公司共同实施与第三方的交易行为,该母子公司应为共同债务主体。

276. 发包人的母(子)公司承诺偿还工程款的,是债务转移还是债务加入?应如何确定发包人及其母公司的责任?

发包人的母(子)公司向承包人出具一份《承诺函》,载明:发包人欠付承包人的工程款,由我公司负责偿还。承包人为追索工程款将发包人及其母(子)公司起诉。发包人辩称,其工程款债务已转移至其母(子)公司,不应承担清偿责任;而其母(子)公司辩称,该承诺函的法律意义是债务转移,但未与承包人即债权人达成一致,债务转移未成立,不应承担偿还责任。那么,应如何认定承诺函的法律性质,以及确定债务责任主体?

首先,《民法典》第551条第1款规定:"债务人将债务的全部或者部分转移给第三人的,应当经债权人同意。"即债务转移以债权人同意为构成要件。第三人向债权人承诺承担债务人义务的,如果没有充分的证据证明债权人同意将债务转移给该第三人或者债务人退出合同关系,则不构成债务转移,应认定为债务加入。债务加入不能使原债务人脱离债的关系。因此,发包人仍应承担偿还责任。

其次,《民法典》第552条规定:"第三人与债务人约定加入债务并通知债权人,或者第三人向债权人表示愿意加入债务,债权人未在合理期限内明确拒绝的,债权人可以请求第三人在其愿意承担的债务范围内和债务人承担连带债务。"据此,第三人向债权人表明债务加入的意思后,即使债权人未明确表示同意,但只要其未明确表示反对或未以行为表示反对的,则债务加入成立,债权人可以依照债务加入关系向该第三人主张权利。发包人的母(子)公司书面承诺对发包人的工程款债务负责偿还,属于自愿对债务的承担行为,也应向承包人承担清偿责任。

综上所述,发包人的母(子)公司出具《承诺函》的行为,属于债务加入,应与发包人向承包人承担连带清偿责任。

277. 施工期间,发包人与第三人成立新公司并由新公司继受该项目的,如何确定工程付款义务主体?

在施工过程中,发包人与第三人发起设立了一个新的公司,并约定由新公司继受讼争项目,在后续履行施工合同期间,发包人与新公司均参与了施工合同的履行。此时,应区分两种情况确定工程付款义务主体。

(1)发承包双方签订建设工程施工合同后,在施工合同履行期间,发包人与第三人成立一个新的公司,新公司继受施工合同约定的建设项目并以项目所有人的身份与承包人确认原施工合同的效力的,表明新公司承接了原施工合同的权利义务,成为工程付款义务人。

《民法典》第555条规定:"当事人一方经对方同意,可以将自己在合同中的权利和义务一并转让给第三人。"新公司确认原建设工程施工合同效力的行为,表明其承接了原发包人的权利义务,实质上是合同转让行为。简言之,原发包人将建设工程施工合同的权利和义务一并转让给了新公司,新公司取代原发包人合同地位成为新的发包人。因此,承包人应向新公司追索工程欠款。

需要注意的是,原发包人转让合同权利义务经承包人同意后,即退出原施工合同关系,不再承担给付工程款责任,也不与新公司承担连带付款责任。即使实践中可能会出现原发包人仍以其自己的名义对工程施工进行指令、与承包人签订补充协议或者与承包人结算等情况,但这是原发包人的无权代理行为,新公司予以接受的,视为新公司对其无权代理行为的追认,或者原发包人表见代理新公司,仍约束新公司。因此,上述事实不能成为承包人要求原发包人连带付款的理由。

(2)新公司未与承包人达成确认或者否认原施工合同效力的意思表示,仅参与了施工合同的履行,并不表明发包人在合同中的权利义务已转移给新公司,也不能证明新公司概括承接合同权利义务已征得承包人同意,承包人仍应依据施工合同向发包人主张权利,发包人仍是讼争工程的付款义务人。

278. 同一项目下各单位工程签有数份建设工程施工合同,并且合同主体交叉混乱的,承包人如何追索工程欠款?

施工实践中会出现同一建设项目下就各个单位工程签有数份施工合同,并且合同主体交叉混乱的情况。这为承包人追索工程款带来一定的困难,如果诉讼主体不适格,就有可能被驳回起诉或驳回诉讼请求,妨碍债权的实现,甚至错失执行良机。为此,承包人在确定合同履行主体时,应从合同中有关法律关系的表述、是不是基于授权而为法律行为、一方在往来函件中认可的合同相对方、施工过程中有关协议及会议纪要等文件涵盖的工程范围和内容、工程款的支付、合同责任的承担、一方主张权利对方有无提出异议等方面综合考虑,准确界定合同的履行主体,继而确定付款义务主体。

279. 合同之外的第三人协助发包人履行施工合同的,应如何确定第三人与发包人的诉讼地位?二者应承担何种责任?

在施工实务当中,有时会出现施工合同之外的第三人(多为发包人的母公司或子公司)参与到建设工程施工合同的履行中,比如对建设工程进行中间验收、签发工程签证单、与承包人签署会议纪要、支付工程款、参与竣工验收及接收工程、与承包人结算工程价款或者签订结算协议,以及与承包人签订偿还工程款的协议,等等。此种情形为确定发包人和第三人的诉讼地位,及划分两者的责任形式带来困难。笔者认为,应区分以下情况作出具体认定:

(1)第三人参与施工合同履行,但未明示偿付工程款的情形。第三人虽多次参与施工合同的履行,但未明确表示对偿付工程款承担责任或者与发包人共同对支付工程款负责的,那么,第三人参与施工合同履行及给付工程款的行为应认定为代为履行债务。第三人参与施工合同履行的行为,不能成为其与发包人连带付款的理由,第三人与发包人对工程付款不构成连带责任。

首先,《民法典》第523条规定:"当事人约定由第三人向债权人履行债务,第三人不履行债务或者履行债务不符合约定的,债务人应当向债权人承担违约责任。"该规定表明,第三人代为履行债务的行为,并不导致第三人成为合同当事人,第三人并不负有合同义务。债务人仍是合同义务的履行主体,并对第三人的履行瑕疵向债权人承担违约责任。第三人参与合同履行及给付工程款行为,发包人知道但未提出异议并且承包人接受的,表明双方同意第三人的代为履行行为。但是,根据合同相对性原则,合同中约定的权利义务内容,不能约束非合同当事人,因此,承包人无权要求第三人承担连带清偿工程款的合同责任。第三人先前的代为履行行为,不能成为其继续付款或者与发包人连带付款的法定理由。

其次,第三人参与建设工程施工合同履行的行为,不能认定为发包人已将合同转让给第三人。根据《民法典》第555条关于"当事人一方经对方同意,可以将自己在合同中的权利和义务一并转让给第三人"的规定,合同当事人概括转让合同权利义务以征得对方同意为前提。第三人未与承发包双方达成转让合同的意思表示,仅参与了施工合同的履行,即使其介入履行了施工合同的大部分内容及实际接收使用工程,也不能由此认定发包人已将合同中的权利义务转移给第三人,更不能证明第三人概括承接合同权利义务已征得承包人的同意。因此,不能以第三人参与履行合同的行为认定其承接了施工合同中发包人的义务,并承担工程付款责任。

(2)第三人参与施工合同履行,且明示偿付工程款的情形。第三人既参与了施工合同的履行,也与承包人达成偿还工程款的协议或就工程付款向承包人作出单方承诺的,第三人则应承担偿付工程款责任。具体情形及责任形式如下:

①第三人在协议或单方承诺中,明确表示对给付工程款与发包人共同负责的。该情形属于债务加入。债务加入,是指债务人并不脱离原有合同关系,由第三人加入合同关系之中,并由第三人与债务人共同向债权人承担债务。《民法典》第552条规定:"第三人与债务人约定加入债务并通知债权人,或者第三

人向债权人表示愿意加入债务,债权人未在合理期限内明确拒绝的,债权人可以请求第三人在其愿意承担的债务范围内和债务人承担连带债务。"据此,承包人可列第三人与发包人为共同被告,二者对支付承包人工程款承担连带清偿责任。

②第三人在协议或单方承诺中表示在发包人不能给付工程款时由第三人负责给付的,属于债的保证,第三人是保证人。根据《民法典》第 686 条第 2 款"当事人在保证合同中对保证方式没有约定或者约定不明确的,按照一般保证承担保证责任"、第 687 条第 2 款中"一般保证的保证人在主合同纠纷未经审判或者仲裁,并就债务人财产依法强制执行仍不能履行债务前,有权拒绝向债权人承担保证责任"的规定,承包人在工程款债权不能实现时,首先应向发包人主张债权,当发包人经强制执行仍不能履行债务时,再向第三人主张一般保证责任。

③第三人与承包人协议约定,由第三人偿还工程款债务,发包人不再承担付款责任的,该情形属于债务转移。债务转移,债务人不再承担原合同责任,由第三人取代债务人承担原合同债务。据此,承包人只能向第三人主张工程款债权。

280. 实际施工人的间接上手承包人应否对实际施工人的工程款承担责任?

诉讼实践中,多层转包、分包关系中的实际施工人为索要工程款,往往将其上手的全部承包人与发包人列为共同被告一并起诉,请求各被告连带支付其工程款。与实际施工人没有合同关系的转包人、违法分包人(以下简称间接上手承包人),应否对实际施工人的工程款承担责任?

笔者认为,间接上手承包人不应对实际施工人的工程款承担责任。理由如下:

(1)突破合同相对性主张权利以法律有明确规定为前提,实际施工人请求间接上手承包人对其工程款承担连带清偿责任没有法律依据。

《建设工程司法解释(一)》第 43 条第 1 款规定:"实际施工人以转包人、违法分包人为被告起诉的,人民法院应当依法受理。"第 2 款规定:"实际施工人以发包人为被告主张权利的,人民法院应当追加转包人或者违法分包人为本案第三人,在查明发包人欠付转包人或者违法分包人建设工程价款的数额后,判决发包人在欠付建设工程价款范围内对实际施工人承担责任。"该条第 1 款,系赋予实际施工人向其合同相对方主张权利的权利;该条第 2 款,系赋予实际施工人突破合同相对性原则直接向发包人主张工程价款的权利。适用该条第 2 款应注意:①建设工程的发包人只有一个,不应对发包人概念作扩张解释。发包人仅指建设工程施工合同中委托承包人进行工程施工的建设单位,并不包括承揽工程后又转包、分包的施工人。发包人一般是工程的建设单位(委托代建例外)。②发包人对实际施工人承担责任,前提是发包人欠付转包人或违法分包人的工程款,其本质是发包人在欠付转包人或违法分包人工程款范围内承担代付责任,而非与转包人或违法分包人承担连带责任,亦非共同责任。因此,该条第 2 款仅可作为实际施工人向发包人主张权利的法律依据,不能作为要求间接上手承包人承担连带责任的依据。

(2)《民法典》第 178 条第 3 款规定:"连带责任,由法律规定或者当事人约定。"换言之,无法律规定或约定,不得主张连带责任。现行法律并无转包人、违法分包人应对实际施工人工程款承担连带责任的规定,且实际施工人与间接上手承包人亦无合同关系,自然无此约定,故实际施工人请求间接上手承包人与发包人对其工程款承担连带责任,于法无据。

(3)从司法解释条文演变来看。2004 年 10 月 25 日公布的最高人民法院《关于审理建设工程施工合同纠纷案件适用法律问题的解释》(法释〔2004〕14 号,以下简称原建一)第 26 条第 2 款规定:"实际施工人以发包人为被告主张权利的,人民法院可以追加转包人或者违法分包人为本案当事人。发包人只在欠付工程价款范围内对实际施工人承担责任。"2019 年 1 月 3 日公布的最高人民法院《关于审理建设工程施工合同纠纷案件适用法律问题的解释(二)》(法释〔2018〕20 号,以下简称原建二)第 24 条规定:"实际施工人以发包人为被告主张权利的,人民法院应当追加转包人或者违法分包人为本案第三人,在查明发包人欠付转包人或者违法分包人建设工程价款的数额后,判决发包人在欠付建设工程价款范围内对实际施工人承担责任。"此后,最高人民法院为配合《民法典》的实施,对原建一、原建二予以整合、清理,出台《建设工程司法解释(一)》,同时废止了原建一、原建二,现行《建设工程司法解释(一)》第 43 条第 2 款条文内容,即由原建二第 24 条完整吸收而来。

将原建二第 24 条即现行《建设工程司法解释(一)》第 43 条第 2 款内容,与原建一第 26 条第 2 款比较,值得注意的是:

原建一第 26 条第 2 款规定追加转包人或者违法分包人为"本案当事人",而原建二第 24 条改变为"本案第三人"。当事人包括被告和第三人,第三人包括无独立请求权的第三人和有独立请求权的第三人。原建二第 24 条中的"第三人"显指无独立请求权的第三人,且追加为第三人的目的在于"查明发包人欠付转包人或者违法分包人建设工程价款的数额",因此,追加转包人、违法分包人为第三人,仅为查明案件事实,并非由其承担连带付款责任。该条较之原建一第 26 条第 2 款的规定,表述更加清晰明确,亦反映出最高人民法院限缩实际施工人突破合同相对性权利的意思。

此外,原建二第 24 条将转包人或者违法分包人列为第三人,而非通知其作为证人以查清案件事实,系因法院在处理实际施工人诉请发包人在欠付范围内支付价款的案件中,还需认定发包人与转包人、违法分包人之间的工程款结算及支付等事项,该处理结果与转包人、违法分包人具有法律上的利害关系,故应通知其作为第三人参加诉讼。

综上所述,笔者认为,自原建二施行日期即 2019 年 2 月 1 日后,实际施工人要么向其合同相对方即转包人、违法分包人主张权利,要么依据原建二第 24 条或《建设工程司法解释(一)》第 43 条第 2 款的规定向发包人主张权利,但不能主张发包人与其间接上手承包人与发包人承担连带付款责任。

281. 实际施工人直接起诉发包人索要工程款诉讼中,应由谁承担"发包人欠付工程价款"的证明责任?

实际施工人依据《建设工程司法解释(一)》第 43 条第 2 款关于"实际施工人以发包人为被告主张权利的,人民法院应当追加转包人或者违法分包人为本案第三人,在查明发包人欠付转包人或者违法分包人建设工程价款的数额后,判决发包人在欠付建设工程价款范围内对实际施工人承担责任"的规定,直接起诉发包人索要工程款的案件中,实际施工人提出总包合同在发包人与承包人

(司法解释中的转包人或违法分包人,相对于发包人而言是承包人,相对于实际施工人而言是转包人或违法分包人,系同一主体)之间履行,实际施工人无法对发包人是否欠付承包人工程款及欠款数额进行举证,应由发包人对不存在欠付工程价款的事实承担举证责任;发包人则抗辩称,发包人与承包人尚未结算,无法证明是否存在欠款,应由实际施工人根据"谁主张,谁举证"的原则进行举证。对此,应如何确定该证明责任?

笔者认为,对于发包人与承包人之间的工程造价数额,应由实际施工人承担证明责任;对于发包人向承包人的已付款数额,应由发包人承担证明责任。理由如下:

(1)依据《建设工程司法解释(一)》第43条第2款的规定,发包人对实际施工人承担付款责任,以发包人欠付承包人工程价款为基础和前提,发包人仅在欠付承包人工程价款范围内对实际施工人承担责任,故实际施工人"以发包人为被告主张权利"的要件事实,是发包人欠付承包人的工程价款,而只有在发承包之间工程造价数额明确的情况下,才能查明该事实,因此,实际施工人应对发承包双方之间的工程造价数额承担证明责任。如需通过司法鉴定确定该工程造价数额的,亦应由实际施工人提出工程造价鉴定申请。如果该工程造价数额无法查明时,实际施工人就要承担由此产生的不利后果。

工程结算是发承包双方就工程价款达成合意的过程,最终能否完成结算取决于双方的意思自治,工程结算工作技术性很强,且有时双方争议很大,不能最终完成结算的结果很难简单归咎于一方。因此,即使工程竣工多年,发包人尚未与承包人完成结算,实际施工人也不能以发包人尚未完成结算具有过错为由,主张发包人应对此承担证明责任。

(2)在发承包双方之间工程造价数额查明以后,发包人应对其已付承包人工程款的数额负有证明责任。实际施工人作为发承包双方之间施工合同的非合同当事人,未参与该合同的履行,无法直接举证证明发包人支付承包人工程款的具体数额,故应由发包人对支付承包人工程价款的数额进行举证证明。如经举证证明,发包人已向承包人付清工程价款,则实际施工人向发包人主张工程价款的权利已经消灭,发包人无须对实际施工人承担责任;如尚未付清,则发包人应在欠付承包人工程价款范围内对实际施工人承担责任。

282. 当事人就同一事件签订多份协议,有时以单位名义盖章加签字,有时以个人名义签字,如何确定原告的诉讼主体?

当事人为某一事件先后签订多份协议,有时是以单位名义签订,协议上既有单位盖章,也有个人签字;有时是以个人名义签订,协议上仅有个人签名。作为代理律师,应怎样确定原告的诉讼主体资格?

此种情形下,应综合考察多份协议的签订情形,以及上述协议的实际履行情况,如果上述协议均是由该个人签字并执行,则该个人是上述多份协议的实际主体,与案件有直接的利害关系,具有原告的诉讼主体资格。

283. 当事人达成还款协议后,能否对形成还款协议的基础事实提出抗辩主张?

建设工程经竣工验收合格后,承包人依据其与发包人达成的还款协议提起诉讼,而发包方则对形成还款协议的基础事实提出抗辩。比如,对形成还款协议的基础事实《建设工程施工合同》的效力及工程造价不实等问题提出抗辩。对此,应如何审查还款协议的效力?

如经人民法院审查,还款协议未涉及损害社会公共利益或者第三人合法权益,也无证据表明违背双方真实意愿的,该还款协议可以作为认定案件事实的依据。在还款协议签订前及诉讼程序开始之前,发包方未就《建设工程施工合同》的效力及工程造价等问题向承包方提出异议,也未向国家机关寻求救济,而是就工程欠款数额、还款期限及方式在还款协议中加以确认,表示自愿偿还债务,这是对自己权利的一种处分行为,具有法律效力。而且,还款协议系以解决或防止当事人之间就欠款及数额等方面的争执为目的而达成的,债务人不得就此前的基础法律关系再行提出主张。

284. 劳务分包合同的承包人能否直接向发包人(业主)索要工程款?

笔者认为,劳务分包合同的承包人不能直接向发包人索要工程款。分层次论述如下:

(1)施工分包序列。根据住建部《房屋建筑和市政基础设施工程施工分包管理办法》(住建部 2019 年修正)及《建筑业企业资质管理规定》(住建部 2018 年修正)的有关规定,建筑业企业资质分为施工总承包资质、专业承包资质、施工劳务资质三个序列,房屋建筑和市政基础设施工程施工分包分为专业工程分包和劳务作业分包。

法律允许的施工分包包括:

①专业工程分包:施工总承包企业经建设单位认可后可以将所承包工程中的专业工程分包给具有相应资质的专业承包企业。

②劳务作业分包:总承包企业和专业承包企业都可以将所承包工程中的劳务作业分包给具有相应资质的劳务分包企业。如图 2 所示。

```
            施 工 总 承 包
           /              \
    专业工程分包         劳务作业分包
 (有资质要求,且经         (有资质要求)
  建设单位认可)
        |
    劳务作业分包
   (有资质要求)
```

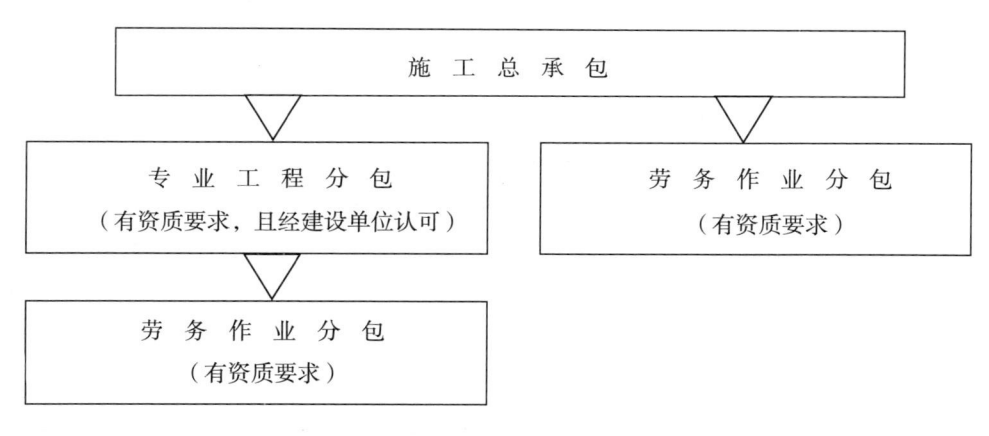

图 2　分包序列

(2)劳务分包不属于"建设工程分包"。《房屋建筑和市政基础设施工程施工分包管理办法》第 5 条中规定,本办法所称劳务作业分包,是指施工总承包企业或者专业承包企业将其承包工程中的劳务作业发包给劳务分包企业完成的活动。住房和城乡建设部《建筑业企业资质标准》总则部分第 3 条第 2 项规定,取得专业承包资质的企业可以承接具有施工总承包资质的企业依法分包的专

335

业工程或建设单位依法发包的专业工程。取得专业承包资质的企业应对所承接的专业工程全部自行组织施工，劳务作业可以分包，但应分包给具有施工劳务资质的企业。由此可见，部门规章允许专业承包企业再分包其所承接的专业分包工程中的劳务部分，此种情况下，专业承包企业既是专业分包合同中的分承包人，又是劳务分包合同中的发包人。

然而，这与《建筑法》第29条第3款、《民法典》第791条第3款关于"禁止分包单位将其承包的工程再分包"、《建设工程质量管理条例》第78条第2款第4项关于"分包单位将其承包的建设工程再分包的"是违法分包行为等上位法律法规的规定，是相抵触的。由此也表明，部门规章并未将劳务分包视为建设工程分包。从法律性质上看，劳务分包仅仅是把建设工程中的劳务部分剥离出来单独进行承包施工的活动，并不涉及建设工程中人、材、机等全部要素，其更符合承揽合同的特征。因此，笔者倾向认为，劳务分包合同属于承揽合同，而非建设工程分包合同。劳务分包不属于"建设工程分包"，"建设工程分包"仅指专业工程分包。

（3）劳务分包工程承包人不能直接向发包人索要工程款。《建设工程司法解释（一）》第43条规定："实际施工人以转包人、违法分包人为被告起诉的，人民法院应当依法受理。实际施工人以发包人为被告主张权利的，人民法院应当追加转包人或者违法分包人为本案第三人，在查明发包人欠付转包人或者违法分包人建设工程价款的数额后，判决发包人在欠付建设工程价款范围内对实际施工人承担责任。"适用本条以存在违法分包建设工程为前提条件。承前所述，由于劳务分包不属于建设工程分包，劳务分包合同属于承揽合同，亦不属于建设工程分包合同，因此，劳务分包工程的承包人不属于本条规定的"实际施工人"，不能依据本条规定向发包人索要工程款。

285. 总承包人与发包人尚未结算工程款，分包人能否就总承包人欠付的分包工程款向发包人行使代位权？

代位权，是指在债务人怠于行使对第三人的到期债权而损害到债权人的情况下，债权人可以代替债务人向第三人行使债权的权利。债权人对债务人享有的债权称为主债权，债务人对第三人享有的债权称为次债权，包括三方主体即债权人、债务人、次债务人(债务人的债务人)。三方主体形成的债权债务关系,即人们通常所说的"三角债"。

代位权是法律赋予债权人突破合同相对性原则向第三人(次债务人)行使债权的权利,体现了债的对外效力。但是,行使代位权应具备一定的条件。《民法典》第535条第1款规定:"因债务人怠于行使其债权或者与该债权有关的从权利,影响债权人的到期债权实现的,债权人可以向人民法院请求以自己的名义代位行使债务人对相对人的权利,但是该权利专属于债务人自身的除外。"根据该规定,债权人提起代位权诉讼,应以主债权和次债权的成立为条件。债权成立不仅指债权的内容合法,而且要求债权的数额应当确定。债务人怠于行使已到期且数额明确的次债权,才会形成对主债权的损害,债权人才具备行使代位权的条件。

总承包人与发包人尚未结算工程价款,对发包人是否享有债权以及债权的数额尚处于不确定状态。此种情形下,分包人不具备向发包人行使代位权的条件,不能就总承包人欠付的分包工程款向发包人行使代位权。

题述情形不但适用于总承包人合法分包工程的情形,也适用于违法分包工程的情形。需要注意的是,在违法分包建设工程情形下,虽因总承包人尚未与发包人结算工程价款,分包人(实际施工人)不能向发包人行使代位权,但可依据《建设工程司法解释(一)》第43条第2款关于"实际施工人以发包人为被告主张权利的,人民法院应当追加转包人或者违法分包人为本案第三人,在查明发包人欠付转包人或者违法分包人建设工程价款的数额后,判决发包人在欠付建设工程价款范围内对实际施工人承担责任"的规定,直接向发包人主张权利。

286. 实际施工人欠付工程材料款,材料供应商能否要求承包人承担连带清偿责任?

承包人将承建工程转包或者违法分包给实际施工人施工,实际施工人因购买工程材料欠付材料款,材料供应商能否就实际施工人欠付的材料款要求承包人承担连带清偿责任?

笔者认为,材料供应商无权主张承包人对实际施工人欠付的材料款承担连带清偿责任。分析如下:

(1)材料供应商主张承包人对实际施工人的材料款债务承担连带责任,不符合合同相对性原则。实际施工人与材料供应商签订工程材料买卖合同,双方建立了买卖合同法律关系。实际施工人与承包人签订转包(或分包)合同,双方建立了建设工程转包(或分包)合同法律关系。三方当事人分别建立了不同的合同关系,转包(或分包)合同与工程材料买卖合同是两个分别独立的合同,各方当事人均应依据各自的合同向其合同相对方主张权利或者履行义务。

《民法典》第118条第2款规定,债权是"权利人请求特定义务人为或者不为一定行为的权利。"第465条第2款规定:"依法成立的合同,仅对当事人具有法律约束力,但是法律另有规定的除外。"第593条规定:"当事人一方因第三人的原因造成违约的,应当依法向对方承担违约责任。当事人一方和第三人之间的纠纷,依照法律规定或者按照约定处理。"上述规定表明,债是特定当事人之间的法律关系,债权人只能向特定的债务人请求给付,债务人只对特定的债权人负有给付义务,即,债权具有相对性,相对性是债权的基础,债权在法律性质上属于对人权;即使因合同以外第三人的行为致使债权不能实现,债权人也不能依据债权的效力、在没有法律依据的情况下突破合同相对性原则要求第三人对债务承担连带责任。

材料供应商依据其与实际施工人之间的工程材料买卖合同,向非合同相对方的承包人主张合同责任,不符合合同相对性原则。即使是因承包人拖欠实际施工人工程款,从而导致实际施工人欠付材料供应商的材料款,材料供应商也无权突破合同相对性向承包人主张清偿债务。

(2)材料供应商主张承包人对实际施工人的材料款债务承担连带责任,不符合连带责任法定原则。《民法典》第178条第3款规定:"连带责任,由法律规定或者当事人约定。"已如前述,材料供应商与承包人之间并无合同关系,自然没有关于连带责任的约定,也没有法律规定此种情形应由承包人承担连带责任,因此,材料供应商的该项主张不符合连带责任法定原则。

(3)承前所述,材料供应商与实际施工人之间建立的是买卖合同关系,买卖关系是出卖人以货物的所有权换取对价或者相应债权的行为,买卖合同一经履行完毕,则货物所有权转移至买受人。出卖人的债权并不随同货物的所有权产生追及效力,出卖人无权向货物的使用人主张债权。因此,尽管工程材料已用于承包人所承建的工程上,但由于承包人并非该材料的买受人,材料已用于工程的事实亦非主张承包人对材料款承担责任的法定理由。

(4)即使承包人与实际施工人之间的转包(或违法分包)合同被认定为无

效,也不导致承包人对材料供应商承担责任。

①《民法典》第157条规定:"民事法律行为无效、被撤销或者确定不发生效力后,行为人因该行为取得的财产,应当予以返还;不能返还或者没有必要返还的,应当折价补偿。有过错的一方应当赔偿对方由此所受到的损失;各方都有过错的,应当各自承担相应的责任。法律另有规定的,依照其规定。"据此,合同无效后,仅在无效合同双方之间产生法律责任,并不引发对合同之外第三人的法律责任(除非因无效合同侵犯第三人权益),即合同无效后果仍遵循相对性原则。因此,承包人与实际施工人之间的转包(或违法分包)合同无效,并不导致承包人对合同之外的材料供应商承担责任。

②《建设工程司法解释(一)》第43条第2款规定:"实际施工人以发包人为被告主张权利的,人民法院应当追加转包人或者违法分包人为本案第三人,在查明发包人欠付转包人或者违法分包人建设工程价款的数额后,判决发包人在欠付建设工程价款范围内对实际施工人承担责任。"该条款是法律对实际施工人的工程款债权突破合同相对性予以保护的规定,其特征是在发包人、转包人或违法分包人、实际施工人三方主体之间存在两份施工合同关系。但在承包人、实际施工人、材料供应商三方主体之间则存在施工合同和买卖合同两种不同的合同关系,而且材料供应商亦非上述司法解释中的"实际施工人",故该司法解释也不是材料供应商作为主张承包人对实际施工人的材料款债务承担责任的法律依据。

需要说明的是,如果实际施工人的行为构成表见代理,则材料供应商可以依据《民法典》第172条关于"行为人没有代理权、超越代理权或者代理权终止后,仍然实施代理行为,相对人有理由相信行为人有代理权的,代理行为有效"的规定,主张由被代理人即承包人承担清偿材料款的责任。在此情况下,仅由承包人承担责任,实际施工人并不承担责任,亦非两者承担连带责任。

此外,如果实际施工人对承包人享有到期工程款债权,材料供应商可以申请执行实际施工人对承包人的到期债权,也可以依据《民法典》第535条的规定[1]向承包人提起代位权诉讼,实现自己的材料款债权。

---

[1] 《民法典》第535条规定:"因债务人怠于行使其债权或者与该债权有关的从权利,影响债权人的到期债权实现的,债权人可以向人民法院请求以自己的名义代位行使债务人对相对人的权利,但是该权利专属于债务人自身的除外。代位权的行使范围以债权人的到期债权为限。债权人行使代位权的必要费用,由债务人负担。相对人对债务人的抗辩,可以向债权人主张。"

287. 总承包人指定主材品牌，且约定主材价格须由双方共同确认的，能否成为其对分包人材料款债务连带清偿的理由？

总承包人与分包人在建设工程分包合同中约定，主材使用总承包人指定的品牌，主材价格由双方共同确认后计入结算。分包人与材料供应商订立了材料购销合同，但欠付材料供应商的材料款。对此，材料供应商以总承包人指定了主材品牌且确认材料价格为由，要求总承包人对分包人的材料款债务承担连带清偿责任，该主张能否成立？

笔者认为，材料供应商要求总承包人对分包人的材料款债务承担连带清偿责任的主张，不能成立。理由是，总承包人指定主材品牌，系出于确保建设工程质量的需要，以及对该品牌产品质量的信任。尽管主材品牌被指定，但分包人仍有选择与该品牌产品的生产厂家或其代理商、销售商订立买卖合同的自由。指定主材品牌，并不表明总承包人直接与材料供应商建立了买卖关系。约定主材价格须经共同确认是发承包双方材料结算的重要内容，是双方确定分包工程造价的前置程序，该约定是分包工程双方的合同义务，并不引发总承包人对分包人的材料款债务的责任承担问题。

288. 委托代建工程情形下，如何确定支付工程款的义务主体？

在委托代建工程情形下，存在着三方主体即建设单位（委托人）、代建单位（受托人）、承包人，两份合同即委托代建合同（建设单位与代建单位签订）、建设工程施工合同（代建单位与承包人签订）。在承包人索要工程价款的案件中，应如何确定支付工程价款的义务主体？

笔者认为，在承包人起诉代建单位索要工程价款的案件中，法院应通知建设单位作为第三人参加诉讼，并按以下原则确定向承包人支付工程价款的义务主体：

鉴于代建单位以自己的名义与承包人签订建设工程施工合同发包工程，与承包人形成了施工合同法律关系，代建单位作为发包人应向承包人承担支付工程款的责任。但有以下情形的除外：

（1）在案件审理中，代建单位如能举证证明存在隐名代理关系，即在代建单位与承包人签订施工合同时，承包人既已知晓建设单位及其与代建单位之间的代理关系的，则根据《民法典》第925条关于"受托人以自己的名义，在委托人的授权范围内与第三人订立的合同，第三人在订立合同时知道受托人与委托人之间的代理关系的，该合同直接约束委托人和第三人"的规定，该施工合同直接约束建设单位和承包人，建设单位是支付工程款的义务主体，代建单位作为代理人不应承担实体责任。反之，如经庭审调查认定隐名代理不成立，即代建单位不能举出在签订施工合同时承包人知晓建设单位及其与代建单位存在代理关系的证据，则仍应由代建单位承担支付工程款的责任，其向承包人偿付工程款以后可依据委托代建合同向建设单位追偿。

（2）如经庭审查明，代建单位系因建设单位的原因不能向承包人支付工程款，法院应依法行使披露权和释明权，由承包人选定其合同相对人承担付款责任。《民法典》第926条第2款规定："受托人因委托人的原因对第三人不履行义务，受托人应当向第三人披露委托人，第三人因此可以选择受托人或者委托人作为相对人主张其权利，但是第三人不得变更选定的相对人。"因此，在查明代建单位不能向承包人支付工程款，是因建设单位违约等原因造成的情况下，法院应依法向承包人行使披露权和释明权，即向承包人披露建设单位，由承包人自由选择其合同相对人，并告知一经选定后则不得变更选定的相对人。披露和释明以后，承包人可以选择建设单位承担付款责任，也可以选择代建单位承担付款责任，无论选择哪一方承担责任，承担责任的主体只有一个，二者并非连带责任。

289. 当事人自认的事实，能否作为人民法院定案的根据？

自认，是诉讼当事人对不利于自己事实的承认。自认性质上属于当事人的陈述，是《民事诉讼法》第66条[①]规定的八种法定证据形式之一，是法律规定的

[①] 《民事诉讼法》第66条规定："证据包括：（一）当事人的陈述；（二）书证；（三）物证；（四）视听资料；（五）电子数据；（六）证人证言；（七）鉴定意见；（八）勘验笔录。证据必须查证属实，才能作为认定事实的根据。"

免证情形之一。《民事诉讼证据规定》第 89 条第 1 款规定："当事人在诉讼过程中认可的证据，人民法院应当予以确认。但法律、司法解释另有规定的除外。"因此，诉讼当事人自认的事实能够作为人民法院定案的根据，自认具有法律效力。但是，根据《民事诉讼证据规定》第 8 条第 2 款"自认的事实与已经查明的事实不符的，人民法院不予确认"的规定，如果当事人自认的事实与法院已经查明的事实不符，法院对该自认的事实不予确认。

290. 当事人自认的事实涉及第三方利益的，能否仅凭自认定案？

诉讼当事人对不利于自己事实的承认，其本质是对自己民事权利的处分，人民法院可以其自认的事实作为定案的根据。但自认的范围仅限于对自己不利的事实。如果自认的事实涉及第三方利益，人民法院还应结合其他证据认定案件事实。

291. 自认与证据证明的事实不一致的，应如何认定案件事实？

在建设工程施工合同纠纷案件中，有时会出现双方当事人对某一事实的自认不同，双方对各自自认事实的陈述也前后不一，而且双方提交的相关证据所反映的事实与其自认事实亦不一致的情形。此时应当怎样认定案件事实？

《民事诉讼法解释》第 92 条第 1 款规定："一方当事人在法庭审理中，或者在起诉状、答辩状、代理词等书面材料中，对于己不利的事实明确表示承认的，另一方当事人无须举证证明。"第 3 款规定："自认的事实与查明的事实不符的，人民法院不予确认。"《民事诉讼证据规定》第 89 条第 1 款规定："当事人在诉讼过程中认可的证据，人民法院应当予以确认。但法律、司法解释另有规定的除外。"由此表明，自认仅属于免证情形，并非一概认定当事人自认的事实，如经查明自认事实与在案证据证明的事实不一致的，仍以查明的事实认定案件事实。

因此,在双方当事人就某一事实的自认不一致,并且各自的多次陈述亦不一致的情形下,应当认定当事人提交的证据所能证明的事实,而非仅选择一方当事人的自认作为定案的依据。

292. 当事人自认后,能否反悔?

《民事诉讼证据规定》第9条规定:"有下列情形之一,当事人在法庭辩论终结前撤销自认的,人民法院应当准许:(一)经对方当事人同意的;(二)自认是在受胁迫或者重大误解情况下作出的。人民法院准许当事人撤销自认的,应当作出口头或者书面裁定。"第89条第2款规定:"当事人对认可的证据反悔的,参照最高人民法院《关于适用〈中华人民共和国民事诉讼法〉的解释》第二百二十九条的规定处理。"《民事诉讼法解释》第229条规定:"当事人在庭审中对其在审理前的准备阶段认可的事实和证据提出不同意见的,人民法院应当责令其说明理由。必要时,可以责令其提供相应证据。人民法院应当结合当事人的诉讼能力、证据和案件的具体情况进行审查。理由成立的,可以列入争议焦点进行审理。"上述规定表明,当事人撤销自认,应说明理由,并经对方当事人同意撤销自认,或者经举证证明自认是在受胁迫或重大误解情况下作出的,才可以撤销自认。否则,根据禁止反言规则,人民法院仍应确认其自认的事实。

293. 当事人一审中对复印件证据的真实性未提出异议,在二审中才提出异议的,是否有效?

一审诉讼中,一方当事人对另一方提供的复印件证据未提出真实性抗辩,在二审中才提出复印件不能作为证据使用的,能否得到法院的支持?

当事人在一审中对复印件证据的真实性并未提出异议,只是作出其他抗辩的,构成自认。《民事诉讼法解释》第340条规定:"当事人在第一审程序中实施的诉讼行为,在第二审程序中对该当事人仍具有拘束力。当事人推翻其在第一审程序中实施的诉讼行为时,人民法院应当责令其说明理由。理由不成立的,不予支持。"因此，当事人一审中的自认行为，在二审中仍对其具有拘束力。如其反悔，应举证推翻其自认的事实，如果仅提出异议但未提供相反证据的，二审法院不应予以支持。

294. 当事人一审中未就某项事实提出异议，在二审中才提出异议的，是否有效？

诉讼当事人在一审中未就某项事实（问题）提出异议，应视为认可。在二审中提出异议的，根据《民事诉讼法解释》第340条"当事人在第一审程序中实施的诉讼行为，在第二审程序中对该当事人仍具有约束力。当事人推翻其在第一审程序中实施的诉讼行为时，人民法院应当责令其说明理由。理由不成立的，不予支持"的规定，应向法庭说明理由。如该理由不成立，则不应支持其异议。

295. 如何认定书证复印件的证据效力？

法律仅规定未经质证的证据，不得作为定案的根据，但从未规定书证复印件不得作为证据使用。

笔者认为，书证复印件经审核如存在以下情形：

（1）一方当事人提供证据复印件，并对无法提交原件作出了合理解释。

（2）对方当事人提供的其他证据反映出该复印件证据是真实存在的，且被该当事人所持有。

（3）该证据与本案具有关联性。

具备上述条件的，一方当事人可以依据《民事诉讼法解释》第112条第1款关于"书证在对方当事人控制之下的，承担举证证明责任的当事人可以在举证期限届满前书面申请人民法院责令对方当事人提交"的规定，书面申请法庭或仲裁庭责令对方当事人提交书证。法庭或仲裁庭经审查认为书证存在且在对方当事人控制之下的，可以作出书证提出命令。对方当事人无正当理由拒不提供书证、毁灭书证或实施其他致使书证不能使用的行为的，根据《民事诉讼证据规定》第 48 条"控制书证的当事人无正当理由拒不提交书证的,人民法院可以认定对方当事人所主张的书证内容为真实。控制书证的当事人存在最高人民法院《关于适用〈中华人民共和国民事诉讼法〉的解释》第一百一十三条规定情形的,人民法院可以认定对方当事人主张以该书证证明的事实为真实"的规定,法庭或仲裁庭可以认定一方当事人持有的书证复印件的真实性。

296. 发包人以承包方下属工程队自认的工程欠款数额进行抗辩,是否有效?

承包方起诉发包方索要工程欠款,发包方出示承包方下属工程队提供的有关函件中对工程欠款的自认数额进行抗辩。鉴于该工程队的行为不是法人行为也不是承包方财务部门的行为,自认行为不具有法律效力。如该自认数额与已查明工程欠款数额不一致,人民法院对此应不予认定。

297. 施工单位与建设单位签有多份建设工程施工合同,能否就多份合同项下的工程欠款一并提起诉讼或仲裁?

建设单位就其若干个单项工程与施工单位签有多份建设工程施工合同,或者先后与施工单位订立了多份施工合同。承包人对上述工程均已施工完毕且工程款债权均已到期,为索要工程欠款起诉到法院或提起仲裁。发包人主张,其与承包人订立多份施工合同,系建立了多个法律关系,承包人应分别提起诉讼或仲裁,人民法院及仲裁机构不应合并审理;承包人则认为,发包人的合同债务均已到期,应当一并审理和判决。此种情形能否一并起诉、一并审理?

《民事诉讼法》第 55 条第 1 款规定:"当事人一方或者双方为二人以上,其诉讼标的是共同的,或者诉讼标的是同一种类、人民法院认为可以合并审理并经当事人同意的,为共同诉讼。"该规定是就主体合并审理必须经当事人同意作出的规定,其前提是当事人一方或者双方必须为二人以上。承包人基于多份合同债务起诉发包人,其诉讼双方主体均为一人,故不存在主体合并的问题,而应是事实上的客体合并,我国法律并无客体合并审理必须经当事人同意的强制性规定。因此,承包人就多份合同债务一并起诉并无不当。多份建设工程施工合同的发包人和承包人分别为同一主体,法律关系均为建设工程施工合同法律关系,诉的种类也都是给付之诉,具备诉的客体的合并条件。将其合并审理,有利于减少当事人的讼累,有效地节约诉讼资源,且更有利于双方纠纷的彻底解决。承包人就多笔工程款债务一并提起诉讼或仲裁,人民法院或仲裁机构合并审理并作出一份裁判并不违反法律规定。

值得注意的是,如果多项建设工程的地点分属不同法院的管辖区域,根据《民事诉讼法解释》第28条第2款关于施工合同纠纷案件专属管辖的规定①,施工单位应分别就每项工程向该工程所在地法院提起诉讼,不能合并起诉。如果发承包双方在多份建设工程施工合同中均约定由同一仲裁机构仲裁,则无此限制,承包人可以一并提起仲裁。

298. 如何认定名为购房合同实为建设工程承包合同?

购房合同,是指房地产开发企业将尚未建成或者已竣工的房屋向社会销售并转移房屋所有权予买受人,买受人支付价款的合同。基本特点是,出卖人转移房屋所有权到买受人名下,买受人支付房屋价款。

建设工程承包合同,是指承包人进行工程建设,发包人支付价款的合同。基本特点是,发包人是建设项目的所有者,承包人以其提供的劳务、管理、技术、设备等完成建设项目的施工任务来获得相应的价款,建设项目的所有权并不发生转移。

判断合同的性质,实质上是确定当事人之间的法律关系。当事人基于不同的法律关系享有不同的权利、承担不同的义务,因此,处理民事纠纷首先要确定当事人之间为何种法律关系。判断合同性质,不应仅凭合同名称进行判断,而应从当事人约定的实体权利义务加以判断,当出现依据约定的权利义务内容判

---

① 《民事诉讼法解释》第28条第2款规定:"农村土地承包经营合同纠纷、房屋租赁合同纠纷、建设工程施工合同纠纷、政策性房屋买卖合同纠纷,按照不动产纠纷确定管辖。"

断的合同性质与合同名称不一致时，则属于"名为……实为……"的情形，应当认定当事人之间实际的法律关系。在案件中，区分不同性质的合同的意义在于判断当事人的诉讼请求是否具备法律依据。如为房屋买卖合同，则买受人的义务是按合同约定支付购房价款。如为建设工程承包合同，则发包人应当支付工程价款以及施工合同约定的优质工程费、赶工奖和因发包人原因致承包人停窝工的损失等。

至于判断当事人之间是购房合同还是建设工程承包合同关系，应从一方主体是交付房屋还是实施工程建设行为，另一方是支付购房款还是工程价款，合同中有无施工合同所特有的关于支付优质工程费、赶工奖、赔偿停窝工损失等内容加以判断，进而根据实际的合同关系，确定当事人之间的权利义务。

299. "工程总指挥部"对外签订合同的民事责任应由谁承担？

为开发建设项目设立的"工程总指挥部"，一般没有法人资格，不具备法人设立条件，其对外签订合同之民事责任应由其设立单位承担。

300. 项目经理的法律地位是什么？其行为责任应如何承担？

在诉讼实践中，经常会遇到项目经理签字的合同或其他文件能否约束施工企业，项目经理是施工企业的代表人还是代理人，项目经理的行为责任能否归于公司，项目经理的法律地位、法律性质是什么等一系列的问题。

关于项目经理的法律地位，实务中存在代表人说与代理人说两种观点。代表人说认为，项目经理是施工企业在工程项目上的代表人，该观点的政策依据为原建设部《建筑施工企业项目经理资质管理办法》第2条规定，即建筑施工企业项目经理是指受企业法定代表人委托对工程项目施工过程全面负责的项目管理者，是建筑施工企业法定代表人在工程项目上的代表人。代理人说认为，

347

项目经理是施工企业的代理人,法律除规定了法定代表人外,并无其他代表人的规定,"代表人"并非法律概念,把项目经理界定为施工企业在工程项目上的"代表人",并不清晰、准确。

关于代理制与代表制之间存在的差异。在与第三人进行交易时,代理制度涉及三方当事人,代理人、被代理人与第三人,代理人为公司机关的担当人,被代理人是公司,公司与公司机关是两个主体。与公司有特定关系的公司机关担当人是公司的法定代理人,依据代理法的归属规范,其行为归于公司。在这里是存在一细微的转致过程的,即代理人的行为本是其自身的行为,只不过依据法律规定,其行为经过转致,对公司生效而已。而在代表说中,只涉及两方当事人,即公司与第三人。在这里内部关系与外部关系被严格地区分开来。法律为了让代表机关担当人与公司之间的内部关系不影响公司与第三人之间的关系而径直规定公司机关的行为就是公司自身的行为。公司机关与公司是一体的关系,而非两个主体。无须经过转致,公司是对其自身行为负责。可见,代表制度与代理制度是两种思路,但是最终都将特定自然人的行为归属于公司。在机关担当人从事合法行为时,这两种理论并不存在差异,即由公司来承担机关担当人的行为后果。但在机关担当人从事越权行为、违法行为时,两种学说的差异便凸显出来。

当公司机关的行为超越其权限时,依据代表说,公司机关与公司是一体关系,公司机关的行为就是公司的行为,因此,公司对其越权行为也要承担责任。而依据代理说,公司机关与公司是两个主体,是代理与被代理的关系,代理人在授权范围内所为的行为方可归属于本人,代理人超越授权范围所为的行为属于无权代理,应适用无权代理的法律规定。即该行为属于效力未定的行为,只有经过作为本人的公司的追认,该行为方可对公司生效。[①] 基于此,代表人说认为,项目经理代表施工企业所为行为的后果,直接归属于施工企业,均应由施工企业承担责任。代理人说认为,施工企业承担项目经理在授权范围内所为行为的后果,对于项目经理超越授权范围所为的行为,不应承担责任。

笔者认为,项目经理是依法取得执业资格,经承包人任命并在授权范围内负责合同履行的项目负责人,是施工企业的职务代理人。

[①] 参见王毓莹:《试论公司代表制与代理制的区别》,载最高人民法院民事审判第一庭编:《民事审判指导与参考》2012年第1辑,人民法院出版社2012年版,第58页。

（1）诚如前述，法律除规定法人的法定代表人外，并未规定其他的代表人，不宜将项目经理的法律性质界定为施工企业的代表人。项目经理基于执行施工企业的施工任务，与施工企业建立职务代理关系。

《建筑法》第 14 条规定："从事建筑活动的专业技术人员，应当依法取得相应的执业资格证书，并在执业资格证书许可的范围内从事建筑活动。"住房和城乡建设部《注册建造师管理规定》第 3 条第 1 款规定："本规定所称注册建造师，是指通过考核认定或考试合格取得中华人民共和国建造师资格证书（以下简称资格证书），并按照本规定注册，取得中华人民共和国建造师注册证书（以下简称注册证书）和执业印章，担任施工单位项目负责人及从事相关活动的专业技术人员。"《2017 版施工合同示范文本》通用合同条款第 1.1.2.8 目规定，项目经理是指由承包人任命并派驻施工现场，在承包人授权范围内负责合同履行，且按照法律规定具有相应资格的项目负责人。第 3.2.1 项规定，项目经理应为合同当事人所确认的人选，并在专用合同条款中明确项目经理的姓名、职称、注册执业证书编号、联系方式及授权范围等事项，项目经理经承包人授权后代表承包人负责履行合同。专用合同条款第 3.2.1 项规定，承包人应对项目经理的授权范围进行明确约定。由前述规定可知，项目经理需依法取得执业资格，经施工企业委派并在授权范围内负责履行与建设单位签订的施工合同，执行施工企业的施工任务。因此，项目经理与施工企业之间属于职务代理关系。

（2）关于项目经理实施行为的责任承担问题。

①项目经理与发包人实施行为的法律责任，应当依据《民法典》第 170 条关于"执行法人或者非法人组织工作任务的人员，就其职权范围内的事项，以法人或者非法人组织的名义实施的民事法律行为，对法人或者非法人组织发生效力。法人或者非法人组织对执行其工作任务的人员职权范围的限制，不得对抗善意相对人"的规定，对于项目经理在施工合同授权范围内实施行为的后果，由施工企业承担；对于超出施工合同授权实施的行为，鉴于发包人明知项目经理超出授权范围，仍与项目经理实施行为，并非善意，故项目经理该行为对施工企业不发生效力。

②项目经理与发包人以外的第三人（如材料供应商、分承包人等）实施行为的法律责任。a. 在项目经理以施工企业名义与第三人实施法律行为的情况下，首先应审查项目经理的行为是否构成职务代理，如果构成职务代理，应由施工

企业承担行为责任。如经审查不构成职务代理,应再审查是否构成表见代理,如构成表见代理,依据《民法典》第 172 条关于"行为人没有代理权、超越代理权或者代理权终止后,仍然实施代理行为,相对人有理由相信行为人有代理权的,代理行为有效"的规定,仍由施工企业承担责任。b. 在项目经理以其个人名义与第三人实施法律行为的情况下,应审查项目经理的行为是否构成隐名代理,如构成隐名代理,依据《民法典》第 925 条关于"受托人以自己的名义,在委托人的授权范围内与第三人订立的合同,第三人在订立合同时知道受托人与委托人之间的代理关系的,该合同直接约束委托人和第三人"的规定,由施工企业承担责任。如经审查,项目经理的行为既不构成职务代理,也不构成表见代理,还不构成隐名代理的,施工企业不承担责任。

301. 劳务作业承包人与劳务作业发包人是何种关系?

我国《建筑法》和《民法典》没有规定劳务作业分包,在《建筑业企业资质管理规定》《建筑业企业资质标准》《房屋建筑和市政基础设施工程施工分包管理办法》中规定了劳务作业分包。《建筑业企业资质管理规定》第 5 条规定:"建筑业企业资质分为施工总承包资质、专业承包资质、施工劳务资质三个序列。施工总承包资质、专业承包资质按照工程性质和技术特点分别划分为若干资质类别,各资质类别按照规定的条件划分为若干资质等级。施工劳务资质不分类别与等级。"《建筑业企业资质标准》规定,取得施工劳务资质的企业可以承接具有施工总承包资质或专业承包资质的企业分包的劳务作业。而且,施工劳务序列不再区分类别和等级,取得施工劳务资质的企业可承担各类施工劳务作业。《房屋建筑和市政基础设施工程施工分包管理办法》第 5 条第 1 款规定:"房屋建筑和市政基础设施工程施工分包分为专业工程分包和劳务作业分包。"第 3 款规定:"本办法所称劳务作业分包,是指施工总承包企业或者专业承包企业(以下简称劳务作业发包人)将其承包工程中的劳务作业发包给劳务分包企业(以下简称劳务作业承包人)完成的活动。"第 9 条规定:"专业工程分包除在施工总承包合同中有约定外,必须经建设单位认可。专业分包工程承包人必须自行完成所承包的工程。劳务作业分包由劳务作业发包人与劳务作业承包人通过劳务合同约定。劳务作业承包人必须自行完成所承包的任务。"基于以上规定,劳务作业分包,是施工总承包企业或者专业承包企业将其承包工程中的劳务作业发包给劳务分包企业完成的活动。劳务作业承包人与劳务作业发包人在技术与现场管理、工程质量及安全管理方面的关系表现为:

1. 在技术和施工现场管理上,劳务作业承包人应当接受劳务作业发包人的指导、监督和管理。

2. 在工程质量上,劳务作业承包人应当按照劳务分包合同的约定对其分包工程的质量向劳务作业发包人负责;劳务作业发包人与劳务作业承包人对分包工程的质量向发包人(建设单位)承担连带责任。如果劳务分包合同无效,则劳务作业承包人与劳务作业发包人应当按照各自的过错分别承担工程质量责任,并就分包工程质量向发包人(建设单位)承担共同侵权的连带责任。

3. 在安全生产方面,建设工程实行施工总承包的,由总承包单位对施工现场的安全生产负总责,分包单位应当服从总承包单位的安全生产管理。在对外责任方面,总承包单位和分包单位对分包工程的安全生产承担连带责任。在内部责任划分上,如果分包单位不服从管理导致安全事故,由分包单位承担主要责任;总承包单位依法分包工程,并且分包合同中明确了各自的安全生产方面的权利、义务的,分包单位人员如发生安全事故,依据分包合同确定双方的责任。如果分包合同无效,则应由总承包单位承担责任。

302. 建设工程的所有权人应否承担发包人的付款义务?

建设工程施工合同纠纷诉讼实践中,会遇到建设工程施工合同的发包人不是建设工程的所有权人的情况,在发包人不能依约付款的情况下,承包人请求建设工程的所有权人承担连带付款责任,能否得到人民法院的支持?

笔者认为,该请求不应得到人民法院的支持。理由是,与承包人签订建设工程施工合同的是发包人,承包人只能依据该合同向其合同相对方即发包人主张债权,不能要求作为非合同当事人的建设工程的所有权人承担合同义务。《民法典》第464条第1款规定:"合同是民事主体之间设立、变更、终止民事法律关系的协议。"第118条第2款规定:"债权是因合同、侵权行为、无因管理、不当得利以及法律的其他规定,权利人请求特定义务人为或者不为一定行为的权利。"第465条第2款规定:"依法成立的合同,仅对当事人具有法律约束力,但是法律另有规定的除外。"上述规定说明合同具有相对性。债权属于相对权,在性质上属于对人权,相对性是债权的基础,债权人不能在没有法律依据的情况下突破合同相对性原则要求第三人对债务承担连带责任。建设工程的所有权人作为非施工合同缔约人,不受施工合同约束,不承担发包人的义务,承包人要求其承担连带付款责任没有法律依据。

303. 非核心工程没有竣工验收证书,能否认定该工程已经竣工验收?

建设工程施工合同纠纷案件中,有些非核心工程没有单独的竣工验收报告。在承包人追索工程款诉讼中,发包人提出该工程未经竣工验收,不具备工程款的给付条件。此时,人民法院应结合双方当事人履行合同的客观行为与主观意思,根据主客观相一致的原则综合判断。如果双方定案的工程决算书中包含该部分工程,则能够认定该工程已经竣工验收,因为决算是对已竣工工程进行的结算,如果该工程未竣工,不会进行到决算这一程序,说明发包人在决算时认可该工程已经竣工验收。

304. 发包人持有承包人开具的收款收据,但不能提供实际付款凭证的,能否认定其已付款?

负有付款义务一方出示收款方开具的收款收据,即能证明已经付款。出具收款收据一方主张实际没有收到该款项,则负有证明其没有收到该笔款项的举证责任。根据《民事诉讼法解释》第108条第1款关于"对负有举证证明责任的当事人提供的证据,人民法院经审查并结合相关事实,确信待证事实的存在具有高度可能性的,应当认定该事实存在"的规定,发包人举示承包人开具的收款收据,对于承包人收取款项这一待证事实已经达到高度盖然性程度,能够认定收款事实存在。因此，尽管发包人不能提供诸如转账支票或承包人委托支付凭证等其他支付工程款的证据，但承包人不能提出相反证据否认其开具的收款收据的真实性、合法性和关联性，也不能证明发生付款责任转移的情形，人民法院能够认定发包人已完成付款义务。申言之，如果发包人未能提供承包人出具的收款收据，则要求发包人承担证明已经付款的责任，比如提供付款凭证等证据加以证明；如果发包人已经提供承包人出具的收款收据，而承包人主张实际没有收到该款项的，则要求承包人对此承担证明责任。此种情况在现实中普遍存在，施工企业应予注意，如果开出收据后建设单位未付款，应及时将收据索回或者要求对方出具未实际付款的证明。

需要注意的是，根据发承包双方之间合同约定或者双方之间的交易习惯，如果能够认定承包人先开具收款收据、发包人后付款的，则发包人仅凭承包人开具的收款收据，不能证明其已实际付款，还应提供付款凭证等证据对其实际支付款项予以证明。

305. 发包人付款证据中有承包人工作人员出具的个人收款收据或借据，如何认定发包人的已付工程款数额？

建设工程施工合同纠纷案件中，发包人提供的支付工程款证据中含有承包人的工地负责人或其财务负责人个人出具的收款收据或借据，对此承包人主张该个人收款或借款与本案无关，不能视为承包人收取工程款。对此应如何认定发包人的已付工程款数额？

应区分以下情形具体分析：

(1) 建设工程施工合同约定发包人支付工程款汇入承包人指定账户的，发包人在指定账户之外无授权付款，不能视为对承包人付款。

(2) 建设工程施工合同虽约定工程款汇入承包人指定账户，但承包人并未向发包人提供收款账户或者在合同履行中又授权他人收款的，则认定为该约定并未实际履行或双方在合同履行中变更、增加了收款账户。

(3) 承包人既未指定收款账户，也无委托收款授权的，则承包人的工地负责人或财务负责人虽然以其个人名义出具收据或借据，但发包人有理由相信其代表承包人收取工程款,在承包人无证据证明该个人与发包人存在其他业务往来的情形下,该个人的收款或借款能够认定为发包人支付承包人的工程款。实务中,需要注意的是,应由承包人应对该个人与发包人之间存在其他业务往来承担证明责任。理由是,根据《民法典总则编司法解释》第 28 条规定,同时符合下列条件的,人民法院可以认定为《民法典》第 172 条[①]规定的相对人有理由相信行为人有代理权:①存在代理权的外观;②相对人不知道行为人行为时没有代理权,且无过失。因是否构成表见代理发生争议的,相对人应当就无权代理符合前款第一项规定的条件承担举证责任;被代理人应当就相对人不符合前款第二项规定的条件承担举证责任。据此,认定发包人(相对人)有理由相信承包人工作人员(行为人)有代理权,应满足承包人工作人员存在代理承包人的外观,该代理权的外观存在,自无疑义;另应满足发包人善意且无过失这一条件,根据上述司法解释规定,被代理人(承包人)应就发包人不符合该条件承担举证责任。因此,承包人应举证证明发包人向承包人工作人员付款存在恶意且有过失,如其不能举证证明,则应当认定承包人工作人员的收款或借款系表见代理。

306. 发包人直接向总包范围内的专业分包人支付的工程款,能否认定为对总包人的付款?

建设工程施工合同纠纷案件中,发包人提供其直接向总包范围内的专业工程分包人支付工程款的证据,主张该款应计入已支付总包人工程款中,总包人不予认可,辩称其未收取该工程款,且发包人付款未得到其授权的,应如何认定该款项的性质?

如果总包人承包工程范围包括该专业工程,且该专业工程价款包括在总包工程造价中,在专业分包人已实际施工专业工程的情形下,发包人直接向其支付分包工程款,根据《民法典》第 524 条第 1 款关于"债务人不履行债务,第三人对履行该债务具有合法利益的,第三人有权向债权人代为履行"的规定,属于发

[①] 《民法典》第 172 条规定:"行为人没有代理权、超越代理权或者代理权终止后,仍然实施代理行为,相对人有理由相信行为人有代理权的,代理行为有效。"

包人代总包人支付分包工程款的代为履行行为,该分包工程款应计入发包人对总包人的已付工程款中。

307. 发包人根据承包人派驻工地负责人的指示,将工程款偿付了该负责人的借款债权人,该款项能否抵作已付工程款?

承包人起诉发包人索要工程款案件中,发包人提供承包人派驻工地负责人与案外人签订的还款协议(协议约定工地负责人对案外人所负的借款债务从未结工程款中由发包人代为支付)及支付凭证,主张已支付承包人该部分工程款。该部分款项能否抵作承包人的已收工程款?

笔者认为,该部分款项不能抵作承包人的已收工程款。理由是:建设工程施工合同在发包人与承包人之间签订,施工合同项下工程款债权由承包人享有,工地负责人不享有该债权,也无权处分该债权。工地负责人系由承包人任命并派驻施工现场,负责施工管理及施工合同履行事宜的人员。如果承包人并未委托工地负责人借款,事后未追认其借款行为,亦未委托其处分工程款债权,则工地负责人的指示付款行为及发包人的付款行为,均对承包人不发生效力。

例外情形是,承包人承接的建设工程实际由工地负责人负责投资(垫资)施工,且该借款亦为工程施工所借,则应认定为工地负责人借款行为及指示付款行为均构成表见代理,发包人向工地负责人的借款债权人偿付的借款,能够抵作已付承包人的工程款。

308. 承包人以拒不退场方式索要工程余款,是否合法?

建设工程竣工但发包人未按建设工程施工合同约定付款,承包人以拒不退场方式索要工程余款不受法律保护。虽然《民法典》第 807 条①及相关司法解释赋予承包人优先受偿工程价款的权利,但是承包人并没有留置建设工程的权利,即不能以拒不交付建设工程的方式追索工程款。《民法典》第 799 条第 1 款规定:"建设工程竣工后,发包人应当根据施工图纸及说明书、国家颁发的施工验收规范和质量检验标准及时进行验收。验收合格的,发包人应当按照约定支付价款,并接收该建设工程。"可见,法律规定发包人负有组织验收工程和验收合格后支付工程价款的义务,但并没有赋予承包人拒绝交付工程的权利。如果承包人在施工完毕后拒不退场,发包人可以根据《民法典》物权编的规定,要求承包人迁出房屋或腾出土地,如果承包人因发包人未按约定支付工程款而拒绝交付工程,致使发包人无法对竣工的工程行使占有、使用和处分权利而发生了损失,承包人还应承担因侵权造成的损失。

309. 承包人拒绝向建设单位交付施工资料是否合法?

承包人因与发包人履行施工合同发生争议,拒绝向发包人交付施工资料是一种违法行为。虽然有的建设工程施工合同没有对承包人交付施工资料进行约定,但是交付施工资料是承包人履行施工合同所负有的合同附随义务,施工单位依法应予交付。

附随义务是指法律无明文规定,当事人亦无明确约定,为保护对方利益和稳定交易秩序,当事人依诚实信用原则所应负担的义务。② 广义的附随义务包括先合同义务、合同履行中的附随义务和后合同义务,分散规定于《民法典》合同编通则分编各章之中。《民法典》第 500 条规定(先合同义务):"当事人在订立合同过程中有下列情形之一,造成对方损失的,应当承担赔偿责任:(一)假借订立合同,恶意进行磋商;(二)故意隐瞒与订立合同有关的重要事实或者提供虚假情况;(三)有其他违背诚信原则的行为。"第 509 条第 2 款规定(合同履行

---

① 《民法典》第 807 条规定:"发包人未按照约定支付价款的,承包人可以催告发包人在合理期限内支付价款。发包人逾期不支付的,除根据建设工程的性质不宜折价、拍卖外,承包人可以与发包人协议将该工程折价,也可以请求人民法院将该工程依法拍卖。建设工程的价款就该工程折价或者拍卖的价款优先受偿。"

② 参见张驰、鲍治:《附随义务论》,载《华东政法大学学报》1999 年第 6 期。

中的附随义务)："当事人应当遵循诚信原则,根据合同的性质、目的和交易习惯履行通知、协助、保密等义务。"第558条规定(后合同义务)："债权债务终止后,当事人应当遵循诚信等原则,根据交易习惯履行通知、协助、保密、旧物回收等义务。"由此可见,合同附随义务并非合同义务,而是由法律规定的义务,是一项法定义务。法律要求合同当事人在合同订立、履行过程中以及合同终止以后,都应依据诚信原则履行相应的通知、协助、保密等义务。承包人在依约完成建设任务的同时,向建设单位交付有关工程建设技术数据、竣工图纸等施工资料,即是其对建设单位负有的合同附随义务。

建设工程质量关系人民生命财产安全,国家对建设工程质量实行严格的控制与监督,施工资料既是建设工程质量控制及质量责任事故追究的重要依据,又是建筑物的使用管理单位进行后续维护的基础性材料。建设工程施工完毕,承包人在依约交付工程的同时交付施工资料,是其对建设单位负有的合同附随义务,依法应予交付。

310. 承包人未向发包人交付竣工资料能否成为发包人拒付工程款的理由？

在承包人向发包人提起索要工程款的诉讼或仲裁中,发包人以承包人未交付竣工资料为由拒绝支付工程款,其主张能否成立？

区分以下情形：

第一,建设工程质量已经验收合格的情形。

(1)建设工程施工合同未对交付竣工资料和支付工程价款的先后顺序作出特别约定的,发包人以承包人未交付竣工资料而拒付工程款的主张不能成立,但承包人应在发包人支付工程款的同时向发包人交付竣工资料。理由如下：①《民法典》第788条第1款规定："建设工程合同是承包人进行工程建设,发包人支付价款的合同。"因此,建设工程合同双方当事人的主要合同义务是承包人进行工程建设,发包人支付价款,两者互为对价,在承包人完成建设任务并交付工程时,发包人应当支付工程价款。交付竣工资料并非承包人的主要合同义务,亦非发包人支付工程价款的对等义务,根据《民法典合同编通则司法解释》

第31条第1款关于"当事人互负债务,一方以对方没有履行非主要债务为由拒绝履行自己的主要债务的,人民法院不予支持"的规定,承包人未交付完整竣工资料的行为,不能成为发包人拒付工程价款的理由。②《民法典》第799条第1款规定:"建设工程竣工后,发包人应当根据施工图纸及说明书、国家颁发的施工验收规范和质量检验标准及时进行验收。验收合格的,发包人应当按照约定支付价款,并接收该建设工程。"《建设工程质量管理条例》第16条第2款规定:"建设工程竣工验收应当具备下列条件:(一)完成建设工程设计和合同约定的各项内容;(二)有完整的技术档案和施工管理资料;(三)有工程使用的主要建筑材料、建筑构配件和设备的进场试验报告;(四)有勘察、设计、施工、工程监理等单位分别签署的质量合格文件;(五)有施工单位签署的工程保修书。"据此,承包人交付完备的竣工资料,是竣工验收和主张工程价款的前置条件。在发承包双方业已确认工程质量合格的情况下,该交付竣工资料义务构成发包人支付价款的同时履行义务。根据《民法典合同编通则司法解释》第31条第2款的规定,当事人一方起诉请求对方履行债务,被告依据《民法典》第525条①的规定主张双方同时履行的抗辩且抗辩成立,被告未提起反诉的,人民法院应当判决被告在原告履行债务的同时履行自己的债务,并在判项中明确原告申请强制执行的,人民法院应当在原告履行自己的债务后对被告采取执行行为;被告提起反诉的,人民法院应当判决双方同时履行自己的债务,并在判项中明确任何一方申请强制执行的,人民法院应当在该当事人履行自己的债务后对对方采取执行行为。因此,承包人应在发包人支付工程价款的同时向发包人交付竣工资料,在承包人交付竣工资料前,其无权申请强制执行工程价款。

(2)建设工程施工合同对交付竣工资料和支付工程价款的先后顺序作出特别约定,如约定当承包人未交付竣工资料时,发包人有权拒付工程款。此种情形下,发包人以承包人未交付竣工资料而拒付工程款的主张成立。理由是,前述约定属于双方约定了履行义务的先后顺序,即承包人先交付竣工资料、发包人后支付工程价款。发包人以承包人尚未交付竣工资料主张有权拒付工程价款,属于行使后履行抗辩权的行为。根据《民法典合同编通则司法解释》第31条第3款的规定,当事人一方起诉请求对方履行债务,被告依据《民法典》第

---

① 《民法典》第525条规定:"当事人互负债务,没有先后履行顺序的,应当同时履行。一方在对方履行之前有权拒绝其履行请求。一方在对方履行债务不符合约定时,有权拒绝其相应的履行请求。"

526条①的规定主张原告应先履行的抗辩且抗辩成立的,人民法院应当驳回原告的诉讼请求,但是不影响原告履行债务后另行提起诉讼。据此,在承包人交付竣工资料前,发包人有权主张拒付工程价款。需要注意的是,发承包双方关于先交资料、后付款的约定,不能理解为附条件的民事法律行为。这是因为,民事法律行为所附"条件",应是将来发生的、不确定的、合法的事实,而承包人向发包人交付竣工资料是其法定义务,即确定要发生的事实,故不构成法律意义上的"条件"。

第二,建设工程质量未经验收的情形。

已如前述,承包人交付完备的竣工资料是发包人组织竣工验收和承包人主张工程价款的前置条件,构成承包人的先履行义务。在承包人未交付竣工资料且建设工程质量未经验收的情况下,发包人以此为由拒付工程价款的主张成立,人民法院或仲裁机构应依据《民法典合同编通则司法解释》第31条第3款的规定驳回承包人的诉讼或仲裁请求。

311. 承包人因发包人拖欠工程款而拒交施工资料的,应否承担违约责任?

建设工程业经发承包双方验收合格,承包人因发包人拖欠工程款而拒交施工资料,发包人请求承包人赔偿因延期交付竣工验收资料所造成的损失。承包人应否为延期交付竣工资料承担违约责任?

如前文所述,根据《民法典》第799条第1款、《建设工程质量管理条例》第16条第2款的规定,承包人向发包人交付完备的竣工资料是竣工验收和主张工程价款的前置条件。但在建设工程业经发承包双方验收合格的情况下,承包人交付竣工资料不再构成主张工程价款的前置条件,发包人应当依据《民法典》第799条第1款规定向承包人支付工程价款。根据《民法典》第788条第1款的规定:"建设工程合同是承包人进行工程建设,发包人支付价款的合同。"支付工程

---

① 《民法典》第526条规定:"当事人互负债务,有先后履行顺序,应当先履行债务一方未履行的,后履行一方有权拒绝其履行请求。先履行一方履行债务不符合约定的,后履行一方有权拒绝其相应的履行请求。"

价款是发包人的主要合同义务,在发包人未足额支付工程款的情况下,承包人拒绝交付竣工验收资料,符合《民法典》第525条"当事人互负债务,没有先后履行顺序的,应当同时履行。一方在对方履行之前有权拒绝其履行请求。一方在对方履行债务不符合约定时,有权拒绝其相应的履行请求"关于同时履行抗辩权的规定,不构成违约,不应承担违约责任。

但是,提交竣工验收资料作为施工单位的法定义务及建设工程施工合同的附随义务,承包人在特定情况下享有抗辩权并不意味着可以一直不履行交付竣工资料的义务,人民法院或者仲裁机构可以裁判承包人限期向发包人交付竣工验收资料。

312. 承包人未开具发票,能否成为发包人拒付工程款的理由?

发承包双方在建设工程施工合同中约定:发包人在收到承包人建筑业发票后×日内支付工程款。承包人未开具工程款发票的,发包人有权拒绝支付工程款。

在案件中,发包人依据上述约定,主张承包人尚未开具发票,其有权拒绝支付工程款。发包人的主张能否成立?

笔者认为,在题述情形下,发包人的主张成立。分析如下:

(1)上述约定不属于附条件的民事法律行为。法律所称的"条件",必须是将来发生的、不确定的、合法的事实,并依该事实的发生与否决定民事义务能否产生。但开具发票既是合同约定的义务,也是承包人负有的法定义务,是确定发生的事实,并非不确定的事实。而且,根据《民法典》第788条第1款关于"建设工程合同是承包人进行工程建设,发包人支付价款的合同"的规定,在承包人依约完成工程建设、已经履行合同主要义务的情况下,发包人支付工程价款的义务已经确定产生,即承包人是否开具发票的事实并不决定发包人支付工程价款的义务能否产生,故上述约定不属于附条件的民事法律行为。

(2)上述约定实质上是约定了双方履行义务的先后顺序,发包人以承包人未开具发票为由拒绝支付工程款,其实质是行使先履行抗辩权。先履行抗辩权,是指依照合同约定或法律规定负有先履行义务的一方当事人,届期未履行义务或者履行义务严重不符合约定条件时,相对方为保护自己的期限利益或为保证自己履行合同的条件而中止履行合同的权利。根据《民法典》第526条的规定:"当事人互负债务,有先后履行顺序,应当先履行债务一方未履行的,后履行一方有权拒绝其履行请求。先履行一方履行债务不符合约定的,后履行一方有权拒绝其相应的履行请求。"先履行抗辩权,其本质是对违约的抗辩,是一种违约救济权。在合同已经约定"先票后款"、但承包人未依约开具发票的情况下,根据《民法典合同编通则司法解释》第31条第3款关于"当事人一方起诉请求对方履行债务,被告依据民法典第五百二十六条的规定主张原告应先履行的抗辩且抗辩成立的,人民法院应当驳回原告的诉讼请求,但是不影响原告履行债务后另行提起诉讼"的规定,发包人所提抗辩意见成立。

值得注意的是,如果建设工程施工合同并未约定"先票后款",则发包人的上述抗辩不能成立。理由是,虽然根据《发票管理办法》第3条第1款关于"本办法所称发票,是指在购销商品、提供或者接受服务以及从事其他经营活动中,开具、收取的收付款凭证"、第18条"销售商品、提供服务以及从事其他经营活动的单位和个人,对外发生经营业务收取款项,收款方应当向付款方开具发票;特殊情况下,由付款方向收款方开具发票"的规定,承包人开具发票构成发包人支付工程款的同时履行义务,但适用同时履行抗辩权以当事人所负债务存在对等关系为条件,即应予同时履行的两个债务同为合同的主要债务或非主要债务。如果两债务并非对等关系,则不得行使同时履行抗辩权。依据《民法典》第788条第1款的规定,承包人完成工程建设是取得工程款的对价,而非开具发票。支付工程款义务与开具发票义务是两种不同性质的义务,前者是合同的主要义务,后者并非合同的主要义务,二者不具有对等关系。根据《民法典合同编通则司法解释》第31条第1款关于"当事人互负债务,一方以对方没有履行非主要债务为由拒绝履行自己的主要债务的,人民法院不予支持"的规定,发包人以承包人未开具发票拒付工程款的主张不能成立。

虽然发包人该项主张不能立,但根据《民法典合同编通则司法解释》第31条第2款关于"当事人一方起诉请求对方履行债务,被告依据民法典第五百二十五条的规定主张双方同时履行的抗辩且抗辩成立,被告未提起反诉的,人民法院应当判决被告在原告履行债务的同时履行自己的债务,并在判项中明确原告申请强制执行的,人民法院应当在原告履行自己的债务后对被告采取执行行为;被告提起反诉的,人民法院应当判决双方同时履行自己的债务,并在判项中明确任何一方申请强制执行的,人民法院应当在该当事人履行自己的债务后对对方采取执行行为"的规定,承包人应在发包人支付工程款的同时向发包人提供发票。

另需注意的是,发包人若以承包人未开发票为由主张先履行抗辩权且该抗辩权成立,则发包人不应支付工程款,亦不存在支付工程款利息或逾期付款违约金的问题;发包人若以承包人未开发票为由主张同时履行抗辩权,已如前述,该抗辩权成立。鉴于开具发票与支付工程款利息或逾期付款违约金同属于合同的非主要债务,二者具有对等关系,在承包人未开发票的情况下,发包人关于拒付工程款利息或逾期付款违约金的抗辩成立,人民法院或仲裁机构不应支持承包人该项诉讼或仲裁请求。概言之,在承包人未开发票且发包人据此抗辩的情况下,不应支持承包人关于逾期付款利息或逾期付款违约金的主张。

313. 承包人为索要工程款而作出不追究发包人违约责任的承诺,发包人能否据此主张免责?

承包人为索要工程款向发包人作出"凡此前和今后不论因何种原因导致项目停工、误工等一切损失由承包人承担"的承诺,在承包人向发包人主张停工、窝工损失的案件中,发包人以该承诺抗辩免责能否成立?

笔者认为,在发包人拖欠承包人工程款的情形下,承包人为索要工程款作出上述承诺,该承诺系在迫于发包人的压力作出,不是承包人的真实意思表示,该证据不具有真实性。根据《民事诉讼法》第66条第2款关于"证据必须查证属实,才能作为认定事实的根据",以及《民诉法解释》第104条第2款"能够反映案件真实情况、与待证事实相关联、来源和形式符合法律规定的证据,应当作为认定案件事实的根据"的规定,人民法院或仲裁机构对该承诺书应不予采信。因此,发包人以该承诺抗辩免责不能成立。值得注意的是,即使承包人没有在承诺作出之日起一年内行使撤销权撤销该承诺,对于经审查确能证明承包人放弃权利的承诺并非其真实意思表示的,法院或仲裁机构也有权不予采信该证据。

314. 建设工程未经验收但已交付使用的,发包人应否支付工程款?

在承包人索要工程款案件中,发包人提出涉案工程至今未进行验收,承包人无权索要工程款。承包人则主张该工程已经交付业主使用,发包人应予支付工程款。此种情形下发包人应否支付承包人工程款?

《民法典》第 799 条规定:"建设工程竣工后,发包人应当根据施工图纸及说明书、国家颁发的施工验收规范和质量检验标准及时进行验收。验收合格的,发包人应当按照约定支付价款,并接收该建设工程。建设工程竣工经验收合格后,方可交付使用;未经验收或者验收不合格的,不得交付使用。"据此,发包人负有及时验收工程的法定义务,对于验收合格的工程方能接收和使用,并应支付工程价款。发包人未经验收就将工程交付业主使用的,既表明认可承包人承建工程的质量,也是对自开始使用工程时应予支付工程价款事实的认可,承包人有权请求发包人支付工程价款。

315. 因发包人原因致使建设工程未能整体竣工验收的,承包人能否主张已完工程的竣工结算款?

建设工程因发包人停建,承包人就已完工程提起诉讼或仲裁,请求发包人支付已完工程的结算款,发包人辩称合同项下工程尚未整体竣工验收,不具备竣工结算和支付结算款的条件,拒绝支付结算款。承包人能否主张已完工程的竣工结算款?

承包人能够主张已完工程的竣工结算款。理由是,根据工程建设行业惯例,发包人支付的工程款包括预付款、进度款、签证款(变更款)、竣工结算款和质保金五种。竣工结算款一般应在建设工程已竣工验收合格且经结算后支付,即承包人施工义务在先,发包人支付结算款义务在后。发包人以合同项下工程尚未整体竣工验收,承包人履行义务不符合合同约定,不具备支付竣工结算款的条件为由拒绝付款,是行使先履行抗辩权的行为。先履行抗辩权,是指在履行合同义务有先后顺序并且先履行一方未履行合同义务或者履行义务不符合约定时,后履行一方享有拒绝履行相应合同义务的权利。如该抗辩权成立,在法律效果上的表现是发包人有权拒绝向承包人支付工程竣工结算款。但如经审理机构查实,建设工程未能整体竣工验收的责任并非承包人原因造成的,则该抗辩权不能成立,发包人应向承包人支付已完工程的竣工结算款。

316. 双方均无有效证据,人民法院如何进行裁量?

建设工程施工合同纠纷案件中,有时会出现诉讼双方就购材调拨及退材、有关措施费、款项性质等相关问题都不能向法庭提供有效证据加以证明的情况。实践中人民法院或仲裁机构一般按以下原则进行事实认定和自由裁量:

(1)一方提出主张但未举出证据,对方也不予认可的,应认定其请求事项无事实依据,应予驳回。

(2)一方主张的事实被对方认可,但双方对有关数量和费用数额达不成一致,并且对方也不能提供有关数量和费用数额证据的情况下,人民法院或仲裁机构可以依据公平、公正原则对争议事项进行自由裁量,如判令双方各半承担相关费用。

(3)一方虽对有关事实持有异议,但其行为表明已接受的,人民法院或仲裁机构可以认定该事实。

317. 就同一事实双方当事人提供了同一份证据,但内容不完全相同的,应如何采信?

双方当事人就同一事实分别提供了内容不完全相同的同一份证据,一方提供的证据较对方出示的证据增加或涂改了某些内容。比如,一方当事人提供的合同、工程签证单在某些条款或空白处增加了某些手写内容,或有涂改,但对方持有的在同一天形成的同一份合同、工程签证单上没有该增加、涂改内容。对此,如果该增加、涂改内容未经对方以加盖更正章、批注等方式确认,且对方不予认可,则人民法院或仲裁机构对该增加、涂改的内容不予认定。

318. 同一案外单位出具的前后矛盾的证明文书，能否采信？

诉讼或仲裁中，一方当事人提出的由案外单位出具的证明文书前后矛盾的，不应采信。

案外单位就案件事实出具的证明文书，本质上属于单位证言。根据《民事诉讼法》第66条第2款关于"证据必须查证属实，才能作为认定事实的根据"，以及第70条第2款"人民法院对有关单位和个人提出的证明文书，应当辨别真伪，审查确定其效力"的规定，同一案外单位就同一事实先后出具两份相矛盾的证明文书，其书面证言缺乏真实性，不足以采信，不能作为认定案件事实的依据。

319. 发包人主张承包人未按图纸施工隐蔽工程，应由谁承担举证责任？

承包人为追索工程款起诉发包人，发包人抗辩承包人未按图纸施工隐蔽工程，应当扣减相应工程造价，而承包人主张已经按图施工，但双方均无直接证据予以证明时，应由谁对施工隐蔽工程承担举证义务？

承包人应就施工隐蔽工程承担举证义务。理由是，《建设工程质量管理条例》第30条规定："施工单位必须建立、健全施工质量的检验制度，严格工序管理，作好隐蔽工程的质量检查和记录。隐蔽工程在隐蔽前，施工单位应当通知建设单位和建设工程质量监督机构。"《民法典》第798条规定："隐蔽工程在隐蔽以前，承包人应当通知发包人检查。发包人没有及时检查的，承包人可以顺延工程日期，并有权请求赔偿停工、窝工等损失。"上述规定表明，承包人在工程隐蔽前负有通知发包人和/或监理人检查的法定义务，检查合格后方可隐蔽和继续施工。在承包人不能提供隐蔽记录，且不能举证证明已通知发包人、监理人检查的，应就已施工隐蔽工程承担举证义务。

320. 如何认定善意第三人？

善意第三人源于善意取得制度。所谓"善意"，表示行为人的内在心理活动状况。"善意"是相对于"恶意"而言的。

在诉讼实践当中，第三人（或当事人）具有善意或者恶意，往往成为法庭辩论的焦点。那么，怎样认定善意或者恶意呢？应当由谁承担举证责任呢？

在判断第三人是否善意时，应采取推定的方法，即推定第三人是善意的，第三人无须举证自己善意；一方当事人主张第三人恶意，应对此负举证责任，如果不能证明其为恶意，则推定其为善意。

321. 发包人对承包人提报的签证未签署意见，人民法院或仲裁机构应如何认定其效力？

施工过程中，承包人将有关签证（如误工签单、工期顺延签证等）交由发包人工作人员签收后，发包人应签署是否认可的意见但未签署的，应视为其认可。

《民法典》第509条第1款、第2款规定："当事人应当按照约定全面履行自己的义务。当事人应当遵循诚信原则，根据合同的性质、目的和交易习惯履行通知、协助、保密等义务。"承包人就施工过程中出现的问题以现场签证形式提报给发包人后，发包人负有核实、审查并出具意见的合同义务，发包人违背诚信原则对签证不置可否，是不履行合同义务，损害承包人合同权益的行为。根据《民法典》第7条关于"民事主体从事民事活动，应当遵循诚信原则，秉持诚实，恪守承诺"，以及第176条"民事主体依照法律规定或者按照当事人约定，履行民事义务，承担民事责任"的规定，应当视为其已认可签证的效力，人民法院或仲裁机构对签证效力应予认定。

322. 合同约定的税款负担人不同于税法规定的纳税义务人，是否有效？

虽然我国税收管理方面的法律法规对于各种税收的征收均明确规定了纳税义务人，但是并未禁止纳税义务人与合同相对人约定由合同相对人或第三人承担税款。税法对于税种、税率、税额的规定是强制性的，而对于实际由谁承担税款没有作出强制性或禁止性规定。合同当事人关于税费负担的约定并不违反税收管理方面的法律法规的规定，属合法有效协议，人民法院或仲裁机构对此应予以认定。

323. 发包人主张在工程欠款中代扣税金的，能否得到人民法院或仲裁机构的支持？

承包人向发包人提起诉讼或仲裁索要工程欠款，发包人提出应在工程欠款中代扣代缴税金的，能否得到人民法院或仲裁机构的支持？

根据《增值税暂行条例》的相关规定，建筑施工企业是建筑业增值税的纳税义务人。税务机关依照税收征收法律法规对其征缴税款，属于税收行政法律关系。如果建设工程施工合同未对发包人代扣代缴税金作出特别约定，则缴纳税金不属于民事案件的审理范围，人民法院或仲裁机构不予审理。发包人主张在工程欠款中代扣代缴税金的，法院或仲裁机构不予支持。

324. 建设工程分包合同约定，由总包人就分包工程向建设单位开具发票，总包人能否要求分包人支付相应企业所得税？

总包人与分包人签订的建设工程分包合同约定，由总包人向建设单位开具分包工程的建筑业发票，分包人支付税款。此后，在分包人向总包人追索分包

367

工程款诉讼或仲裁中,总包人提出在建筑业增值税等流转税之外,还应扣除该分包工程收入的企业所得税。该主张能否成立?

根据《企业所得税法》的规定,企业所得税,是就企业收入扣除成本、费用、税金等支出后的企业所得征缴税款,即企业所得税=(收入总额－成本、费用、税金、损失等支出)×税率。

分包工程款,分别作为总包人从建设单位取得的销售服务收入和分包人从总包人处取得的销售服务收入,应由双方依据各自所得自行纳税。总包人向建设单位开具建筑业发票,并不导致其应纳税所得额(收入总额－成本、费用、税金、损失等支出)和应缴税款增加,故要求分包人承担除增值税等流转税之外的企业所得税的主张于法无据,不能成立,人民法院或仲裁机构不予支持。

325. 借用资质的实际施工人超领工程款,出借资质单位应否承担还款责任?

实际施工人借用建筑施工企业的施工资质与发包人签订建设工程施工合同,实际施工人从发包人处超领工程款,出借资质单位对于超领的工程款,应否承担还款责任?

区分两种情形讨论:

(1)发包人在与出借资质单位订立施工合同时对挂靠事实知情的,上述债务由借用资质的实际施工人承担,出借资质单位不承担责任。理由是,发包人明知并同意借用资质的实际施工人实际履行施工合同,出借资质单位并未参与合同的履行,故出借资质单位不应承担因该合同引发的责任。

(2)发包人对挂靠事实不知情的,上述债务由出借资质单位承担,借用资质的实际施工人承担补充责任。①出借资质单位应当承担责任。在出借资质单位向借用资质的实际施工人出具授权委托的情况下,依据《民法典》第162条关于"代理人在代理权限内,以被代理人名义实施的民事法律行为,对被代理人发生效力"的规定,出借资质单位应当承担责任;在出借资质单位未向借用资质的实际施工人出具授权委托的情况下,依据《民法典》第172条关于"行为人没有代理权、超越代理权或者代理权终止后,仍然实施代理行为,相对人有理由相信行为人有代理权的,代理行为有效"的规定,出借资质单位应对借用资质的实际施工人的行为承担表见代理责任。②借用资质的实际施工人应承担补充责任。挂靠的本质是借名经营,借用资质的实际施工人借用出借资质单位的施工资质承揽工程,损害了发包人的信赖利益,故应向发包人承担补充清偿责任。

326. 文件签收人不是建设工程施工合同中约定的业主代表,如何认定其签字的效力?

发承包双方在互相传递文件过程中,发包人的文件签收人不是建设工程施工合同约定的业主代表,但如果该签收人行使了广泛的业主权利,则表明其具有业主授权的代表身份,其签收行为对发包人具有约束力。

判断文件签收人是否广泛行使业主权利,可从以下方面考察:

(1)是否受业主委任对工程进行管理。

(2)是否代表业主签发有关工程变更、停工及复工指令等重要文件。

(3)是否签收作为认定工程造价重要依据的工作确认单、工程量确认单等文件。

(4)其签收函件的内容是否涉及工程质量、进度、现场管理、竣工验收、决算报告等各方面情况。

(5)其签字行为是否贯穿了工程建设的始终。

(6)业主是否就其签收文件曾作出回应和答复,证明业主对于其签收行为亦是认可的。

(7)业主对于签收人代表业主行使的上述签收行为,有无向承包人提出过异议。

327. 如何认定单位工作人员签收文件的效力?

诉讼或仲裁中,一方当事人以未经其授权为由不予认可仅由其工作人员签字但无其印章的相关文件,而另一方当事人则主张该工作人员代表单位签收文件,应为有效。应如何认定该工作人员签字的效力?

《民法典》第170条规定:"执行法人或者非法人组织工作任务的人员,就其职权范围内的事项,以法人或者非法人组织的名义实施的民事法律行为,对法人或者非法人组织发生效力。法人或者非法人组织对执行其工作任务的人员职权范围的限制,不得对抗善意相对人。"据此,单位工作人员只要被委任工作,其自然享有相应的职务代理权,无须单位另行书面授权,单位工作人员就其职权范围内事项所为民事法律行为的效果归属该单位。

如经查实,当事单位对该工作人员签署的其他相关文件的真实性及效力认可的,则表明该工作人员受委任执行单位的相关工作任务,由此可以认定该工作人员签署涉诉文件亦系职务代理行为,对当事单位发生法律效力。

328. 有监理人签章确认,但没有发包人签章确认的工程结算书,能否作为认定工程价款的依据?

在承包人向发包人提起的索要工程款的诉讼或仲裁案件中,承包人提供由监理人签章确认、但没有发包人签章确认的工程结算书,该工程结算书能否作为认定工程价款的依据?

笔者认为,在发包人未对监理人确认工程结算进行特别授权的情况下,仅由监理人确认、未经发包人确认的工程结算书,不能约束发包人,不能作为认定工程价款的依据。理由是,《建筑法》第32条规定:"建筑工程监理应当依照法律、行政法规及有关的技术标准、设计文件和建筑工程承包合同,对承包单位在施工质量、建设工期和建设资金使用等方面,代表建设单位实施监督。工程监理人员认为工程施工不符合工程设计要求、施工技术标准和合同约定的,有权要求建筑施工企业改正。工程监理人员发现工程设计不符合建筑工程质量标准或者合同约定的质量要求的,应当报告建设单位要求设计单位改正。"《建设工程质量管理条例》第37条第2款规定:"未经监理工程师签字,建筑材料、建筑构配件和设备不得在工程上使用或者安装,施工单位不得进行下一道工序的施工。未经总监理工程师签字,建设单位不拨付工程款,不进行竣工验收。"因此,监理人的法定职权是对施工质量、建设工期和拨付建设资金进行监督,法律法规并未规定监理人具有确认工程价款的权利。建设工程施工合同在发承包双方之间签订并履行,确认工程价款是发承包双方的权利与义务。监理人如对工程结算书具有确认的权利,必须经发包人授权。监理人未经发包人授权确认的工程结算书,不能作为认定发承包双方之间工程价款的依据。

329. 如何界定抗辩和反诉(仲裁反请求)？

抗辩与反诉(含仲裁反请求,下同),均具有排斥、抵消原告诉讼请求的目的及作用,容易发生混淆和争议,实务中应怎样确定二者的边界,从而决定个案中应该提出抗辩还是应该提起反诉？

笔者认为,应当将原告诉讼请求的范围作为提出抗辩与提起反诉的边界。凡在原告诉讼请求范围内针对该请求事项作出的拒绝履行、要求减少价款、作相关扣除、请求减少违约金的主张,被告提出抗辩即可。凡在原告诉讼请求之外提出的新的请求,被告应当提起反诉。分析如下：

第一,抗辩。抗辩是对抗对方请求权的防御方法,包括权利障碍抗辩、权利毁灭(消灭)抗辩、权利妨碍(受到限制)抗辩。权利障碍抗辩在于主张请求权根本不发生,如契约不成立、法律行为的当事人为无行为能力人、法律行为违反强制或禁止性规定等。权利毁灭(消灭)抗辩在于主张请求权虽一度发生,但其后因特定事由已归于消灭,如债务已清偿、混同等。权利障碍抗辩和权利毁灭抗辩均是以请求权不存在为基础的抗辩。权利妨碍(受到限制)抗辩是对已存在的请求权发生一种对抗的权利,主张行使权利受到妨碍或限制,如对权利人主张债权超过诉讼时效的抗辩、同时履行抗辩、先履行抗辩、不安抗辩等。实践中,常见的抗辩如下：

(1)拒绝履行。被告针对原告诉讼请求作出拒绝履行的意思表示,其目的在于否定原告的请求权,该主张是对原告请求权的防御,显属抗辩,无需反诉。

(2)减少价款。最高人民法院《关于审理买卖合同纠纷案件适用法律问题的解释》(法释〔2020〕17号)第31条规定："出卖人履行交付义务后诉请买受人支付价款,买受人以出卖人违约在先为由提出异议的,人民法院应当按照下列情况分别处理：(一)买受人拒绝支付违约金、拒绝赔偿损失或者主张出卖人应当采取减少价款等补救措施的,属于提出抗辩;(二)买受人主张出卖人应支付违约金、赔偿损失或者要求解除合同的,应当提起反诉。"最高人民法院认为,作为一种抗辩,减少价款是主张对方的请求权在减价范围内已经消灭,对方不得就该部分价款主张权利,其实际上是否认对方就减价权成立范围内的价款存在请求权,因此,其是一种事实抗辩,而不是权利抗辩。[①] 这表明,最高人民法院将减价权作为形成权,原告诉讼请求中应予减价部分的价款权利不存在,因而属于权利障碍抗辩,无需反诉。

(3)作相关扣除。被告针对原告诉讼请求中部分价款主张作相关扣除,须区分情形分别对待:

①被告依据合同中扣除有关款项的条款主张扣除该款项的,提出抗辩即可。

例如,分包人诉请总包人支付分包工程款案件中,总包人依据合同中关于收取分包管理费的约定,主张分包工程款中应扣除分包管理费,实质上是否认分包人就管理费存在请求权,因而属于权利障碍抗辩,提出抗辩即可。

②被告基于原告违约而要求扣除部分款项的,应提起反诉。

例如,a. 承包人诉请发包人支付工程价款案件中,发包人提出工程质量存在瑕疵而主张扣除承包人质保金的情形,虽然质保金属于工程价款的一部分,但发包人是基于承包人质量违约的事实而请求扣除质保金,属于在承包人"支付工程价款"这一诉讼请求范围之外提出了新的请求,故应提起反诉。b. 合同约定了付款方有权在应付款项中扣除收款方应支付的违约金的内容,诉讼中,付款方基于收款方的违约事实而主张在应付款额中扣除该违约金,亦系提出新的请求,应提起反诉。

(4)减少违约金数额。《民法典合同编通则司法解释》第64条第1款规定:"当事人一方通过反诉或者抗辩的方式,请求调整违约金的,人民法院依法予以支持。"被告以原告索要违约金过高并主张予以调整,是针对原告诉讼请求本身的对抗,提出抗辩即可,实践中也很少有当事人以反诉方式主张调整。

第二,反诉。反诉是被告针对原告提出的与本诉有牵连的诉讼。反诉具有进攻性,目的在于排斥、抵消或者吞并本诉的诉讼请求或者使本诉失去意义。

[①] 参见最高人民法院民事审判二庭编著:《最高人民法院关于买卖合同司法解释理解与适用》,人民法院出版社2016年版,第650页。该书中的"事实抗辩"包括权利障碍抗辩和权利毁灭抗辩;"权利抗辩"是指权利妨碍抗辩。——笔者注

除上述可提出抗辩的情形外,被告在原告诉讼请求之外提出新的请求,均应提起反诉。例如,承包人诉请发包人支付工程价款,而发包人基于承包人质量违约、工期违约等事实,主张承包人应支付违约金、赔偿损失、扣除质保金、支付返工、维修费用、请求撤销、解除合同等;反之亦然,在发包人起诉承包人案件中,承包人在发包人诉讼请求之外提出主张的,也须提起反诉。

330. 如何识别附条件的民事法律行为?

《民法典》第 158 条规定:"民事法律行为可以附条件,但是根据其性质不得附条件的除外。附生效条件的民事法律行为,自条件成就时生效。附解除条件的民事法律行为,自条件成就时失效。"根据该规定,民事法律行为可以附条件,并以条件的成就与否来作为民事法律行为效力发生或消灭的根据。条件的实质是当事人对民事法律行为所添加的限制,这个限制使法律效果的发生、消灭系于将来不确定的事实,法律行为经附条件后就处于一种不确定的状态。

上述法律所称的"条件",必须是将来发生的、不确定的、约定的、合法的事实。否则,视为没有附条件。

(1)下列事实不能作为民事法律行为所附条件。

①受一方当事人控制的事实。根据《民法典》第 159 条"附条件的民事法律行为,当事人为自己的利益不正当地阻止条件成就的,视为条件已经成就;不正当地促成条件成就的,视为条件不成就"的规定,条件系不受一方当事人控制的事实为应有之义,如为一方当事人所控制,则不存在阻止或促成条件成就的问题,亦不存在条件的拟制效力的问题。例如,建设工程施工合同约定"发包人自锅炉投产发电之日起 30 日内付至工程价款的 90%",发包人是否投产发电,由其单方控制和实施,不属于法律规定的条件。再如,买卖合同约定"买方自内部批款流程完毕后 10 日内支付卖方货款",买方内部批款受其单方控制,不能成为其应否付款的条件。但如,合作开发房地产合同约定"本合同自一方当事人通过招拍挂取得国有建设用地使用权之日起生效",虽然参与招拍挂行为由一方当事人所控制,但能否竞得土地使用权的结果不为当事人所控制,属于不确

定的事实,因此属于附生效条件的合同。

②法律规定的政府机关对有关事项或者合同审批的权限和职责。政府机关对有关事项或者合同审批的审判权、批准权,源于法律和行政法规的规定,不属于当事人约定的范围,不符合民事法律行为附条件的规定。例如,土地使用权出让合同约定"本合同项下宗地出让方案须经××人民政府批准,本合同自××人民政府批准之日起生效",该约定不属于法律规定的条件。

③一方当事人所负的法定义务。法定义务,包括附随义务[①],是法律规定当事人应当遵循的义务,不属于当事人约定条件的范围,不能成为民事法律行为的附条件。例如,建设工程施工合同约定"在承包人完成竣工资料交档后60日内办完工程结算",承包人在交付建设工程的同时交付竣工资料,是其对建设单位负有的合同附随义务,不能成为条件。

④一方当事人所负的合同义务。法律上所称的条件是指决定民事法律关系的效力产生和消灭的不确定的事实。当事人在合同中约定的一方应履行的合同义务是确定的,不是法律上的条件。

例如,建设工程施工合同约定"发包人自建设工程竣工验收合格后30日内付至合同价款的90%""承包人先开发票后付款",前述工程竣工验收合格、先开发票均是一方当事人的合同义务,不是法律上所称的"条件"。再如,租赁合同约定"租赁合同自承租人逾期2个月未支付租金时解除",支付租金是一方当事人的合同义务,逾期未支付租金也不能成为法律意义上的"解除条件",但属于当事人约定的解除合同的事由,在承租人逾期未支付租金时,出租人可以行使约定解除权解除合同。

⑤确定不可能发生的事实。确定不可能发生的事实,并非不确定的事实,也不能成为所附条件。例如,"你把星星摘下来,我就嫁给你","把星星摘下来"是确定不可能发生的事实,而构成"条件"的事实,是可能发生的事实,也可能不发生的事实,确定不能发生的事实,不构成"条件"。

(2)"条件"不适格,视为没有附条件后的处理。

①合同附生效条件不适格的处理。合同所附生效条件不适格,视为当事人

[①] 附随义务是指法律无明文规定,当事人亦无明确约定,为保护对方利益和稳定交易秩序,当事人依诚实信用原则所应负担的义务。例如,《民法典》第509条第2款规定:"当事人应当遵循诚信原则,根据合同的性质、目的和交易习惯履行通知、协助、保密等义务。"

未对合同生效附条件,合同是否生效根据《民法典》的相关规定认定。但应注意的是,如果当事人以确定不可能发生的事实约定为生效条件时,根据《民法典总则编司法解释》第24条关于"民事法律行为所附条件不可能发生,当事人约定为生效条件的,人民法院应当认定民事法律行为不发生效力"的规定,直接认定合同不发生效力。

②合同附解除条件不适格的处理。合同所附解除条件不适格,视为未附条件,合同是否失效依照《民法典》和相关法律、行政法规的规定认定。"解除条件"不适格,不能依照《民法典》第158条"附解除条件的民事法律行为,自条件成就时失效"的规定,认定合同已失效。如经审查,该"解除条件"实质上属于约定解除合同事由的,则应依据《民法典》第562条第2款关于"当事人可以约定一方解除合同的事由。解除合同的事由发生时,解除权人可以解除合同"的规定,可由当事人行使约定解除权。例如,租赁合同约定"租赁合同自承租人逾期2个月未支付租金时解除",因支付租金是承租人的合同义务,不能构成"条件",所附解除条件不适格,故在承租人逾期2个月未支付租金时,不能认定租赁合同已失效。但双方约定的"逾期2个月未支付租金"属于出租人解除合同的事由,在该解除合同事由发生时,出租人可行使约定解除权解除合同,且须依法通知承租人。

③附条件条款不适格的处理。所附条件不适格,视为未附条件;如果涉及履行义务的,视为约定不明,依照《民法典》第510条、第511条①有关合同漏洞填补规则处理。

例如,建设工程施工合同约定"发包人自锅炉投产发电之日起30日内付至工程价款的90%",所附条件不适格,应按《建设工程司法解释(一)》第27条关

---

① 《民法典》第510条规定:"合同生效后,当事人就质量、价款或者报酬、履行地点等内容没有约定或者约定不明确的,可以协议补充;不能达成补充协议的,按照合同相关条款或者交易习惯确定。"第511条规定:"当事人就有关合同内容约定不明确,依据前条规定仍不能确定的,适用下列规定:(一)质量要求不明确的,按照强制性国家标准履行;没有强制性国家标准的,按照推荐性国家标准履行;没有推荐性国家标准的,按照行业标准履行;没有国家标准、行业标准的,按照通常标准或者符合合同目的的特定标准履行。(二)价款或者报酬不明确的,按照订立合同时履行地的市场价格履行;依法应当执行政府定价或者政府指导价的,依照规定履行。(三)履行地点不明确,给付货币的,在接受货币一方所在地履行;交付不动产的,在不动产所在地履行;其他标的,在履行义务一方所在地履行。(四)履行期限不明确的,债务人可以随时履行,债权人也可以随时请求履行,但是应当给对方必要的准备时间。(五)履行方式不明确的,按照有利于实现合同目的的方式履行。(六)履行费用的负担不明确的,由履行义务一方负担;因债权人原因增加的履行费用,由债权人负担。"

于"当事人对付款时间没有约定或者约定不明的,下列时间视为应付款时间:(一)建设工程已实际交付的,为交付之日;(二)建设工程没有交付的,为提交竣工结算文件之日;(三)建设工程未交付,工程价款也未结算的,为当事人起诉之日"的规定,确定应付工程价款的日期。

④以合同义务作为条件的定性及处理。合同义务具有确定性,不能作为法律行为所附条件,该类条款大多规定了当事人履行义务的先后顺序,本质上属于先履行抗辩权条款,应依照《民法典》第526条"当事人互负债务,有先后履行顺序,应当先履行债务一方未履行的,后履行一方有权拒绝其履行请求。先履行一方履行债务不符合约定的,后履行一方有权拒绝其相应的履行请求"的规定,进行认定和处理。

例如,建设工程施工合同约定的"发包人自建设工程竣工验收合格后30日内付至合同价款的90%""承包人先开发票后付款""在承包人完成竣工资料交档后60日内办完工程结算"等条款,均属于先履行抗辩权条款,应根据承包人的履行行为是否符合约定,确定发包人是否享有后履行抗辩权。

331. 如何区分"附条件"与"附期限"的民事法律行为?

在诉讼或仲裁实务中,案件当事人有时会就某一合同条款是附条件条款还是附期限条款发生争议,该问题也是审理者进行裁判时必须回应的问题。那么,怎样识别某一合同条款是附条件条款还是附期限条款,抑或二者都不是?

笔者认为,可以按以下方法判断某一合同条款是附条件条款还是附期限条款,抑或二者都不是。

(1)构成"条件"的事实是偶成事实,构成"附期限"的事实是必成事实。

①偶成事实,既可能发生,可能不发生的不确定的事实。包括两个方面:一是日期不确定,到来不确定。例如,结婚时送房一套。"结婚"这一日期是不确定的,"结婚"与否也不确定,即到来也不确定。二是日期确定,到来不确定。例如,30岁生日时送房一套。"30岁生日"这一日期是确定的,但"30岁生日"能否到来是不确定的(比如在29岁因意外死亡)。综上所述,无论"日期"是否确定,凡是"到来"不确定的事实,就属于偶成事实。

②必成事实,即一定会发生的事实。包括两个方面:一是日期确定,到来确定。例如,明年元旦送房一套。"明年元旦"这一日期是确定的,"明年元旦"也一定会到来。二是日期不确定,到来确定。例如,临终时送房一套。"临终时"这一日期是不确定的,但是到来是确定的。综上所述,无论"日期"是否确定,凡是"到来"确定的事实,就属于必成事实。

(2)"条件"是决定民事义务是否产生的事实,而"期限"并不决定民事义务是否产生,民事义务一定产生,只是对履行义务的时间作出约定。

①决定民事义务是否产生的事实,属于"条件"。仍以上例说明:结婚时送房一套,即结婚就送房,不结婚就不送房,结婚与否决定送房与否,"结婚"构成"送房"的条件;30岁生日时送房一套,即30岁生日来临就送房,30岁生日不来临就不送房,"30岁生日"构成"送房"的条件。

②不能决定民事义务是否产生,民事义务一定产生,仅仅是对履行义务的时间作出约定的事实,属于"附期限"。仍以上例说明:明年元旦送房一套,临终时送房一套,无论明年元旦还是临终时,都要送房,因此是附期限的民事法律行为。

综上所述,"到来"不确定且决定民事义务是否产生的事实,是附条件的民事法律行为;"到来"确定且不决定民事义务是否产生的事实,是附期限的民事法律行为。

特别值得注意的是,实务中存在大量既不是附条件条款,也不是附期限条款的约定内容,对此应加以甄别。例如,上文①所举例子,建设工程施工合同约定"发包人自锅炉投产发电之日起30日内付至工程价款的90%""在承包人完成竣工资料交档后60日内办完工程结算""发包人自建设工程竣工验收合格后30日内付至合同价款的90%""承包人先开发票后付款",承上文所述,鉴于锅炉投产发电是由发包人单方控制的事实,并非不确定的事实;承包人交付竣工资料、竣工验收合格、开具发票均是承包人的合同义务或法定义务,是确定的。因此,上述约定内容都不构成法律意义上的"条件"。那么,上述约定能否认定为是附期限的民事法律行为呢?上述约定内容也不属于附期限的条款,这是因为构成"附期限"的事实是必成事实,即一定会发生的事实,而锅炉投产发电、交付竣工资料、竣工验收合格、开具发票,并不一定会发生,因此,上述约定内容也

---

① 指本书"330. 如何识别附条件的民事法律行为?"一文。——笔者注

不能认定为附期限的条款。笔者认为,上述内容仅属于当事人对付款时间或双方履行义务的先后顺序的约定。在实务中,对于付款时间的约定,如果双方对此发生争议,应当判断约定的付款时间是否明确,如果约定的付款时间不明确,则应当根据《民法典》第 510 条、第 511 条关于合同漏洞填补规则进行处理,或者依照有关司法解释的规定进行处理。例如,在当事人对支付工程款时间没有约定或约定不明时,适用《建设工程司法解释(一)》第 27 条①规定的法定付款时间。对于履行义务先后顺序的约定,如果双方对此发生争议,则应适用法律关于先履行抗辩权的规定加以认定。

332. 被挂靠人怠于向发包人主张工程款债权时,挂靠人的权利应如何救济?

挂靠人以被挂靠人名义与发包人签订建设工程施工合同,施工完毕且经验收合格。被挂靠人怠于向发包人主张工程款债权,此时挂靠人面临权利无法救济的尴尬境地。

一是在被挂靠人尚未收取发包人工程款的情况下,被挂靠人对挂靠人并不负有支付工程款的义务,挂靠人无法向被挂靠人主张工程款债权。理由是,挂靠的本质是借名经营,即挂靠人借用被挂靠人的施工资质及经营手续对外承揽工程,被挂靠人出借资质并收取管理费或其他名目费用,双方并未建立建设工程施工合同法律关系,在被挂靠人尚未收到发包人支付的工程款的情况下,被挂靠人对挂靠人不产生支付工程款的义务。

二是挂靠人无法向发包人主张工程款债权。理由包括:(1)挂靠人与发包人之间没有合同关系,无权突破合同相对性原则向发包人主张工程价款;(2)挂靠人以被挂靠人名义施工,在施工中全程隐身,不以自己面目出现,在发包人看来其系履行被挂靠人指派的职务,因此,不能认定挂靠人与发包人之间形成事

---

① 《建设工程司法解释(一)》第 27 条规定:"利息从应付工程价款之日开始计付。当事人对付款时间没有约定或者约定不明的,下列时间视为应付款时间:(一)建设工程已实际交付的,为交付之日;(二)建设工程没有交付的,为提交竣工结算文件之日;(三)建设工程未交付,工程价款也未结算的,为当事人起诉之日。"

实上的施工合同关系;(3)挂靠人属于借用资质的实际施工人,不是《建设工程司法解释(一)》第43条规定的转包、违法分包关系中的实际施工人,因此,挂靠人也不能依据该司法解释规定向发包人主张付款。

三是挂靠人不能以自己的名义代为行使被挂靠人对发包人的工程款债权。理由是,行使代位权以主债权(即债权人对债务人的债权)与次债权(即债务人对相对人的债权)均合法为前提,由于挂靠双方签订的挂靠协议因违反法律禁止性规定而无效,①挂靠人依据挂靠协议不能取得合法债权,挂靠人亦不属于《建设工程司法解释(一)》第44条②规定的转包人、违法分包人这两类实际施工人,故也不能借由代位权诉讼向发包人主张工程款债权。

如上分析,在被挂靠人怠于向发包人主张工程款债权的情形下,挂靠人作为该工程施工的实际投资人,面临着权利无可救济的尴尬局面。此时,对于挂靠人的权利应如何救济?

笔者认为,在挂靠施工情形下,存在着发包人、被挂靠人、挂靠人三方主体,三方主体存在着施工合同关系、挂靠关系,以及外部关系与内部关系的复杂情况,应当区分具体情况讨论挂靠人的权利救济途径。

1. 发包人在与被挂靠人订立施工合同时即明知挂靠事实的情况

发包人在与被挂靠人订立施工合同时即明知挂靠事实,包括发包人与被挂靠人订立施工合同时就知悉挂靠双方之间的挂靠事实,以及发包人授意挂靠人以被挂靠人名义与之签订施工合同两种情形。无论哪种情形,发包人和被挂靠人在签订施工合同时,双方均明知被挂靠人虽签订施工合同,但并不实际施工,而由挂靠人实际施工,故该合同系双方通谋作出的虚假表示,不能认定双方建立了建设工程施工合同法律关系,双方不产生发包人与承包人的权利义务关系。

在发包人明知挂靠人以被挂靠人的名义与其签订施工合同的情形下,事实上存在两份施工合同。一是发包人与被挂靠人签订的施工合同,前文已述,该

---

① 《建筑法》第26条第2款规定:"禁止建筑施工企业超越本企业资质等级许可的业务范围或者以任何形式用其他建筑施工企业的名义承揽工程。禁止建筑施工企业以任何形式允许其他单位或者个人使用本企业的资质证书、营业执照,以本企业的名义承揽工程。"

② 《建设工程司法解释(一)》第44条规定:"实际施工人依据民法典第五百三十五条规定,以转包人或者违法分包人怠于向发包人行使到期债权或者与该债权有关的从权利,影响其到期债权实现,提起代位权诉讼的,人民法院应予支持。"

合同属于通谋虚伪行为,双方并不产生发包人与承包人的权利义务;二是在该合同下隐藏的发包人与挂靠人之间的施工合同,该合同系以虚假的意思表示隐藏的民事法律行为,根据《民法典》第146条第2款"以虚假的意思表示隐藏的民事法律行为的效力,依照有关法律规定处理"及《建设工程司法解释(一)》第1条第1款第2项关于施工合同具有"没有资质的实际施工人借用有资质的建筑施工企业名义的"情形认定无效的规定,应当认定发包人与挂靠人之间隐藏的施工合同无效。虽然该合同无效,但在发包人与挂靠人之间,已经产生了发包人与承包人的权利义务关系,如果建设工程经验收合格,挂靠人可以依据《民法典》第793条的规定,直接向发包人主张工程价款。

2. 发包人对挂靠事实不知情的情况

(1)发包人与被挂靠人之间的外部关系。① 发包人与被挂靠人签订施工合同时,对于被挂靠人不实际施工,而由被挂靠人之下隐藏的挂靠人实际施工的事实并不知情的,则发包人属于善意签订合同,而被挂靠人属于真意保留。所谓真意保留,是指在双方作出意思表示时,一方对自己真实的意思表示有所保留,但对方当事人对此并不知晓,即相对人并不知晓行为人表示的是虚假意思。② 即表意人故意隐瞒其真意,将其意欲发生法律效果的真意保留于内心,没有表示出来,而其外在表示的意思又非其真实的意思。意思存乎于心,当其表达于外时,方能为人所确知。而仅有可为外界知悉的表达才能构成法律约束力的直接依据。③ 基于此,在发包人并不知晓挂靠事实、善意签订施工合同的情形下,若无其他合同无效情形(如中标无效等)的,则发包人与被挂靠人签订的施工合同应认定为有效。在案件审理中,如果被挂靠人主张依据《建设工程司法解释(一)》第1条第1款第2项的规定,以其与挂靠人之间存在挂靠事实为由主张该施工合同无效的,人民法院或仲裁机构不应予以支持。笔者认为,在案件审理中适用《建设工程司法解释(一)》第1条第1款第2项规定认定发包人与承包人签订的施工合同无效,应当具备一个前提,即发包人在与承包人签订施工合同时明知挂靠事实,否则,不能仅因承包人单方主张存在挂靠事实导致案涉合同无效。综上所述,发包人与被挂靠人建立了施工合同法律关系,双方

---

① 发包人与被挂靠人之间的外部关系,是相对于挂靠双方之间的内部关系而言的。——笔者注
② 最高人民法院民法典贯彻实施工作领导小组主编:《中华人民共和国民法典总则编理解与适用》(下),人民法院出版社2020年版,第730页。
③ 《〈中华人民共和国民法总则〉条文理解与适用》(下),人民法院出版社2017年版,第960页。

之间产生发包人与承包人的权利义务关系。

(2)挂靠双方的内部关系。实践中,挂靠双方签订的挂靠协议,通常表现为出借资质企业与没有施工资质的个人签订内部承包协议、合作协议等,其本质特征均为被挂靠人不施工、不投资、不对施工进行管理、不承担法律责任,而由挂靠人进行施工、投资并承担包括工程质量、安全、保修、债权债务、盈亏风险、工伤工亡事故责任在内的全部法律责任,被挂靠人向挂靠人收取一定的管理费或其他名目的费用。根据《建筑法》第26条第2款"禁止建筑施工企业以任何形式允许其他单位或者个人使用本企业的资质证书、营业执照,以本企业的名义承揽工程",《民法典》第153条第1款"违反法律、行政法规的强制性规定的民事法律行为无效"的规定,挂靠双方签订的挂靠协议无效。

值得注意的是,挂靠协议中虽有关于工程施工的内容,但其法律性质不属于建设工程施工合同。理由是,挂靠协议的标的是挂靠人与被挂靠人之间形成的出借(借用)资质关系,其标的物是被挂靠人的施工资质和经营手续;而建设工程施工合同的标的是发、承包方形成的承揽关系,其标的物是建设工程。因此,挂靠双方并不产生施工合同的权利义务关系,即挂靠人无权依据挂靠协议向被挂靠人主张工程价款,被挂靠人在尚未收取发包人工程款的情况下,亦不负有向挂靠人支付工程款的义务。

另需注意的是,如果挂靠双方因挂靠协议产生纠纷,应依据最高人民法院《关于印发修改后的〈民事案件案由规定〉的通知》(法〔2020〕347号)确定为"合同纠纷",而非"建设工程施工合同纠纷"。案件适用法律亦有所限制,比如,在挂靠双方之间不能适用《建设工程司法解释(一)》的规定。

(3)当发包人对挂靠事实并不知情时,挂靠双方的内部关系不具有对外效力,应认定双方为转包工程关系,发包人由此对挂靠人产生代付工程款的关系。在发包人善意、被挂靠人真意保留的情形下,出于保护善意发包人利益的考虑,不论被挂靠人还是挂靠人,均不得以隐瞒于内心的挂靠事实对抗发包人。《建设工程质量管理条例》第78条第3款规定:"本条例所称转包,是指承包单位承包建设工程后,不履行合同约定的责任和义务,将其承包的全部建设工程转给他人或者将其承包的全部建设工程肢解以后以分包的名义分别转给其他单位承包的行为。"据此,被挂靠人将工程交由挂靠人施工的行为属于转包行为,挂靠双方的关系对外应认定为转包关系。

值得注意的是,无论挂靠双方借用资质的约定发生在被挂靠人与发包人签订建设工程施工合同之前还是之后,挂靠双方的关系均应认定为转包关系。一般情况下,判断转包与挂靠以建设工程和实际施工人的出现顺序为标准。转包是先有工程,后有实际施工人,即施工单位先承揽工程,后与实际施工人签订转包合同,将所承接工程转交实际施工人进行施工。而挂靠则相反,是先有挂靠人,后有工程,挂靠人首先获得工程信息并与发包人前期接洽,之后在招投标阶段以被挂靠人的委托代理人身份参与投标或签订中标合同。因此,司法实践中常以挂靠双方签订挂靠协议的时间与被挂靠人和发包人签订施工合同时间的先后进行对比,以此判断是转包还是挂靠。挂靠双方签订协议在前的,认定为挂靠关系;挂靠双方签订协议在后的,认定为转包关系。但事实上,挂靠与转包本质上并无二致,均为承包人与发包人签订施工合同,但承包人并不履行该合同约定的工程建设义务,而转由他人承担该义务,施工中实际施工人全程"隐身",且不为发包人所知悉,区别在于转包系承包人承揽工程后确定不履行合同约定的建设义务,而挂靠则是承包人在承揽工程前即确定不履行该建设义务。

综上所述,当发包人对挂靠事实并不知情时,挂靠双方的内部关系不具有对外效力,双方的关系对外应认定为转包工程关系,挂靠人可以依据《建设工程司法解释(一)》第43条第2款规定,请求发包人代付工程价款。

需要特别说明的是,尽管如前所述,在发包人对挂靠事实并不知情的情况下,挂靠双方的关系对外应认定为转包工程关系,但在确定挂靠双方之间的权利义务时,仍适用挂靠关系,即挂靠协议并非施工合同,挂靠人无权依据挂靠协议向被挂靠人主张工程价款。

333. 案外人认为仲裁裁决、调解书侵害其权益,如何救济？如何理解最高人民法院相关庭室关于同一问题存在矛盾的观点？

最高人民法院民事审判第一庭编《民事审判指导与参考》总第71辑(2017年第3辑)第256页至第257页"民事审判信箱"刊登《仲裁机构、案外人能否申请撤销仲裁裁决》《因仲裁当事人恶意串通、骗取仲裁裁决损害案外人利益时对案外人如何救济》两篇文章,认为在仲裁当事人恶意申通、骗取仲裁裁决损害案外人利益时,鉴于《仲裁法》第 58 条规定的申请撤销仲裁裁决主体限于仲裁案件当事人,案外人不符合该条规定的申请撤裁主体资格,如其权益因仲裁裁决受损,可以依照《民事诉讼法》第 227 条①的规定,提出执行异议和执行异议之诉解决。

此后,《民事审判指导与参考》总第 73 辑(2018 年第 1 辑)第 240 页"民事审判信箱"刊登《案外人针对仲裁机构作出的确权裁决书或仲裁调解书的执行能否提起执行异议之诉》一文,认为案外人针对仲裁裁决书提起执行异议之诉,根本目的在于否定裁决书本身,不能通过执行异议之诉解决,应申请撤裁。

上述三篇文章观点存在矛盾之处。

笔者认为,案外人对仲裁裁决或仲裁调解书有异议的,不能申请撤销仲裁裁决或调解书,可以申请不予执行仲裁裁决及申请复议,如未能阻却执行,可以提出执行异议之诉。理由如下:

(1)《仲裁法》第 58 条规定:"当事人提出证据证明裁决有下列情形之一的,可以向仲裁委员会所在地的中级人民法院申请撤销裁决:(一)没有仲裁协议的;(二)裁决的事项不属于仲裁协议的范围或者仲裁委员会无权仲裁的;(三)仲裁庭的组成或者仲裁的程序违反法定程序的;(四)裁决所根据的证据是伪造的;(五)对方当事人隐瞒了足以影响公正裁决的证据的;(六)仲裁员在仲裁该案时有索贿受贿,徇私舞弊,枉法裁决行为的。人民法院经组成合议庭审查核实裁决有前款规定情形之一的,应当裁定撤销。人民法院认定该裁决违背社会公共利益的,应当裁定撤销。"案外人并非仲裁案件的当事人,不具有申请撤销仲裁裁决的主体资格,不能依据该条申请撤销仲裁裁决。

(2)最高人民法院《关于人民法院办理仲裁裁决执行案件若干问题的规定》第 9 条规定:"案外人向人民法院申请不予执行仲裁裁决或者仲裁调解书的,应当提交申请书以及证明其请求成立的证据材料,并符合下列条件:(一)有证据证明仲裁案件当事人恶意申请仲裁或者虚假仲裁,损害其合法权益;(二)案外人主张的合法权益所涉及的执行标的尚未执行终结;(三)自知道或者应当知道人民法院对该标的采取执行措施之日起三十日内提出。"第 18 条规定:"案外人根据本规定第九条申请不予执行仲裁裁决或者仲裁调解书,符合下

---

① 2023 年《民事诉讼法》第 238 条。——笔者注

列条件的,人民法院应当支持:(一)案外人系权利或者利益的主体;(二)案外人主张的权利或者利益合法、真实;(三)仲裁案件当事人之间存在虚构法律关系,捏造案件事实的情形;(四)仲裁裁决主文或者仲裁调解书处当事人民事权利义务的结果部分或者全部错误,损害案外人合法权益。"第19条第2款规定:"被执行人、案外人对仲裁裁决执行案件申请不予执行,经审查理由成立的,人民法院应当裁定不予执行;理由不成立的,应当裁定驳回不予执行申请。"第22条第3款规定:"人民法院基于案外人申请裁定不予执行仲裁裁决或者仲裁调解书,当事人不服的,可以自裁定送达之日起十日内向上一级人民法院申请复议;人民法院裁定驳回或者不予受理案外人提出的不予执行仲裁裁决、仲裁调解书申请,案外人不服的,可以自裁定送达之日起十日内向上一级人民法院申请复议。"根据上述司法解释规定,案外人认为仲裁裁决、仲裁调解书侵害其合法权益的,可以向执行法院申请不予执行仲裁裁决、仲裁调解书,并有权对驳回不予执行申请的裁定申请复议。

(3)《民事诉讼法》第234条规定:"执行过程中,案外人对执行标的提出书面异议的,人民法院应当自收到书面异议之日起十五日内审查,理由成立的,裁定中止对该标的的执行;理由不成立的,裁定驳回。案外人、当事人对裁定不服,认为原判决、裁定错误的,依照审判监督程序办理;与原判决、裁定无关的,可以自裁定送达之日起十五日内向人民法院提起诉讼。"该规定并未区分诉讼案件的案外人与仲裁案件的案外人,亦未限定仲裁案件的案外人不能提出执行异议及执行异议之诉,案外人对执行标的享有实体权益,符合该规定提起执行异议之诉的主体资格,应赋予其诉讼权利。

334. 作出民事法律行为的"意思表示"包括哪些情形?

意思表示,是构成民事法律行为与民事法律关系的核心要素。

《民法典》第140条规定:"行为人可以明示或者默示作出意思表示。沉默只有在有法律规定、当事人约定或者符合当事人之间的交易习惯时,才可以视为意思表示。"意思表示包括明示与默示,特定情况下沉默构成意思表示。

(1)明示,是指通过语言或文字形式明确表达意思的行为。合同当事人以明示方式作出意思表示,如果双方对合同条款的理解发生争议,应当依据《民法典》第466条第1款关于"当事人对合同条款的理解有争议的,应当依据本法第一百四十二条第一款的规定,确定争议条款的含义",以及第142条第1款"有相对人的意思表示的解释,应当按照所使用的词句,结合相关条款、行为的性质和目的、习惯以及诚信原则,确定意思表示的含义"的规定,按照合同条款的文义,结合合同体系、性质和目的、习惯以及诚信原则进行解释。如果双方对由一方当事人提供的格式合同条款发生争议,应当依据《民法典》第498条关于"对格式条款的理解发生争议的,应当按照通常理解予以解释。对格式条款有两种以上解释的,应当作出不利于提供格式条款一方的解释。格式条款和非格式条款不一致的,应当采用非格式条款"的规定,作出不利于格式条款提供人的解释。如果双方当事人就某一事项已达成合意,仅因合同条款内容有遗漏,应当依据《民法典》第510条、第511条[①]规定确立的合同漏洞填补规则,对当事人遗漏的合同内容予以填补。

(2)默示,是指虽未通过语言或文字明确表达意思,但可以通过行为推知当事人的意思表示。默示与明示,两者的法律效果相同。最高人民法院《关于贯彻执行〈中华人民共和国民法通则〉若干问题的意见(试行)》(已废止)第66条规定:"一方当事人向对方当事人提出民事权利的要求,对方未用语言或者文字明确表示意见,但其行为表明已接受的,可以认定为默示。不作为的默示只有在法律有规定或者当事人双方有约定的情况下,才可以视为意思表示。"该规定中"默示"包括作为的默示与不作为的默示。其中,作为的默示属于《民法典》第140条规定的默示;不作为的默示,属于《民法典》第140条规定的沉默(自《民法典》施行后应统一使用"沉默"称谓)。

[①] 《民法典》第510条规定:"合同生效后,当事人就质量、价款或者报酬、履行地点等内容没有约定或者约定不明确的,可以协议补充;不能达成补充协议的,按照合同相关条款或者交易习惯确定。"第511条规定:"当事人就有关合同内容约定不明确,依照前条规定仍不能确定的,适用下列规定:(一)质量要求不明确的,按照强制性国家标准履行;没有强制性国家标准的,按照推荐性国家标准履行;没有推荐性国家标准的,按照行业标准履行;没有国家标准、行业标准的,按照通常标准或者符合合同目的的特定标准履行。(二)价款或者报酬不明确的,按照订立合同时履行地的市场价格履行;依法应当执行政府定价或者政府指导价的,依照规定履行。(三)履行地点不明确,给付货币的,在接受货币一方所在地履行;交付不动产的,在不动产所在地履行;其他标的,在履行义务一方所在地履行。(四)履行期限不明确的,债务人可以随时履行,债权人也可以随时请求履行,但是应当给对方必要的准备时间。(五)履行方式不明确的,按照有利于实现合同目的的方式履行。(六)履行费用的负担不明确的,由履行义务一方负担;因债权人原因增加的履行费用,由债权人负担。"

《民法典》第490条规定:"当事人采用合同书形式订立合同的,自当事人均签名、盖章或者按指印时合同成立。在签名、盖章或者按指印之前,当事人一方已经履行主要义务,对方接受时,该合同成立。法律、行政法规规定或者当事人约定合同应当采用书面形式订立,当事人未采用书面形式但是一方已经履行主要义务,对方接受时,该合同成立。"该条规定,确立了以实际履行方式缔约的制度,即以默示方式订立合同的制度。

值得注意的是,诉讼或仲裁实务中,审理者容易忽略当事人以默示方式作出的意思表示,以致错误判断及裁判。例如,一方当事人实际履行的内容与合同约定的内容不一致且对方接受时,属于双方当事人已以实际行为变更了合同原约定,而案件中另一方当事人主张对方违约的,审理者仍以该当事人实际履行内容与合同约定不一致,裁判该当事人承担违约责任。再如,合同解除权成就,解除权人未行使解除权,反而继续履行合同,由此可推知其已放弃合同解除权,审理者对解除权人再行解除合同的主张,应不予支持。对此种种,审理者应结合当事人的具体履行行为,判断当事人的意思表示,正确认定案件事实及裁判。

(3)沉默,是指单纯不作为,当事人既未明示,也不能从其行为推知其意思。沉默,只有在特定情况下才能视为当事人作出意思表示。包括:

①法律有规定。例如,《民法典》第638条第1款规定:"试用买卖的买受人在试用期内可以购买标的物,也可以拒绝购买。试用期限届满,买受人对是否购买标的物未作表示的,视为购买。"第1124条规定:"继承开始后,继承人放弃继承的,应当在遗产处理前,以书面形式作出放弃继承的表示;没有表示的,视为接受继承。受遗赠人应当在知道受遗赠后六十日内,作出接受或者放弃受遗赠的表示;到期没有表示的,视为放弃受遗赠。"

②合同有约定。例如,建设工程施工合同约定"发包人在收到承包人提报的竣工结算文件后的30天内未予答复的,视为认可承包人的竣工结算文件"(结算的默认条款);或"承包人未在工程变更之日起14天内提出工期顺延申请的,视为工期不顺延"(推定工期不顺延条款)。

③当事人之间存在此类交易习惯。

335. 如何区分共同责任、连带责任、按份责任、补充责任？

诉讼或仲裁案件实务中，经常出现共同责任、连带责任、按份责任、补充责任，对此应如何进行区分？

民事责任按照责任主体划分，可以分为单独责任和共同责任。其中，共同责任按照责任人之间的关系区分为按份责任、连带责任、补充责任。

(1) 按份责任，也称分割责任，指各个按份责任人将同一民事责任进行分割，各自承担其中的一定份额。在对外、对内关系上，各个按份责任人仅对自己承担的责任份额负责，互相之间不承担责任，权利人亦无权请求某一按份责任人超出自己份额承担责任。换言之，按份责任人各自承担责任，消灭各自债务。

(2) 连带责任，是指任何一个责任人都有义务全部承担的民事责任。在对外关系上，权利人可以向任何一个连带责任人请求承担全部责任，任何一个连带责任人的清偿，均可免除其他连带责任人的相应清偿责任；权利人对任何一个连带责任人免除债务，也在相应范围内对其他连带责任人产生债务免除的法律效果。在对内关系上，某一责任人对外实际承担了超出自己应承担份额的清偿责任后，可以向其他连带责任人追偿。换言之，连带责任人对外承担一体责任，对内分担责任。

连带责任往往基于数个责任人的共同行为或者具有共有关系产生。例如，《民法典》第1168条规定："二人以上共同实施侵权行为，造成他人损害的，应当承担连带责任。"第307条规定："因共有的不动产或者动产产生的债权债务，在对外关系上，共有人享有连带债权、承担连带债务，但是法律另有规定或者第三人知道共有人不具有连带债权债务关系的除外；在共有人内部关系上，除共有人另有约定外，按份共有人按照份额享有债权、承担债务，共同共有人共同享有债权、承担债务。偿还债务超过自己应当承担份额的按份共有人，有权向其他共有人追偿。"此外，《民法典》第1089条规定的"离婚时，夫妻共同债务应当共同偿还"，虽然使用"共同偿还"一词，但其责任性质仍为连带责任。

(3) 补充责任，是指因同一债务，在应承担清偿责任的主责任人财产不足给付时，由补充责任人基于与主责任人的某种特定法律关系或因为存在某种与债务相关的过错而承担补充清偿的民事责任。补充责任人在承担补充责任范围内，与主责任人承担连带责任。换言之，补充责任是有清偿顺序的特殊的连带责任。保证中的一般保证责任,即属典型的补充责任。

补充责任特征如下:

①责任人为多数,且多数责任人中存在主责任人和补充责任人的区分。

②补充责任中的债务是由主责任人产生的,主责任人因其与权利人之间直接的侵权或者合同关系承担责任,而补充责任人则是因和主债务人之间存在某种法律上的特殊关系而承担责任。

③补充责任的承担既可以由法律规定,也可以由当事人约定。

④主责任的存在且未全部清偿是补充责任成立的前提,因此补充责任的承担具有顺序性。权利人对补充责任人不享有完全独立的请求权,即一般情况下权利人不能直接单独要求补充责任人承担责任,而应该先要求主责任人承担责任,只有在主责任人不明或不能履行或不能完全履行时,才能要求补充责任人承担补充责任,否则,补充责任人可以拒绝承担责任。

⑤补充责任人与主责任人之间不存在内部责任份额的划分问题。

⑥补充责任人承担补充责任后是否可以向主责任人追偿,依据法律规定或者当事人约定。

336. 如何适用表见代理?

自《合同法》(已废止)确立表见代理制度以来,该制度对于保障善意第三人的交易安全发挥了重要作用,《民法总则》(已废止)及《民法典》对该制度予以确认,并将其适用范围扩大至全部民事法律行为领域。现将有关表见代理的法律规定及司法政策规定摘录如下:

原《合同法》第49条规定:"行为人没有代理权、超越代理权或者代理权终止后以被代理人名义订立合同,相对人有理由相信行为人有代理权的,该代理行为有效。"

原《民法总则》第172条规定:"行为人没有代理权、超越代理权或者代理权终止后,仍然实施代理行为,相对人有理由相信行为人有代理权的,代理行为有效。"

《民法典》第172条规定:"行为人没有代理权、超越代理权或者代理权终止后,仍然实施代理行为,相对人有理由相信行为人有代理权的,代理行为有效。"

最高人民法院2009年7月7日发布的《关于当前形势下审理民商事合同纠纷案件若干问题的指导意见》(法发〔2009〕40号)第12条规定:"当前在国家重大项目和承包租赁行业等受到全球性金融危机冲击和国内宏观经济形势变化影响比较明显的行业领域,由于合同当事人采用转包、分包、转租方式,出现了大量以单位部门、项目经理乃至个人名义签订或实际履行合同的情形,并因合同主体和效力认定问题引发表见代理纠纷案件。对此,人民法院应当正确适用合同法第四十九条关于表见代理制度的规定,严格认定表见代理行为。"

该意见第13条规定:"合同法第四十九条规定的表见代理制度不仅要求代理人的无权代理行为在客观上形成具有代理权的表象,而且要求相对人在主观上善意且无过失地相信行为人有代理权。合同相对人主张构成表见代理的,应当承担举证责任,不仅应当举证证明代理行为存在诸如合同书、公章、印鉴等有权代理的客观表象形式要素,而且应当证明其善意且无过失地相信行为人具有代理权。"

该意见第14条规定:"人民法院在判断合同相对人主观上是否属于善意且无过失时,应当结合合同缔结与履行过程中的各种因素综合判断合同相对人是否尽到合理注意义务,此外还要考虑合同的缔结时间、以谁的名义签字、是否盖有相关印章及印章真伪、标的物的交付方式与地点、购买的材料、租赁的器材、所借款项的用途、建筑单位是否知道项目经理的行为、是否参与合同履行等各种因素,作出综合分析判断。"

由于表见代理制度的立法规定过于简单,即使最高人民法院作出上述关于判断表见代理的细化规定,也仍显路径不清晰,导致司法实践中认定表见代理比较混乱,案件结果差异较大。

第一,表见代理的构成要件。表见代理的构成要件包括:(1)行为人是无权代理;(2)代理行为在外观上存在使相对人相信行为人具有代理权的理由;(3)相对人与无权代理人实施了民事法律行为;(4)相对人善意且无过失。

判断是否构成表见代理,需要注意以下几点:

(1)具有足以使相对人相信行为人有代理权的外观事实,而且该外观事实在签订合同时已经具备,并成为相对人决定是否签订合同的重要参考。在签订合同后形成的代理权表象,不能成为评判相对人在签订合同时合理信赖行为人有代理权的理由。

（2）相对人须善意且无过失地相信行为人有代理权。过失依据义务人的注意义务的轻重而有重大过失与轻过失之分，而轻过失又有具体轻过失和抽象轻过失之分。注意义务分为三个层次，最重的乃是善良管理人的注意义务；较重的是与处理自己事务相同的注意义务；最轻的乃是一般第三人所应具有的注意义务。违反善良管理人的注意义务为抽象轻过失；违反了与处理自己事务相同的注意义务则构成具体轻过失；而违反了一般第三人所应具有的注意义务则构成重大过失（见图3）。[①]

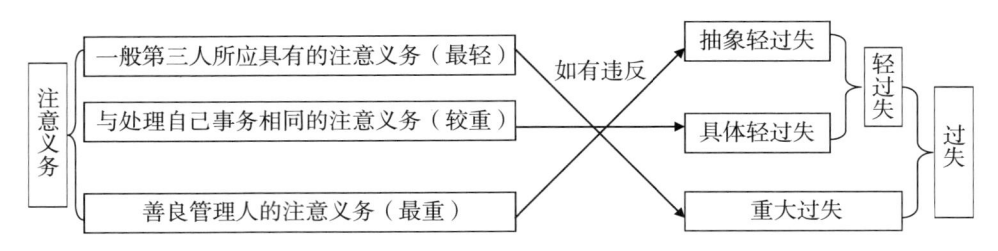

图3　注意义务与过失关系

从图3可以看出，当事人负有的注意义务之轻重，与违反该注意义务所呈现的过失状态成反比关系。

依据图3，当事人违反善良管理人的注意义务（最重义务）的，属于抽象轻过失。举轻以明重，认定表见代理要求相对人"善意且无过失"，与之对应的相对人应负的注意义务，应比善良管理人的注意义务更重。故在认定表见代理时，应对相对人科以较善良管理人更重的注意义务。

（3）"有理由"相信代理权。应对"有理由"进行必要的限定，即应以通常判断能力或手段为标准，而不能以第三人本人的判断力为标准。[②]

第二，认定表见代理，须以被代理人具有可归责性为构成要件。关于表见代理的构成要件，存在"单一要件说"和"双重要件说"之争。本人归责性是区分单一要件说和双重要件说的重要标准。单一要件说主张仅要求相对人合理

[①] 参见《违法责任归责原则之再检讨》，载最高人民法院民事审判第一庭编：《民事审判指导与参考》总第51辑（2012年第3期），人民法院出版社2012年版，第124~125页。

[②] 参见尹田：《〈民法典〉总则之理论与立法研究》，法律出版社2010年版，第753页。转引自最高人民法院民法典贯彻实施工作领导小组主编：《中华人民共和国民法典总则编理解与适用》（下），人民法院出版社2020年版，第864页。

信赖代理人具有代理权;双重要件说主张除具备相对人善意且无过失地信赖这一要件外,还要求被代理人对权利外观的发生有过失,即将本人归责性作为表见代理的一项独立构成要件。①

笔者认为,表见代理本质属于无权代理,以代理行为不约束本人为基本原则,仅在兼具本人具有可归责性及相对人善意且无过失两项要件时,作出选择保护善意相对人的制度安排。作为一般原则的例外情况,适用表见代理时需严格审查且在同时具备该两项要件时才能适用。因表见代理系属在意思自治原则与合理信赖的价值之间进行衡量后而设定的制度安排,本就以牺牲被代理人之利益为代价,但该牺牲仍应限定在一定的范围之内,若完全忽视被代理人因素在表见代理中的作用容易导致实质上的不公平,以完全牺牲一方的利益为代价去弥补另一方当事人的损失,实有矫枉过正之嫌。被代理人将受到其意思之外的约束,意味着被代理人不利益的附加,当然需要被代理人一侧的归责事由的支持。② 就责任承担的角度而言,被代理人的可归责性是其承担法律责任的前提。民事主体原则上无须为第三人的行为负责,只有当本人行为或归属本人可控范围的因素对第三人的不当行为具有引发性,即出现归责性事由时,才能对本人进行归责。③

第三,认定表见代理的路径。对于认定表见代理,笔者比较认同江苏省高级人民法院民事审判第一庭法官助理李佳鸿的思路,即对本人可归责性程度与相对人的合理信赖程度进行比较权衡,从而进一步认定是否构成表见代理。

认定表见代理的路径为:

第一步,对代理行为在客观上是否具有代理权的表象进行认定。如果不具有代理权表象,直接排除表见代理的适用,由行为人向相对人承担责任。

第二步,在认定代理权表象的基础上,进一步分析本人的可归责性事由与相对人的合理信赖事由,并对两者进行比较权衡,从而判断应否认定表见代理。包括以下步骤(见图4)。

---

① 参见李佳鸿:《建设工程项目经理表见代理的认定——本人归责性的价值导入》,载于健龙等主编:《中国建设工程法律评论》第7辑,法律出版社2018年版,第57页。
② 参见叶金强:《表见代理构成中的本人归责性要件——方法论角度的再思考》,载《法律科学(西北政法大学学报)》2010年第5期。转引自陈沸、朱春苗:《建设工程纠纷中的表见代理》,载于健龙等主编:《中国建设工程法律评论》第7辑,法律出版社2018年版,第68页。
③ 参见李佳鸿:《建设工程项目经理表见代理的认定——本人归责性的价值导入》,载于健龙等主编:《中国建设工程法律评论》第7辑,法律出版社2018年版,第58页。

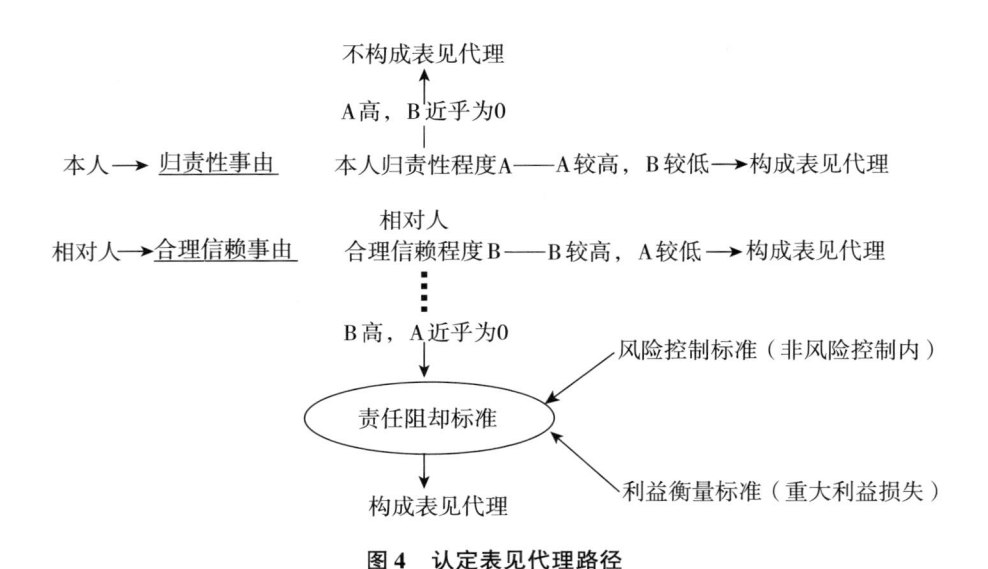

```
                          不构成表见代理
                              ↑
                        A高，B近乎为0
本人 → 归责性事由      本人归责性程度A —— A较高，B较低 → 构成表见代理

                        相对人
相对人 → 合理信赖事由   合理信赖程度B —— B较高，A较低 → 构成表见代理
                          ⋮
                        B高，A近乎为0            风险控制标准（非风险控制内）
                              ↓                    ↙
                         ( 责任阻却标准 )
                              ↓                    ↖
                         构成表见代理              利益衡量标准（重大利益损失）
```

图4　认定表见代理路径

（1）本人的可归责程度A高，而相对人的合理信赖程度近乎为零时，认定不构成表见代理。

（2）本人的可归责程度A较高，而相对人的合理信赖程度B较低时，认定构成表见代理。

（3）相对人的合理信赖程度B较高，而本人的可归责程度A较低时，认定构成表见代理。

（4）当相对人的合理信赖程度B高，而本人的可归责程度A近乎为零时，再分析：

①风险控制标准，即产生代理权外观的事实，是否在本人可控制范围内。a.如果该事实属于本人可控制范围内的事项时，则不能阻却本人承担表见代理责任，即认定构成表见代理。b.如果该事实属于本人风险控制范围外的事项时，则能够阻却本人承担表见代理责任，即认定不构成表见代理。因为若代理权外观的产生并不是源于被代理人风险控制范围内的因素，即被代理人对该风险不具有一般程度以上的控制权时，即使相对人已经对权利外观具备充分的信赖合理性，但这种权利外观是被代理人完全失控的情况下产生，不应归责于被代理人。例如，代理人伪造电子印章、私刻印章实施无权代理行为。此时由被代理人承担法律责任没有正当性根据，因为无论被代理人多么谨慎，伪造印章

的风险都不在被代理人的控制范围内。[1]

②重大利益衡量标准,即在相对人信赖合理性很高、但本人的可归责程度近乎为零的情况下,应将本人重大利益的损失作为阻却表见代理的事由。换言之,即使相对人合理信赖程度很高,但本人不具有可归责性,而且如果认定表见代理将导致本人重大利益损失时,由于本人不具有可归责性,应排除表见代理的适用,即不能认定构成表见代理。

337. 发包人函告承包人限期结算,否则视为认可发包人单方作出的结算值,其效力如何?

建设工程竣工验收后,发包人向承包人发送函件,限承包人在收到函件后×日内办理竣工结算,承包人如未在接函后×日内办理竣工结算,视为认可发包人的结算值。该函件能否约束承包人?

笔者认为,该函件不能约束承包人。

《民法典》第5条规定:"民事主体从事民事活动,应当遵循自愿原则,按照自己的意思设立、变更、终止民事法律关系。"第140条规定:"行为人可以明示或者默示作出意思表示。沉默只有在有法律规定、当事人约定或者符合当事人之间的交易习惯时,才可以视为意思表示。"明示,是行为人以语言或文字明确表示其意思。默示,是行为人没有用语言或文字明确表示其意思,但是做出了积极的行为,以该行为可以推知其意思表示。沉默,是当事人既没有用语言或文字明确表示其意思,也没有做出积极的行为,而是消极的不作为,该消极的不作为也视为其作出了意思表示。沉默只有在有法律规定、当事人约定或者符合当事人之间的交易习惯时,才能视为意思表示。

根据上述规定,民事主体从事民事活动应当遵循当事人意思自治原则,一方当事人不得以其单方行为为对方设定义务。以沉默认定当事人作出了意思表示,应当以法律有规定、当事人之间有约定或交易习惯为前提,在建设工程施工合同对此并无约定或发包人不能证明双方之间存在此种交易习惯的情况下,

---

[1] 参见李佳鸿:《建设工程项目经理表见代理的认定——本人归责性的价值导入》,载于健龙等主编:《中国建设工程法律评论》第7辑,法律出版社2018年版,第64页。

发包人的该单方函件不能约束承包人。

即使发承包双方在建设工程施工合同中约定了此类内容,仍需查明承包人不予及时办理结算的原因,如系因双方对结算事项存在较大争议,而未积极配合办理结算,则合同中的沉默条款仍无适用的基础和条件。

附录　参考案例及文章

1. 最高人民法院(2008)民一抗字第20号民事判决书[卓盈丰制衣纺织(中山)有限公司与广东长城建设集团有限公司建设工程施工合同纠纷抗诉案],载江必新主编、最高人民法院审判监督庭编:《审判监督指导》2009年第3辑(总第29辑),人民法院出版社2010年版,第127~147页。

2. 最高人民法院(2008)民二终字第91号民事判决书(成都鹏伟实业有限公司与江西省永修县人民政府、永修县鄱阳湖采砂管理工作领导小组办公室采矿权纠纷案),载《最高人民法院公报》2010年第4期(总第162期),第36~43页。

3. 最高人民法院(2001)民一终字第70号民事判决书(甘肃省永登县蔬菜公司与甘肃省永登县建筑安装工程总公司拖欠工程款、联建合同纠纷上诉案)。

4. 最高人民法院(2006)民一终字第69号民事裁定书(中国联合通信有限公司新疆分公司、中国联合通信有限公司喀什分公司与林源建设工程施工合同纠纷管辖权异议上诉案),载最高人民法院民事审判第一庭编:《民事审判指导与参考》2007年第1集(总第29集),法律出版社2007年版,第197~200页。

5. 最高人民法院(2002)民一终字第45号民事判决书(正和公司与城中区建筑公司建设工程施工合同纠纷上诉案),载最高人民法院民事审判第一庭编著:《最高人民法院建设工程施工合同司法解释的理解与适用》,人民法院出版社2004年版,第376~389页。

6. 最高人民法院(2000)民抗字第1号民事调解书(烟台市房地产集团华宇置业有限公司与烟台市黄金工业总公司房屋预售合同纠纷抗诉案),载最高人民法院审判监督庭编:《审判监督指导与研究》2001年第4卷(总第4卷),人民法院出版社2002年版,第188~197页。

7. 最高人民法院(2006)民一终字第52号民事判决书(江西圳业房地产开

发有限公司与江西省国利建筑工程有限公司建设工程施工合同纠纷案),载《最高人民法院公报》2007年第6期(总第128期),第21~28页。

8. 最高人民法院(2006)民一终字第47号民事裁定书(大庆市振富房地产开发有限公司与大庆市人民政府债务纠纷案),载《最高人民法院公报》2007年第4期(总第126期),第36~44页。

9. 最高人民法院(2001)民一终字第67号民事判决书(广州市番禺区市场管理服务总站与广州市番禺区第二建筑工程公司、广东华粤房地产股份有限公司、广州市番禺区大石镇房地产开发公司建设工程合同纠纷案),载最高人民法院民事审判第一庭编著:《最高人民法院建设工程施工合同司法解释的理解与适用》,人民法院出版社2004年版,第640~647页。

10. 最高人民法院(1998)经终字第210号、法公布〔2000〕第57号民事判决书(安徽南洋国际大酒店有限公司与江苏常州第二园林建设工程总公司建筑工程承包合同纠纷案),载最高人民法院办公厅编:《最高人民法院公布裁判文书(二〇〇〇年)》,人民法院出版社2001年版,第380~390页。

11. 最高人民法院(2001)民一终字第16号、法公布〔2001〕第41号民事判决书[江西省特种水泥(集团)有限公司与江西省第一房屋建筑公司拖欠工程款纠纷上诉案],载唐德华主编、最高人民法院民事审判第一庭编:《民事审判指导与参考》2001年第2卷(总第6卷),法律出版社2001年版,第373~384页。

12. 最高人民法院(2003)民一终字第77号民事判决书(山东世界贸易中心与中国建筑第八工程局建筑工程施工合同纠纷上诉案),载最高人民法院民事审判第一庭编:《民事审判指导与参考》2004年第4集(总第20集),法律出版社2005年版,第169~180页。

13. 最高人民法院(2002)民一终字第10号、法公布〔2002〕第41号民事判决书(中国建筑第二工程局诉河南裕达置业有限公司拖欠工程款纠纷上诉案),载最高人民法院办公厅编:《最高人民法院公布裁判文书(二〇〇二年)》,人民法院出版社2003年版,第381~400页。

14. 最高人民法院(2001)民二提字第2号民事调解书(成都市武侯区聚源房屋综合开发公司与眉山宾馆破产清算组装饰工程欠款纠纷提审案),载最高人民法院审判监督庭编:《审判监督指导与研究》2001年第2卷(总第2卷),人民法院出版社2001年版,第162~167页。

15. 最高人民法院(2002)民一终字第50号民事判决书[永跃恒房地产开发

(深圳)有限公司与中国华西企业有限公司建筑工程施工合同纠纷上诉案〕,载最高人民法院民事审判第一庭编:《民事审判指导与参考》2003 年第 1 卷(总第 13 卷),法律出版社 2003 年版,第 331～341 页。

16. 最高人民法院(2001)民一监字第 135 号驳回再审申请裁定书(大窑湾出入境检验检疫局与大连经济技术开发区湾里建筑工程公司工程款纠纷申请再审案),载苏泽林主编、最高人民法院立案庭编:《立案工作指导》2006 年第 2 辑(总第 13 辑),人民法院出版社 2007 年版,第 105～107 页。

17. 最高人民法院(2006)民一终字第 4 号民事判决书(新安县人民政府与中国水利水电第十一工程局建设工程施工合同纠纷上诉案),载最高人民法院民事审判第一庭编:《民事审判指导与参考》2007 年第 1 集(总第 29 集),法律出版社 2007 年版,第 215～224 页。

18. 最高人民法院(2000)民终字第 105 号、法公布〔2001〕第 53 号民事判决书(广东省番禺市江南建筑工程公司与日本清水建筑株式会社建筑工程承包合同纠纷上诉案)。

19. 最高人民法院(2003)民一终字第 61 号民事判决书(中建三局与金博大公司建设工程施工合同纠纷上诉案),载最高人民法院民事审判第一庭编著:《最高人民法院建设工程施工合同司法解释的理解与适用》,人民法院出版社 2004 年版,第 585～598 页。

20. 最高人民法院(2000)民终字第 132 号民事判决书(长春北希发展有限公司与吉林省第一建筑公司建筑工程承包合同纠纷上诉案),载肖扬总主编、最高人民法院民事审判第一庭编:《中华人民共和国最高人民法院判案大系》(民事卷·2000 年卷),人民法院出版社 2003 年版,第 374～376 页。

21. 最高人民法院(1997)民终字第 98 号民事判决书(湖南省金帆经济发展公司与长沙市建筑安装工程公司、长沙市天心区城市建设开发公司工程款纠纷上诉案),载肖扬总主编、最高人民法院民事审判第一庭编:《中华人民共和国最高人民法院判案大系》(民事卷·1997 年卷),人民法院出版社 2003 年版,第 241～244 页。

22. 最高人民法院(2000)民终字第 38 号、法公布〔2001〕第 40 号民事判决书(辽宁沈阳绿岛森林公园有限公司与辽宁大洼县建筑开发总公司建筑工程拖欠工程款纠纷上诉案)。

23. 最高人民法院(2007)民一终字第 74 号民事判决书(西安市临潼区建筑

工程公司与陕西恒升房地产开发有限公司建设工程施工合同纠纷案),载《最高人民法院公报》2008年第8期(总第142期),第26~34页。

24. 最高人民法院(2004)民一终字第118号民事判决书(金坛市建筑安装工程公司与大庆市庆龙房地产开发有限公司建设工程结算纠纷案),载《最高人民法院公报》2007年第7期(总第129期),第17~32页。

25. 最高人民法院(2001)民一终字第105号民事判决书(兰州二建集团有限公司与兰州民族经济开发公司建筑工程施工合同纠纷上诉案),载肖扬总主编、最高人民法院民事审判第一庭编:《中华人民共和国最高人民法院判案大系》(民事卷·2001年卷),人民法院出版社2003年版,第391~395页。

26. 最高人民法院(2003)民一终字第29号民事判决书(太原三晋国际饭店、太原三晋大厦与山西省第六建筑工程有限责任公司建筑工程欠款纠纷上诉案),载最高人民法院民事审判第一庭编:《民事审判指导与参考》2003年第4集(总第16集),法律出版社2004年版,第209~225页。

27. 最高人民法院(2001)民一终字第9号民事判决书(中国工商银行朔州市分行与山西四建集团有限公司建设工程施工合同纠纷案)。

28. 最高人民法院(1999)经终字第425号民事判决书(浙江省温州市水利电力工程处与山西省万家寨引黄工程管理局建设工程承包合同纠纷案),载李国光主编、最高人民法院民事审判第二庭编:《经济审判指导与参考》第4卷,法律出版社2001年版,第350~363页。

29. 最高人民法院(2003)民终字第32号民事判决书(北京新世纪宝源装饰工程有限公司与大连华宝房地产开发有限公司建设工程施工合同纠纷上诉案)。

30. 最高人民法院(2001)民一终字第33号民事判决书(中国建设银行新疆石油专业分行与深圳康源设计装饰工程有限公司、潘聪装饰工程结算纠纷上诉案),载曹建明主编、最高人民法院民事审判第一庭编:《民事审判指导与参考》2002年第2卷(总第10卷),法律出版社2002年版,第238~253页。

31. 最高人民法院(2002)民一终字第12号、法公布〔2002〕第58号民事判决书(上海太平洋俱乐部有限公司诉江苏南通市第七建筑安装工程有限公司建筑施工承包合同纠纷案),载最高人民法院办公厅编:《最高人民法院公布裁判文书(二〇〇二年)》,人民法院出版社2003年版,第533~547页。

32. 最高人民法院(2003)民一终字第60号民事裁定书(中盛公司与省建七

公司建设工程施工合同纠纷上诉案),载最高人民法院民事审判第一庭编著:《最高人民法院建设工程施工合同司法解释的理解与适用》,人民法院出版社2004年版,第626~630页。

33. 最高人民法院(2002)民一终字第60号民事判决书(建工公司与朝阳公司建设工程施工合同纠纷上诉案),载最高人民法院民事审判第一庭编著:《最高人民法院建设工程施工合同司法解释的理解与适用》,人民法院出版社2004年版,第428~445页。

34. 最高人民法院(2003)民一终字第61号民事判决书(中建三局与金博大公司建设工程施工合同纠纷上诉案),载最高人民法院民事审判第一庭编著:《最高人民法院建设工程施工合同司法解释的理解与适用》,人民法院出版社2004年版,第585~598页。

35. 最高人民法院(2006)民一终字第42号民事判决书(新疆新世纪成功房地产开发有限公司与青岛建设集团公司、中国建设银行青岛分行、南通四建集团有限公司建设工程施工合同纠纷上诉案),载最高人民法院民事审判第一庭编:《民事审判指导与参考》2008年第2集(总第34集),法律出版社2008年版,第114~129页。

36. 最高人民法院(2007)民一终字第10号民事判决书(陕西西岳山庄有限公司与中建三局建发工程有限公司、中建三局第三建设工程有限责任公司建设工程施工合同纠纷案),载《最高人民法院公报》2007年第12期(总第134期),第32~40页。

37. 最高人民法院(2005)民二终字第147号民事判决书(福州商贸大厦筹备处与福建佳盛投资发展有限公司借款纠纷案),载《最高人民法院公报》2006年第7期(总第117期),第28~33页。

38. 最高人民法院(2008)民一终字第100号民事判决书(宁德市海军第六工程建筑处与福州怡和房地产有限公司建设工程施工合同纠纷上诉案),载最高人民法院民事审判第一庭编:《民事审判指导与参考》(总第38集),法律出版社2009年版,第262~269页。

39. 最高人民法院(2003)民一终字第47号民事判决书(万顺公司诉永新公司等合作开发协议纠纷案),载《最高人民法院公报》2005年第3期(总第201期),第19~27页。

40. 最高人民法院(2009)民一终字第23号民事判决书(广西桂冠电力股份

有限公司与广西泳臣房地产开发有限公司房屋买卖合同纠纷案),载《最高人民法院公报》2010 年第 5 期(总第 163 期),第 18~25 页。

41. 最高人民法院(2000)民终字第 123 号民事判决书(海宁龙祥大酒店有限公司与萧山市第二建筑工程有限公司建筑安装工程承包合同工程款纠纷上诉案),载肖扬总主编、最高人民法院民事审判第一庭编:《中华人民共和国最高人民法院判案大系》(民事卷·2000 年卷),人民法院出版社 2003 年版,第 329~333 页。

42. 最高人民法院(2002)民一终字第 53 号民事判决书(杭州利星凯悦大酒店有限公司、上海中鼎世华建设开发有限公司与浙江中成建工集团有限公司建设工程合同纠纷上诉案),载最高人民法院民事审判第一庭编:《民事审判指导与参考》2003 年第 2 卷(总第 14 卷),法律出版社 2003 年版,第 379~390 页。

43. 最高人民法院(2002)民终字第 21 号民事判决书(新疆维吾尔自治区第三建筑工程公司与新疆通宝资产投资管理有限公司建筑工程施工合同纠纷上诉案),载最高人民法院民事审判第一庭编:《最高人民法院二审民事案件解析》第 3 集,法律出版社 2007 年版,第 1~13 页。

44. 最高人民法院(2000)民终字第 20 号民事判决书(贵州立云房地产开发公司、铁道部第五工程局建筑工程总公司与贵州鼎盛房地产开发有限公司建筑工程承包合同纠纷上诉案),载唐德华主编、最高人民法院民事审判庭编:《民事审判指导与参考》2001 年第 1 卷(总第 5 卷),法律出版社 2001 年版,第 348~354 页。

45. 最高人民法院(2001)民一终字第 35 号民事判决书(兰州白兰实业总公司与中国第四冶金建设公司工程款纠纷上诉案)。

46. 最高人民法院(2001)民一终字第 45 号民事判决书(新疆第三建筑工程公司与新疆宏大房地产开发有限公司工程结算纠纷上诉案),载唐德华主编、最高人民法院民事审判第一庭编:《民事审判指导与参考》2001 年第 4 卷(总第 8 卷),法律出版社 2002 年版,第 213~224 页。

47. 最高人民法院(2000)经终字第 106 号民事判决书[岁宝集团(深圳)实业有限公司与广东省深圳市城市建设开发(集团)公司等欠款纠纷上诉案],载最高人民法院办公厅编:《最高人民法院公布裁判文书(二○○二年)》,人民法院出版社 2003 年版,第 275~285 页。

48. 最高人民法院(2008)民二终字第 81 号民事判决书(中国工商银行股份

有限公司三门峡车站支行与三门峡天元铝业股份有限公司、三门峡天元铝业集团有限公司借款担保合同纠纷案),载《最高人民法院公报》2008年第11期(总第145期),第32~39页。

49. 最高人民法院(1999)民终字第163号、法公布〔2000〕第4号民事判决书[福建东山太平洋房地产有限公司与新加坡公民郭经纬等52人、香港太平洋企业(集团)有限公司预售商品房纠纷上诉案],载最高人民法院办公厅编:《最高人民法院公布裁判文书(二〇〇〇年)》,人民法院出版社2001年版,第94~106页。

50. 最高人民法院(2000)民终字第83号、法公布〔2002〕第19号民事判决书(北京华普国际大厦有限公司等与北京住总集团有限责任公司追索工程款纠纷案),载最高人民法院办公厅编:《最高人民法院公布裁判文书(二〇〇二年)》,人民法院出版社2003年版,第170~182页。

51. 最高人民法院(2000)民终字第23号民事判决书(贵州宏福实业开发有限总公司、贵州瓮福黄磷有限公司与贵州省建筑工程联合公司建设工程施工合同纠纷案)。

52. 最高人民法院(2003)民一终字第1号民事判决书(山西安业建设发展有限公司与中铁三局集团建筑安装工程有限公司、太原市人民政府、少年科技城筹委会办公室、中国共产主义青年团太原市委员会建设工程施工合同纠纷上诉案),载最高人民法院民事审判第一庭编:《民事审判指导与参考》(总第15集),法律出版社2003年版,第252~262页。

53. 最高人民法院(1999)经终字第338号民事判决书(江苏省张家港市长江城市建设综合开发公司、江苏省张家港市港务局与交通部第二航务工程局第四工程公司建设工程承包合同纠纷上诉案),载曹建明主编、最高人民法院民事审判第一庭编:《民事审判指导与参考》2002年第1卷(总第9卷),法律出版社2002年版,第317~331页。

54. 最高人民法院(2002)民一终字第32号、法公布〔2002〕第71号民事判决书(中国民用航空河南省管理局与中国有色金属工业第六冶金建设公司工程款纠纷上诉案),载最高人民法院民事审判第一庭编:《最高人民法院二审民事案件解析》第2集,法律出版社2007年版,第277~293页。

55. 最高人民法院(2007)民一终字第62号民事判决书[山西嘉和泰房地产开发有限公司与太原重型机械(集团)有限公司土地使用权转让合同纠纷案],

载《最高人民法院公报》2008年第3期(总第137期),第27~39页。

56. 最高人民法院(2007)民一终字第95号民事判决书(呼和浩特市东瓦窑农副产品批发市场有限责任公司与呼和浩特市东瓦窑房地产开发有限责任公司委托代建合同纠纷上诉案),载最高人民法院民事审判第一庭编:《民事审判指导与参考》2007年第4集(总第32集),法律出版社2008年版,第213~225页。

57. 黄颖诉美晟房产公司商品房预售合同纠纷案,载《最高人民法院公报》2006年第2期(总第112期),第41~43页。

58. 最高人民法院(2008)民一终字第122号民事判决书(重庆索特盐化股份有限公司与重庆新万基房地产开发有限公司土地使用权转让合同纠纷案),载《最高人民法院公报》2009年第4期(总第150期),第31~38页。

59. 最高人民法院(2005)民一终字第38号民事判决书(包头国泰置业有限公司与中国第二冶金建设有限责任公司、中国第二冶金建设有限责任公司第二建筑工程分公司建设工程施工合同纠纷上诉案),载最高人民法院民事审判第一庭编:《民事审判指导与参考》2006年第4集(总第28集),法律出版社2006年版,第99~112页。

60. 最高人民法院(1999)民终字第130号、法公布〔2000〕第43号民事判决书(内蒙古包头稀土高新技术产业开发区管理委员会、内蒙古包头稀土高新技术产业开发区科技创业服务中心与包头润华永庆建筑公司、包头市第二建筑工程公司工程款结算纠纷上诉案),载最高人民法院办公厅编:《最高人民法院公布裁判文书(二〇〇〇年)》,人民法院出版社2001年版,第307~318页。

61. 最高人民法院(2003)民一终字第40号民事判决书(北沙坡村村委会诉西安市高新技术产业开发区东区管委会等拖欠征地款纠纷案),载《最高人民法院公报》2005年第1期(总第199期),第22~28页。

62. 最高人民法院(2007)民二终字第139号民事判决书[史文培与甘肃皇台酿造(集团)有限责任公司、北京皇台商贸有限责任公司互易合同纠纷案],载《最高人民法院公报》2008年第7期(总第141期),第26~35页。

63. 最高人民法院(2001)民一终字第62号民事判决书(浙江鼎立建筑集团有限公司与吉林尊爵房地产开发有限公司拖欠工程款、赔偿纠纷案)。

64. 最高人民法院(2006)民二终字第111号民事判决书(新疆亚坤商贸有限公司与新疆精河县康瑞棉花加工有限公司买卖合同纠纷案),载《最高人民法院公报》2006 年第 11 期(总第 121 期),第 17~24 页。

65. 最高人民法院(2009)民提字第 137 号民事判决书[枣庄矿业(集团)有限公司柴里煤矿与华夏银行股份有限公司青岛分行、青岛保税区华东国际贸易有限公司联营合同纠纷案],载《最高人民法院公报》2010 年第 6 期(总第 164 期),第 33~41 页。

66. 最高人民法院(2003)民一终字第 28 号民事判决书(如皋市白蒲建筑公司诉黑龙江天马综合开发公司拖欠工程款纠纷上诉案),载最高人民法院民事审判第一庭编著:《最高人民法院建设工程施工合同司法解释的理解与适用》,人民法院出版社 2004 年版,第 573~584 页。

67. 最高人民法院(2010)民一终字第 17 号民事裁定书(赵子文与潘日阳财产侵权纠纷案),载《最高人民法院公报》2010 年第 7 期(总第 165 期),第 29~30 页。

68. 最高人民法院(2000)民终字第 95 号民事判决书(兰州宝源餐饮娱乐有限公司与甘肃金海马家具装饰有限公司建筑装饰工程合同纠纷案)。

69. 最高人民法院(2001)民一抗字第 3 号民事判决书(北京兴隆公园有限公司诉北京基泰建筑安装工程有限公司等建筑工程承包合同纠纷案),载苏泽林主编、最高人民法院审判监督庭编著:《最后的裁判——最高人民法院典型疑难百案再审实录》(房地产与公司企业案件卷),中国长安出版社 2007 年版,第 3~10 页。

70. 最高人民法院(2003)民一终字第 15 号民事判决书(岳阳利德房地产开发有限公司与岳阳天龙建筑装饰公司、长沙市棉麻土产总公司、湖南众立物业有限公司工程款纠纷上诉案),载最高人民法院民事审判第一庭编:《民事审判指导与参考》2003 年第 4 集(总第 16 集),法律出版社 2004 年版,第 278~290 页。

71. 最高人民法院(2000)民终字第 99 号民事判决书(华康房地产开发有限公司与哈尔滨伊都锦实业有限公司委托开发建设工程合同纠纷案)。

72. 最高人民法院(2000)经终字第 70 号、法公布[2001]第 15 号民事判决书(中国银行山东省分行与山东天马房地产开发总公司委托代建合同纠纷上诉案),载最高人民法院办公厅编:《最高人民法院公布裁判文书(二〇〇一年)》,人民法院出版社 2002 年版,第 143~153 页。

73. 最高人民法院(2000)民终字第 40 号民事判决书(宁波丽城房地产有限

公司清算小组与宁波市海曙区第一建筑工程公司建筑工程承包合同纠纷案)。

74. 最高人民法院(2000)民终字第125号民事判决书(上海福海房地产发展有限公司与上海市第五建筑有限公司工程款纠纷案)。

75. 最高人民法院(2000)民终字第80号、法公布〔2001〕第26号民事判决书(甘肃省敦煌国际大酒店有限公司、中国建筑西北设计研究院与甘肃省第四建筑工程公司、原审第三人甘肃省地矿局第三水文地质工程地质队拖欠工程款、工程质量纠纷上诉案),载最高人民法院办公厅编:《最高人民法院公布裁判文书(二〇〇一年)》,人民法院出版社2002年版,第217~229页。

76. 最高人民法院(2000)民终字第25号、法公布〔2000〕第54号民事判决书(浙江义乌市伟业房地产开发公司与浙江义乌市建筑工程有限公司建筑工程承包合同纠纷上诉案),载最高人民法院办公厅编:《最高人民法院公布裁判文书(二〇〇〇年)》人民法院出版社2001年版,第360~370页。

77. 最高人民法院(2002)民终字第33号民事判决书(桐柏金矿与中建七局四公司建设工程施工合同纠纷上诉案),载最高人民法院民事审判第一庭编著:《最高人民法院建设工程施工合同司法解释的理解与适用》,人民法院出版社2004年版,第397~400页。

78. 最高人民法院(2001)民一终字第85号民事判决书(新疆维吾尔自治区第三建筑工程公司与新疆宏运房地产开发有限公司建设工程施工合同纠纷案)。

79. 最高人民法院(2001)民一终字第41号民事判决书(陕西省宝鸡县文酒建筑工程公司与宝鸡石油机械厂建筑工程建设工程结算纠纷上诉案),载最高人民法院民事审判第一庭编著:《最高人民法院建设工程施工合同司法解释的理解与适用》,人民法院出版社2004年版,第527~542页。

80. 最高人民法院(2000)民终字第86号民事判决书(哈尔滨工业大学工程开发实业公司与中国国际期货经纪有限公司工程款纠纷上诉案),载最高人民法院民事审判第一庭编著:《最高人民法院建设工程施工合同司法解释的理解与适用》,人民法院出版社2004年版,第568~572页。

81. 最高人民法院(2000)民终字第61号民事判决书(辽宁省第二建筑工程公司与沈阳裕宁房产开发有限公司返还超拨工程款纠纷案)。

82. 最高人民法院(2003)民一终字第5号民事判决书(广茂公司与伊利公司建设工程施工合同纠纷上诉案),载最高人民法院民事审判第一庭编:《最高人民法院建设工程施工合同司法解释的理解与适用》,人民法院出版社 2004 年版,第 626~630 页。

83. 最高人民法院(2000)民终字第 65 号民事判决书(湖南省金龄房地产公司与湖南省第六工程公司、长沙市郊区西垅建筑工程队、怀化市第三建筑工程公司等建设工程结算纠纷案)。

84. 最高人民法院(2010)民一终字第 99 号民事判决书(浙江东源建设有限公司与攀枝花市临亚房地产开发有限公司建设工程施工合同纠纷上诉案),载最高人民法院民事审判第一庭编:《民事审判指导与参考》2011 年第 1 辑(总第 45 辑),人民法院出版社 2011 年版,第 165~184 页。

85. 最高人民法院(2001)民一终字第 102 号民事判决书(永州市建设委员会与陕西省房屋建筑工程公司、肖放时建设工程施工合同纠纷上诉案),载肖扬总主编、最高人民法院民事审判第一庭编:《中华人民共和国最高人民法院判案大系》(民事卷·2001 年卷),人民法院出版社 2003 年版,第 369~373 页。

86. 最高人民法院民事判决(中建二局第三建筑工程有限公司与武汉大陆桥投资开发有限公司建设工程施工合同纠纷上诉案),载最高人民法院民事审判第一庭编《民事审判指导与参考》(总第 42 集),人民法院出版社 2011 年版,第 181~198 页。

87. 最高人民法院(1996)民终字第 90 号民事判决书(济南一建集团总公司与山东宏泰房地产有限公司建筑工程承包合同纠纷上诉案),载最高人民法院民事审判庭编:《最高人民法院民事案件解析:房地产案件专集》,法律出版社 1999 年版,第 203~209 页。

88. 最高人民法院(2004)民一他字第 71 号民事判决书(大连新中保发展股份有限公司与大连天成大厦有限公司代建合同纠纷案),载最高人民法院民事审判第一庭编:《民事审判指导与参考》2006 年第 4 集(总第 28 集),法律出版社 2006 年版,第 183~202 页。

89. 最高人民法院(2009)民一终字第 7 号民事判决书(青海西部化工有限责任公司与中天建设集团有限公司建设工程施工合同纠纷上诉案),载最高人民法院民事审判第一庭编:《民事审判指导与参考》(总第 38 集),法律出版社 2009 年版,第 247~256 页。

90. 最高人民法院(2009)民提字第 64 号民事判决书(沈阳三色空调净化工程有限公司与沈阳五爱天地实业有限公司建设工程施工合同纠纷案),载最高人民法院民事审判第一庭编:《民事审判指导与参考》(总第41集),法律出版社2010年版,第277~284页。

91. 最高人民法院(2008)民提字第39号民事判决书(新疆宏运房地产开发有限公司与新疆建工集团第一建筑工程有限责任公司建筑工程合同纠纷再审案),载最高人民法院民事审判第一庭编:《民事审判指导与参考》(总第38集),法律出版社2009年版,第231~239页。

92. 最高人民法院(2001)民一终字第77号民事判决书(乌鲁木齐高新技术开发区三盛房地产开发有限公司与新疆维吾尔自治区机械设备成套局房产续建合同纠纷上诉案),载肖扬总主编、最高人民法院民事审判第一庭编:《中华人民共和国最高人民法院判案大系》(民事卷-2001年卷),人民法院出版社2003年版,第292~296页。

93. 最高人民法院(2007)民一终字第107号民事判决书(新疆建工集团第六建筑工程有限责任公司与新疆天通房地产开发有限公司建设工程施工合同纠纷上诉案),载最高人民法院民事审判第一庭编:《民事审判指导与参考》2008年第4集(总第36集),法律出版社2008年版,第146~157页。

94. 最高人民法院民一庭:《工程承包人承诺放弃优先受偿权的条件未成就其对转让的工程仍享有优先受偿权》,载最高人民法院民事审判第一庭编:《民事审判指导与参考》(总第42集),法律出版社2011年版,第154~158页。

95. 梅州市梅江区农村信用合作联社江南信用社诉罗苑玲储蓄合同纠纷案,载《最高人民法院公报》2011年第1期(总第171期),第36~41页。

96. 中建材集团进出口公司诉北京大地恒通经贸有限公司、北京天元盛唐投资有限公司、天宝盛世科技发展(北京)有限公司、江苏银大科技有限公司、四川宜宾俄欧工程发展有限公司进出口代理合同纠纷案,载《最高人民法院公报》2011年第2期(总第172期),第40~48页。

97. 最高人民法院(2010)民一终字第45号民事判决书(深圳富山宝实业有限公司与深圳市福星股份合作公司、深圳市宝安区福永物业发展总公司、深圳市金安城投资发展有限公司等合作开发房地产合同纠纷案),载《最高人民法院公报》2011年第5期(总第175期),第18~42页。

98. 最高人民法院民一庭:《施工合同约定工程尾款待验收通过后支付,如工程验收客观上无法进行,施工人请求支付该尾款,诉讼时效期间应当如何计算》,载最高人民法院民事审判第一庭编:《民事审判指导与参考》2012年第1

辑(总第49辑),人民法院出版社2012年版,第131~136页。

99. 肖峰:《工程款结算金额不明时,承包人不能以超过约定给付期限为由主张逾期违约金——山东万鑫建设有限公司与园城实业集团有限公司、海阳市天创投资开发有限公司、山东置城集团有限公司建设工程施工合同纠纷上诉案》,载最高人民法院民事审判第一庭编:《民事审判指导与参考》2012年第1辑(总第49辑),人民法院出版社2012年版,第148~169页。

100. 仲伟珩:《建设工程经竣工验收合格后,实际施工人与发包人所签订的建设工程价款结算协议,人民法院可予保护》,载最高人民法院民事审判第一庭编:《民事审判指导与参考》2012年第1辑(总第49辑),人民法院出版社2012年版,第170~180页。

101. 最高人民法院(2010)民提字第48号民事判决书(绵阳市红日实业有限公司、蒋洋诉绵阳高新区科创实业有限公司股东会决议效力及公司增资纠纷案),载《最高人民法院公报》2011年第3期(总第173期),第34~45页。

102. 王丹:《国有划拨土地使用权转让中受让方已经取得国有土地使用证,但因政府相关主管人员失职行为导致未办理土地出让手续的,不影响转让合同效力》,载最高人民法院民事审判第一庭编:《民事审判指导与参考》2012年第1辑(总第49辑),人民法院出版社2012年版,第181~188页。

103. 《发包人同承包人仅就欠付工程款约定支付违约金,承包人是否还有权要求发包人在承担违约金责任之外支付欠付工程款的利息》,载最高人民法院民事审判第一庭编:《民事审判指导与参考》2012年第1辑(总第49辑),人民法院出版社2012年版,第265~266页。

104. 最高人民法院(2001)民四终字第21号、法公布〔2002〕第46号民事裁定书(香港瑞南有限公司与山西新大钢铁有限公司债务纠纷上诉案)。

105. 最高人民法院(2010)民二终字第19号民事判决书(宁夏瀛海建材集团有限公司与宁夏瀛海银川建材有限公司、第三人中国石油宁夏化工厂债权纠纷案),载《最高人民法院公报》2011年第7期(总第177期),第32~36页。

106. 最高人民法院(2008)民二终字第118号民事判决书(中国信达资产管理公司西安办事处与海南华山房地产开发总公司、中国建设银行股份有限公司西安曲江支行借款合同纠纷案),载《最高人民法院公报》2009年第12期(总第158期),第22~28页。

107. 最高人民法院(2010)民一终字第13号民事判决书[俞财新与福建华

辰房地产有限公司、魏传瑞商品房买卖(预约)合同纠纷案],载《最高人民法院公报》2011年第8期(总第178期),第24~31页。

108. 最高人民法院(2005)民二终字第186号民事判决书(吉庆公司、华鼎公司与农行西藏分行营业部抵押借款合同纠纷案),载《最高人民法院公报》2006年第8期(总第118期),第22~26页。

109. 最高人民法院(2005)民一终字第104号民事判决书(广西北生集团有限责任公司与北海市威豪房地产开发公司、广西壮族自治区畜产进出口北海公司土地使用权转让合同纠纷案),载《最高人民法院公报》2006年第9期(总第119期),第6~15页。

110. 最高人民法院(2011)民再申字第84号民事裁定书[韶关市汇丰华南创展企业有限公司与广东省环境工程装备总公司、广东省环境保护工程研究设计院合同纠纷案],载《最高人民法院公报》2011年第9期(总第179期),第39~41页。

111. 最高人民法院(2011)民提字第7号民事判决书[中国银行股份有限公司汕头分行与广东发展银行股份有限公司韶关分行、第三人珠海经济特区安然实业(集团)公司代位权纠纷案],载《最高人民法院公报》2011年第11期(总第181期),第23~33页。

112. 最高人民法院(2011)执复字第2号民事裁定书(重庆德艺房地产开发有限公司不服执行裁定复议案),载《最高人民法院公报》2011年第11期(总第181期),第34~36页。

113. 《鉴定机构分别按照定额价和市场价作出鉴定结论的,一般以市场价确定工程价款》,载最高人民法院民事审判第一庭编:《民事审判指导与参考》2012年第2辑(总第50辑),人民法院出版社2012年版,第139~149页。

114. 司伟:《如何认定合理的停工时间》,载最高人民法院民事审判第一庭编:《民事审判指导与参考》2012年第2辑(总第50辑),人民法院出版社2012年版,第168~186页。

115. 姜强:《被告在前诉中主张抗辩权,又以同一事实另行起诉的情形下,本案诉讼应否就抗辩权是否成立进行审理》,载最高人民法院民事审判第一庭编:《民事审判指导与参考》2012年第2辑(总第50辑),人民法院出版社2012年版,第150~167页。

116. 最高人民法院民事审判第一庭:《通过以物抵债方式取得建设工程所

有权的第三人,不能对抗承包人行使建设工程价款优先受偿权》,载最高人民法院民事审判第一庭编:《民事审判指导与参考》2012年第3辑(总第51辑),人民法院出版社2012年版,第159~165页。

117. 最高人民法院(2011)民提字第292号民事判决书(河南省偃师市鑫龙建安工程有限公司与洛阳理工学院、河南省第六建筑工程公司索赔及工程欠款纠纷案),载《最高人民法院公报》2013年第1期(总第195期),第26~37页。

118. 王毓莹:《侵权纠纷与征收土地地上物补偿纠纷的区别》,载最高人民法院民事审判第一庭编:《民事审判指导与参考》2012年第3辑(总第51辑),人民法院出版社2012年版,第171~183页。

119. 最高人民法院(2011)民申字第429号民事裁定书(大竹县农村信用合作联社与西藏华西药业集团有限公司保证合同纠纷案),载《最高人民法院公报》2012年第4期(总第186期),第37~41页。

120. 最高人民法院(2010)民提字第153号民事判决书(广东达宝物业管理有限公司与广东中岱企业集团有限公司、广东中岱电讯产业有限公司、广州市中珊实业有限公司股权转让合作纠纷案),载《最高人民法院公报》2012年第5期(总第187期),第7~22页。

121. 最高人民法院(2011)民抗字第48号民事判决书(重庆雨田房地产开发有限公司与中国农业银行股份有限公司重庆市分行房屋联建纠纷案),载《最高人民法院公报》2012年第5期(总第187期),第23~34页。

122. 王毓莹:《审计部门对建设资金的审计不影响建设单位与承建单位的合同效力及履行——呼和浩特绕城公路建设开发有限责任公司与河北路桥集团有限公司建设工程施工合同纠纷案》,载最高人民法院民事审判第一庭编:《民事审判指导与参考》2012年第4辑(总第52辑),人民法院出版社2013年版,第156~164页。

123. 王丹:《一方发出解除合同通知书并要求对方承担违约责任,对方认可解除合同,但要求通知方承担违约责任的情况下,不能认定为协议解除,当事人仍有权要求赔偿损失——明田(湖南)企业有限公司与湖南省衡阳市殡葬事业管理处、湖南省衡阳市民政局解除合同纠纷上诉案》,载最高人民法院民事审判第一庭编:《民事审判指导与参考》2012年第4辑(总第52辑),人民法院出版社2013年版,第183~196页。

124. 最高人民法院(2011)民提字第235号民事判决书(莫志华、深圳市东深工程有限公司与东莞市长富广场房地产开发有限公司建设工程合同纠纷案),载《最高人民法院公报》2013 年第 11 期(总第 205 期),第 12~24 页。

125.《应如何认定解除合同通知的效力》,载最高人民法院民事审判第一庭编:《民事审判指导与参考》2013 年第 1 辑(总第 53 辑),人民法院出版社 2013 年版,第 242~243 页。

126. 王友祥、仲伟珩:《当事人之间签订的合同所约定的合同义务与民事法律行为所附条件的区分》,载最高人民法院民事审判第一庭编:《民事审判指导与参考》2013 年第 1 辑(总第 53 辑),人民法院出版社 2013 年版,第 184~204 页。

127. 王丹:《合作开发房地产合同中,不负有出资建设义务的一方,实际完成案涉项目建设的,不应认定为违约》,载最高人民法院民事审判第一庭编:《民事审判指导与参考》2013 年第 1 辑(总第 53 辑),人民法院出版社 2013 年版,第 205~216 页。

128.《工程造价鉴定取费标准变化时,是否仍按原约定下浮率对工程造价鉴定结果进行下浮》,载最高人民法院民事审判第一庭编:《民事审判指导与参考》2013 年第 2 辑(总第 54 辑),人民法院出版社 2013 年版,第 242~243 页。

129. 王毓莹:《建设工程施工合同解除后承包人仍享有建设工程优先受偿权》,载最高人民法院民事审判第一庭编:《民事审判指导与参考》总第 55 辑(2013 年第 3 辑),人民法院出版社 2014 年版,第 150~168 页。

130.《夫妻一方转让个人独资企业未经另一方同意,相对人有理由相信行为人有代理权的,构成表见代理,该代理行为有效》,载最高人民法院民事审判第一庭编:《民事审判指导与参考》总第 55 辑(2013 年第 3 辑),人民法院出版社 2014 年版,第 169~181 页。

131. 沈丹丹:《双方当事人均构成违约的情况下,违约金、约定损失赔偿条款的适用及其与其他损失赔偿之间的关系——山西三维集团股份有限公司与山西数源华石化工能源有限公司企业租赁经营合同纠纷上诉案》,载最高人民法院民事审判第一庭编:《民事审判指导与参考》总第 56 辑(2013 年第 4 辑),人民法院出版社 2014 年版,第 152~170 页。

132. 最高人民法院(2011)民提字第 29 号民事判决书(大连羽田钢管有限公司与大连保税区弘丰钢铁工贸有限公司、株式会社羽田钢管制造所、大连高新技术产业园区龙王塘街道办事处物权确认纠纷案),载《最高人民法院公报》

2012 年第 6 期(总第 188 期),第 29~44 页。

133. 最高人民法院(2011)民再申字第 68 号民事裁定书(河源市劳动服务建筑工程公司与龙川县人民政府建设工程施工合同纠纷案),载《最高人民法院公报》2013 年第 6 期(总第 200 期),第 43~44 页。

134. 最高人民法院(2012)民提字第 205 号民事判决书(重庆建工集团股份有限公司与中铁十九局集团有限公司建设工程合同纠纷案),载《最高人民法院公报》2014 年第 4 期(总第 210 期),第 35~43 页。

135. 江苏南通二建集团有限公司与吴江恒森房地产开发有限公司建设工程施工合同纠纷案,载《最高人民法院公报》2014 年第 8 期(总第 214 期),第 42~48 页。

136. 王毓莹:《当事人就同一建设工程另行订立的建设工程施工合同与经过备案的中标合同实质性内容不一致的,应当以备案的中标合同作为结算工程价款的根据》,载最高人民法院民事审判第一庭编:《民事审判指导与参考》总第 57 辑(2014 年第 1 辑),人民法院出版社 2014 年版,第 157~171 页。

137.《建设施工合同的发包方能否以承包方以未开具发票作为拒绝支付工程款的先履行抗辩的事由》,载最高人民法院民事审判第一庭编:《民事审判指导与参考》2014 年第 2 辑(总第 58 辑),人民法院出版社 2014 年版,第 238~239 页。

138. 最高人民法院民一庭:《如何理解〈最高人民法院关于审理建设工程施工合同纠纷案件适用法律问题的解释〉第二十一条所称的"实质性内容不一致"》,载最高人民法院民事审判第一庭编:《民事审判指导与参考》2014 年第 2 辑(总第 58 辑),人民法院出版社 2014 年版,第 112~117 页。

139. 河南省高级人民法院(2015)豫法民一终字第 17 号民事判决书(中国化学工程第四建设有限公司与河南省柘城县市政建筑工程公司、河南省广厦建设工程有限公司商丘分公司、滨州北海新材料有限公司建设工程施工合同纠纷案)。

140. 最高人民法院(2015)民申字第 3268 号民事裁定书(河南省柘城县市政建筑工程公司、河南省广厦建设工程有限公司商丘分公司与中国化学工程第四建设有限公司、滨州市北海信和新材料有限公司建设工程施工合同纠纷案)。

141. 河北省高级人民法院(2015)冀民一终字第 441 号民事判决书(武安市二建集团有限公司第十工程处与武安市交通运输局建设工程施工合同纠

纷案)。

142.最高人民法院(2016)最高法民申1434号民事裁定书(武安市交通运输局与武安市二建集团有限公司第十工程处建设工程施工合同纠纷申请再审案)。

143.最高人民法院(2015)民一终字第9号民事判决书(浙江环宇建设集团有限公司与唐山市南北房地产开发有限公司建设工程施工合同纠纷二审案)。

144.最高人民法院(2014)民一终字第60号民事判决书(安徽铸信建筑工程有限公司与定远县住房和城乡建设局、定远县人民政府委托合同纠纷二审案)。

145.最高人民法院(2016)最高法民终字第484号民事判决书(通州建总集团有限公司与内蒙古兴华房地产有限责任公司建设工程施工合同纠纷案),载《最高人民法院公报》2017年第9期(总第251期),第26~36页。

146.最高人民法院(2014)民一终字第259号民事判决书(北京中铁兴都建筑工程有限公司与三河华远房地产开发有限公司、三河市建华建筑工程有限公司建设工程施工合同纠纷案)。

147.最高人民法院(2013)民一终字第12号民事判决书(福建融港侨装饰设计工程有限公司与新疆天山实业发展有限公司建筑装饰工程施工合同纠纷案)。

148.最高人民法院(2014)民一终字第69号民事判决书(青海方升建筑安装工程有限责任公司与青海隆豪置业有限公司建设工程施工合同纠纷案),载《最高人民法院公报》2015年第12期(总第230期)。

149.《就同一建设工程分别签订的多份施工合同均被认定无效后,应当参照双方当事人达成合意并实际履行的合同结算工程价款》,载最高人民法院民事审判第一庭编:《民事审判指导与参考》2013年第3辑(总第55辑),人民法院出版社2014年版,第115~135页。

150.最高人民法院(2017)最高法民终377号民事裁定书(曾贵龙、贵阳荣达房地产开发有限公司建设工程施工合同纠纷二审案)。

151.最高人民法院(2017)最高法民申3613号民事裁定书(天津建邦地基基础工程有限公司、中冶建工集团有限公司建设工程施工合同纠纷再审审查与审判监督案)。

152.《约定了平方米均价的未完工程如何进行结算——唐山凤辉房地产开

发有限公司与赤峰建设建筑(集团)有限责任公司建设工程施工合同纠纷案》，载杜万华主编、最高人民法院民事审判第一庭编:《民事审判指导与参考》2016年第3辑(总第67辑)，人民法院出版社2017年版，第209~225页。

153.最高人民法院(2017)最高法民终175号民事判决书(江苏省第一建筑安装集团股份有限公司与唐山市昌隆房地产开发有限公司建设工程施工合同纠纷案)，载《最高人民法院公报》2018年第6期(总第260期)。

154.最高人民法院(2014)民提字第32号民事判决书(福建省永泰建筑工程公司与福建三明市林立房地产开发有限公司建设工程施工合同纠纷审判监督民事案)。

155.《建设工程施工合同纠纷案件中，在需要通过鉴定确定工程造价的情形下，若一方提出了具体的工程造价数额，另一方对此数额不予认可但又不申请鉴定的，人民法院应该如何认定工程造价?》，载杜万华主编、最高人民法院民事审判第一庭编:《民事审判指导与参考》2017年第1辑(总第69辑)，人民法院出版社2017年版，第250~251页。

156.《四川恒升钢构公司诉四川国际标榜学院建设工程施工合同纠纷案——施工人因修建违法建筑请求给付工程款，不适用建设工程司法解释第二条的规定》，载杜万华主编、最高人民法院民事审判第一庭编:《民事审判指导与参考》2017年第1辑(总第69辑)，人民法院出版社2017年版，第242~248页。

157.《承发包双方签订的建设工程施工合同因违反招投标法规定而无效，合同履行过程中双方达成的结算工程价款补充协议是否必然无效》，载杜万华主编、最高人民法院民事审判第一庭编:《民事审判指导与参考》2017年第2辑(总第70辑)，人民法院出版社2017年版，第257页。

158.陈亚、王毓莹:《利息损失能否与违约金一并适用——西藏唐蕃投资有限公司、曲珍与西藏林芝嘉龙建筑房地产开发有限公司股权转让合同纠纷案》，载杜万华主编、最高人民法院民事审判第一庭编:《民事审判指导与参考》2017年第2辑(总第70辑)，人民法院出版社2017年版，第101~117页。

159.最高人民法院(2019)最高法民申3349号民事裁定书(王粒力、张黎明申请执行人执行异议之诉再审审查与审判监督案)。

160.肖峰:《施工合同无效，能否直接参照合同约定工期计算相关损失——河北工程建设有限责任公司与河北盈驰房地产开发有限公司、石家庄柏林集团有限公司建设工程施工合同纠纷案》，载最高人民法院民事审判第一庭编:《民事审判指导与参考》2018年第4辑(总第76辑),人民法院出版社2019年版,第188~215页。

161. 于蒙:《建设工程施工合同解除后,质量保证金条款能否适用》,载最高人民法院民事审判第一庭编:《民事审判指导与参考》2018年第2辑(总第74辑),人民法院出版社2018年版,第195~212页。

162. 最高人民法院(2015)民申字第1019号民事裁定书(赤峰鑫刚房地产开发有限责任公司、赤峰群冠建筑工程有限责任公司与赤峰鑫刚房地产开发有限责任公司、赤峰群冠建筑工程有限责任公司建设工程施工合同纠纷申请再审案)。

163. 最高人民法院(2019)最高法民终341号民事判决书(抚顺大商房地产置业投资有限公司、沈阳市房实房产开发有限公司建设工程施工合同纠纷二审案)。

164. 谢勇、张静思:《挂靠施工情况下应区分发包人是否善意来认定建设工程施工合同的效力》,载最高人民法院民事审判第一庭编:《民事审判指导与参考》(总第80辑),人民法院出版社2020年版,第212~222页。

165. 海南省高级人民法院(2015)琼环民终字第10号民事裁定书(长沙桐木建设股份有限公司诉海南三正实业投资有限公司建设工程施工合同纠纷案)。

166. 河南省社旗县人民法院(2019)豫1327民初1370号民事判决书(李建雪、陈书艾等与南阳市精工装饰工程有限公司装饰装修合同纠纷案)。

167. 湖北省荆门市中级人民法院(2020)鄂08民终306号民事判决书(湖北利源投资有限公司、陈厚华建设工程施工合同纠纷案)。

168. 深圳市宝安区人民法院(2018)粤0306民初15687号民事判决书(刘复旦与许明昆、韶关市中衍房地产开发有限公司合同纠纷案)。

169. 最高人民法院(2019)最高法民再166号民事判决书(青海临峰房地产开发有限公司、浙江中业建设集团有限公司建设工程施工合同纠纷再审案)。